2020年省社科联重大委托项目

贵州缩影

洪名勇　段忠贤　蒙　丹　付江月　孙红雨　等著

中国财经出版传媒集团
中国财政经济出版社

图书在版编目（CIP）数据

贵州缩影／洪名勇等著．－－北京：中国财政经济出版社，2020.12
ISBN 978－7－5223－0260－7

Ⅰ.①贵… Ⅱ.①洪… Ⅲ.①社会主义建设成就－贵州 Ⅳ.①D619.73

中国版本图书馆 CIP 数据核字（2020）第 259976 号

责任编辑：彭　波　　　　　责任印制：史大鹏
封面设计：卜建辰　　　　　责任校对：徐艳丽

中国财政经济出版社 出版

URL：http://www.cfeph.cn
E-mail：cfeph@cfeph.cn

（版权所有　翻印必究）

社址：北京市海淀区阜成路甲 28 号　邮政编码：100142
营销中心电话：010-88191522
天猫网店：中国财政经济出版社旗舰店
网址：https://zgczjjcbs.tmall.com
北京财经印刷厂印刷　各地新华书店经销
成品尺寸：170mm×240mm　16 开　19.75 印张　336 000 字
2020 年 12 月第 1 版　2020 年 12 月北京第 1 次印刷
定价：68.00 元
ISBN 978-7-5223-0260-7
（图书出现印装问题，本社负责调换，电话：010-88190548）
本社质量投诉电话：010-88190744
打击盗版举报热线：010-88191661　　QQ：2242791300

目　　录

第一章　党建统领开创共建共治共享的乡村治理格局 ……………… 1

　　第一节　党建统领乡村治理的制度基础与理论逻辑 ……………… 1
　　第二节　党建统领贵州乡村治理新格局的典型案例 ……………… 7
　　第三节　党建统领贵州乡村治理新格局的机制特征 ……………… 13
　　第四节　基层党建创新与乡村治理协同的推进路径 ……………… 17

第二章　在弘扬新时代贵州精神中坚定文化自信 ……………………… 23

　　第一节　新时代贵州精神的科学内涵诠释 ………………………… 23
　　第二节　新时代贵州精神的内在逻辑关系 ………………………… 29
　　第三节　新时代贵州精神的形成与发展 …………………………… 33
　　第四节　贵州精神转化为文化自信的路径 ………………………… 38

第三章　大扶贫战略行动撕掉千百年绝对贫困标签 …………………… 46

　　第一节　中国特色贫困治理的制度基础 …………………………… 46
　　第二节　党的十八大以来贵州减贫成效 …………………………… 54
　　第三节　贵州贫困治理的理论诠释 ………………………………… 67
　　第四节　贵州减贫"奇迹"的世界意义 …………………………… 73

第四章　以人民为中心增进"民生三感"的贵州温度 ………………… 77

　　第一节　"民生三感"：党的民生思想新发展 …………………… 77
　　第二节　"民生三感"测量量表的编制 …………………………… 80

第三节　贵州省"民生三感"实证调查样本选择 ················ 88
　　第四节　贵州"民生三感"测评结果分析讨论 ················ 92

第五章　基础设施建设助推畅行无阻的"高速平原" ················ 116
　　第一节　从"县县通高速"到"组组通硬化"的西部率先 ········ 116
　　第二节　从"绿皮火车"到"高铁动车时代"的铁路变迁 ········ 127
　　第三节　交通基础设施的空间溢出效应：西南地区的比较 ········ 140
　　第四节　交通基础设施建设对贵州省县域经济的影响 ············ 149

第六章　"弯道取直"迈上后发赶超的经济增速之路 ················ 158
　　第一节　贵州经济发展之大趋势 ······························ 158
　　第二节　贵州省经济增长质量测度与演进分析 ·················· 161
　　第三节　政府规模与经济高质量发展——基于中国式分权的视角 ·· 170
　　第四节　金融发展、科技创新与高质量发展 ···················· 181

第七章　农村产业革命助推农业生产结构调整与升级 ················ 193
　　第一节　贵州省农业生产结构演进的动态特征与基本规律 ········ 193
　　第二节　农村产业革命与农业生产结构的内在关联 ·············· 197
　　第三节　贵州农村产业革命的实践基础与推进机制 ·············· 205
　　第四节　农村产业革命对贵州农业经济增长的贡献 ·············· 214

第八章　以大数据为引领推动创新驱动的高质量发展 ················ 220
　　第一节　战略行动促进产业深度融合发展 ······················ 220
　　第二节　制度创新驱动产业治理能力提升 ······················ 229
　　第三节　数博会激发大数据产业发展氛围 ······················ 233
　　第四节　数字政务服务助推营商环境改善 ······················ 239

第九章　"两山理论"指引下的旅游"高速"增长 ···················· 247
　　第一节　"两山理论"：旅游业发展的核心价值 ················ 247
　　第二节　贵州旅游业效率与规模的时空演化特征 ················ 253

第三节　贵州旅游业发展的驱动因素及驱动机理 …………… 259
　　第四节　旅游业发展对贵州经济发展的贡献分析 …………… 267

第十章　国家生态文明先行示范区建设的"贵州样板" ………… 275
　　第一节　贵州生态文明建设的探索实践 ……………………… 275
　　第二节　贵州生态文明建设的主要成效 ……………………… 282
　　第三节　贵州生态文明建设的基本经验 ……………………… 290
　　第四节　贵州生态文明建设的启示意义 ……………………… 293

参考文献 ……………………………………………………………… 298
后记 …………………………………………………………………… 307

第一章

党建统领开创共建共治共享的乡村治理格局

乡村治理作为国家治理的基础单元，关系到国家整体治理效能，关乎国家治理现代化。党的十九大报告提出，健全自治、法治、德治相结合的乡村治理体系。2018年，中央一号文件《中共中央国务院关于实施乡村振兴战略的意见》进一步明确要求，必须把夯实基层基础作为固本之策，建立健全党委领导、政府负责、社会协同、公众参与、法治保障的现代乡村社会治理体制，坚持自治、法治、德治相结合，确保乡村社会充满活力、和谐有序。党的十八大以来，贵州积极探索创新实践，涌现出一大批党建统领乡村治理新格局的典型案例。实践经验表明，坚持农村基层党建创新是实施乡村振兴的根本保障，坚持"党建+三治融合"是实现乡村治理有效新模式，坚持党建统领多元共治是推进乡村振兴的有效途径，构建共建共享机制是推进乡村振兴的动力引擎。协同推进基层党建创新与乡村治理，需要以基层党建创新为抓手，推动乡村全面振兴；以人民群众利益为重，推进"三治融合"；以"三变"改革为突破，不断激发乡村治理活力。

第一节 党建统领乡村治理的制度基础与理论逻辑

2018年11月党中央新修订的《中国共产党支部工作条例（试行）》明确规定，各个领域的党支部应根据实际情况承担各自不同的任务。具体至农村，基层农村党支部的主要任务是全面领导隶属本村的各类组织和各项工作，全面助力国家乡村振兴战略的实施。党的十九届四中全会明确强调，坚持党的领导、认可党的科学理论是我国现行国家制度和治理体系的一大内在优势。当前，我国乡村治理范式主要体现为在党建统领下遵循共建共治共享理念的治理态势。因此，这一治理态势的形成历程是经过一系列制度建制并遵循特定且合理的理论逻辑所建构的，即当前党建统领的乡村治理格局的形成遵循一定的理论逻辑，有一定的制度基础作铺垫。

一、党建统领乡村治理的制度基础

任何制度成果的形成并非一个一蹴而就的瞬时状态，必定经历一定的制度演进历程，有一定的历史制度铺垫背景。在我国，乡村治理问题是一个古老话题，长期以来得以经久不衰的热议。乡村治理是政府机构、各种社会组织以及村民等乡村治理主体通过一定的制度模式共同把乡村社区的事务活动管理好的过程。① 将制度研究问题投影至我国乡村治理场域可以发现，乡村治理每一时间段的制度陈设均有其历史渊源，其中蕴含着特定的时代演进逻辑。乡村治理作为一个浩荡工程，关乎民生质量，更关乎整个国家治理格局、治理进程、发展态势，一直以来备受各界瞩目。其中，研究传统时代乡村治理制度基础的学者无外乎将制度与传统皇权、传统乡绅等挂钩，而在基于国家治理现代化目标设定的中国，必然需要重新审时建制。当前，我国乡村治理已演进为党建引领下各方共建共治共享的治理格局。在多方参与的乡村治理体系内，农村基层党组织扮演统筹性质的"领头羊"角色。因此，在此治理格局镜像后必定存在深层次的制度诱因。要对当前党建统领乡村治理这一治理格局所蕴含的制度背景进行深层次、实质性的剖析，研究导致该治理格局的历史制度演进脉络就显得尤为必要。

中国乡村治理历经了一个制度不断衔接与转型的历程。从新中国成立伊始至1978年十一届三中全会召开，我国乡村治理模式表现为从互助组、初级社、高级社、人民公社的时间链条式治理模式演进过程。1958年，《关于在农村建立人民公社的决议》的通过，宣示着人民公社体制的问世，作为构建新中国乡村政治建设的重要组分，人民公社体制高度集中政社为一体，呈现乡村治理的"政社合一"模式，在此行政体制下，我国乡村治理呈现出"三化"特征，即

---

① 何继新、王笑语：《新时代乡村振兴战略背景下乡村治理内涵转换、维度指向与质量标准》，《改革与战略》2020年第9期。

政权组织经济化、行政活动党务化、管理活动军事化。① 可见，这一时期在整个乡村治理模式演化的过程中，中国共产党始终处于核心领导地位。换言之，党组织作为人民公社制度乡村的主要推动者，通过人民公社制度将国家权力渗透至基层乡村社会，是国家权力对农村基层领域治理的权力延伸形式。继以政社合一为显著特征的乡村治理模式之后，十一届三中全会的召开迎来了农村治理改革的实践契机，"政社分置"俨然成为进一步改革趋势。1982年，《宪法》中明确提出城市居民、农村村民自治的规定，以成立居委会、村委会的形式实施自治，也即政社分离的主要表征之一。这一时期中国各地乡村普遍在农村设立村民委员会试点，为村民提供自治场域条件。1987年，全国人大常委会通过的《村委会组织法（试行）》为"政社分设"中的村民自治提供了法律保障。历经10年试行后，1998年村民委员会自治制度正式设立。2010年，第十一届全国人大常委会第十七次会议对《村民委员会组织法》进行修订，进一步实现对村民自治的制度完善。村民委员会自治制度作为我国基本政治制度之一，以法律化、制度化、规范化的制度规范赋予了"政社分置"这一乡村治理模式成型的生长土壤，切实地将"自治"元素真正意义上引入中国乡村治理情境中。

继"政社分置"乡村治理模式之后，"乡政村治"乡村治理模式兴起，成为时兴一时的中国乡村治理主要模式，在这一时期，除原有"政社分置"时期村民委员会自治外，在村级组织之上还设立了乡镇政权依法对乡村实施行政管理。概言之，"乡政村治"这一乡村治理模式实质上表现为自上而下的乡镇政府（国家政权）行政管理权力与基层村委会（村民）自治权的综合。② 这一阶段"乡政村治"的乡村治理模式体现为国家力量与乡村自治力量的融合，集合了国家、乡村两种治理力量。

在2017年党的十九大会议报告《决胜全面建成小康社会夺取新时代的伟大胜利》中，乡村振兴战略备受瞩目。乡村振兴战略的践行需要与之相呼应的乡村治理体系相辅，因此加强农村基础工作，健全自治、法治、德治的乡村治理体系受到国家、全党的一致重视。此外，中共中央办公厅、国务院办公厅《关于加强和改进乡村治理的指导意见》中提出，要建立健全现代乡村社会治理体制，以自治增活力、以法治强保障、以德治扬正气，健全党组织领导的自治、法治、德治相结合的乡村治理体系，构建共建、共治、共享的社会治理格

---

① 发展研究所综合课题组：《改革面临制度创新》，三联书店1998年版。
② 徐勇：《论乡镇管理与村民自治的有机衔接》，《华中师范大学学报》1997年第1期。

局。"三治结合"即指自治、德治、法治三者结合，作为新时期中国乡村的最新治理模式，该项制度安排是立足于新时代全面建成小康社会时期党和国家作出的重大战略部署，是为了应对新时期乡村治理中农村社会无力应对的治理问题而进行新制度探索。经一系列乡村治理实践证明，"三治结合"有其科学性、理论性及可实践性。自治、德治、法治并非三个绝对独立的个体，其中存在一定的内在机理与逻辑联系。具体而言，三者间既亲且疏，即既紧密关联又相互区别，各有其所属功能定位。自治强调的是乡村主体内生力量的组织与发挥，要求要加强农村基层党组织建设力度，深化农村社会自治实践，以在农村基层充分发挥党建带头作用，以党建组建乡村治理内生秩序，推动乡村治理布局合理、步伐稳健；法治即以法治村，以法的力量、法的逻辑夯牢乡村治理制度"笼子"，将法治观念渗透至乡村治理制度中；德治则实为一种软约束，与法治这一正式制度安排相比，其在当前中国"三治结合"的乡村治理体系中充当着非正式制度的运行角色，以"情感"润色乡村治理制度体系。

　　党建统领是当前我国乡村治理的最突出特征，这是长期以来我国乡村治理实践不断探索的结果，是乡村治理体制经几番变更的制度累积与沉淀。从早前农村社会较为原始的人民公社治理模式至当前"三治结合"的新时期乡村治理模式，乡村治理体系、治理模式在基层乡村治理实践中得以不断变更与调适的同时，国家行政权力、党建统筹性功能在基层乡村治理实践中也一直被予以强调和应用，成为中华人民共和国成立以来始终贯穿中国乡村治理的一条主线。换言之，在中国乡村治理历程中，党组织的作用始终受到高度重视，这是由我国国情决定的，也是对我国所处历史方位的高度筹谋。当前党建统领下的乡村治理，基本要义在于始终坚持党的领导，服从党的安排，基于此前提要件实施系列乡村治理活动以实现乡村振兴。"三治结合"的乡村治理模式作为新时期中国乡村治理的一项顶层制度安排，其中蕴涵了对党组织引领作用的高度认同，自治元素要求农村基层党建作用的发挥，法治要求坚持党的法度，配以德治这一非正式制度安排，是对前两者功效的调适，最终在于强化前两者的制度效力。党在社会主义建设进程中的统筹引领作用一直在得以在国家制度体制设立层面不断固化。在党的十九届四中全会上，《中共中央关于坚持和完善中国特色社会主义制度　推进国家治理体系和治理能力现代化若干重大问题的决定》旗帜鲜明地指出要加强、创新社会治理，是实现和完善内含党委领导、政府负责、社会协同、公众参与、法治保障几大要素的社会治理体系，建设社会人人担责、人人尽责、人人共享的治理共同体。《决定》中这一要求是对我国社会治理理念、治理体制、治理模式的重大创新性建设，符合当前推进国家治理体系与治理能力现代化的现实战略要求。

乡村治理作为社会治理的子系统，其治理要义、治理逻辑与社会治理异曲同工，因此乡村治理同样强调要在治理过程中加强党委领导，在基层党委统筹下进行系列治理创新，这一要求不仅是制度赋予的，也是社会现实治理需求，原因在于：中国改革开放与社会主义市场经济发展进程催化我国社会利益的多元化以及社会关系的复杂化，此种情境下社会任意一种力量干预均难以维持社会平稳发展和秩序维系，以促进全体社会的稳健发展。中国农村发展的复杂态势使其更难以依靠某种单一力量实现稳健发展，以及处理各种内生风险与外在挑战。基于上述诸多现实治理困境，新时代乡村治理强调要激发农村主体内生性治理活力，同时也高度强调党委领导。中国乡村治理实践表明，乡村治理实践模式中党委所发挥的是核心领导和政治保障作用，该作用具有不可替代性，是政府、公众等其他治理主体无法替代的。基层各级党委对乡村治理工作的领导主要以宏观决策和微观推动的方式进行，在具体治理实践中也发挥着统筹引领和调节平衡作用，以实际行动践行制度理念，充分证实了国家对乡村治理顶层制度设计，高度重视与强调党委作用的科学性、合理性。

二、党建统领乡村治理的理论逻辑

当前我国乡村治理格局已经形成了党建统领下的多元共建、共治、共享的协同治理态势，这是基于乡村振兴战略的目标要求以及现实乡村治理困境的切实呼唤。深究党建统领下共建、共治、共享的乡村治理格局最终形成的深层次原因有助于基于问题本质层面探讨党建统领乡村治理的里层理论逻辑。随着城市化进程的加速，乡村不再是麦田守望者的乡村，它可能成为政府、资本与农民利益的角力场，也可能成为城乡人民共同营造的美好家园。[①] 从这个意义上来讲，由于社会整体进程加速带来城乡格局的转变，乡村社会的单一性被打破，整体上由封闭走向开放，因此导致乡村社会治理复杂性大幅度增加，使乡村治理的重任仅依靠毫无组织性的农村社会往往显得力有未逮。中国共产党作为推动中国发展的先进政党，无论在思想上或行动上均有足够胜任力担任乡村治理的领班人，这是在长期治理实践中得以充分验证的，其治理胜任力通过了

---

① 王敏：《乡村振兴的共建共治共享路径研究》，《农家参谋》2020年第15期。

实践的检验，因此在乡村治理中，党和国家高度重视、大力弘扬、充分挖掘基层党建在乡村治理中所能发挥的实质性功效，无论在制度层面还是理论高度都予以了充分支持与一致肯定。

党建统领乡村治理遵循着共建、共治、共享的理论逻辑。首先，共建在乡村治理中发挥基础性作用，之所以将"共建"放置在乡村治理格局中的首位，最根本的原因是考虑到乡村社会的变迁和乡村村民自治的现实需求。随着传统城乡二元社会向现代化高速的蝶变，乡村社会也深受时代转变影响，具体表现为由传统"熟人社会"逐渐向"半熟人社会"抑或"陌生人社会"过渡或转变，也即表示社会发展的迅速程度虽实质性促进了乡村村民来往的便利度，但并未带给村民间交往的亲切感。在此种治理背景下，村民面临遵守乡村规则以维护和谐人际关系的切实性生存需求，以及困于对现代科技发展的陌生化而导致的村民间关系互动的脱域化困境，往往难以依靠自身力量实现乡村社会的善治目标。除此之外，乡村社会的发展在一定程度上提升了村民的个体自我意识，造成越来越多村民更多聚焦个人私利，村民对乡村公共事务治理热情的淡化加深了乡村治理的复杂度，这就要求在乡村治理引入多元主体进行乡村共建。因此，在乡村治理的共建元素中，农村基层党建组织起着绝对引领作用。从当前乡村社会治理的现实性需求看，组织建立积极理性、协作共建的乡村多元治理主体是关键，与此同时，确立基层党建在多元共建主体中的统筹地位显得尤为必要。

其次，在共建、共治、共享的社会治理理论中，共治是该理论的核心要素。共治的核心地位源于社会变革中衍生的乡村治理现实要求，由于社会的高速发展特征，使传统乡村治理模式难以迎合现代社会乡村治理需求。乡村治理主要侧重于调和而非支配，也即意味着乡村治理是一个依赖于差异化利益主体基于协调视角而采取一致性联合行动的持续性过程[1]。乡村治理主体从一元化发展至多元化是社会发展的必然趋势，在多方利益、需求相牵制的多元化乡村治理时代，倘若治理过程中缺乏沟通、协商与合作，就难以达成乡村的有效治理，反之容易引发无政府主义、无序参与等社会问题。[2] 所谓共治，简言之即强调治理多元化，强调多方主体共同投身乡村治理并在其中发挥各自治理效力。在这个过程中，有党建领导，有政府、公民等主体参与，并且能够建立起

---

[1] 江国华、刘文君：《习近平"共建共治共享"治理理念的理论释读》，《求索》2018年第1期。
[2] 王春婷，《社会共治：一个突破多元主体治理合法性窘境的新模式》，《中国行政管理》2017年第6期。

良好的互动协商机制,这意味着政府能做民意倾听者和意见采纳者,与此同时,村民也能积极主动参与乡村治理行动,换言之,利益相关者能双向奔赴开展紧密沟通与协商。共治作为乡村治理核心方式,既强调的是法治意义上的共治,同时又强调共治过程中对公共精神的培养,即共治作为乡村治理的最基本方式,一定不能脱离法治独立进行。

在共建、共治、共享的乡村治理格局中,共享是治理的目标所向,也是乡村治理的最终价值回归点。实施乡村振兴战略的终极价值最终回归到人民主体,将乡村治理成果合理分配给村民主体是推动其参与乡村建设的"奇异吸引子",乡村治理旨在形成有效的基层社会治理和稳固的基层社会秩序,使村民的获得感、幸福感、安全感更加充实、更有保障。因此,让乡村农民主体能共享乡村治理成果的权利是乡村治理的最终价值回归与成效体现。就内涵而言,"共享"是指全体社会成员共同享有社会治理的治理资源、治理利益及治理秩序所产生的"红利",[1] 也指代实施乡村治理的最终价值回归。

第二节 党建统领贵州乡村治理新格局的典型案例

贵州省是脱贫攻坚与乡村振兴战略的重点关注对象,农村地区在我国广泛分布,作为乡村治理的主要目标场域,农村地区治理状况直接关乎乡村振兴战略的整体推进与战略实施效果。就当前而言,党建统领下共建、共治、共享的乡村治理新格局已不仅限于理论层面的强调,而是在全国各地已有深入实践,甚至不乏典型可供模范的案例代表。接下来以乡村振兴中兴起的安顺市西秀区"大坝精神"、罗甸县麻怀村"麻怀干劲"、望谟县坡头村"战贫密码"、遵义市花茂村"完美蜕变"、娘娘山联村"三变"促"山变"等典型乡村治理实践案例为代表,深度刻画党建统领下贵州省乡村治理的全新面貌。

一、乡村振兴生动实践的"大坝精神"

西秀区大坝村位于贵州省安顺市,原属省级二类贫困村,地处偏远、土地

---

[1] 江必新、王红霞:《论现代社会治理格局:共建共治共享的意蕴、基础与关键》,《法学杂志》2019年第2期。

贫瘠、缺水严重，经济发展落后，人均收入水平较低，2008年人均年收入仅1928元，村集体经济收入不到1万元。2014年全村有55户贫困户190人贫困人口，贫困发生率高达12.58%。在大坝村支书带领下，大坝村通过加强基层党建，提升组织力，探索走出了一条以"党建引领、平台运作、市场导向、业态融合、群众主体、环境重塑"为主要模式的发展路子，村容村貌和村民生活发生了翻天覆地的巨大变化，实现了"产业兴旺、生态宜居、乡风文明、治理有效、生活富裕"，最终得以一改原先贫穷落后的面貌。

党建引领下大坝村乡村治理主要围绕以下几个方面进行：一是治贫。发展金刺梨种植产业，成立延年果合作社。2008年的大坝村可概括为无钱、无业、无组织的"三无"状态，面对此种窘境，大坝村在党支部引导下，按照"党员带头、群众参与、利益共享"的原则，构建起党建引领发展的大平台，用党支部的战斗力和号召力把全村党员群众凝聚在一起，有效带领全村村民脱贫致富。以村党支部书记为首的党员干部带头种植金刺梨，成立延年果合作社，并建立金刺梨种植基地。截至目前，大坝村金刺梨种植已形成产业规模，能够促进大坝村群众增收，带领村民走向富裕。二是配职。帮助农民家门口就业。为帮助村民就业，大坝村依托合作社，大力推进产业发展，以产业带动就业，逐渐形成了"入一份股、打一份工、创一份业、建一亩园"的增收模式。通过产业带动，大坝村55户贫困户中，除无劳动力的由国家兜底保障外，全部实现在合作社或大坝酒厂、生态牧场等产业项目上就业。三是共享，合理分配利益成果。对于大坝村合作社营业所获收益，大坝村针对非贫困户和贫困户分别设立了"235"与"136"两套利益分配机制，通过这两种利益分配模式，使大坝村村民能够共享劳动收益成果，提高村民参与热情与积极性。四是聚焦"四美"，营建文明家园。自2014年开始，在大坝村党支部的引领下，大坝村村民围绕居住美、生活美、环境美、生活美等几大目标开展乡村人居环境的整治与美化工作，拆旧房建农墅、完善基础设施、改善生态环境、祛除陋习，营建精神家园……这一系列措施引领大坝村民过上愈加美好的生活。

经过几年的发展，大坝村产业兴旺、生态宜居、乡风文明、治理有效、共同富裕特征逐步显现，先后荣获"全国文明村"、贵州省美丽乡村示范村、全国先进基层党组织等荣誉称号。三产融合发展，不仅促进了农业提质增效，而且带动了农民就业增收。2017年，大坝村获得了村民年人均可支配收入达到8500元、村集体经济收入达5000万元、贫困发生率下降至1.7%等多项丰收，实现了从省级二级贫困村到小康示范村的完美蜕变，堪当西秀乃至贵州省乡村振兴战略实践中可予以借鉴的宝贵经验。2018年在全省项目观摩会会上，大坝村的做法得到省委书记孙志刚的高度肯定。整体上，2008~2019年，大坝村人均年收入从1982元增至13800元，村集体收入达350万元，全面小康实现程度达100%。2020年，大坝村入选文化和旅游部第二批"全国乡村旅游重点村"。

二、"麻怀干劲"焕发乡村振兴新气象

麻怀村地处贵州省罗甸县沫阳镇，是典型的喀斯特地貌山区，长期囿于土地少、土地贫瘠、生态脆弱等困境是致使其深陷贫困的重要原因。自20世纪80年代开始，麻怀村所处罗甸县就被国家列入全国重点扶持的贫困县行列。地处典型喀斯特岩石深山区麻山腹地的麻山村远距县城30余公里。由于长期道路不通交通闭塞，麻怀村150余户约600人被长久困于深山中，长此以往沦陷为远近闻名的深度贫困村。要致富先修路，2012年，麻怀村党支部书记邓迎香率先带领村民开山凿道，坚持10余年凿出一条出山隧道，逐渐踏上摆脱贫困的新征程。

在麻怀村脱贫征程中，整体而言得益于以下策略的施行：（1）带头干，依靠党建领头。麻怀村为了打破与外界的隔阂，创新性地实施与邻联合策略，通过与邻村党支部合作，建立了麻怀联村党委，麻怀联村党委实行责任制区域共建，并签订脱贫攻坚互促责任书以高度组织化、职责分担化方式确保区域脱贫工作顺利进行。以联村党委为"领头羊"，麻怀村在党支部领头下带领村民凿山挖路，进行二次创业，逐渐脱离贫困圈圈。（2）抓基础，保障基础设施。（3）促创新，立规透明办实事。建立强制性村规民约，如禁止乱办酒席、乱丢乱放、乱搭乱建、履行赡养义务等，实行村务党务阳光工程，承诺每年办成5件民生实事。（4）洁村容，建设宜居工程。按照"联村党委书记抓总、党委委员包组、村两委干部包户"责任制，大力推进村容村貌亮化，实施宜居环境建设，涵盖对生活污水、厕所粪污、生活垃圾的清洁化无害化处理。（5）抓产业，促进产业共建、共享。麻怀村党支部领头人积极鼓舞村民共同参与到产业建设中来，最终了形成共建、共享的产业链条。在村党支部的协调和努力下，蔬菜种植、野生菌养殖、庭院经济、黑毛猪养殖、生态养鸡养牛、鹌鹑养殖等生态产业接踵而至。（6）找产路，注册迎香牌商标。在党支部统筹下，麻怀村投入高额资金进行品牌推广和市场包装，凡麻怀村出产的种植和养殖产品统一命名迎香牌，以提高产品的附加值和市场竞争力。

目前，麻怀村已退出贫困村行列。在各级党委政府以及麻怀村党支部书记

的带领下，麻怀村从建立组织领导、完善基础设施、产业转型升级壮大、人才队伍建设、宜居工程建设等方面出发，开启全面小康建设新纪元。

三、一个贫困山村的"战贫密码"

望谟县坡头村地处黔西南州麻山腹地，属于典型的喀斯特石山区，山高坡陡、道路不通、少地缺水。在全村271户共1354人中，少数民族占98%，村民收入的主要来源为外出务工，是一个由国务院扶贫开发领导小组亲自挂牌督战的深度贫困山村。

在坡头村贫困治理实践中，坡头村主要采取以下做法：第一，优化村党员干部队伍，保持党员干部队伍先进性。建立党员干部激励机制对党员干部实行正面、负面清单积分激励考核制度。奖励高积分，同时对积分不达标者严格按规定处理。通过诸如此种措施提高村党支部领导班子素质和整体水平。第二，党员带动群众共建产业。坡头村党支部统筹布局，带领群众种植花椒560亩，小黄豆、小辣椒等280余亩，最终带动99户469人增收。同时种植石斛、连翘、青风藤等中药材，投资高额资金发展生态养鱼产业，申请东西部协作资金200万元入股大观镇养殖项目。第三，扶贫、扶志、扶智同时兼顾。通过资源共享、信息互通、成果共建多元合作模式，望谟县已形成当地发现人才、基地培养人才、反哺本土发展的闭合式人才培养机制。第四，党民共商、共建、共享新农村。坡头村打造清洁底色、文明本色、宜居特色的亮色新坡头，通过创造性地建立文明示范激励机制，支持群众以德积分、以分换物。严格落实"三会一课"制度，通过开展"感党恩、数变化、争脱贫"等系列主题教育活动，进一步拉近了干群关系，把党员、群众凝聚起来、组织起来、带动起来投入全村的脱贫攻坚工作中去。在村议事决策方面，坡头村党支部采取共商共建方式，使每一项决策最大限度地贴合村情实际与村民利益。

坡头村党支部积极发挥组织群众、发动群众作用，统筹协调各方资源抓脱贫。着重激发群众的内生动力，加强对贫困群众的教育引导，灌输勤劳致富观念，通过党员包联等政策法规宣传，举办技能培训班，切实提高贫困户的实用技术技能，引导贫困户增强自我发展能力，激发贫困地区内生动力。经过深入地扶贫实践，截至2019年底，坡头村建档立卡贫困户由186户1029人降为28户134人，贫困发生率降为9.9%，村容村貌焕然一新，村民生活质量逐步拔高，迈向小康水平。

四、从"荒茅田"向"花茂村"的完美蜕变

花茂村原名荒茅田,意为贫困荒芜,位于贵州省遵义市,全村共占面积9.8平方公里,共辖26个村民组,全村共计4950人,在外出务工高峰期时花茂村外出务工人数高达3000人以上,除此之外,花茂村村民主要收入来源于种植、养殖等,曾一度是一个籍籍无名的贫困村。近年来,花茂村荣获"全国美丽乡村示范村""全国乡村旅游重点村寨"等称号,成功入选"2019世界旅游联盟旅游减贫案例"。通过发展乡村旅游脱贫,花茂村成功探索出一条有特色、可供借鉴的典型模范路,是中国乡村旅游可持续发展、贵州旅游业高速高质的一个缩影。

为积极响应国家乡村振兴号召,花茂村在村党支部的带领下,找到了符合村情特色的致富脱贫道路,大力发展经济、高效、特色的农产业,浓墨重彩推进红色乡村旅游,在村党支部的帮助下,花茂村发展"农家乐文化",大部分村民纷纷建立农家乐餐馆、农家乐民宿。花茂村的快速发展的同时也吸引了外出务工人员返乡投身家园建设。通过发展农文旅一体化的乡村治理改革,花茂村外出务工人员不足300余人,乡村"空壳化"程度明显得以改善。通过党支部发动群众开展乡村产业扶贫、旅游扶贫等扶贫发展项目,花茂村目前已实现从荒芜村到美丽村的完美蜕变。目前,花茂村1345户村民中仅有贫困建档立卡户40余户,尽管并未带动所有人口脱贫,但花茂村近些年脱贫成就不容否之。2018年,花茂村人人均可支配收入近1.6万元,村集体经济收入约200万元。可见,在脱贫致富路上,花茂村已经踏上征程并且越走越远……从一个籍籍无名的贫困村一度跃升为贵州省乡村振兴模范,花茂村脱贫成效有目共睹,乡村脱贫治理实践是有其经验可借鉴性的。首先,高具组织性与政治觉悟的基层党组织是乡村治理取得成效的先决条件,也是乡村治理工作得以顺利开展的政治保证。在花茂村拥有党员数十名,其中不乏女性党员。其次,在党支部、党员带头下,花茂村实施产业带富工程,引进蔬菜种植,发展精品水果和生态传统农业数千亩,同时发展养殖业、乡村旅馆、农家乐等,带动当地村民实现自家门口就业;再次,大力全方位整治乡村人居环境,实现100%的农居改造率、100%的庭院整治率;最后,花茂村乡村治理的最大特色与亮点在于完美地将农文旅融合发展,从物质、精神、文化等多重视角推动乡村致富,实现"一举三得"。

花茂村在乡村治理实践中以绿色发展为引擎，高度聚焦三产融合发展，逐渐探索出一套美丽乡村建设与乡村旅游协调发展的新模式，实现了从贫困村到小康村的跨越，切实做到了脱贫攻坚与乡村振兴的有效衔接，符合乡村振兴的顶层价值追求与实践理念。

五、"三变"促"山变"的娘娘山联村

娘娘山位于盘州市，是一座海拔2319米的山峰，"土里刨食、靠天吃饭"是娘娘山山脚下乡村村民日常生活的写照。2012年以前的普古乡村民人均纯收入不足700元，村民基本生活条件艰苦。近年来，盘州市大力实施"旅游扶贫攻坚"战略，将全域旅游与精准扶贫深度融合，充分发挥旅游惠民生、消贫困的引领作用。普古乡既是"三变"改革发源地，也是乡村旅游扶贫的一个典范，按照乡村旅游发展规划，积极探索"资源变资产、资金变股金、农民变股东""三变"改革模式，以"三变"促"山变"，通过8个村联合组建娘娘山联村携手开发乡村旅游项目，累计带动885户3288人贫困人口脱贫，2016年农民人均纯收入达14600元（其中旅游收入占40%），为全县农民人均纯收入的1.7倍。2019年，盘州县实现旅游接待人次突破1000万，旅游增速连续五年位列全省第一。

娘娘山联村"三变"主要表现在以下几个方面：第一，土地资源转换为土地资产。将农村分散土地进行整合并成立专业合作社，始终秉持着"人人有钱挣，家家能致富"的理念，将包含荒山、荒地、林地等10多万亩土地资源转换为土地资产，为猕猴桃、蓝莓、刺梨等水果种植提供基地。第二，农民转化为股东。在产业发展的同时，最大限度地发动群众参与，把利益最大化惠及群众。第三，资金变股金。积极发动群众入股，先后开发了土地、资金、技术、集体资源入股等模式，以资源转变资产的方式引导农户以土地、资金等方式入股，年终共享收益成果，根据投入资产从中分红。为加快实施乡村旅游开发，推进旅游扶贫攻坚、助推同步小康建设，在当地党委政府支持下，娘娘山联村按照"园区+联村党委+支部（村委会）""银湖合作社+村级合作社+农户"等模式，由普古乡党支部书记牵头成立"贵州娘娘山高原湿地生态农业旅游园区"，将其打造成农旅一体化产业园区，依靠娘娘山旅游产业的发展助力经济增长，促进娘娘山联村农民实现稳步就业。

在娘娘山联村的乡村治理实践中，严格遵循以下五大治理理念：第一，村

务共商。对涉及各村的综合性事务或重大项目、民生工程等安排，娘娘山联村通过设立联村党委会议平台进行村务共商共议。第二，规划共谋。凡涉及联村党委的总规划，通过组建娘娘山银湖合作社等平台，根据各村特点进行合理部署，统一组织、商议、实施、管理、推动。第三，资源共享。针对区域内的自然资源的配置使用，娘娘山联村党委进行通盘考虑根据产业需求进行合理配置，实现资源最大化集约化使用。第四，产业共建。首先成立娘娘山联村合作总社，主要负责为各村统筹性提供资金、技术、市场保障等服务，然后在合作总社下设立各村合作分社，主要致力于引导农户将其所拥资金、土地、劳动力入股合作社，形成"总社—分社—村民"链式合作机制。第五，矛盾共调。由联村党委负责协调与处理村务纠纷和发展矛盾，促进各村在村务共治、乡村发展中能够通力合作。

在农民就业安排方面，娘娘山联村合作社根据不同村民的实际情况，为村民"量身定制"酒店服务员、基地管理员、观光车驾驶员、园区保洁员、保安等就业岗位，带动近千余人实现稳定就业；与此同时，合作社还积极扶持村民进行自主创业，共带动130余户村民办起了农家乐、旅馆、超市等。在旅游产业发展方面，娘娘山联村党建带领群众建成了天山飞瀑、温泉小镇、天生桥等10多个景区景点，达到农旅产值1.3亿元的成果。通过实施乡村旅游开发建设，娘娘山联村先后被评定为全国休闲农业与乡村旅游示范点、全国优选旅游项目、国家4A级旅游景区、国家级农业科技示范园区，成为贵州省农村综合改革示范点。据有关统计，自2012年以来娘娘山园区累计带动1117户3962人脱贫，位于园区核心区的舍烹村村民人均纯收入从2012年的4000元不足增长至14600元，其余乡村村民人均纯收入也从2012年的不足3000元提升至9570元。历时几年的发展，2019年娘娘山联村成功创下1100余户3960余人成功实现稳定脱贫的佳绩，村民生活条件发生天翻地覆的变化。

第三节 党建统领贵州乡村治理新格局的机制特征

在中国特色社会主义新时代背景下深入推进乡村治理现代化，应该遵循一定的治理规律，在乡村治理中引入现代化的治理理念，以成功构建现代化乡村治理机制，确保达到乡村治理活力、有序、和谐、共进状态。在中国国情的背景下，坚持中国共产党的领导是实施乡村振兴战略、推动乡村走向富强的重要抓手，乡村振兴战略的推动、乡村治理现代化的推进都难以脱离中国共产党的领导而独立进行。当前党建统领乡村治理已发展为乡村治理的一个广泛性实践，并已跃升为制度层面的常规性、常态化乡村治理必要模式，谈及乡村治理必提及党建。与此同时，在乡村治理过程中，应当充分吸纳融合乡村治理的自治、法治、德治要求，三者实现合力状态能够高度提升乡村治理力度，提升乡村治理效力，有效回应乡村社会治理的客观性需求。此外，党的十九大报告进一步强调，实现农业农村现代化必须推动城乡融合发展，乡村治理是当前城乡融合大背景下党和国家高度重视的战略实践，同时是源于乡村社会转型背景下对乡村治理的多元主体协同化治理需求。基于对当前党建统领下共建、共治、共享的乡村治理模式探讨，并通过对以上所述典型乡村治理实践案例共性特征的深入剖析，最终归纳出贵州省党建统领下乡村治理新格局具备以下几大机制特征。

一、坚持农村基层党建创新是实施乡村振兴的根本保障

在乡村治理实践机制中，基层党建能够有效补位乡村治理中的领导机制缺口，是乡村治理整个大系统的引力装置。乡村社会作为整体性社会的基础单元，近年来更是衍生出如乡村治理的内卷化问题。具体而言，弱组织性是基层农村单元普遍存在的诟病，乡村社会的组织分散性在一定程度上表示解决乡村治理组织涣散问题的关键在于探索构建乡村基层党建对农村工作的全面领导机制。因此，乡村诸多现存客观性治理窘困增加了乡村治理难度，阻滞乡村治理成效提升。基层乡村治理是一个浩荡工程，具备庞大系统的复杂性特征，故是否具备高度严密的逻辑性组织在乡村治理中运筹帷幄尤为关键。基层乡村治理掺杂诸多利益，乡村整体文化水平滞后导致村民自组织能力欠缺，政治思想意识薄弱，强调基层党组织的领导作用正是基于基层乡村治理过程中组织涣散、人心不齐这一领导机制缺失弊端。基层党组织在乡村治理中展现的魅力在于它能够将其自身所具备的先进性、强组织力、高觉悟、强战力等内嵌于乡村治理各个环节，并积极践行以发挥领头模范作用。在基层乡村治理实践中，党支部书记实质上扮演"领头羊"角色，引领党员干部在治理中发挥先锋模范作用。概言之，基层党建主要以其政治权威引领群众，基层党建的合法性逻辑能够增强村民的信服感，这是一般性社会组织无法替代的。

二、坚持"党建+三治融合"是实现乡村治理有效新模式

夯实党建引领乡村工作的政治基础，全面推进自治的主体地位、法治的保障地位和德治的基础地位，形成自治、法治和德治相得益彰、相互补充的治理机制。坚持和加强党的乡村治理中的集中统一领导是国家的根本政治要求，十九届四中全会在强调"三治融合"的乡村治理机制时，对党组织在乡村治理中的领导地位予以着重强调。毫无疑问，党的领导是一切工作的前提，其作为我国一项根本政治原则地位不可动摇。新时期乡村治理要遵循自治、法治、德治相结合的乡村治理机制，坚持"三治合一"是对党建统领乡村治理效力的动力加持，自治、德治、法治三者间体现为无缝衔接、相互补充促进的关系。其中，自治侧重于激发现代乡村社会中村民主体的内生性治理力量，是对乡村社会内生治理秩序的构建，强调治理的民主性；法治则是要将刚性制度引入乡村治理中并形成乡村治理的治理规则，侧重于对乡村治理过程中产生的表层行为的实质性约束；德治是对自治行为的软约束和法治空隙的补充，德即意指"礼"，即以礼束人，德治通常表现为舆论压力、内心自省等治理方式。在由自治、德治、法治共同建构的现代乡村治理体系中，自治是基础，法治是保障，两者需要德治进行调适。不容置否，尽管基层党组织在乡村治理中发挥着至关重要的功能作用，但必须承认乡村自生主体是推进乡村治理的主要力量源泉，因此，在自治、德治、法治三个治理维度中，德治、法治都需要自治的鼎力支持。下至乡村治理、上至国家治理，均必须有自治作为治理基础保障。在乡村治理中，实现自治，就是要实质性保障乡村主体当家作主的权力，切实维护其利益，进而激发内生性自治活力，再辅之德治与法治，建构党建统领乡村治理格局的"三治融合"机制。

三、坚持党建统领多元共治是推进乡村振兴的有效途径

多元化治理是传统乡村治理格局转化的必然走向，在当前党建统领的乡村治理格局中，治理多元化是主要治理机制特征之一。治理多元化包含治理主体的多元化、治理手段的多元化以及治理方式的多元化，其中治理主体多元化着重强调乡村治理的多方参与，包括党组织、政府、村民、企业等主体在内；治理手段多元化注重于突破传统乡村治理中行政手段滥用的桎梏，将自治、德

治、法治手段融合，探索多来源、多样化治理手段；治理方式多元化是对治理手段的进一步具体化，是具体实践层面所采取的治理措施。

（一）治理主体多元化

在当前社会治理格局中，国家已不是唯一治理主体，现代社会更加倾向于采取协同性治理模式，才足以回应社会多元化、高度复杂化下的治理需求，具体至乡村治理亦是如此。在新时期乡村治理中，多元治理尤其重要，具体包含乡村自生主体以及党组织、政府、各种社会组织等外来主体，各方主体在乡村治理中各展其色，发挥不可替代的互补性、协同性功能作用。乡村治理中各治理主体间的关系可精确概括为"一体"与"多元"。其中"一体"是治理主体中核心领导主体，即党在农村的基层组织；"多元"则是对所有参与治理主体的统称，在"多元"中，最重要的"一元"是乡村村民，当前乡村振兴也迫切需要激发和唤起农民主体意识和主人翁身份意识。因此，基层乡村治理中党委与政府充分调动村民主体治理热度的关键在于不能过度揽权，要建立治理主体间明确的权力界限，否则容易湮没乡村主体家园建设责任感，导致"船上的不努力，岸上人震断腰"的治理瘫痪局面，阻滞乡村治理成效提升。

（二）治理手段多元化

由于现在社会的发展，传统社会"家国同构"以及城乡间"差序格局"的结构模式已趋向瓦解，随之而来的是社会开放化背景下人们对血缘、地缘关系意识的逐渐淡薄，反之，社会成员的平等意识、民主意识、政治意识等得到不断挖掘与强化，逐渐彰显其治理能力。因此，传统社会依靠单一行政手段实施治理已不符合时代需求，解决该困境的关键在于要构建从单一行政手段向多种治理手段共同推进的治理新机制，这意味着乡村治理中行政治理手段不再是唯一的治理手段。具体而言，乡村主体是治理的主要能量来源体，在通过自治手段满足自治需求的条件下，在以法治为保障构建由上至下的基础性制度保障，实现自上而下法治与自下而上的自治、德治等治理机手段的结合，以提升乡村治理整体效能。

（三）治理方式多元化

治理方式的多元化，是指基于自治、法治、德治等治理手段基础上的治理方式多元，是对三种治理手段的具体方法论探索。其中，自治手段的具体治理方式有多样化推进路径,如通过引导乡村村民参与村务决策、表达利益诉求,引领村民参与村种植产业以及发展乡村旅游产业等;乡村治理法治手段的具体治理方式同样具备多元化推进机制,如可以采取多样化渠道引导文化水平普遍低下的乡村民众熟知国家法度、政策,开设知识讲堂、活动宣传,制订村规民约、奖惩制度等;乡村治理德治手段作为乡村治理中的软约束手段,其具体治理方式比较多样化,如评选乡村榜样模范、设立红黑榜等。现代乡村治理方式的另一种形式可表现为直接治理与间接治理、纵向垂直治理与横向协同治理结合等治理态势。

四、构建共建共享机制是推进乡村振兴的动力引擎

共建共享是乡村治理体系的构建基础,遵循乡村治理的共建共享逻辑是乡村治理的内涵要求。其中,共建是基于乡村治理的复杂性而言,共享是基于乡村治理的价值归宿,共建强调乡村治理场域的多方构建,共享侧重乡村治理成果的合理分配。贵州省乡村治理格局是在长期治理实践中不断探索而来的结果,是经过系列实践证明与成果考证后最终确定的。实践证明,农村基层党组织在乡村治理中发挥关键作用的主要路径是构建乡村治理的共建共享机制,依靠"共建"充分增强农民参与意识,增强农村主体家园建设责任感,最终激发乡村治理的主要内生治理力量。不可否认,乡村治理在很大程度上必须依靠农民推动,基层党建、社会企业等在其中主要起到催化、调和、引领作用。共建成果的享用是乡村治理中必须谨慎考量的一个主要矛盾,以何种比例分配成果、哪些主体拥有成果享用资格等现实问题要求在乡村治理中要完善共享机制。共享是基于共建意义上的成果享有,因此共享是推动共建实现的主导性诱因,共建是共享的前提要件,两者共同打造乡村振兴的动力引擎。贵州省乡村治理实践历程表明,基层党建与共建共享作为乡村治理的两大关键因素,是乡村治理的成效源泉。只有在基层党建的全方位引领下,通过建立乡村治理的共建共享机制,充分调动各方力量,协调各方资源、合理分配成果,才能实质意义上推动乡村走向振兴之路。

第四节 基层党建创新与乡村治理协同的推进路径

在乡村治理实践中,基层党建作为统领乡村治理的"领头雁",其领头角

色扮演如何在很大程度上决定着乡村治理的最终成效,即乡村治理具体进度、整体效果如何与基层党建是否能够发挥创新性引领作用颇有关联。乡村治理亟须进行治理模式、方式、手段的突破,在具体治理实践中寻求创新,突破旧有治理模式阻滞治理成效提升的套板,促进党建统领格局下基层乡村治理效力、效果的全方位跃进式突破。从上述几大典型乡村治理案例中可以归纳出以下几个乡村治理的党建创新与治理协同推进路径,在一定程度上是对基层党建在统领乡村治理过程中的渐进式创新与治理道路的优化探索。具体而言,加强农村基层党组织建设是推动乡村社会全面振兴的重要保障,将"自治""德治""法治"融入乡村治理实践是建立完善乡村治理体系的关键手段,在乡村治理中创新性实施"三变"改革是激发乡村治理活力的主要抓手,三者共同构成基层乡村治理中推进党建创新与乡村治理协同的主要路径。

一、以基层党建创新为抓手,推动乡村全面振兴

党的十九大报告指出,基层党组织建设要以提升组织力为重点。基层党建在乡村治理中扮演统筹性角色,在整个乡村振兴战略布局中处于核心引领地位,因此,在乡村治理过程中,着重推进抓党建是促进乡村振兴的有力抓手,通过党建实现对软弱涣散村党组织的整体整顿,以党建引导党员发挥先锋模范作用,带动基层群众参与家园建设。在当前乡村治理中,向农村贫困地区选派第一书记常驻农村工作已经发展为一种乡村治理的长效机制。与此同时,充分广泛吸纳高校人才,建立乡村外出村民"反哺"机制,选派优秀党员干部到村任职,以不断强化农村基层党组织向心力,加强党建组织力,提高党组织工作统筹力度。本书典型案例在一定程度上是当前农村乡村治理实践的缩影,案例实践足以表明,基层党建是乡村治理成效提升的重要前提要件,如大坝村焕然一新的改革面貌,与大坝村党组织的统筹带动关联甚大。在大坝村乡村治理中,基层党建组织严格贯彻落实了党的政策要求,遵循党的政策指导,发动群众不断推进大坝村整体发展与建设,并取得了显著成效。乡村治理依靠党建引领这一机制特征在麻怀村乡村振兴实践中也有所彰显,为着力于解决麻怀村经济状况不佳阻滞乡村发展的问题,麻怀村所处罗甸县党委政府以公共服务提供的方式助力于麻怀村产业发展与基础设施建设,全方位盘活了乡村社会资本运作,为麻怀村发展面临的资本短缺问题提供了解决路径。与此同时,在县级财政的支撑保障下,麻怀村贫困户、产业、企业三者间利益矛盾得以调和,这得

益于乡村治理中基层党组织的整体性统筹与协调。

在乡村治理中，除党支部书记发挥关键统领作用外，农村基层党员发挥着先锋模范作用。在理论学习层面，坡头村党支部组织号召党员投身于党史知识、理论路线的学习。通过严格执行"三会一课"制度团聚党组织向心力，将党员与党支部严密凝聚，齐聚大众力办实事。在村务决策方面，坡头村严格规范执行"四议两公开"的决策机制，充分调动村民积极参与村级事务，增强团结一致提高治理效率。在服务意识建设方面，坡头村党支部高度关注村两委服务意识建设情况，村领导班子成员、驻村工作队亲身走家串户开展走访工作，熟悉各自负责的农户生存状况，同时采取交叉走访的方式深入了解贫困农户的切实需求，在了解村党员、干部服务意识状况的同时，坡头村立下并圆满达到全年至少帮助贫困户解决200件实际困难的服务目标，实质性做到为群众办实事，切实解决了群众焦心问题。因此，在基层乡村治理中，提升村干部队伍产业经营能力是乡村振兴的核心动力。乡村产业发展、文明乡风建设等均迫切呼唤一个兼具责任与担当的有严密组织性队伍的总体性领导与全方位掌舵。麻怀村在以党支部书记为统领的麻怀村干部队伍的带领下，坚守为民谋福利的立场，通过发展产业拉动经济增长，立足民生打通为民造福的振兴之路。在乡村产业发展中，农产品品牌建设是促进乡村农产品畅销的关键因素，关乎着乡村种植、养殖业等产品是否有稳定销路，仅靠农村村民难以推动农产品品牌建设，需要农村基层党组织、政府、市场以及其余社会主体的共同发力。基于精准扶贫战略和乡村振兴战略的政策大背景下，从注册成立贵州迎香生态农业发展有限公司到创造"迎香"品牌，麻怀村村干部队伍在其中扮演着至关重要的治理角色。为保证"迎香"品牌能够持续健康运行，麻怀村在党支部书记的带领以及基层党委政府的帮助下，依靠自身努力积极争取国家品牌与标准认证，同时努力征求基层党委政府为贫困村创建农业产业品牌提供必要的政策奖励。

二、以人民群众的利益为重，推进"三治融合"

推进乡村治理能力和治理水平现代化是建设既充满活力又和谐有序的社会主义新农村的基本前提。乡村治理现代化关乎国家与社会治理的现代化进程，健全乡村社会治理体系需要完善集自治、德治、法治为一体的乡村治理机制。从自治层面来说，农民作为乡村治理革命的根本改革力量要求在基层乡村治理中积极构建村民治理参与机制，发挥村民的治理主体作用。实施乡村振兴的关键着力点在于，尊重农民作为乡村治理主体的主导性治理地位，激发其积极性、主动性与创造性，使其在乡村治理实践中得到满足，进一步激活乡村振兴内生动力。基于中国现代化战略目标、执政党政治宗旨、乡村治理最终目的以及乡村振兴战略的内在要求，农民作为乡村治理的出发点与落脚点，无疑是乡村治理现代化的核心目标。换言之，村民是乡村治理的关键主体，在很大程度上决定着乡村治理的成效，故乡村治理中如何最大限度地带动村民参与治理，激发村民参与建设力度尤为重要，村民参与机制、多元协商格局的构建成为引导与带动村民主体进行自我家园建设的惯性路径。在具体的乡村治理实践中，依托村民代表会议、村民议事会等组织制度进行村民参与机制的构建是发挥村民治理主体作用的常用套路。乡村治理中积极引进农村先进力量，积极培植农村优秀人才、先进干部，致富与创业能手、新乡贤等治理所需人才，最大限度地发挥村民主体治理效力。以乡村产业发展为例，乡村产业发展效果如何在一定程度上能反映出农民主体地位是否得到切实重视与保障，乡村治理中正确高效激活农民主体意识的关键在于建立利益联结机制，以利益促参与。从乡村治理德治方面来说，提升乡村德治水平通常可以借助宣传教育、挖掘有益乡土文化并从中汲取乡村治理智慧、舆论力量等手段发挥德治功效。通过深入挖掘乡土文化内涵的有益思想观念、优秀人文精神以及道德规范来感染乡村治理氛围，充分发挥道德感染在凝聚群众、淳化民风中的功效。建立道德激励约束机制是引导乡村村民进行自我约束的强效化手段，该机制以道德为杠杆着力点从心理层面强化行为约束效力。在当前乡村治理中，开展移风易俗行动、全推进文化教育传承、宣传道德模范标杆、设立红黑榜、荣辱榜等是常态化的乡村德治手段，能够有力促进乡村治理成效的整体性提升。从法治层面来说，实施乡村法治建设尤其必要。自治是乡村治理的主要抓手，法治为乡村治理提供制度保障。在乡村治理中，乡村规则约束效力有限，需要以国家法治化手段作为底层制度保障，将乡村治理中涉农的各项工作纳入法治化轨道。

在上述典型案例中，以大坝村乡村治理实践为例，大坝村在其乡村治理实践中逐步建立健全集自治、法治、德治三大治理要素为一体的乡村治理体系。在自治层面。大坝村在村党支部的引领下完善了村民自治，切实推进落实"四议两公开"制度，定期组织召开联席会议，对如土地流转、项目建设、产业发展等重大事项实施民主投票表决制度，以党建亲身引领带动来推动村民进行自我管理、自我服务、自我教育、自我监督。在法治层面，大坝村尤其注重推进普法实践，通过加强普法力度以推进法治乡村建设，如通过实施阳光党务村务公开工程、组建治安巡逻队、开展广泛性法制宣传、安装"小天网"工程视频监控系统等法治乡村建设手段加强乡村法治力度，提升大坝村村民知法、敬法、守法的意识。在德治层面，模范引领是建设德治乡村的关键抓手。在大坝村乡村治理实践中，公开表扬好人好事、公报批评违规村民，加强好榜样的宣传与赞扬力度，形成以身边人、身边事为榜样的文明乡风。除此之外，策划有关讲法述德的主题宣讲会传播文明、引领风尚也是德治乡村建设的常规性手段。大坝村良好的社会秩序表明，发挥好基层党组织的作用，构建"三治融合"乡村治理体系，推进乡村治理体系和治理能力现代化，有助于促进乡村经济发展和社会稳定的良性循环，实现乡村社会的善治目标。

三、以"三变"改革为突破，激发乡村治理活力

"资源变资产，资金变股金、农民变股东"的"三变"改革自2017年以来连续三年被写入中央一号文件，已经成为基层乡村治理中的常态化治理实践手段。其中"资源变资产"是基层乡村治理中逐渐探索出的一种基于资源挖掘与转换视角的乡村治理手段，通常服务于满足乡村产业发展的资产需求，该治理手段在乡村治理实践中得以普遍性实践，意指通过将农村集体耕地、林地、山地、荒地等资源进行量化估价，并以签订合同或协议方式投资入股乡村合作社等集体性组织，入股村民取得股份权利并从中盈利。在乡村治理中，土地利用与归属问题是关键，关乎乡村产业发展承载基地能否得以保障以及乡村村民利益分配机制的合理建制。因此，如何妥善处理好土地利用问题、优化资源利用布局在一定程度上关系着乡村治理成效。回溯农村社会乡村治理广泛性实践不难发现，农村土地资源利用布局的优化有助于农村治理改革中农民主体利益共享价值的建立。以上乡村治理典型案例是乡村治理中乡村资源优化为资产的实践性创新，从中不难归纳出，中国乡村社会千形百态，尽管不同农村地区"乡村病"有相似之处，但乡村治理方式并非呈单一线条状态，各基层党建、干部队伍可根据其所辖地区不同的背景条件选择适宜的治理方式，例如，花茂村综合考虑自身乡土背景，依靠创新产业结构，发展旅游业、养殖业等方式带动乡村振兴。

大量实践表明，乡村土地资源转换为土地资产为农村产业发展提供了必要建设性基地，逐渐演变为当前乡村治理实践中的共性发展路径。大坝村在推动乡村振兴战略进程中对其土地资源的处理与利用模式是"资源变资产"转换手

段的典型模范,在基层党支部的统筹下,大坝村最大化集约利用村土地资源,成立村集体合作社,发展种植业、养殖业基地,通过推行土地量化入股的方式引导大坝村村民将自有土地按一定价格入股合作社并按股分红。"资金变股金"意指在不改变资金归属性质的前提下,将各级政府投入农村的财政扶持资金同样以量化形式转化为村集体或村农民个体的持有股金,并将这些股金用作村企业、合作社等组织中使用,通过此种方式将农民资金转化为可分红和从中获利的股金,实现集体性质的共营与利益共享。在上述案例中,农民入股合作社并从中共享利益是基层乡村治理普遍手法与高度创新点,实践证明,资金转化为股金这一推进路径是实现乡村振兴的关键推手,通过灵活组织农民资金投入,带动乡村治理的内生力量。"农民变股东"意指农民将其自身所持资金、物资、土地、设备、劳动力、技术等资源通过量化股价,并以合同、协议签订等形式投资入股而成为按股分红的经营股东的方式。与"资金变股金"的性质相同,"农民变股东"更加能够激发其主人翁热情,以饱满热情投身乡村建设当中。在上述案例中,这一乡村治理创新路径也有显著的体现,是乡村治理中的共性治理特征。

第二章

在弘扬新时代贵州精神中坚定文化自信

习近平总书记在参加党的十九大贵州省代表团讨论时要求贵州培育和弘扬"团结奋进、拼搏创新、苦干实干、后发赶超"的精神就是高度概括的新时代贵州精神。当然，新时代贵州精神的内涵有其科学的诠释。"团结奋进、拼搏创新、苦干实干、后发赶超"这十六字中，强调主体要"团结奋进"，通过"拼搏创新、苦干实干"作用于客体，也就是方法和路径，最终希望实现"后发赶超"，进而构成了新时代贵州精神的内在逻辑。中共贵州省委十二届二次全会指出："团结奋进"，就是要心往一处想、劲往一处使，万众一心、奋发有为；"拼搏创新"，就是要攻坚克难、敢为人先，推陈出新、敢闯新路；"苦干实干"，就是要不惧辛劳、脚踏实地，担当实干、狠抓落实；"后发赶超"，就是要不甘落后、跨越发展，弯道取直、赶超进位"。党的十九届五中全会提出建设文化强国的要求，迫切要求贵州省要在新时代进行文化强省建设。因此，要实现贵州文化强省跨越式的发展，就需要以优秀文化为底蕴的精神支撑，就需要文化的大繁荣。新时代贵州精神又与贵州的多民族优秀文化同根同源，我们需要也应当在新时代贵州精神的引领召唤下，团结全体贵州人民一道，继往开来，切实推动新时代背景下贵州精神向文化自信的转化，增强贵州发展的文化软实力。

第一节 新时代贵州精神的科学内涵诠释

每个时代都有每个时代的精神，每个地域也都有每个地域的精神。新时代的贵州有着属于它的精神——贵州精神。新时代的贵州精神具有明显的时代和地域特征，既不同于以往贵州的精神，也有别于其他省市的精神。新时代的贵州精神具有继承性和创新性，吸收借鉴了贵州精神文化传统，又是贵州干部群众在新时代实践中创造出来的最新精神成果。一个地域的最新精神成果是需要高度凝练的，习近平总书记在参加党的十九大贵州省代表团讨论时要求贵州培育和弘扬的"团结奋进、拼搏创新、苦干实干、后发赶超"精神就是高度凝练后所形成的新时代贵州精神①。

一、新时代时期迎来了贵州的新时代

"连峰际天，飞鸟不通"，山地丘陵众多，交通不便曾经是导致贵州落后的主要原因，它曾经阻碍了贵州发展的道路。在以习近平同志为核心的党中央坚强领导下，贵州抓住了这个痛点，在崇山峻岭之间架桥铺路，打通隧道，由高铁网、高速公路网、乌江赤水河等水路交通网、航空网构建起了集水陆空便捷高速的立体交通体系。如今贵州的交通发展成就令人瞩目，天堑变通途，贵州交通已成为贵州经济与民生发展的血脉，为黔货出山接上了快速通道，为贵州的脱贫攻坚、弯道取直创造了条件。崇山峻岭的高原曾经使贵州成为经济文化上的洼地，但是贵州人变劣势为优势：利用山地发展小水电，加上气候优势，发展高科技大数据产业，不仅为贵州占领高科技高地创造了条件，而且为全中国各行各业的大数据赋能创造了条件。贵州还利用高原的生态环境与气象条件的优势，建立了宇宙观察的"天眼"——全球最大直径的射电望远镜，占领了全球天文观察的高地。多彩璀璨的民族文化与波澜壮阔的红色文化遗产是历史留给贵州的瑰宝，贵州高原的优质生态环境，是贵州文化事业与旅游发展独特的宝贵资源。随着贵州交通网络的高速建设，贵州的文化传遍全中国全世界，更多的人脉和财富以文化为纽带源源不断流向贵州。贵州是全中国唯一没有平原的省份，导致现代大工业望而却步，造成了贵州在工业化时代的落后与贫困，但是这一劣势也成就了贵州生态环境上的优势。在数字化时代，贵州人充分利用这种生态环境优势，把"绿水青山"通过自己的智慧，变成"金山银山"，发展生态种植与生态养殖，建设美丽乡村。一切变化，归根到底来源于人们社会关系的变化，来源于人们通过相互交往而形成的精神风貌与文化技能的变化。在以习近平同志为核心的党中央领导下，贵州人通过大交通建立了与

---

① 鲁品越：《震撼心灵的新时代贵州精神》，《贵州日报》2020年10月21日。

全中国全世界广泛深入的联系,这种联系正在塑造着贵州人的灵魂,正在培育着眼界开阔、勇攀高峰、如饥似渴学习新知识新技能、把不可能变成可能的贵州人,正在大力培育和弘扬新时代贵州精神,将会充分发挥社会主义制度优势,把崇山峻岭的贵州,建设成科学的高地、文化的高地、生态的高地,建设成繁荣昌盛的现代化新贵州。

二、新时代贵州精神源于贵州悠久的历史文化

精神是具有继承性和连续性,新时代贵州精神的源泉是贵州悠久的精神文化传统,是贵州人民一代接着一代的传承和创新,是新时代贵州人民的凝结而成的最新精神成果[①]。贵州不仅是古生物的发源地之一,还是古人类的发祥地和古文化的发源地之一,古夜郎国崛起在西南,在古代文明中占有一席之地。贵州各族人民在相互包容、团结协作中创造出了丰富多彩的民族文化。贵州人民不畏艰险,敢于拼搏,生生不息,绵延不绝,体现了强大的生存意志和生存能力。在贵州历史上留下一笔浓重的阳明文化,成为贵州优秀传统文化的重要组成部分,其知行合一的精神至今仍启示着我们。

进入历史新纪元以后,贵州在全国的革命中也贡献了自己的力量。贵州籍的革命先烈辈出,来自荔波的邓恩铭敢为人先,走在时代前列,参加了中共一大。来自安顺的王若飞一切为了人民,奉献了智慧和热血。长征时期,中央红军走进贵州,召开了遵义会议,实现了伟大转折,贵州成为中国共产党的福地和胜利转折之地。抗战时期,贵州一度成为祖国的大后方,接纳了大量的同胞并有力支援了前方战线。新中国成立后,国际的局势开始变得复杂多样。20世纪60年代,国家作出了"三线"建设的战略布局,贵州成为祖国的大后方之一,开始承担起了"三线"建设的战略任务。一时间,"好人好马上三线",贵州迎来了四面八方的建设者,"三线"人团结一致,拼搏创新,苦干实干,投身到从无到有的建设中去。"三线"人献了青春献终身,献了终身献子孙,形成了艰苦创业、勇于创新、团结协作、无私奉献的"三线"建设精神。在改革开放的形势下,贵州人民为了摆脱贫困,锐意进取。安顺关岭的顶云人敢闯敢试、敢为人先、敢于担当、勇于探索,率先开展"定产到组、包产到户"的探索。贵州涌现出了一大批不向命运屈服的新愚公,例如,黔南州罗甸县大关

[①] 闫鑫:《弘扬新时代贵州精神 再创后发赶超新实践》,《理论与当代》2020年第8期。

村人向大山要土地,"劈开千年石,抠出万年土",形成了"自力更生、艰苦奋斗、坚韧不拔、苦干实干"的大关精神。黔西南兴义市则戎乡冷洞村砸石造地,建小水窖,种植金银花,在大旱面前攻坚克难,形成了"不怕困难、艰苦奋斗、攻坚克难、永不退缩"的贵州精神。长期以来,贵州各民族人民团结一心,艰苦奋斗,为了生存和发展,为了建设多姿多彩的贵州贡献了力量,创造了丰富的精神成果,所有这一切共同构成了新时代贵州精神的源头活水,成为贵州人民不断前行的源源不断的精神动力。

三、新时代贵州精神诞生于贵州各族群众的伟大实践

精神不仅具有继承性,也具有时代性和创新性。时代是思想之母,实践则是理论之源,思想随着时代和实践的发展不断向前发展,新时代贵州精神是贵州人民在新时代伟大实践中接续前行,创造出来的最新精神成果。贵州省委十二届二次全会指出,这个新时代是贵州各族干部群众万众一心、奋发作为的时代,是全省摆脱贫困、全面小康的时代,是全省后发赶超、开创未来的时代。贵州干部群众不甘落后,奋发有为,在物质创造和精神创新上实现了新的突破,取得了新的成就。贵州以"我们不想总是垫底,我们也要奋力爬高"的使命担当,以时不我待的紧迫精神,走跨越发展的道路,在"构筑精神高地,冲出经济洼地"的号召下,高举"发展、团结、奋斗"的三面旗帜,坚持"开放创新、团结奋进"的贵州时代精神,大力推动工业化、城镇化和农业现代化,在全省范围开展"十破十立"的思想大讨论,激发了发展动力,凝聚了发展力量,走出了一条加速发展、加快转型、推动跨越的后发赶超之路,贵州经济社会发展进入了快车道。贵州省十二次党代会与时俱进地提出了大扶贫、大生态、大数据三大战略,抓住了全面消除绝对贫困和全国同步进入小康社会这个牛鼻子,擦亮了大生态和大数据两大耀眼夺目的贵州品牌,全省上下在这三大战略的指引下奋力前行,奋发赶超。贵州在全国实现了脱贫人口最多的省份、易地扶贫搬迁人数最多的省份等脱贫攻坚史上的奇迹,正在为全国范围内消除绝对贫困、全面建成小康社会做出贵州的贡献。贵州的大生态和大数据刷新了贵州形象,提升了贵州信心[①]。贵州在经济社会快速发展的同时,同步推进精神文化建设,积极构筑精神高地。贵州大力宣传体现新时代贵州精神的典

---

① 闫鑫:《弘扬新时代贵州精神 再创后发赶超新实践》,《理论与当代》2020年第8期。

型代表和杰出楷模文朝荣、黄大发、邓迎香、余留芬等先进人物，鼓励见贤思齐；大力表彰在脱贫攻坚中涌现出来的优秀党员、优秀基层党组织书记、优秀村第一书记和先进党组织，鼓舞上下一致的脱贫攻坚士气；大力推广"三变改革""塘约经验"等先进经验，鼓励探索创新；大力打造"多彩贵州"品牌，稳步提升贵州形象和贵州信心。所有这些构筑精神高地的措施，都是思想创新的体现，都为贵州的发展注入了持久的精神动力。

四、新时代贵州精神是引领贵州后发赶超的强大精神动力

新时代贵州精神的提出与确定，符合贵州的精神传统，体现了历史继承性，反映了时代性和实践性，具有思想创新性，是贵州干部群众的真实写照，是贵州干部群众自己的精神，新时代的贵州精神得到了贵州干部群众的拥护和认同，成为引领贵州后发赶超的强大思想动力。"团结奋进"是贵州的优良传统，为贵州的发展提供了坚强的组织保障和奋发的精神状态。"拼搏创新"精神的提出和习近平总书记要求贵州走出一条有别于东部，不同于西部其他省份的发展新路的指示精神一致。贵州敢于创新，在全国率先发展大数据产业，举办大数据产业博览会；探索出的农村改革的"三变"方案受到了中央的重视，写进了中央一号文件，贵州经验在全国得以推广。"苦干实干"是对贵州干部群众的真实写照，贵州山高沟深偏远，发展基础差，但贵州的当代愚公何元亮、文朝荣、黄大发、邓迎香等宁愿苦干，不愿苦熬。"后发赶超"体现了贵州干部群众敢于面对现实，发挥后发优势，找准发展思路，走上了一条快车道，已经从不想总是垫底，走向了不再垫底的发展新阶段。正是由于贵州干部群众团结奋进、拼搏创新、苦干实干、后发赶超，各方面工作取得了新的进展，实现了后发赶超。贵州的综合实力显著提升，经济发展速度连续多年位居全国前三，经济总量和人均国民生产总值赶超进位，脱贫攻坚工作成为全国的样板，人民群众的获得感不断增强，交通实现了跨越发展，城乡面貌显著改观，生态环境持续改善，政治生态持续向好，各项事业蒸蒸日上。习近平总书记高度评价贵州取得的成绩，认为贵州的发展是党的十八大以来党和国家事业大踏步前进的一个缩影。当前贵州正在自觉培育和大力弘扬新时代贵州精神，用新时代贵州精神武装全省干部群众，着力推动各项工作向前发展，正在创造贵州新的发展奇迹，谱写贵州新的发展篇章。贵州人民要发扬善于斗争的黔虎精神，坚决战胜各种困难和挑战，成为贵州历史性撕下千百年来绝对贫困标签

的参与者、奉献者、见证者，和全国一道如期实现全面小康，实现第一个百年目标。我们要接续努力，争取在更多领域实现赶超进位，再创后发赶超新实践，努力开创百姓富、生态美的多彩贵州新未来，当好贵州开启新时代中国特色社会主义新征程的实干者、开拓者、奋进者。

五、新时代贵州精神的丰富内涵

新时代"贵州精神"的内涵深刻而俭朴，其本质是勤奋，核心是实干。其概括来说：自强不息的精神品质。改革开放以来，为了求生存、求发展，贵州人民不坐等观望，而是先干起来，用干的行动、干的劲头感动社会各界，赢得各方支持①。正是在思想认识上从被动"等"到主动"干"的深刻变化，燃起了贵州人不屈不挠、决战贫困的火苗。经过长期的不懈努力，贵州许多地方从昔日的乱石窝窝变成了满眼绿洲，从不宜人居的地方变成了美丽乡村，成为穷则思变的范例。勤劳实干的实践品质。勤奋是新时代"贵州精神"的本质特征。"贵州精神"将"苦熬"转变为"苦干"，将"坐等受穷"转变为"实干致富"，至今依然闪耀着永恒的光芒，洋溢着时代的活力。贵州人民正是发扬了迎难而上的实干精神，以干为先，以"干"凝心聚力，破解了一道又一道难题，闯过了一个又一个险关，跨越了一重又一重障碍，干出了大交通、大数据、大城镇、大旅游、大扶贫显著业绩。敢为人先的担当精神。贵州高原山地居多，素有"八山一水一分田"之说，许多地方面对"地无三尺平，人无三分银"的生存环境。贵州人民不悲观、不气馁、不埋怨、不放弃，以逢山开路、遇水搭桥的进取意识，勇敢地向大山、向贫困、向恶劣的生存环境宣战，走前人没有走过的路，干前人没有干过的事，闯出了一片生存发展的新天地。正是因为有了敢攀高峰、敢渡深水、敢涉险滩的勇气，贵州人民从内心深处喊响了"等不是办法，干才有希望"的最强音，在改革发展和脱贫攻坚实践中创造了人间奇迹，树起了不朽丰碑。艰苦奋斗的拼搏精神。艰苦奋斗是新时代"贵州精神"的灵魂，它贯穿于"贵州精神"形成、发展的全过程，是延续历史的精神传统。贵州人民将不畏艰难困苦、锐意进取、坚韧不拔、奋发有为融入新时代"贵州精神"，不忘初心、不断进取，使其成为改变现状、成就未来的精神

---

① 姚启超：《丰富内涵拓展新时代贵州精神》，《贵州日报》2018年1月16日。

利器。以民为本的人民情怀。新时代"贵州精神"① 不仅是人民群众创造出来的，也是各级党组织和广大党员干部带领人民群众干出来的，是党员先锋模范作用与群众主体作用相融合的集体智慧结晶。

新时代贵州精神的提出是习近平总书记对贵州的厚爱和殷殷嘱托，也是贵州各族干部群众涤旧气、求革新、砥砺前行、赶超跨越，倾心把文章写在贵州大地上的生动写照，更是全省人民决战脱贫攻坚、决胜同步小康、续写新时代贵州发展新篇章的强大精神动力②。

第二节 新时代贵州精神的内在逻辑关系

新时代贵州精神饱含着习近平总书记对贵州的深情厚爱。习近平总书记在参加党的十九大贵州省代表团讨论时，要求贵州大力培育和弘扬团结奋进、拼搏创新、苦干实干、后发赶超的精神，为贵州在精神上站得住、站得稳指明了方向，为书写中国减贫奇迹贵州篇章注入了强大的精神动力。"团结奋进、拼搏创新、苦干实干、后发赶超"这十六字中，强调主体要"团结奋进"，通过"拼搏创新、苦干实干"作用于客体，也就是方法和路径，最终希望实现"后发赶超"。

一、贵州人民要"团结奋进"

对于新时代贵州而言，至少应从三个角度来讲团结，即党群关系、民族关系以及政府、市场（企业）、社会之间的关系。

（一）通过处理好党群关系加强团结新时代的贵州

首先要牢固树立"四个意识"，坚决做到"两个维护"，进一步把党建设成为无坚不摧的战斗堡垒。要把党建设成为无坚不摧的战斗堡垒，同样也需要处理好党群关系。党群关系是鱼水关系，党群关系问题也是现代政党政治的根本问题。进一步密切党群关系，事关党的执政基础，事关党和国家事业的繁荣

---

① 姚启超：《丰富内涵拓展新时代贵州精神》，《贵州日报》2018年1月16日。
② 贺梦依：《新时代贵州精神内容和演进历程》，《贵州日报》2018年6月12日。

昌盛，事关新时代贵州的"后发赶超"。而密切党群关系说到底还是要从党自身做起，坚定理想信念和宗旨意识，更好解决"四风"问题，发挥党员干部模范带头作用，切实坚持以人民为中心推进贵州发展。

（二）通过处理好民族关系加强团结

民族区域自治制度是适合我国国情的具有强大生命力的政治制度，民族区域自治制度在贵州的实践取得了骄人成就，民族自治地方的经济社会发展较之以前取得了突破性进展。贵州各民族（如彝族等）对国家的团结统一都发挥了很大作用，对贵州乃至国家的经济社会发展仍在继续努力贡献着自己的力量。但不可否认的是，由于经济社会发展的不平衡，某些少数民族地区的发展仍然比较落后，这就需要通过加强民族互助团结来帮助他们。要着眼于现代社会的历史演进，真正站在少数民族的立场上，激发其内生动力，从他们的历史传统出发来帮助他们，做到在迈向现代社会的征程中每个民族、每个民族的一分子都不掉队①。

（三）促进政府、市场（企业）、社会三方力量协同发挥作用

促进社会各个领域的健康快速发展，必须运用好政府、市场、社会三种力量，这也是现代社会的普遍特征。因此，如何把政府、市场主体，以及包括群团组织在内的社会组织的力量都较为充分地发挥出来，就成为贵州乃至当代中国实现后发赶超必须解决的问题。改革开放以来，经过政府机构改革及其职能的转变，政府作用尤其是市场力量得到了较为充分的展现，但在促进经济发展的同时也产生了诸如教育、医疗、住房、群体性事件等种种社会问题，为了更好地解决这些社会问题，实现公平正义，就需要社会公众、社会组织等社会力量的积极参与。因此，促进贵州乃至全国后发赶超，必须使政府、市场主体与社会组织按照各自功能边界发挥好自身作用，这也是理解"团结奋进"不可或缺的重要维度②。

二、"拼搏创新、苦干实干"是方法和路径

为何"拼搏创新、苦干实干"是路径？只有坚持马克思主义的立场、观

---

① 鲁品越：《震撼心灵的新时代贵州精神》，《贵州日报》2020年10月21日。
② 闫鑫：《弘扬新时代贵州精神 再创后发赶超新实践》，《理论与当代》2020年第8期。

点和方法，才能深刻理解。依据历史唯物主义基本原理，生产力决定生产关系、经济基础决定上层建筑，不难发现，在社会发展进程中，创新表现在生产力、生产关系（经济基础）、上层建筑各个环节，表现在经济、政治、文化等各个领域。由于这些环节和领域，最终会通过人们的交往活动，规范化和固定化正在形成的经济关系、政治关系、文化关系，并最终形成各个领域相应的制度、体制和机制，因此，创新也就相应表现为各领域制度、体制、机制的创新。同时，由于技术创新多直接表现为生产力的发展，又由于生产力对生产关系（经济基础）、上层建筑的决定作用进而对经济、政治、文化等各领域的决定作用，整个社会的创新也就因此表现为由技术创新决定的各种制度、体制和机制的创新①。当然，社会各领域的创新又往往以观念和理念的变革为先导，更进一步讲，创新还应该包括观念创新、理念创新、思维方式的创新。之所以"创新是引领发展的第一动力"，是因为对社会而言创新无处不在，正是创新推动了中华民族的进步和国家的大踏步发展。贵州之所以能够成为"党的十八大以来党和国家事业大踏步前进的一个缩影"，也是由于不断推动各个领域加快创新的结果②。贵州建成世界最大单口径射电望远镜"中国天眼"，建立"三大试验区"，六盘水的农村"三变"、安顺的"塘约经验"以及走在全国前列的行政审批、能源、司法等方面的改革，旅游业的"井喷"式发展，等等，无不彰显着新时代贵州人民"拼搏创新"的精神气质。与"拼搏创新"相伴随的是贵州人民的"苦干实干"，实现"后发赶超"，必须通过"拼搏创新"加"苦干实干"③。一般来讲，"拼搏创新"是"苦干实干"的结果，反过来讲，即使有"拼搏创新"，没有"苦干实干"，也是不牢靠的，再好的创新点子，也要靠苦干实干来落实。贵州近几年所取得的非凡成就，包括地区生产总值年均增长10.9%，增速连续保持全国领先，创造了全国脱贫攻坚"省级样板"，基础设施建设跨越发展，等等，也是贵州人民"苦干实干"的结果④。说到"苦干实干"，这里要提一下"工匠精神"，所谓"工匠精神"主要强调的是要有一种坚韧不拔的品质，实现"后发赶超"，既要有所创新，也要"苦干实干"，要把事情做细做实。"苦干实干"对于广

---

① 本报评论员：《扶贫路上的新时代贵州精神》，《黔西南日报》2020年6月8日。
② 《大力培育和弘扬新时代贵州精神 坚决夺取脱贫攻坚战全面胜利》，《贵州日报》2018年6月27日。
③ 徐圻：《"新时代贵州精神"与贵州人的文化自信》，《贵州日报》2018年6月19日。
④ 贺梦依：《新时代贵州精神内容和演进历程》，《贵州日报》2018年6月12日。

大党员干部来讲,就是要坚定理想信念,不忘初心、牢记使命,把对党和人民的忠诚转化为切切实实的行动,在扎实推进"后发赶超"中,不断实现作为党员干部的崇高价值①。

三、"后发赶超"是目标

贵州人民"团结奋进"通过"拼搏创新、苦干实干"实现"后发赶超"。"后发赶超"是新时代贵州人民奋斗要实现的目标。从历史唯物主义出发,我们可以认识到人类社会是从渔猎社会、农业社会、工业社会、信息社会逐渐演变过来的,这个演变过程其实可以称之为"人类社会的现代化"。人类社会的现代化最早是起源于西方世界,中国是后期才慢慢被动融入现代化的进程中的。相对于我国现代化开端而言,我国其实是现代化的后来者。"后发赶超"是我国处于现代化进程中所赋予的时代任务。贵州要想实现"后发赶超",就要把握国际发展趋势和时代背景②。

"拼搏创新、苦干实干"是我们实现"后发赶超"的可行可靠路径,只要真正努力创新、实干,实现后发赶超并非遥不可及。当然,要实现"后发赶超",同样需要一个前提,就是要深刻认识贵州实现"后发赶超"的优势和条件,比如良好的生态环境、国家政策的大力支持、全面建成现代化强国的历史机遇等,这是在实现"后发赶超"进程中必须予以精准把握的③。只有牢牢把握这个前提,"拼搏创新、苦干实干"才有更好着力点,"后发赶超"才更容易成为现实,大数据和大生态的飞速发展就是有力的鲜活例证。

当前贵州正在自觉培育和大力弘扬新时代贵州精神,用新时代贵州精神武装全省干部群众,着力推动各项工作向前发展,正在创造贵州新的发展奇迹,谱写贵州新的发展篇章。贵州人民要发扬善于斗争的黔虎精神,坚决战胜各种困难和挑战,成为贵州历史性撕下千百年来绝对贫困标签的参与者、奉献者、见证者,和全国一道如期实现全面小康,实现第一个百年目标。我们要接续努力,争取在更多领域实现赶超进位,再创后发赶超新实践,努力开创百姓富、生态美的多彩贵州新未来,当好贵州开启新时代中国特色社会主义新征程的实

---

① 徐静:《新时代贵州精神的地域生成与时代价值》,《贵州日报》2018年5月22日。
② 吴一文:《培育和弘扬新时代贵州精神三论》,《贵州日报》2017年12月20日。
③ 韦兴生:《对培育和弘扬新时代贵州精神的思考与认识》,《贵州日报》2017年12月13日。

干者、开拓者、奋进者①。

第三节 新时代贵州精神的形成与发展

中共贵州省委十二届二次全会指出:"团结奋进",就是要心往一处想、劲往一处使,万众一心、奋发有为;"拼搏创新",就是要攻坚克难、敢为人先,推陈出新、敢闯新路;"苦干实干",就是要不惧辛劳、脚踏实地,担当实干、狠抓落实;"后发赶超",就是要不甘落后、跨越发展,弯道取直、赶超进位"②。

一、新时代贵州精神的科学内涵

"团结奋进"体现了贵州干群思想高度统一。贵州干部群众思想统一在哪里?就是统一在坚定不移跟党走,统一在坚定不移贯彻党的路线、方针、政策上,就是统一在坚定不移走中国特色社会主义道路上,就是统一在坚定不移坚持改革开放上。贵州各级领导班子是团结奋进的领导班子,贵州的干部群众是团结统一的集体力量,干部群众心往一处想,劲往一处使,贵州各民族是团结统一的。团结奋进,首先要深刻领悟团结的核心是什么?看齐要向哪里看齐,这是最重要的、最核心的问题,看齐就是要向党中央看齐,要不折不扣地贯彻落实中央精神,要坚决做到两个维护。团结奋进是一种组织要求,绝不能各做其是、各说其话,自由散漫。没有统一意志,没有共同理想、没有统一步调,就不可能有团结的局面;团结奋进是一种精神状态,要做到团结奋进,必须紧张起来,行动起来,思想不解放、行动不积极,学习不刻苦,工作不勤奋,就可能掉队,就可能扰乱军心,就难以形成团结,甚至可能造成矛盾重重,工作也难以开展,团结奋进不是一句口号,而是一种要求、一种行动,团结才有力量,奋进才能前行,贵州发展的宏伟目标才能顺利实现。

"拼搏创新"体现了贵州干部群众的精神状态。创新是一个国家、一个民族兴旺发达不竭的动力。中华民族从来就是从创新中不断发展的民族。贵州儿

---

① 罗玉达、方彦婷:《用社会主义核心价值观引领贵州精神文化建设》,《学校党建与思想教育》2013年第23期。
② 徐静:《新时代贵州精神的地域生成与时代价值》,《贵州日报》2018年5月22日。

女同样有股拼搏创新的劲头，贵州山地、丘陵占贵州土地面积的92%以上，但是在这山地上养育了4000多万贵州儿女，没有拼搏精神，没有创新，就不可能有贵州的今天。贵州的茅台酒、贵州的老干妈油辣椒、贵州湄潭茶叶，都是贵州人民拼搏创新的结晶。改革开放的大幕还没有完全拉开时，安顺市关岭自治县顶云公社的农民，就开始进行生产组织改革的尝试，要知道这在当时是冒着极大的政治风险的，为了生存，为了发展，他们大胆实行"定产到组"，把农作物产量确定到组，必须完成，"包产到户"把产量承包到具体的一家一户，这极大地提高了农民生产热情。"顶云经验"是贵州顶云干部群众智慧的结晶，更是顶云干部群众拼搏创新精神的体现，没有创新的勇气，就不可能开辟成功的道路。今天的"塘约经验"，也为农业集体经济发展开辟了新的途径，为农民致富奔小康拓展了新的渠道。

"苦干实干"体现了贵州干群的勤劳品德。贵州人有一种宝贵品质，就是特别能吃苦。过去贵州没有宽阔的大路，背篼是贵州一道独特的风景。别的地方有便利的运输工具，而贵州就是靠自己宽厚的肩膀，这宽厚的肩膀承载了一个家庭的生活艰辛，承载着贵州的经济发展。虽然今天贵州道路交通发生了翻天覆地的变化，但是贵州人苦干实干的宝贵品质却传承了下来。贵州人能吃苦是有名的，但在不同时期，其内涵却不一样。在旧社会，贵州人受到的压迫是难以想象的，没有衣服穿，没有粮食吃，没有完整的房子住，吃尽了苦头。今天贵州人吃苦，是一种干事创业的劲头和精神，是主动吃苦，这个"苦"不是生活艰辛贫困之苦，而是创业之苦、创新之苦，是能够带来幸福和快乐之苦，只有今天流汗，才有明天的伟业，只有今天的勤奋，才有明天的辉煌，贵州人愿意吃这份苦，为了美好的未来从不怕苦。

"后发赶超"体现了贵州干部群众敢为人先的斗志。贵州落后主要有两方面的原因：一是自然条件因素造成的。贵州是全国唯一一个没有平原的省份，土地资源奇缺、土壤贫瘠，土地储存水分有限，天上降雨不少，但是贵州独特的喀斯特地貌，使很多地下水从地下溶洞中流失。再加上贵州其他气候原因，在农业文明时代，贵州长期处于农业落后状态。另一个自然因素是贵州交通运输艰难，使贵州的商业、工业长期处于落后状态。二是历史因素。贵州是多民族省份，在旧社会不仅存在着阶级压迫，还存在着民族压迫，广大贵州人民长期处于沉重的压迫之下，生存极其困难，根本没有读书、发展的机遇，没有提高文化的条件，幸福是遥远的话题。新中国的成立，特别是改革开放为贵州人民的发展提供了广阔的空间。贵州人民发扬后发赶超、敢为人先的精神，取得令人瞩目的成绩。在山沟沟里，贵州的"大数据"产业成了全国的"领头羊"，率先实现了"县县通高速"和"村村通客运"，领先世界至少几十年的"中国天眼"落地贵州，探索遥远的星空，标志着中国的视野超出其他国家，直指科技最前沿。贵州经济社会发展中亮点纷呈，奇迹不停出现，跨越发展，后发赶超，不是遥不可及的幻想，而是就在贵州人民的脚下，贵州的成绩震撼了中国，世界瞩目。新时代的贵州已经站在了一个新的历史起点，落后已经不是贵州的标签，落后将成为历史，贵州人民有信心、有激情、有干劲、有能力建设富美的多彩贵州。

二、英模涌现是新时代贵州精神的生动彰显

新时代贵州精神是贵州干部群众的精神支柱，是实实在在的精神面貌，是从贵州干部群众的生动实践中总结提炼出来的，而不只是一句口号、一个动员令，其产生有着深厚的实践基础。只有在自己的心血和汗水中，才能获得深刻的思想认识和精神感悟，新时代贵州精神也不例外。新时代贵州精神是在全面贯彻党的路线方针政策中的理论体悟，是在贵州绵绵不绝的历史长河中积淀下来的，是在贵州文化不断创新中集中表达出来的，是在贵州人民前赴后继的斗争中淬炼出来的，其根在贵州的大地里，其魂在贵州人民的奋斗中，这是宝贵的精神财富，没有精神，就没有站立勇气，就没有前行的斗志，有了这种精神，才能战胜各种险阻。

"团结奋进"是贵州各民族共同品质。千百年来，贵州各民族不仅是大杂居小聚居，而且贵州各民族交错聚居是最大特点。贵州历史上有四次大的移民，每一次移民都没有产生移民和原住民之间的战争和争斗。贵州少数民族不仅民族种类多，而且少数民族人口多，但是贵州各少数民族能够团结一心，和谐相处，互相帮助，互相支援，同舟共济，共同发展。贵州的民族团结有两个特点：一是贵州少数民族多，不仅少数民族人数多，而且少数民族族类多，有些少数民族内部还有许多分支，不同地域少数民族之间，风俗习惯不同、语言不同、信仰不同，但是各族人民能够克服种种困难，友好交流、交往，亲如一家。贵州从来很少在民族团结方面出现问题。他们有个共同的特点，就是有共同的文化认同，中国传统文化和先进文化的认同，有共同的家国情怀，都认为是中华民族大家庭的一员，更重要的是都坚决听从党中央的领导，爱国、爱

党、爱今天的中国特色社会主义①。

三、新时代贵州精神文明建设现状

习近平总书记说过："人民有信仰，民族有希望，国家就有力量。我们要继续锲而不舍、一以贯之抓好社会主义精神文明建设，为全国各族人民不断前进提供坚强的思想保证、强大的精神力量、丰润的道德滋养。"重视和加强贫困地区精神文明建设，关系到脱贫攻坚整体协调推进和可持续发展等全局性问题。近几年来，贵州立足省情实际，以结果为导向，坚持"五步工作法"，以积极推进乡村振兴战略为核心，以"四在农家、美丽乡村"品牌统领农村精神文明建设，广泛开展农村群众性文明创建活动，树立文明乡风，提升公共文化服务供给水平，贫困农村群众文明素质和农村社会文明程度显著提升。贵州涌现出了"活力普定""以歌劝和，合约管理"的锦屏县华寨村、和谐美丽的遵义县枫香镇花茂村等农村精神文明建设成效显著的典型代表。

"团结奋进、拼搏创新、苦干实干、后发赶超"的"新时代贵州精神"，与新时代贵州发展要求相契合，与"守底线、走新路、奔小康"的工作总纲相适应，有着源远流长的历史缘由和扎实深厚的现实依据。②

团结奋进是贵州历代先民的伦理精神。在贵州少数民族的文化谱系中，团结协作、互助互爱是最基本的道德要求。无论是苗族、侗族和布依族，还是彝族、水族和仡佬族，一家有事，众邻相帮是一种约定俗成的传统，更成为少数民族村寨中一道动人的人文风景。贵州各民族由于共同的利益、共同的命运形成了世世代代相互依存的关系，这种关系既是道德共同体，也是政治共同体，秉持民族团结、守土爱国、维护祖国统一的共同信念。当前，贵州各族人民最重要、最迫切的任务是与全国人民同步实现全面小康。我们当然要争取中央和全国的支持，但最根本的还是要靠我们自己的奋发有为、积极进取。团结奋进是一种精神状态，一种生活态度，唯有团结奋进，贵州的发展才能达到预期的目标③。

---

① 胡磊、张宏杰：《新时代贵州精神培育实践研究》，《新西部》2020年第1期。
② 金敏：《用新时代贵州精神助力脱贫攻坚精神文明建设路径探究》，《吉林广播电视大学学报》2019年第6期。
③ 徐圻：《新时代贵州精神：历史缘由与现实依据》，《当代贵州》2018年第14期。

四、深厚底蕴：贵州精神的历史凝练过程

在秦汉时期，贵州人民为了实现与外界的沟通，采用"积薪焚石、浇水爆破"的原始办法，使岩石炸裂，凿山开路，那时就体现出贵州人的艰苦奋斗精神。贵州人在艰难的生存环境中，实现了经济的发展，体现出自信自强的精神。500年前著名心学家王阳明先生在贵州修文悟道，终成"天人合一，知行合一"的阳明心学，这成为贵州精神的重要历史源头。随着历史的推进，长征精神、"三线"建设精神等不断丰富着贵州精神的内涵。而对文化广角贵州精神真正予以明确概括的是2007年11月9日中共贵州省委十届二次全会提出的"自强自信、开放创新、能快则快、团结和谐"新时期贵州精神。学者李更生（2010）对这一时期的贵州精神进行了学理分析，他认为"自信自强"是贵州精神的核心和基础，"开放创新"是贵州精神的本质特征，"能快则快"是贵州精神的实践需求，"团结和谐"是贵州精神的目标状态。

2010年4月3~5日，温家宝同志视察贵州旱情时，对贵州人在抗旱中涌现的可贵品质进行了概括，提炼为"不怕困难、艰苦奋斗、攻坚克难、永不退缩"十六个字，称其为贵州精神。2011年10月27日，中共贵州省委十届十二次全会在原有基础上创新提出"开放创新，团结奋进"的贵州时代精神。2012年1月17日，在全省宣传部长会议上，时任省委书记栗战书强调，要改变贵州"经济洼地的面貌，必须首先构筑贵州人民的"精神高地"。学者蔡永生（2012）对这一时期的贵州精神进行了分析，提出贵州时代精神具有"继承性和创新性的统一，系统性和针对性的统一，理论性和现实性的统一"，认为贵州精神是贵州发展之"魂"，是贵州人民宝贵的精神财富。2012年4月15日，在中共贵州省第十一次党代会提出要构筑"自觉自信自强、创先创新创优"的"精神高地"，这个"精神高地"，就是凝聚长征精神、遵义会议精神、抗旱精神等在内的传统与当代的贵州精神。2014年7月26日，时任贵州省委书记赵克志、省长陈敏尔在致孔学堂书局、孔学堂杂志社建社创刊贺信中提出：希望孔学堂书局和《孔学堂》杂志以革故鼎新的态度弘扬中华文化，以海纳百川的胸怀对话多元文明，以改革创新的精神构建"精神高地"。随后2016年1月13日，全省宣传部长会议在汲取传统文化的基础上，提出倡导"天人合一，知行合一"的贵州人文精神。国内学界同仁对"天人合一，知行合一"的贵州精神进行了广泛而深入的探讨。学者徐圻（2016）对"天人合一，知行合一"的贵

州人文精神进行了阐述，认为这是在物质与精神、现实与超越、当下与长远、发展与保护之间的平衡，为贵州人找到了一种健康、合理、幸福的生活方式。学者李裴（2016）也提出"天人合一、知行合一"的人文精神彰显了贵州文化和人文精神的历史性、地域性、民族性、时代性和先进性等特点，包含着"美美与共，团结和谐"的文化基因。学者熊宗仁（2016）在谈到这一时期的贵州精神时，提出"天人合一，知行合一"实质上实现了对贵州人作为文化群体的心路历程及其精神追寻，意义非凡。学者汪建初（2016）认为贵州"天人合一，知行合一"的人文精神证实了软实力的重要作用，"天人合一"是气象万千的生命理路，人的本性良知是心学之源，因此每个贵州党员干部要深刻领会习近平总书记的"党性是共产党人的心学"。学者范同寿（2016）认为贵州人文精神是贵州地域文化的灵魂，具有山的风骨、江河的美，体现了识大体、顾大局、敢做担当。学者吴大华（2016）对贵州人文精神进行解读，提出"天人合一"是"以人合天"，"知行合一"是以"行"合"知"，"天人合一"与"知行合一"合一于"知"。学者吴根友（2016）认为"天人合一、知行合一"是以两个哲学命题为核心，表明贵州人巧妙地找到了历史的"结合点"。

2017年10月19日，习近平在参加党的十九大贵州省代表团讨论时提出："希望贵州的同志全面贯彻落实党的十九大精神，大力培育和弘扬团结奋进、拼搏创新、苦干实干、后发赶超的精神，守好发展和生态两条底线，续写新时代贵州发展新篇章，开创百姓富、生态美的多彩贵州新未来。"这实质是对贵州精神在原有合理内核的基础上进行了更精确、更通俗、更具体、更凝练的表达，无疑具有鲜明的时代特色和积极的时代引领力。10月27日，贵州省召开全省领导干部大会，将"团结奋进、拼搏创新、苦干实干、后发赶超的精神"确立为新时代贵州精神。从这段贵州精神学术史的梳理我们可以看出，贵州精神具有丰富的内涵，尽管不同时间段的表达不尽一致，但是贵州精神的实质是相通的，而且贵州精神是贵州人民文化自信的基石[①]。

第四节 贵州精神转化为文化自信的路径

贵州精神的形成和发展过程证明，贵州精神的由来，有源可溯，有迹可

---

① 史海燕：《路径与策略：新时代贵州精神与贵州文化自信转化研究》，《贵州社会主义学院学报》2019年第3期。

循,它根植于贵州源远流长的本土文化,并伴随着时代的演变,与贵州文化一同与时俱进、历久弥新。习近平总书记提出的"团结奋进、拼搏创新、苦干实干、后发赶超"的新时代贵州精神,是立足当代、在继承原有贵州精神合理内核的基础上进行了更精确、更通俗、更具体、更凝练的表达,具有鲜明的时代特色和积极的时代引领力。而当下的贵州乃至全中国,正处于决战决胜脱贫攻坚、全面建成小康社会的关键当口。要实现贵州跨越式的发展,就需要以优秀文化为底蕴的精神支撑,就需要文化的大繁荣。新时代贵州精神又与贵州的多民族优秀文化同根同源,我们需要也应当在新时代贵州精神的引领召唤下,团结全体贵州人民一道,继往开来,切实推动新时代背景下贵州精神向文化自信的转化,增强贵州发展的文化软实力。

一、繁荣发展公共文化事业

要统筹推进现代公共文化服务体系建设,整合资源加强文化软硬件建设。改变单一国办群众文化体制,加大政府投入力度,鼓励各类企业参与公共文化服务,推进群众文化主体多元化,深化文化事业单位改革,促进宏观管理科学化,着力实现公共服务均等化。近年来,贵州省公共文化事业发展迅速,全省四级公共文化服务基础设施网络基本形成,覆盖城乡的公共文化服务体系框架初步建立,以政府为主导的公共文化服务供给机制逐步建立,群众基本文化权益得到实现和保障,群众文化生活日益丰富,人民群众有了更多的文化获得感。

(一) 多渠道发展公共文化事业

1. 推进群众文化主体多元化。

文化主体不仅应该包括各级政府、各类企事业单位,而且应该包括省内外、国内外、不同所有制、不同运营模式的文化主体。没有群众文化主体的多元化,就不会有群众文化的丰富多彩,就不会有贵州文化的大发展大繁荣。

2. 加强公共财政投入。

2006年,中共贵州省委《关于推进文化体制改革和加快文化发展的若干意见》(以下简称《若干意见》)指出"发展公益性文化事业"要以政府为主导,鼓励社会参与,增加投入、转换机制、增强活力、改善服务。在加大政府投入的问题上,《若干意见》提出,要"建立财政性文化投入稳定增长的机制,保证文化事业经费的增长幅度高于财政经常性收入的增长幅度,逐步提高全省财政性文化投入在财政支出中的比例,重点加大对文化基础设施建设、农村文化建设、文物和民族民间非物质文化遗产保护的投入"①。

3. 变侧重于管理为侧重于服务。

建立健全群众文化管理体系,确保群众文化健康有序的发展。政府文化管理部门转变职能,由过去侧重于管理转变为侧重于服务。不断提升群众文化工作队伍的素质,加强群众文化文艺骨干人才培养,推动群众文化在内容上向深广方向发展,形式上不断推陈出新,促进群众文化元素多元化、种类多元化发展。各地结合实际,创建特色鲜明的群众文化品牌,推动地方文化繁荣与发展。

4. 鼓励各类企业参与公共文化建设。

采取政府采购、项目补贴、定向资助、贷款贴息、税收减免等政策措施,鼓励各类企业参与公共文化服务;鼓励其他国有文化单位、教育机构等开展公益性文化活动;引导和鼓励社会力量通过兴办实体、资助项目、赞助活动、提供设施等形式支持和参与公共文化服务;鼓励国家投资、资助或拥有版权的文化产品无偿用于公共文化服务;鼓励城市对农村进行文化帮扶。

(二) 深化文化事业单位改革

深化文化事业单位改革,首先,要逐步探索事业单位法人治理结构,推进保留事业体制院团企业化管理。推动转企改制的文化企业建立现代企业制度,完善法人治理结构,成为合格的市场主体、增强竞争力和综合实力,加强对转制院团扶持政策的落实。其次,要推进文化事业单位内部人事、收入分配和社会保障制度改革。推行全员聘用制度和岗位管理制度,健全岗位目标责任制。对不同类型的事业单位实行不同的收入分配管理办法,加强监管,合理调节收入分配。建立健全事业单位职工养老、医疗和失业保险等社会保障机制,保障职工合法权益。建立健全财务管理制度,加强经济核算。

(三) 促进文化宏观管理科学化

要加快转变政府职能,按照建设法治型政府和服务型政府的要求,大力推进政企分开、政资分开、政事分开、政府与市场中介组织分开。同时要建立健

---

① 中共贵州省委:《关于推进文化体制改革和加快文化发展的若干意见》2006年。

全相关制度,贯彻落实国家已出台文化经济政策精神,并结合贵州省实际,制定出台相关领域的政策、文件,为文化改革发展提供了重要遵循和有力保障。此外,也要建立完善科学决策机制,深入调查研究,摸清贵州省文化建设的现状,找准存在的主要问题,找到改革发展的优势和突破口。

(四) 着力实现公共文化服务均等化

2015年1月,在《关于加快构建现代公共文化服务体系的意见》中,对加快构建现代公共文化服务体系,推进基本公共文化服务标准化均等化,保障人民群众基本文化权益作了全面部署。文件中指出,"把城乡基本公共文化服务均等化纳入国民经济和社会发展总体规划及城乡规划。根据城镇化发展趋势和城乡常住人口变化,统筹城乡公共文化设施布局、服务提供、队伍建设、资金保障,均衡配置公共文化资源"①。

二、做大做强特色文化产业

政府采取设立文化产业发展专项资金、财税优惠政策、信贷扶持、放宽市场准入条件、鼓励非公有资本以多种形式进入国家政策许可的文化产业领域等政府扶持政策,优化资源配置、打造"多彩贵州"品牌,深化完善国有经营性文化单位改革,大力发展非公有制文化企业、着力构建特色文化产业体系,推进文化与相关产业融合,建设现代文化市场体系,推动做强做大特色文化产业,提升多彩贵州的文化竞争力。

特别重要的是,在推进文化与相关产业融合上,要坚持文化发展与扶贫开发相结合。在贵州的大扶贫战略中,文化发挥着特殊作用。一方面它为扶贫攻坚提供精神动力;另一方面也有助于文化外延的发展和文化产品、产业的打造。此外,要大力促进文化与旅游深度融合,充分利用贵州得天独厚的旅游资源,以旅游市场为渠道、以多民族文化为内容,大力促进文化与旅游深度融合,把全省深厚的文化底蕴有机融入旅游产品的开发制作、经营管理和旅游服务中去,从而不断提升旅游产品中的文化内涵和文化特色,进而提高了文化产业的市场竞争力。

---

① 中共中央办公厅、国务院办公厅:《关于加快构建现代公共文化服务体系的意见》2015年1月14日。

三、保护传承多民族优秀文化遗产

重视多民族优秀遗产的保护传承,通过制订法律法规,加大经费投入、制订规划等推动保护传承多民族优秀文化遗产,一方面深入挖掘、传承和保护多民族优秀文化遗产;另一方面通过平台整合、科学开发利用多民族优秀文化遗产。

(一)挖掘、传承和保护多民族优秀文化遗产

文化是历史的积淀,它具有育民、惠民、励民、富民等多重功能。在文化强国昂扬主旋律下,必须让沉睡在贵州大地上宝贵的文化资源实现再生,使其焕发出新的生机与活力,为贵州今天的发展助力。贵州是一个多民族省份,有17个世居少数民族,少数民族人口占全省总人口的38.9%[①]。多民族共生共融孕育了贵州省绚丽多姿的民族文化,要继续挖掘整理提炼民族民间文化,努力打造民族民间文化精品,塑造民族民间文化品牌,巩固贵州民族文化资源大省的地位。

同时也要注重保护和传承多民族优秀文化遗产,特别是对于红色文化遗址、自然遗产地、重点文物保护单位、非物质文化遗产、历史文化名城名镇名村、重要工矿遗址等文化遗产的保护和文化传承。文化遗产是一个区域历史演进、社会发展的重要证据,是祖先留给我们以及后世子孙的宝贵财富。保护好这些遗迹,一方面是对文化的传承不至间断;另一方面也是对我们当地文化旅游产业得以长期存续,并在日后有望进一步发展的必要前提和保障。

(二)科学开发利用多民族优秀文化遗产

民族优秀文化遗产的科学开发利用是指科学合理地开发利用民族优秀的传统文化资源,将其转化为文化商品或文化形态,通过大众接受、参与和消费,在实现传统文化的传承的同时,助推当地经济的发展。近年来,贵州省将少数民族文化资源与经济要素相结合,开创了生产性开发、创意产业开发、旅游开发等民族传统文化开发利用传承的方式。

在生产性开发方面,将少数民族传统文化转化为生产力和产品,使少数民

---

① 数据来源:《贵州统计年鉴(2019)》。

族传统文化优势转化为产业优势,是贵州省民族传统文化开发利用传承的基本理念。生产性开发利用传承保护包括本体性和衍生性的开发利用传承,前者是核心和基础,后者是创新和运作,遵循不同的传承原则与规律。第一,少数民族文化的本体性开发利用传承。本体性开发利用传承是以传统社区为"传承场",不仅对其文化遗产、历史建筑和区域进行保护,而且还对其现存的与世代传承的其他因素,包括历史景观、地方性特征和文化认同等进行保护。尽量消解外界文化对其自然生态、社会结构、文化习俗等各方面的干扰。第二,少数民族文化的衍生性开发利用传承。衍生性开发利用传承是以少数民族传统文化为根基,利用现代科技,将传统文化打造为文化产品,从而实现传统文化的保护开发传承。舞台化是其中最主要的方式。贵州省利用舞台化的形式,将少数民族的民俗节日、民间艺术、民族戏剧等纷纷搬上舞台。

在文化创意产业开发利用上,主要通过动漫和影视等文化创意产业加以推动。而民族旅游产业开发利用也成为少数民族传统文化开发利用传承的重要渠道。贵州省民族旅游产业主要通过以下两种方式开发利用传承少数民族传统文化:一是修缮或重建一批传统建筑、历史遗迹。雄伟、壮丽的传统建筑是贵州民族旅游区的主要景点,也为民族村寨增添了无尽的风情和魅力。二是举办少数民族节庆活动。节庆活动既是少数民族传统民俗风情的文化符号,又是开发利用传承传统文化的重要载体,通过这些节庆活动,可以将各民族的传统文化生动真实地展现在游客面前。

四、加强对外文化交流、促进文化创新融合

对外文化交流其根本目的在于交流互鉴,取长补短,促进贵州多民族特色文化与中华文化、世界文化的融合创新,不断提高贵州文化的知名度和影响力。贵州注重加强对外文化交流,以"多彩贵州风"为代表,足迹遍布五大洲数十个国家和地区,把贵州的歌舞、民族文化带到世界各国人民面前,掀起贵州旋风。近年来,贵州加大文化招商引资力度,创新贵州文化"走出去"体制机制,完善对外交流合作平台,卓有成效地与各国和地区开展了深入广泛、多渠道、多层次的文化交流项目,逐步形成了政府主导、社会参与、全方位多层次多渠道的文化"走出去"格局,贵州对外文化交流水平提升到一个新高度。

(一)加大文化招商引资力度

加大招商引资力度,以招商引资带动文化开放,以文化交流促进经贸合

作。一方面走出去招，通过组织参加深圳文博会、西部文博会、北京文博会等大型会展来招商；另一方面请进来招。近年来，举办了彝族文化产业博览会、多彩贵州文化创意产业博览交易会等多个文化展会，招商引资效果良好。这样双管齐下，显著提高了招商引资的力度和效度。

（二）创新贵州文化"走出去"体制机制

创新贵州文化"走出去"体制机制，统筹开展对外文化交流，鼓励开展民间文化交流。建立文化产品与服务出口贸易协调机制，为文化企业"走出去"提供良好服务。重点培育一批外向型文化出口企业和产业基地，支持有条件的文化企业开拓省外、国外市场，扶持具有贵州特色和竞争力的影视动漫、出版物、民族歌舞、少儿杂技、民族民间工艺品参与文化交流与对外贸易。大力培育一批具有自主知识产权、特色鲜明的文化品牌，推动贵州文化"走出去"，以这些文化"走出去"的项目为契机，主动参与国际合作和竞争，扩大对外文化贸易，努力形成以民族文化为主体、吸收外来有益文化、推动中华优秀文化走向世界的文化开放格局。

（三）完善对外文化交流合作平台

依托文化和旅游部部省对口年度合作计划、贵阳国际生态文明论坛、数博会等综合性平台促进文化交流合作。贵阳孔学堂整合阳明文化等资源，加快贵阳孔学堂国际中华文化研修园建设，完善营运管理，促进产业延伸，打造贵州文化新名片和中华文化传承交流的重要窗口。同时，充分利用各类区域经济合作推动文化交流合作。近年来，贵州不断加大了对外推介的力度。贵州以文化促经济，以经济强文化不断加快旅游大省建设，推进与泛珠江经济区、五省六方经济协作区、中国——东盟自由贸易区等跨区域经济合作，为贵州文化事业和文化产业的快速发展带来了新的机遇。

（四）构建聚合发力的文化宣传格局

积极适应媒体格局深刻调整、舆论生态深刻变化的新形势，以"多彩贵州"整体形象的塑造和提升为重点，思想上绷紧"一根弦"，导向上保持"一个调"，工作上做到"一盘棋"，协调上拧成"一股绳"，保障上形成"一张网"，创新工作理念，调动各方力量，运用各种资源，不断推出外宣精品，大力开展经贸外宣和文化旅游外宣，构建和完善宣传、文化、旅游、农业、经贸、体育等部门"党政推动、政企联合、多位一体、聚合发力"① 的大外宣格局。随着"多彩贵州"品牌宣传不断深化，贵州形象不断提升。

五、小结

历史孕育出文化，文化积淀成精神，精神影响着一个时代，创造出属于这个时代的全新的历史和文化，这就是文化的传承与发扬。贵州这片土地也是如此。作为中华文化发祥地之一，千年以来，这里诞生了"知行合一、天人合一"的伟大心学思想，也留下为挽救民族危亡而抛洒热血的红色记忆，同时，漫长的历史进程又让这里成为多民族文化汇聚之地，这些都是贵州人宝贵的文化财富以及贵州精神的源泉。"团结奋进、拼搏创新、苦干实干、后发赶超"，这是属于我们这个时代的贵州精神，激励着我们建设祖国、建设贵州，书写属于我们这一代人全新的贵州文化和中华文化。

---

① 中共贵州省委：《中共贵州省委关于贯彻党的十七届六中全会精神 推动多民族文化大发展大繁荣的意见》，《贵州日报》2011 年 11 月 7 日。

第三章

大扶贫战略行动撕掉千百年绝对贫困标签

反贫困是古今中外治国理政的一件大事。消除贫困、改善民生、实现共同富裕是我国社会主义的本质要求。贵州省作为中国贫困治理的主战场，依靠中国特色贫困治理的制度基础实施了脱贫攻坚行动。党的十八大以来，贵州省上下戮力同心，发扬艰苦奋斗精神，在 2020 年 11 月 23 日，基本上实现贫困人口全部脱贫、66 个贫困县全部摘帽的总体减贫成效，基本上实现不愁吃、不愁穿"两不愁"和基本上实现保障义务教育、基本医疗、住房安全"三保障"的脱贫攻坚的具体目标任务。贵州省出色完成减贫目标任务充分表明了党的领导是根本保障，体现了社会主义制度具有无比的优越性，大扶贫、大数据、大生态"三大战略"助推了贵州省的贫困治理，贵州省全体儿女是脱贫攻坚的主力军和内生动力。当然，贵州省减贫"奇迹"是中国减贫伟大事业的一个缩影，同时对全世界减贫事业不断推进意义重大。

第一节 中国特色贫困治理的制度基础

消除贫困、改善民生、逐步实现共同富裕，是社会主义的本质要求，是中国共产党的重要使命。全面建成小康社会、实现第一个百年奋斗目标，是中国共产党对全国人民的庄严承诺，而农村贫困人口全部脱贫是一个标志性指标[①]。因此，伟大的中国共产党人要有愚公移山志，咬定目标、苦干实干，确保 2020

---

① 习近平：《摆脱贫困》，福建人民出版社、福建出版发行集团 2014 年版，第 29 – 30 页。

年所有贫困地区和贫困人口一道迈入全面小康社会,实现中国共产党对亿万人民许下的承诺,使命光荣、责任重大、任务艰巨!

反贫困是古今中外治国理政的一件大事,中国深知贫穷不是社会主义。经过改革开放四十多年的努力,我国成功走出一条中国特色扶贫开发道路,使7亿多农村贫困人口成功脱贫,为全面建成小康社会打下坚实基础[1]。中国成为世界减贫人口最多的国家,也是世界上率先完成联合国千年发展目标的国家。中国开发扶贫取得的伟大成就,为全球减贫事业做出了重大贡献,得到国际社会广泛赞誉。不过,中国的贫困治理并不是一蹴而就的,而是在不断的探索中摸索形成了具有中国特色贫困治理的制度基础。

一、"弱鸟先飞":贫困治理要优先发展经济,加快改革开放

中国共产党人在深知贫穷不是社会主义后,提出了要优先发展经济,不断加快改革开放,让中国这个物质文化极度匮乏的国家不断发展起来,促使人民日益增长的物质文化需求同落后生产力之间矛盾的解决,进而不断克服我国多数人口的贫困问题。

正值1988年初夏时节,刚刚履新上任的福建省宁德地委书记习近平偕同地区几位领导同志,走了闽东九个县,还顺带走了毗邻的浙南温州、苍南、乐清等地。习近平和其他同志边走边调查、思考、研究,思绪始终集中在一个问题上:在"海阔任鱼跃,天高任鸟飞"的发展商品生产经济的态势下,闽东这只"弱鸟"可否先飞,如何先飞[2]?当时的闽东,交通闭塞,信息短缺,是小农经济一统天下,商品经济的发展较其他贫困地区,显得更加举步维艰。提起闽东,便是五个字:"老、少、边、岛、贫"。此时,习近平等同志并没有因为地方贫困而"安贫乐道","穷自在","等、靠、要",怨天尤人。习近平等同志摆正了一个位置:把解决原材料、资金短缺的关键,放在我们自己身上来,这个位置的转变是"先飞"意识的第一要义。同时,商品观念、市场观念、竞争观念对贫困地区来说,都是崭新观念,都应成为"先飞"意识的组成部分。乡镇干部的主要精力、时间只能用在发展地方经济工作实践上[3]。

---

[1] 中共中央党史和文献研究院:《十八大以来重要文献选编》(下),中央文献出版社2018年版,第13页。
[2] 习近平:《摆脱贫困》,福建人民出版社、福建出版发行集团2014年版,第1页。
[3] 习近平:《摆脱贫困》,福建人民出版社、福建出版发行集团2014年版,第3页。

习近平同志认为既然飞，当然力图飞洋过海，要向外飞，在国际市场上经风雨，在商品市场中见世面，因而要不断加大闽东地区的开放力度。当然，在开放的过程中要实事求是，闽东地区开放缺少"硬"条件，有必要多讲"软"条件。众所周知，外商在我国投资反映最多的问题是政府办事效率不高，部门林立，扯皮推诿。越是这样，越是要讲软功夫。软功夫是贫困地区这只"弱鸟"借以飞洋过海的高超艺术。从一开始就要有全新的办法，不断提高对外商经营投资的服务质量。要使弱鸟先飞，飞得快，飞得高，必须探讨一条因地制宜发展经济的路子，从而改变闽东地区的贫困问题。发展经济的关键在于农业和工业这两个轮子怎么转起来。小农经济是富不起来的，小农业也是没有前途的。我们要抓的是大农业。大农业是朝着多功能、开放式、综合性发展的立体农业，它区别于传统的、主要集中在耕地经营的、单一的、平面的小农业[1]。这就是说，在农业上，"靠山吃山唱山歌，靠海吃海念海经"，稳住粮食，山海田一起抓，发展乡镇企业，农、林、牧、副、渔全面发展。发展的动力在于工业。工业上要正确处理速度和效益的关系，两者一手抓，不可偏废。此外，乡镇企业或工业的发展要立足于"土"，土生土长，具有浓厚的闽东气息；要立足于"农"，为大农业服务；要立足于"特"，在市场"夹缝"中生存与发展；要立足于"外"，随着对外开放而逐步深入[2]。同时，在扶贫开发中，要注意增强乡村两级集体经济实力，否则，整个扶贫工作将可能会缺少基本的保障和失去强大的动力，已经取得的扶贫成果也就会有丧失的危险[3]。

习近平等同志的贫困治理思路不仅让闽东这只"弱鸟"发展起来，而且有效地解决了闽东地区贫困问题。虽然闽东的贫困面比较大，经过三年的努力，有了可喜的变化[4]。总之，习近平同志认为，闽东只有优先发展经济，不断加快改革开放，这样才最大可能地解决闽东地区的贫困问题。实干兴邦，空谈误国。没有经济的发展就不可能有摆脱贫困的物质文化基础，何谈解决贫困？没有改革开放就不可能有促进经济发展源源不断的资金、技术、人才等，何谈经济的发展？因此，中国特色贫困治理必须优先发展经济，加快改革开放的步伐。相关专家解读，在邓小平"南方谈话"20周年之际，习近平总书记的深圳行寓意深刻，

---

[1] 习近平：《摆脱贫困》，福建人民出版社、福建出版发行集团2014年版，第178页。
[2] 习近平：《摆脱贫困》，福建人民出版社、福建出版发行集团2014年版，第135–136页。
[3] 习近平：《摆脱贫困》，福建人民出版社、福建出版发行集团2014年版，第191页。
[4] 习近平：《摆脱贫困》，福建人民出版社、福建出版发行集团2014年版，第7页。

表达了坚定改革开放的信心。广而化之，对于像闽东这样的中国贫困地区的一个缩影，只有优先发展经济、加快改革开放尽可能地让贫困地区这只"弱鸟"挣脱贫困的束缚，才能解决贫困人口问题。

二、"滴水穿石"：贫困治理需要默默奉献的艰苦创业精神

一滴水，既小且弱，对付顽石，肯定粉身碎骨，它在牺牲的瞬间，虽然未能看见自身的价值和成果，但其价值和成果体现在无数水滴前赴后继的粉身碎骨之中，体现在终于穿石的成功之中①。习近平同志认为，贫困地区独特的地理位置和经济发展的具体条件，决定了它的发展变化只能是渐进的过程。从根本上改变贫困、落后面貌，不仅需要广大人民群众发扬"滴水穿石"般的韧劲和默默奉献的艰苦创业精神，进行长期不懈的努力才能实现，而且贫困地区的干部要付出更加艰辛的劳动②。

余光中老先生曾说："为何我的眼里常含泪水，因为我对这片土地爱的深沉。"因为对生于斯、长于斯的土地的热爱，贫困地区的人民极度渴望摆脱贫困这道枷锁。扶贫要先扶志，要从思想上淡化"贫困意识"。不要言必称贫，处处说贫。贫困地区的人民要在自己坚守的这片土地上，不断学习增强自身的技能，创造出摆脱贫困的物质文明。扶贫要扶愚，尽管越穷的地方越难办教育，但越穷的地方越需要办教育，越不办教育就越穷，不过，贫困地区一定要跳出教育上的马太效应，不能让"穷"和"愚"互为因果的恶性循环③。让贫困地区的人民能够接受最基本的教育。当然，这也是从精神文明的角度要求贫困地区人民提高其思想道德水平和科学文化水平，这才是真正意义上的脱贫致富④。总之，贫困地区的人民要发扬默默奉献的艰苦创业精神，在自己最热爱的土地上创造出物质和精神文明极其丰富的生活，从而摆脱贫困的烙印。

当然，贫困地区的干部也要大有作为。那么，贫困地区的干部需要什么样的基本功呢？答案是：一要坚持党的领导，二是要走群众路线。干部是党的路线、方针、政策的具体执行者，干部只有到人民群众中，并且只有和人民群众保持血肉相连的关系，才能使党的方针、政策得到更好的贯彻。干部走群众路

---

① 习近平：《摆脱贫困》，福建人民出版社、福建出版发行集团2014年版，第57页。
② 习近平：《摆脱贫困》，福建人民出版社、福建出版发行集团2014年版，第13页。
③ 习近平：《摆脱贫困》，福建人民出版社、福建出版发行集团2014年版，第173页。
④ 习近平：《摆脱贫困》，福建人民出版社、福建出版发行集团2014年版，第149页。

线,首先要有一个群众观点;其次,要深入基层、深入群众,积极疏通和拓宽同人民群众联系的渠道;最后,领导干部要同基层单位挂钩联系①。因此,贫困地区的干部也要有默默奉献的艰苦创业精神,既要坚持党的领导,也要为贫困地区群众办实事,要扎扎实实,坚持不懈,久久为功。

习近平任福建省宁德地委书记时曾说:"我推崇滴水穿石的景观,实在是推崇一种前赴后继、甘于为总体成功牺牲的完美人格;推崇一种胸有宏图、扎扎实实、持之以恒、至死不渝的精神"②。中国的贫困治理需要贫困地区的人民群众及相关干部要有滴水穿石,不破楼兰终不还的默默无闻的艰苦创业精神。要懂得脱贫是一项长期艰巨的任务,要有打持久战的思想准备。

三、"两山理论":贫困治理要收到经济、社会、生态三方面的效益

浙江是习近平生态文明思想"八八战略"的践行地,"绿水青山就是金山银山"科学论断的发源地③,贫困治理早已不是仅仅让贫困人口达到国家生活水平最低标准,而是要收到经济、社会、生态三个方面的效益。扶贫开发要同做好农业农村农民工作结合起来,同发展基本公共服务结合起来,同保护生态环境结合起来,向增强农业综合生产能力和整体素质要效益④。

"什么时候闽东的山都绿了,什么时候闽东就富裕了",闽东群众的这句话说出了一个很深刻的道理:闽东经济发展的潜力在于山,兴旺在于林⑤。从一般的意义上理解,林业有很高的生态效益和社会效益;从特殊的意义上理解,发展林业是闽东脱贫致富地的主要途径。可见,早在20世纪80年代末,习近平同志就认识到贫困治理不仅要收到经济效益而且也要收到社会和生态效益。

"绿水青山"与"金山银山"在贫困治理之中是可以相互转化的。"金山

---

① 习近平:《摆脱贫困》,福建人民出版社、福建出版发行集团2014年版,第17页。
② 习近平:《摆脱贫困》,福建人民出版社、福建出版发行集团2014年版,第59页。
③ 黄承梁:《论习近平生态文明思想历史自然的形成和发展》,《中国人口·资源与环境》2019年第12期。
④ 中共中央党史和文献研究院:《习近平关于"三农"工作论述摘编》,中央文献出版社2018年版,第156页。
⑤ 习近平:《摆脱贫困》,福建人民出版社、福建出版发行集团2014年版,第110页。

银山"是发展、是财富、是GDP;核心是要采用集约、高效、循环、可持续的利用方式,开发利用自然资源、环境容量和生态要素,以体现在扶贫开发中保护"绿水青山"就是做大"金山银山",破坏"绿水青山"就是耗损"金山银山"[①]。2013年11月19日,习近平总书记在《关于〈中共中央关于全面深化改革若干重大问题的决定〉的说明》中指出:"我们要认识到,山水林田湖是一个生命共同体,人的命脉在田,田的命脉在水,水的命脉在山,山的命脉在土,土的命脉在树。用途管制和生态修复必须遵循自然规律,如果种树的只管种树、治水的只管治水、护田的单纯护田,很容易顾此失彼,最终造成生态的系统性破坏"。习近平总书记在这次讲话中提出了"山水林田湖是一个生命共同体"的理念和原则,论述了生命共同体内在的自然规律,指出了自然资源用途管制和生态修复必须遵循的自然规律,说明了为什么要遵循自然规律的原因[②]。因而在扶贫开发的过程中,我们要坚决摒弃为了发展经济、提高贫困人民的生活水平让其退出贫困人口队列而不顾社会效益和生态效益的做法。贫困治理绝不是以牺牲社会效益和生态效益来达到贫困人口的经济效益为目的的。

特别引人关注的是,党的十九大把"两山理论"重要思想、生态文明建设、绿色发展理念、美丽中国建设等均纳入《中国共产党党章》[③],因此,新时代的贫困治理要用"两山理论"为指导,坚持科学发展推动扶贫开发。让贫困治理不仅仅局限在贫困人口生活水平的提高,更要注重贫困人口获取的社会效益和生态效益。因为伟大复兴的中国梦是经济效益、社会效益和生态效益相结合的,缺一不可。

四、"精益求精":贫困治理重在精准

小康不小康,关键看老乡。全面建成小康社会,关键是把经济社会发展的"短板"尽快补上,否则就会贻误全局。全面建成小康社会,最艰巨的任务就是脱贫攻坚,最突出的短板在于农村还有7000多万贫困人口[④]。中国梦是追求

[①] 周宏春、江晓军:《习近平生态文明思想的主要来源、组成部分与实践指引》,《中国人口·资源与环境》2019年第1期。
[②] 成金华、尤喆:《"山水林田湖草是生命共同体"原则的科学内涵与实践路径》,《中国人口·资源与环境》2019年第2期。
[③] 沈满洪:《习近平生态文明思想的萌发与升华》,《中国人口·资源与环境》2018年第9期。
[④] 中共中央党史和文献研究院:《习近平扶贫论述摘编》,中央文献出版社2018年版,第11页。

幸福的梦，中国梦是中华民族的梦，也是每个中国人的梦。中国共产党的方向就是让每个人获得发展的自我和奉献社会的机会，共同享有人生出彩的机会，共同享有梦想成真的机会，保证人民平等参与、平等发展权利，维护社会公平正义，使发展成果更多更公平惠及全体人民，朝着共同富裕方向稳步前进①。然而，为了实现中华民族伟大复兴的第一个百年奋斗目标，解决农村现有的7000多万贫困人口显得极为重要，而现阶段的脱贫攻坚重在精准脱贫。

推进扶贫开发、推动经济社会发展，首先要有一个好思路、好路子。要坚持从实际出发、因地制宜、理清思路、完善规划、找准突破口。要做到宜农则农、宜林则林、宜牧则牧、宜开发生态旅游则搞生态旅游，真正把自身比较优势发挥好，使贫困地区发展扎实建立在自身有利条件的基础之上②。当然，做好这一切的前提基础要求我们在扶贫开发过程中要做到精准扶贫。在研读习近平同志的扶贫思想，追踪习近平同志的扶贫思想轨迹后，发现习近平同志2013年11月在湖南湘西考察时，首次提出"精准扶贫"；2014年10月在首个"扶贫日"之际作出重要批示时，第一次提出了扶贫应"注重精准发力"，在已经公开的资料中，这是习近平同志论述扶贫时第一次用到"精准"两字，可以说这是习近平同志第一次公开谈精准扶贫③。2014年3月7日，习近平总书记在参加十二届全国人大二次会议贵州代表团审议时表示："精准扶贫，就是要对扶贫对象实行精细化管理，对扶贫资源实行精确化配置，对扶贫对象实行精准化扶持，确保扶贫资源真正用在扶贫对象身上、真正用在贫困地区"。因此，要时刻牢记总书记的嘱托，切实做到精准扶贫。扶贫开发推进到今天这样的程度，贵在精准，重在精准，成败之举在于精准，搞"大水漫灌、走马观花、大而化之、手榴弹炸跳蚤"不行，要做到六个精准，即扶持对象精准、项目安排精准、资金使用精准、措施到户精准、因村派人（第一书记）精准、脱贫成效精准④。

第一，精准扶贫，关键的关键是要把扶贫对象摸清搞准，把家底盘清，心中有数才能工作有方。习近平总书记精准扶贫思想是一套科学体系。精准识别贫困人口是精准施策的前提，只有扶贫对象搞清楚了，才能因户施策、因人施策。在摸清扶贫对象的基础上，要通过建档立卡、对扶贫对象实行规范化管

---

① 中共中央党史和文献研究院：《习近平扶贫论述摘编》，中央文献出版社2018年版，第6页。
② 中共中央党史和文献研究院：《习近平扶贫论述摘编》，中央文献出版社2018年版，第57页。
③ 洪名勇、洪霓：《论习近平的精准扶贫思想》，《河北经贸大学学报》2016年第6期。
④ 中共中央党史和文献研究院：《习近平扶贫论述摘编》，中央文献出版社2018年版，第58页。

理，做到心中有数，一目了然。第二，精准帮扶。识别出贫困村庄、贫困农户只是精准扶贫工作的起点，要让贫困村退出，要让贫困农户增收致富，关键还在于精准帮扶。解决好"怎么扶"的问题。开对了"药房子"，才能拔掉"穷根子"。要按照贫困县和贫困人口的具体情况，实施"五个一批"工程，即发展生产脱贫一批、异地搬迁脱贫一批、生态补偿脱贫一批、发展教育脱贫一批、社会保障兜底一批。第三，精准退出。精准扶贫的目标在于通过扶持，让贫困家庭和贫困人口不再贫困，因此，通过政府和社会扶贫之后已经摆脱贫困的县、乡镇、村庄及贫困家庭、贫困人口退出贫困，不仅是精准扶贫的重要目标，而且还可以让新增扶贫资源用于还处于贫困的地区、贫困家庭和贫困人口，让增量扶贫资源发挥最大边际效率，以实现2020年按照现有扶贫标准，让现在所有贫困地区、贫困家庭和贫困人口退出贫困。第四，精准管理。要做到精准识别、精准帮扶和精准退出，就必须进行精准管理。与粗放式扶贫时期的管理不一样，实施精准扶贫战略对扶贫管理提出了更高要求。精准管理是扶贫管理的一次大飞跃，它要求我们引用科学管理理念和方法，从扶贫对象识别、致贫原因分析、帮扶内容、项目安排、项目实施至扶贫效果、退出等全过程，建立科学的管理体系。第五，创新精准扶贫的体制机制。为使精准扶贫战略落到实处，除了做好总体设计之外，关键还在于要有好的体制机制，使精准扶贫战略能够落地。习近平同志不仅强调体制机制创新的重要性，而且就如何构建相应的体制机制进行了论述，即一是实行精准扶贫责任制，层层签订责任状，目标任务层层分解、层层落实，倒排工期；二是实施"五个一批"的扶贫攻坚行动计划，有效推进精准扶贫工作；三是全社会参与的大扶贫机制。

习近平总书记从中国扶贫开发的实际出发，根据新时期、新形势、新情况适时提出中国扶贫开发应该由"大水漫灌"转向精准扶贫。习近平同志的精准扶贫思想内涵丰富，是一个科学的理论体系。认真学习、深刻领悟习近平同志的精准扶贫思想，并形成全社会参与的大扶贫格局，整合社会各类主体形成联动效应，与被帮扶对象结成紧密关系，形成"一对一""多对一""一对多"和"多对多"的联动结对帮扶机制，才能更好更全面地整合扶贫资源，从而解决贫困问题[①]。

---

① 洪名勇、洪霓：《论习近平的精准扶贫思想》，《河北经贸大学学报》2016年第6期。

五、小结

中国的基本国情决定了中国的特色贫困治理的制度基础。此外，中国的贫困治理的制度基础是随着贫困治理的时代需求而不断完善。说千道万，贫困治理首先要有一定的经济基础，因此，要时刻把经济发展放在优先发展的地位。而对中国这个国家来说要想更好地发展经济一定要坚定不移加快改革开放的步伐，充分盘活国际和国内这两个市场，既要引进来先进的技术、优先人才和丰富的管理经验等，也要让中国制造甚至中国创造走出国门，扩大内需的同时要兼顾国际市场这块大蛋糕。在拥有一定经济基础的前提下，贫困治理更需要贫困地区人民发扬默默奉献的艰苦创业精神以及贫困地区干部要坚持党的领导，把党的贫困治理的政策、路线、方针落实到贫困人民最需要的地方，同时要坚持群众路线，也要发扬为国家扶贫开发默默奉献的艰苦创业精神。"绿水青山就是金山银山"，贫困治理并不是一味地追求贫困地区人民生活水平达到国家规定的最低生活标准，贫困治理需要收到经济、社会和生态三个方面的效益，中国共产党不仅要让贫困人民彻底脱贫更要让贫困人民的生活过得丰富多彩，不仅是物质上的满足更是全方位的充裕。当然，贫困治理进入新时代后，扶贫开发愈发艰难。因而，此时的贫困治理重在精准，不断构建精准识别、精准帮扶、精准退出、精准管理和精准扶贫的体制机制等这一精准扶贫的体系，做到"两不愁"和"三保障"，从而真正解决千百年来困扰我国的贫困问题。

第二节　党的十八大以来贵州减贫成效

众所周知，贵州这个西南省份一直贴有贫困这个标签。近年来，随着贵州社会经济深入发展，贵州省要彻底撕掉千百年绝对贫困的标签，与全国一道进入全面小康社会[①]。在党中央和国务院的正确领导下，贵州省第十二次代表大会提出全力实施大扶贫、大数据、大生态三大战略行动，统一思想、凝聚力量，牢记嘱托、不忘初心，走好新的长征路，决胜脱贫攻坚、同步全面小康，

[①] 孙志刚：《万众一心发起最后总攻　一鼓作气夺取全面胜利》，《贵州日报》2020年1月20日。

奋力开创百姓富、生态美的多彩贵州新未来①。三大战略为贵州省今后一段时间内解决贫困治理问题促进社会经济的发展指明了前进方向和提供了精神动力，也为实现中华民族伟大复兴的中国梦贡献贵州的力量。党的十八大以来，贵州省不仅整体层面且具体目标层面基本都可以在2020年完成脱贫攻坚的任务。习近平总书记时时刻刻牵挂着贵州省贫困地区脱贫攻坚的情况，并对贵州省脱贫攻坚所取得的成效加以赞扬："贵州取得的成绩，是党的十八大以来党和国家事业大踏步前进的一个缩影。"

一、整体层面上的减贫成效

从1993年中国政府正式统计GDP开始，直到2013年的20年里，无论排名靠后的其他几个省份怎样交换名次，贵州的人均GDP始终是31个省区市的倒数第一，稳稳当当，从无例外②。长期经济发展水平的落后在很大程度上造成了贵州省贫困人口数量的庞大。据统计，2010年贵州省农村贫困人口为1521万人，贫困发生率为44%；2010年全面小康实现程度为62.4%，比全国低18个百分点，小康进程与全国大体相差10年左右；2010年全省农民人均纯收入3472元，仅相当于全国平均水平的58.7%，50个国家扶贫开发工作重点县农民人均纯收入仅为3153元；2010年全省贫困人口占全国贫困人口总数的15%左右，民族地区贫困人口占全省贫困总人口的60%以上③。虽然近10年来贵州省的经济增长率一直位居全国各省区市前列且远远高于全国经济的增长率，但是贵州省的人均GDP却远远落后全国平均水平，和全国人均GDP的差距由2010年的16896元扩大到2019年的24414元（见图3-1）。并且贵州省产业发育层次低，生态环境脆弱，人口素质不高，基本公共服务历史欠账多，仍然是全国农村贫困面最大、贫困人口最多、贫困程度最深的省份，扶贫开发形势十分严峻、任务十分繁重，是全国扶贫攻坚的主战场和决战区。

因此，贵州省委省政府为了贯彻中共中央国务院印发的第10号文件《中国农村扶贫开发纲要（2011~2020年）》和中央扶贫开发工作的会议精神，推动贵州省社会经济的大发展和确保完成2020年全面建成小康社会和全面脱贫的目标，

---

① 陈敏尔：《紧密团结在以习近平同志为核心的党中央周围 决胜脱贫攻坚 同步全面小康 奋力开创百姓富生态美的多彩贵州新未来》，《贵州日报》2017年4月25日。
② 数据来源：《中国统计年鉴》（1994~2014年）。
③ 数据来源：《贵州省统计年鉴》（2011），贫困标准是2011年人均2300元的新口径。

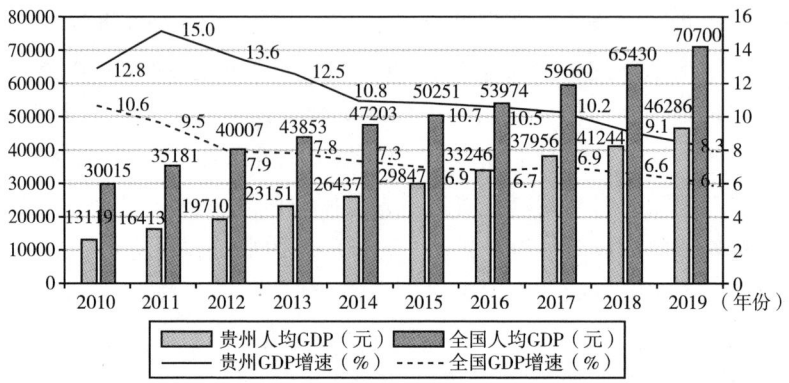

图 3-1 贵州省和全国人均 GDP、GDP 增速比较图

资料来源：《贵州统计年鉴》（2011~2019 年）和《中国统计年鉴》（2011~2019 年）及国家和贵州省统计局发布的数据。

出台了关于贯彻落实《中国农村扶贫开发纲要（2011~2020 年）》的实施意见，为贵州省的大扶贫战略指明了方向①。党的十八大以来贵州省通过实施精准扶贫、精准脱贫战略，消灭农村人口的绝对贫困问题的大扶贫战略取得了显著成效②。贵州省农村建档立卡贫困人口由 2012 年的 923 万下降到 2019 年的 30.83 万，贫困发生率由 2012 年的 26.8% 下降到 2019 年的 0.38%（见图 3-2）。2020

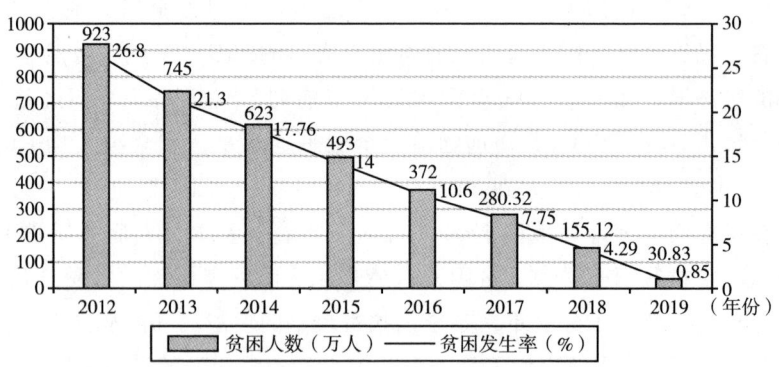

图 3-2 贵州省农村建档立卡贫困人口与贫困发生率

资料来源：《贵州统计年鉴》（2013~2019 年）及贵州省统计局发布的数据。

---

① 中共贵州省委贵州省人民政府：《关于贯彻落实〈中国农村扶贫开发纲要（2011~2020 年）〉的实施意见》，《贵州日报》2012 年 1 月 21 日。

② 燕继荣：《反贫困与国家治理——中国"脱贫攻坚"的创新意义》，《管理世界》2020 年第 4 期。

年 11 月 23 日，贵州省政府新闻办召开新闻发布会，宣布最后 9 个贫困县脱贫退出。至此，贵州省 66 个贫困县全部完成摘帽。从总体层面来看，实践证明了贵州省近年来脱贫攻坚取得了非凡的战果。

当然，脱贫攻坚的成绩来之不易，成绩的取得是由于贵州省委省政府破除贵州省贫困陷阱制定大扶贫战略是立足贵州省基本省情的一项重大战略，是贯彻落实邓小平理论、"三个代表"重要思想、科学发展观和习近平新时代中国特色社会主义思想，以"加速发展、加快转型、推动跨越"的主基调统领扶贫开发，以"三化同步"为主要抓手，以与全国同步进入全面小康为根本目标，集中资源打好扶贫脱贫攻坚战，推动贫困地区经济社会实现跨越式发展。做到言必行，行必果。全省农村贫困人口如期脱贫、贫困县全部摘帽、解决区域性整体贫困，是全省全面建成小康社会的底线任务，是全省作出的庄严承诺，从而确保 2020 年贫困人口和贫困地区和全国一道全面建成小康社会。

二、具体指标层面上的减贫成效

贵州省威宁县迤那镇在实践中总结出了"四看法"：一看房、二看粮、三看劳动力强不强、四看家中有没有读书郎。看房，就是通过看农户的居住条件和生活环境，估算其贫困程度；看粮，就是通过看农户的土地情况和生产条件，估算其农业收入和食品支出；看劳动力强不强，就是通过看农户的劳动力状况和有无病疾人口，估算其务工收入和医疗支出；看家中有没有读书郎，就是通过看农户受教育程度和在校生活现状等，估算其发展潜力和教育支出[1]。习近平总书记立足于贵州省人民脱贫攻坚中的伟大实践，从人民群众中来到人民群众去，进一步创造性地提出了脱贫攻坚的目标即"两不愁、三保障"。习近平总书记表示在脱贫目标上，实现不愁吃、不愁穿"两不愁"相对容易，实现保障义务教育、基本医疗、住房安全"三保障"难度较大[2]。对于我国脱贫攻坚的主战场的贵州省来说，贵州省自从党的十八大以来在"两不愁、三保障"脱贫攻坚具体目标层面的减贫成效取得了丰硕的成果。

（一）基本实现不愁吃、不愁穿"两不愁"目标

虽然习近平总书记说过脱贫攻坚任务中不愁吃、不愁穿"两不愁"相对容

---

[1] 中共中央党史和文献研究院：《习近平扶贫论述摘编》，中央文献出版社 2018 年版，第 59 页。
[2] 中共中央党史和文献研究院：《习近平扶贫论述摘编》，中央文献出版社 2018 年版，第 21 页。

易,但是贵州省在"两不愁"方面也下足了功夫。党的十八大以来,贵州省千方百计地开展扶贫开发工作,其农村人均可支配收入从2001年1412元增长到党的十八大当年的4753元再到2018年底的9716元,农村人均可支配收入早已超过了国家最低生活标准的每人每年2300元,此外,贵州省农村人均可支配收入的增长率也保持着较快的速度增长,党的十八大以来农村人均可支配收入的增速高于8%(见图3-3)。只有贵州省农村人口或者说农村贫困人口的可支配收入增加了,农村贫困人口才有能力进行相关生活最基本的消费,才会不愁吃和不愁穿。当然,贵州省农村贫困人口才能够由不愁吃和不愁穿向吃的健康营养和穿的多彩多样转变。

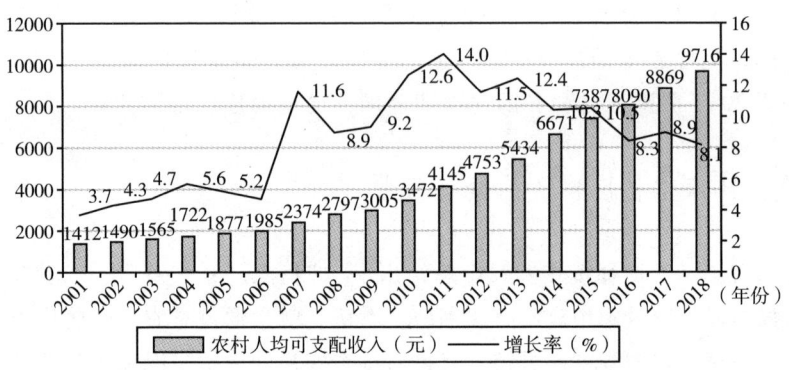

图3-3 贵州省农村人均可支配收入及增长率

资料来源:《贵州统计年鉴》(2002~2019年)。

进一步,通过对贵州省农村人均生活消费支出(见图3-4)发现,贵州省农村人均生活消费支出由2001年的1098元不断增加至党的十八大当年的3902元再到2018年底的9170元。从贵州省农村人均生活消费支出角度看,党的十八大以来贵州省农村人口甚至贫困人口的人均生活消费支出远远超过了国

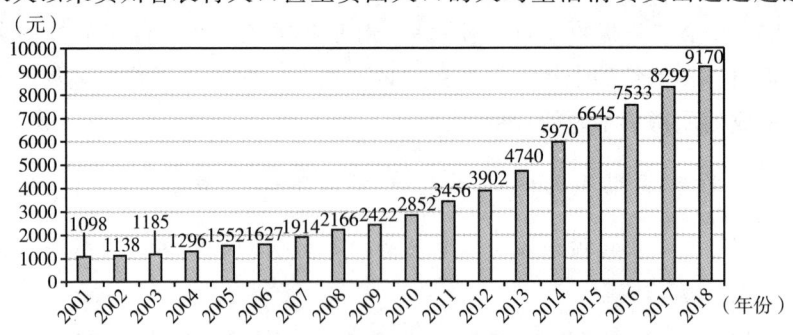

图3-4 贵州省农村人均消费支出

家规定的贫困人口的最低生活标准2300元,从而表明贵州省农村人口甚至农村贫困人口在支出方面实现了不愁吃、不愁穿"两不愁"的既定目标。

从贵州省细分的农村人均食品消费支出的数据(见图3-5)发现,贵州省农村人均食品消费支出由2001年的659元不断增加至党的十八大当年的1741元再到2018年底的3384元。从贵州省农村人均食品消费支出的角度来看,党的十八大以来贵州省农村人口甚至农村贫困人口的食品支出远远超过了国家规定的最低生活标准2300元,表明了贵州省农村人口甚至农村贫困人口基本上是不愁吃且可以相信农村人口甚至农村贫困人口吃的也会更加营养健康。此外,我们也可以进一步发现,党的十八大以来贵州省农村人均食品消费支出的绝对增加额是逐渐减少,而农村人均其他生活消费支出的绝对增加额是增长的,可以表明贵州省农村人口甚至是农村贫困人口在不愁吃的基础之上可以追求更加丰富的生活,例如,可以增加购买衣服方面的开支,从而让自己在穿着方面更加体面和多彩多样而不会永远都是单一色调的着装,因此,间接地表明贵州省农村人口甚至农村贫困人口是不愁穿的。

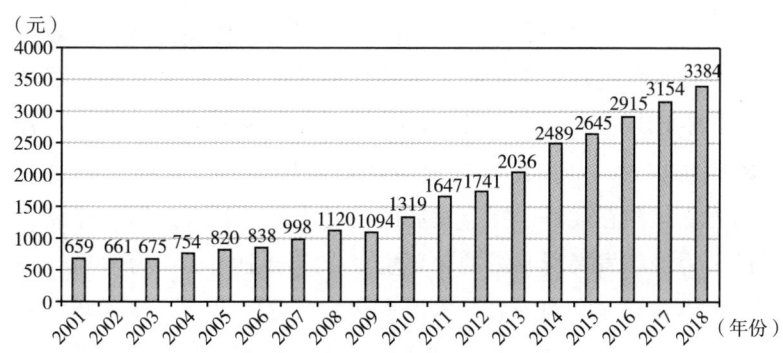

图3-5 贵州省农村人均食品消费支出

资料来源:《贵州统计年鉴》(2002~2019年)。

习近平总书记2015年11月27日在中央扶贫开发工作会议上讲话指出:"农村贫困人口如期全部脱贫,有一点必须指出并加以强调,就是要保持农业稳定和农民收入持续增长。农村人口脱贫与农民收入增长直接相关。如果农民收入降低,就可能导致已经脱贫的人口重新返贫,甚至可能造成新的贫困人口。所以要拓宽农民增收渠道,完善农民收入增长支持政策体系。"① 因此,贵

---

① 中共中央党史和文献研究院:《习近平扶贫论述摘编》,中央文献出版社2018年版,第70页。

州省委省政府时时刻刻都牢记着习近平总书记的讲话精神，千方百计地增加贵州省人民的收入特别是贫困人口的收入，从而让人民过上更加幸福美满的生活。

党的十八大以来，贵州省委省政府在党中央和国务院的坚强领导下在贫困治理中取得了一系列优异的成果，基本解决了贵州省农村人口甚至农村贫困人口不愁吃、不愁穿"两不愁"的目标。但仅仅解决这些还是远远不够的。贵州省委省政府知道并践行增进民生福祉是发展的根本目的。必须多谋民生之利、多解民生之忧，在发展中补齐民生短板、促进社会公平正义，在幼有所教、学有所教、劳有所得、病有所医、老有所养、住有所居、弱有所扶上不断取得新进展，深入开展脱贫攻坚，保证全体人民在共建共享发展中有更多获得感，不断促进人的全面发展、全体人民共同富裕①。

（二）基本实现保障义务教育、基本医疗、住房安全"三保障"目标

治贫先治愚，扶贫先扶志。教育是阻断贫困代际传递的治本之策。目前一些贫困地区教育发展面临很大困难，由于各种原因，贫困家庭孩子辍学失学还比较多，"读书无用论"观点也有所蔓延，不少贫困家庭子女受教育程度同普通家庭的差距在扩大，贫困地区教育事业是管长远的，必须下大力气抓好②。因此，贵州省必须站在经济、社会发展的高度来思考教育问题。建设为改革开放所亟需的、为经济发展所亟需的软环境，必定要把人才作为软环境中最为重要的一环。山不在高，有仙则名，水不在深，有龙则灵。人才兴旺就是科技兴旺，经济兴旺。经济靠科技，科技靠人才，人才靠教育。"教育发达—科技进步—经济振兴"是一个相辅相成、循序渐进的统一过程，其基础在于教育③。贵州省是站在这样的战略高度上看问题，真正地把教育摆在先行官的位置，努力实现教育、科技、经济相互支持、相互促进的良性循环。具体来看，贵州省的小升初入学率也就是国家规定的九年义务教育阶段的入学率（见图3-6）由2001年的81.97%上升到2012年（党的十八大当年）的96.3%，贵州省在党的十八大之前适龄学生的基本义务教育并没有得到全部保障。而党的十八大以

---

① 中共中央党史和文献研究院：《习近平扶贫论述摘编》，中央文献出版社2018年版，第22页。
② 中共中央党史和文献研究院：《习近平扶贫论述摘编》，中央文献出版社2018年版，第70页。
③ 习近平：《摆脱贫困》，福建人民出版社、福建出版发行集团2014年版，第173页。

后，随着扶贫开发进入攻坚克难的阶段和中国共产党一定要完成对全国人民承诺之时，在贵州省委省政府以及全省人民的努力之下，贵州省基本100%保障完成了适龄学生的义务教育，除了2013年和2015年贵州省的小升初入学率分别为99%和99.3%没有达到100%，其余年份均完成了保障适龄学生完成义务教育。

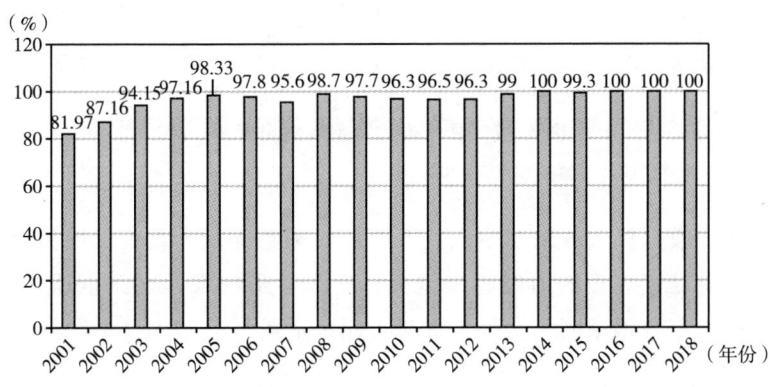

图3-6　贵州省小升初入学率

资料来源：《贵州统计年鉴》（2002～2019年）。

有人会说，贵州省本来就是一个十分落后的西部省份，现在最矛盾的仍旧是没有足够的经济实力来发展教育。当然，我们不能不承认贵州省的实力薄弱，但总不能因为穷而不想办好教育；也不能说，等哪一天富了，哪一天再来讨论教育问题①。邓小平同志曾经说过，我们要千方百计，在别的方面忍耐一点，甚至牺牲一点速度，把教育问题解决好。因此，贵州省办教育要舍得花时间，舍得花精力，舍得下本钱。贵州省为办好教育更好地保障适龄学生获得最基本的义务教育，也不断加大对教育的投资力度（见图3-7）。贵州省的教育财政支出费用由2001年的44.42亿元增加到2012年（党的十八大当年）的500.51亿元，而党的十八大以后贵州省继续加大财政对教育的投入力度，财政对教育的支出在2018年达到前所未有的985.95亿元。"十年树木，百年树人。"贵州省在教育方面的投入既说明了贵州省一直以来尽最大努力完成党和国家交给的任务以保障适龄学生能够完成基本义务教育，也表明了贵州全省上下一致认为教育问题绝对不允许"等一等"的，贵州省要办全省人民满意的教育。

---

① 习近平：《摆脱贫困》，福建人民出版社、福建出版发行集团2014年版，第174页。

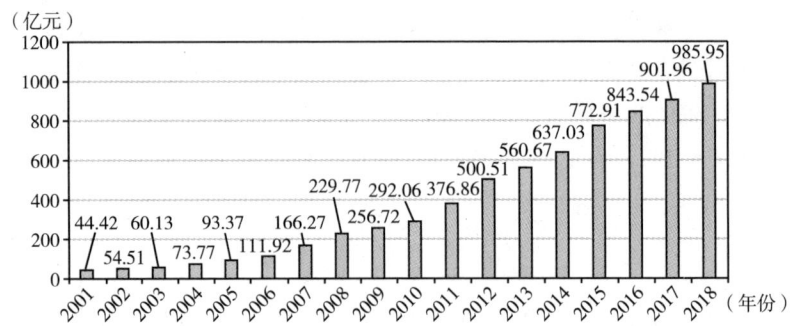

图 3-7 贵州省教育财政支出费用

资料来源:《贵州统计年鉴》(2002~2019年)。

在贵州,教育投入越来越多、教育资源越来越优质、教育保障力度越来越大,补齐基础教育短板的力度越来越大,广大学子的求学之路也越来越广阔,人民群众的教育获得感明显增强。贵州省保障适龄学生基本义务教育措施主要有以下三方面。

一是"控辍保学"实现动态清零。"拔穷根"要靠教育。围绕着教育脱贫攻坚"1+6"重点任务,贵州全力以赴打好易地扶贫搬迁安置点教育保障、控辍保学等硬仗,践行以人民为中心的发展思想。把易地扶贫搬迁安置点配套学校建设作为易地扶贫搬迁"五个体系"建设的重要内容扎实推进,并充分统筹利用易地扶贫搬迁安置点周边原有中小学幼儿园资源,着力增加教育资源供给。全省各地累计新建、改扩建易地扶贫搬迁安置点配套学校594所,切实保障了搬迁户适龄子女全覆盖、零门槛、无障碍就学[①]。在总结基层经验的基础上,提出"五个四"措施,细化为"控辍保学劝返复学二十条",逐一提出劝返安置措施并提供相关法律法规依据,指导基层教育部门和学校开展劝返复学,实现了因人施策精准劝返。2019年11月,全省建档立卡贫困家庭义务教育阶段适龄儿童少年失学辍学首次实现动态清零。

二是义务教育基本均衡发展。基础教育在国民教育体系中处于基础性、先导性地位,在贵州向着科学发展、后发赶超、同步小康奋力迈进之时,基础教育更是一块必须补齐的短板。贵州虽然家底薄,但对教育投入却毫不吝啬,想方设法强化教育投入保障,推动教育均衡与公平取得重大突破。伴着教育经费的超大投入,随之而来的是各项教育工程如火如荼地展开,从根本上改善了贵

---

① 王雨:《贵州:大举措补齐基础教育短板》,《贵州日报》,2020年6月11日。

州农村学校的办学条件。脱贫攻坚教育保障、东西部协作"组团式"帮扶、学生精准资助、学生营养餐、名师名校长和乡村教育家培养、城乡教师交流轮岗等，这些关键词浓缩成沉甸甸的教育均衡发展答卷，温暖人心、力透纸背，为"人人上好学"奠定了坚实基础。2018年，贵州提前2年实现了全省县域内义务教育基本均衡发展，成为在西部地区率先实现县域内义务教育基本均衡发展的省份之一，缓解了义务教育"乡村弱、城镇挤"问题，让教育改革发展成果惠及更多群众，让每个孩子都能享有公平而有质量的教育[1]。教师是加快贵州教育发展的重要基石。以深入实施"特岗计划"和"国培计划"为抓手，贵州不断加强农村教师队伍建设。"十三五"以来，全省招聘了2.58万名特岗教师到农村中小学任教，特岗教师占全省义务教育阶段教师总数的30.5%[2]。"国培计划"实施以来，贵州省培训农村教师达70万人次，实现了全省农村教师国家级培训全覆盖[3]。

三是教育保障力度越来越大。不仅让农村儿童"有学上"，还要"上好学"。把发展教育作为拔穷根的根本之策，加快建设特色教育强省，这是贵州省委、省政府对人民作出的庄严承诺。全省财政教育投入年均增长16.8%，每年压缩党政机关行政经费6%用于教育事业发展[4]。贵州只争朝夕、雷厉风行，坚持学前教育抓普惠、义务教育抓均衡、高中教育抓普及，努力办好人民满意的教育，按下了发展的快进键。按照"精准资助、应助尽助"的原则，贵州形成从学前教育到研究生阶段全覆盖的学生资助政策体系，确保每一名家庭经济困难学生能够顺利完成学业，保障其接受教育的基本权利。实施全面改薄工程和农村寄宿制学校建设，贵州着力改善贫困地区义务教育薄弱学校基本办学条件，实现农村中小学"校校有食堂、人人吃午餐"，农村寄宿制学校基本满足学生在校寄宿生活需求，全省义务教育学校办学条件得到根本性改善。教育资金和项目持续向贫困地区特别是深度贫困地区聚焦倾斜，贵州建立农村幼儿园集团化管理资源中心，区域资源共享、教研互助，农村学前教育从无到有、由小到大，实现全省所有乡镇公办幼儿园全覆盖，农村适龄幼儿可就近享受到公益、普惠性学前教育资源。

贵州省不断重视全省医疗卫生事业（见图3-8），从而保障全省人民的基本医疗。贵州省医疗卫生财政支出费用由2001年的7.07亿元增加至2012年的201.05亿元，而党的十八大以后不断加大对贵州省的医疗卫生财政的支出直至

---

[1][2][3][4] 王雨：《贵州：大举措补齐基础教育短板》，《贵州日报》，2020年6月11日。

增加至2018年的481.8亿元。同时，贵州省进行了新型农村合作医疗和大病保险政策对贫困人口的倾斜，门诊统筹率先覆盖了所有贵州省的贫困地区，财政对贫困人口的参保个人缴费部分给予了补贴。加大了医疗救助、临时救助、慈善救助等帮扶力度，把贫困人口全部纳入重特大疾病救助范围，保障贵州省贫困人口大病得到医治。同时，贵州省也实施了健康扶贫工程，加强了贫困地区传染病、地方病、慢性病防治工作，全面实施了贫困地区儿童营养改善、孕前优生健康免费检查等重大公共卫生项目，保障了贫困人口享有基本医疗卫生服务。

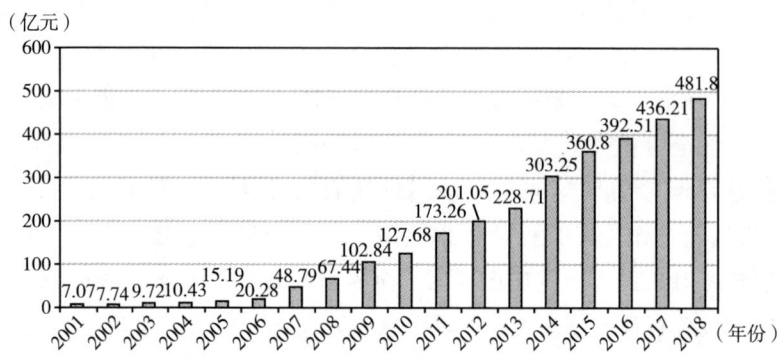

图3-8 贵州省医疗卫生财政支出费用

资料来源：《贵州统计年鉴》（2002~2019年）。

贵州坚持以脱贫攻坚为统揽，紧紧围绕"基本医疗有保障"目标，深入实施健康扶贫工程，坚持以基层为重点，部署推动"五个全覆盖""三年提升计划""五个全面建成""百院大战""健康扶贫专项治理""冲刺90天 打赢歼灭战""全省卫生健康系统决战健康扶贫攻坚系列行动"等一系列举措，着力破解基层群众"看病远、看病难、看病贵"突出问题。而贵州省实现"基本医疗有保障"目标主要措施有三个方面。

一是远程医疗延伸服务触角。经过不断的探索和建设，贵州远程医疗创造了"三个率先"：率先在全国出台远程医疗服务管理办法及实施细则，明确责任认定办法、绩效分配比例和对口帮扶驻点时间计算办法；率先在全国将远程医疗服务按照常规诊疗费用纳入基本医疗保险报销范围；率先在全国出台充分体现公益性的远程医疗服务项目价格。同时，贵州还推动远程医疗向村级和公立医院科室延伸，全力打通远程医疗服务"最后一公里"，形成了"乡镇检查、县级诊断"的诊疗模式。

二是家庭医生实现应签尽签。家庭医生团队定期与签约群众面对面随访，每年开展一次健康体检，根据群众疾病发展情况，分工协作，持续开展健康监测和健康指导。在开展健康指导的同时，家庭医生还适时向群众宣传健康扶贫相关政策，让群众知晓并全面享受相关福利。家庭医生团队已逐渐成为困难群众健康的安全卫士，守护群众身体健康，增强群众获得感、幸福感。最新数据显示，贵州已为全省建档立卡贫困人口中的44.28万高血压患者、8.12万糖尿病患者、1.58万肺结核患者和7.2万严重精神障碍人群提供了家庭医生签约服务，实现了应签尽签、规范服务①。

三是三重保障做到应治尽治。通过一系列扎实有效的工作，仅2019年，贵州就有356万人次享受了县域内定点医疗机构住院"先诊疗后付费"政策。2020年，贵州农村贫困人口大病专项救治病种从25种扩大到30种，全省已救治罹患大病农村贫困人口6.6万人，做到了应治尽治①。总之，贵州省基本保障了农村人口和贫困人口医疗问题。截至2020年5月底，全省建档立卡贫困人口参保769.04万人，因异地参保、参加其他基本医保、参军、服刑、死亡等合理化原因未参保的14.51万人，实现当期建档立卡贫困人口动态应保尽保。全省建档立卡贫困人口看病就医补偿受益共计730.99万人次，补偿资金共计24.72亿元，实现应报尽报。

保障全省农村人口或农村贫困人口住房安全是贵州省早已实施的一项重大扶贫开发的工程，而农村危房改造就显得格外重要。农村危房改造是一项民心工程、民生工程。2008年7月，贵州省在全国率先启动了农村危房改造试点工作，同时配套开展农村老旧住房改厨改厕改圈"三改"、透风漏雨整治和小康房建设。改造前，全省有农村危房192.48万户，占全省农户总数的23.16%，绝大多数位于交通条件差、偏远落后的山区、高寒地区和少数民族地区②。

2008~2018年，贵州累计实施农村危房改造约330万户，中央、省级财政共投入农村危房改造补助资金268.2亿元，极大地改善了农村群众居住质量；2008~2016年，贵州先后进行两轮危房改造，以拆除重建、加固维修等方式，基本解决了农村困难群众居住安全问题，取得了"建设一线、推动一片、带动一方"的效果③；2017年，贵州抓住中央政策红利，在全面消除就地脱贫群众

---

① 韦倩：《贵州织牢织密"基本医疗保障网"》，《贵州日报》2020年8月10日。
② 汪志球、黄娴：《三探贵州农村危房改造》，《人民日报》2012年6月3日。
③ 罗亮亮：《住有所居 居有所安》，《贵州日报》2019年12月22日。

住房安全隐患、实现"住房安全有保障"脱贫底线目标的基础上,对住房基本使用功能不全、卫生健康条件不好的农村危房,同步实施改厨、改厕、改圈①;到2018年底,贵州4类重点对象农村危房"危改""三改"全部完成,实现了厨卧分离、厕圈分离、人畜分离,居住功能和卫生健康条件大大提升②;为切实保障贫困户基本住房安全,贵州以100%完成农村危房"危改"及"三改"任务、100%完成住房安全性评定结果全覆盖、100%完成农村老旧住房透风漏雨整治任务、100%完成建档立卡贫困户住房安全保障现场核实为核心,全面开展农村住房保障整县验收,2019年以来,已完成整县验收77个县区③。

贵州省在解决农村危房改造后,同时考虑让农村人口甚至农村贫困人口住的更加宽敞和舒适。贵州省农村人均住房面积由2001年的20.4平方米扩大至2012年的29.75平方米而后扩大至2018年的34.99平方米(见图3-9)。从而可以表明贵州省在党的十八大以来基本完成了农村人口和农村贫困人口的住房问题的前提下,不断让农村人口和农村贫困人口居住的更加宽敞和舒适。

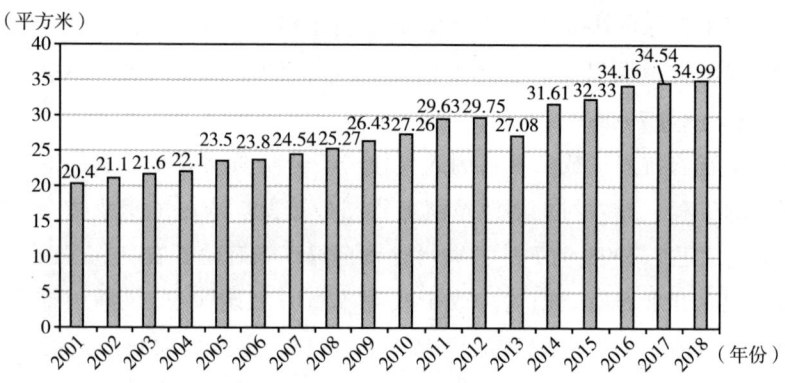

图3-9 贵州省农村人均住房面积

资料来源:《贵州统计年鉴》(2002~2019年)。

三、小结

诚然,党的十八大以来,贵州省在农村人口和农村贫困人口的减贫成效是突出的。贵州取得的成绩,是党的十八大以来党和国家事业大踏步前进的一个

①②③ 罗亮亮:《住有所居 居有所安》,《贵州日报》2019年12月22日。

缩影。以前一提起贵州，在人们的印象中其就是贫穷落后的代名词。这个烙印深深地烙刻在 3000 多万贵州儿女的心中。然而，不屈不挠的贵州全体人民始终坚信通过努力一定可以摆脱贫困的枷锁。此外，党的十八大以后，党的扶贫开发政策——精准扶贫，更加符合贵州省扶贫开发的基本省情。习近平总书记也时时刻刻关心着贵州省脱贫攻坚，要求贵州的扶贫开发工作抓紧抓紧再抓紧、做实做实再做实；要创新发展思路，发挥后发优势，走出一条有别于东部、不同于中部、适合于西部省份的发展之路。贵州省委省政府及全体贵州人民牢记习近平总书记的嘱托，在"大扶贫、大数据、大生态"三大战略的推动下，贵州省的扶贫开发工作在 2020 年基本可以完成贫困县全部摘帽、贫困人口全部脱贫的目标；基本可以实现农村人口和农村贫困人口不愁吃、不愁穿"两不愁"和保障义务教育、基本医疗、住房安全"三保障"脱贫攻坚的目标。成绩来之不易，贵州省脱贫攻坚工作必定在中国扶贫开发史上留下浓墨重彩的一笔！

第三节　贵州贫困治理的理论诠释

消除贫困，改善民生不仅是党的宗旨的重要体现，也是全面建成小康社会，实现共同富裕的题中应有之义，关乎人类民生福祉。习近平总书记 2018 年 2 月在四川看望慰问各族干部群众时曾说："我们搞社会主义，就是要让各族人民过上幸福美好的生活。全面建成小康社会最艰巨最繁重的任务在贫困地区，特别是在深度贫困地区，无论这块骨头有多硬都必须啃下，无论这场攻坚战有多难都必须打赢，全面小康路上不能忘记每一个民族、每一个家庭。"① 当然，为何深度贫困的贵州省能够在党的十八大以来在扶贫开发及贫困治理方面迎难而上？为何贵州省在扶贫开发及贫困治理取得如此突出成绩成为全国减贫成效中的一个伟大缩影？事实上，贵州省的贫困治理是在坚持以习近平同志为核心的党中央的坚强领导下作为根本保障；在脱贫攻坚中充分体现出了社会主义制度具有无比的优越性；大扶贫、大数据、大生态"三大战略"为贵州省的扶贫开发和贫困治理指明了前进方向；幸福和美好生活都是奋斗出来的，贵州省贫困治理所取得的显著成效是贵州省上下 3000 多万人戮力同心、发扬艰苦奋斗实实在在干出来的。

---

① 中共中央党史和文献研究院：《习近平扶贫论述摘编》，中央文献出版社 2018 年版，第 26 页。

一、坚持党的领导是根本保障

中国共产党以全心全意为人民服务为宗旨，始终把人民群众的切身利益放在第一位。贵州省扶贫开发和贫困治理取得如此大的成绩首先是在以习近平同志为核心的党中央的坚强领导下取得的。越是进行脱贫攻坚战，越要加强和改善党的领导。脱贫攻坚战考验着中国共产党人的精神状态、干事能力、工作作风，既要运筹帷幄，也要冲锋陷阵。贵州省的各级党委和政府坚持在中央的统一领导下坚定信心、勇于担当，把脱贫职责扛在肩上，把脱贫任务抓在手上，拿出了"敢教日月换新天"的气概，鼓起了"不破楼兰终不还"的劲头，攻坚克难，乘势前进。

此外，贵州省委省政府贯彻落实习近平总书记对脱贫攻坚战要精准扶贫，越到最后越不松懈指示精神。党中央、国务院主要负责统筹制订脱贫攻坚大政方针，出台重大政策举措，规划重大工程项目，统筹协调全局性重大问题、全国性共性问题，考核省级党委和政府扶贫开发工作成效。贵州省委省政府对辖区内脱贫攻坚工作负起了总责，抓好目标确定、项目下达、资金投放、组织动员、监督考核等工作，确保辖区内贫困人口如期全部脱贫、贫困县如期全部摘帽。贵州省各市（州）党委和政府做好了上下衔接、域内协调、督促检查工作，把精力集中在贫困县如期摘帽上。贵州省各县级党委和政府承担起了主体责任，县委书记和县长是第一责任人，做好精准识别、进度安排、项目落地、资金使用、人力调配、推进实施等工作。

同时，贵州省抓好了党建促脱贫攻坚。"帮钱帮物，不如帮助建个好支部。"贵州省委在脱贫攻坚时也确实是这样做的。把夯实农村基层党组织同脱贫攻坚有机结合起来。在乡镇层面，贵州省着力选好贫困乡镇"一把手"、配强领导班子，使整个班子和干部队伍具有较强的带领群众脱贫致富能力。在村级层面上，贵州省注重选派了一批思想好、作风正、能力强的优秀年轻干部和高校毕业生到贫困村工作，根据贫困村的实际需求精准选配了第一书记、精准选派了驻村工作队。在完善村级组织运转经费保障机制方面，贵州省通过财政转移支付和党费支持等办法，保障村干部报酬、村办公经费和其他必要支出。同时贵州省也探索出了各类党组织结对共建，通过贫困村同城镇居委会、贫困村同企业、贫困村同社会组织结对等多种模式共建，为贵州省的扶贫带去了新资源、输入了新血液。

总之，贵州省贫困治理取得如此伟大的成就是坚持了以习近平同志为核心的党中央的坚强领导，强化组织是保证。脱贫攻坚，加强党的领导是根本。贵州省扶贫开发和贫困治理发挥了各级党委纵览全局、协调各方的作用，落实了脱贫攻坚一把手负责制，省市县乡村五级书记一起抓，为贵州省贫困治理的减贫成效取得提供了坚强的政治保证。

二、社会主义制度具有无比的优越性

中国的脱贫攻坚是世界上规模最大、难度最高、成效最佳的反贫困斗争，是在中国共产党的领导下，实现决胜全面建成小康社会这一伟大承诺的壮举，是彻底消除新时代中国山区绝对贫困现象、全面解决"两不愁三保障"问题的有力措施。而说起贵州，不少人以"穷乡僻壤"一言以蔽之。诚然，贵州全省88个县区，其中50个是国家扶贫开发工作重点县；且贫困人口绝对数、贫困人口占全国贫困人口比重、贫困发生率均居全国第一[①]。党的十八大以来，贵州省在党中央的坚强领导下，各级帮扶干部的攻坚克难、砥砺奋斗下，脱贫攻坚成果丰硕、成效明显，鼓励了一批创业者创办了乡村产业企业，为贫困群众创造了增收机会。教育了一批思想上贫困的乡村群众，引导他们摒弃"等靠要"的懒惰思想，走上自力更生的脱贫之路。兜底了一批特别困难的群众，让他们不愁吃不愁穿，住房有保障、医疗有保障、教育有保障。那么，在脱贫攻坚这一场大规模战斗中，是什么让贵州省全省上下团结了人心？是什么坚定了贵州省脱贫攻坚的自信？是什么凝聚了贵州省全省3000多万儿女的力量？答案是：社会主义制度具有无比的优越性。

社会主义制度的优越性体现在社会主义制度坚持以人为本的发展理念。中国共产党始终以人民为中心，以实现好维护好发展好最广大人民的根本利益为目标，赢得了人民的支持和认可。在坚决打赢脱贫攻坚战的艰巨任务中，先富带动后富的以人为本理念凝聚了人民的共识，契合了人民的愿望，激发了人民的斗志。

社会主义制度的优越性体现在社会主义制度促进社会生产力的快速发展。社会主义制度遵循了生产关系一定要适应生产力发展要求这一人类社会发展规律。从新中国成立到现在，我国经历了从富起来到强起来的伟大跨越，也就是

---

① 郝迎灿：《摘了贫困帽 扶贫不减少》，《人民日报》2015年7月22日。

说，在社会主义的今天，中国的快速发展促进社会生产力的显著提高，有能力发动这样一场反贫困斗争。脱贫攻坚也正是调整和改善社会生产关系的重要途径，诠释了生产力和生产关系这对辩证关系的内涵。

社会主义制度的优越性体现在社会主义制度具有强大整合能力，能够处理好各种复杂关系，促进社会和谐。脱贫攻坚一个都不能少，是建设新时代社会主义和谐社会的标准之一。脱贫攻坚不仅体现了社会主义制度处理复杂关系的能力，还体现了强大的整合能力。资源的合理分配、政策的普遍覆盖、关系的调节调配等，充分体现了社会主义制度的强大整合力。

以人为本统一了脱贫攻坚的思想认识，社会生产力发展为脱贫攻坚奠定了经济基础，高度的整合能力是脱贫攻坚大获全胜的重要保障。因此，发挥社会主义制度的优越性是贵州省脱贫攻坚的制胜法宝，更是贵州省建设和发展新时代中国的基本方略。

三、大扶贫、大数据、大生态"三大战略"助推脱贫攻坚

贵州省第十二次党代会明确提出"全力实施大扶贫、大数据、大生态三大战略行动"。以"大扶贫"补短板，以"大数据"抢先机，以"大生态"迎未来，贵州的"三大战略行动"目标一致、指向明晰、有机融合，为"守底线、走新路、奔小康"勾勒出清晰的路径：不走"守着绿水青山苦熬"的穷路，不走"先污染后治理"的老路，更不能走以牺牲环境生态为代价、换取一时一地经济增长的歪路；而应走上一条"既要生存又要生态，既要温饱又要环保，既要生态美又要百姓富"的新路①。

实施大扶贫战略行动，必须继续坚持精准扶贫、精准脱贫基本方略，在大扶贫中贯彻大数据和大生态战略行动的要求。扎实推进"五个一批"工程：运用大数据精准选择产业扶贫路径，建立完善产业扶贫机制，推进农村"三变"改革，提高产业扶贫市场化、组织化、规模化水平；精准实施生态移民易地搬迁扶贫，将其与农村城镇化紧密结合，着力解决有房住、有电用、有水喝、有病医、有书读、出行便、有事做、能致富问题。运用大数据扎实建好"党委主责、政府主抓、干部主帮、基层主推、群众主干、社会主扶"的大扶贫机制，投好用好管好扶贫资金，确保扶贫项目取得实效，强化监管，强化考核评估，

---

① 黄娴：《剩下的只有一件事：干》，《人民日报》2017年10月18日。

做到精准退出。

实施大数据战略行动,必须充分发挥大数据引领经济转型升级、服务民生社会事业、提升政府治理能力的重大作用。按照国家大数据综合试验区建设目标,着力将贵州打造成为国家级大数据内容、服务、金融、创新四大中心;精心培育大数据核心业态、关联业态、衍生业态,做强做大数字经济;加强和完善信息基础设施建设,铺就更多信息高速公路,加宽加密信息网络,大幅度提高出省带宽,提升贵州大数据对全国和世界的服务能力;充分发挥大数据在深化供给侧结构性改革、脱贫攻坚、经济发展、产业升级、市场营销、金融服务、物联网络中的作用,打造大数据"智慧制造"品牌、大数据产销无缝对接品牌、大数据货运往返无缝对接品牌、大数据金融效率安全品牌;充分发挥大数据在教育、医疗、就业等民生领域中的作用,共享现代教育卫生资源,通过建好用好"云上贵州"平台,进一步提升政府服务经济发展、民生改善、文化进步等能力[1]。

实施大生态战略行动,以发展现代高效农业作为贵州深化农业供给侧结构性改革的突破口,利用贵州良好生态环境和立体地理气候资源,高标准发展优质水果、干果、药材、蔬菜、茶叶、特色粮油、猪、牛、羊、鸡、鸭、蜂等种养业,打造品牌,形成规模,拓展市场;注重将大生态战略行动与大扶贫、大数据战略行动结合起来,与"六个小康行动计划"与"四在农家、美丽乡村"建设结合起来;注重以良好的生态环境和优质的农特产品为基础发展贵州特色食品工业,打造更多的知名品牌;以千姿百态的自然景观、历史悠久的人文景观、独具特色的红色文化、多姿多彩的民族文化、通达便捷的交通网络、优质周到的一流服务,打造"国家公园省"和世界公园区,促进旅游业持续"井喷";以山清水秀、气候宜人的良好自然生态、公正透明、一流服务的政治生态,天人合一、知行合一的人文生态,吸引国内外一流人才技术和顶尖企业落户贵州、发展贵州。从而利用一流人才和技术助推贵州省扶贫开发和脱贫攻坚。

大扶贫、大数据、大生态三大战略行动,是贯彻落实习近平总书记贵州要守住两条底线、走出发展新路、实现百姓富生态美有机统一要求的成果,是创新、协调、绿色、开放、共享发展理念在贵州进一步落地生根的体现,是贵州作为国家首个大数据综合试验区、国家首批生态文明建设试验区的必然要求。实施三大战略行动是实现三大奋斗目标的现实需要和主要路径,三者缺一不可。大扶贫是基本保底型战略行动,大数据是创新领先型战略行动,大生态是保障拓展型战略

---

[1] 汤正仁:《瞄准三奋斗目标 实施三大战略行动》,《贵州日报》2017年5月13日。

行动。三大战略行动相互贯通,大扶贫战略行动需要运用大数据进行精准识别、精准施策、精准考核、精准监测,需要运用互联网对贫困村贫困户进行生产技术指导和产品营销帮助,需要进行生态移民搬迁;大数据战略行动的数据"聚、通、用"涵盖的广泛数据包括大扶贫、大生态数据;大生态战略行动营造的良好自然生态环境,是实施大数据战略行动的前提,是阻断贫困延续的重要路径①。在党的十八大以来贵州省脱贫攻坚取得优异的成绩且成为国家脱贫的缩影与贵州省实施大扶贫、大数据、大生态"三大战略"是密不可分的。

四、全体贵州儿女迫切摆脱贫困,向往的美好生活是内生动力

习近平总书记曾说过:"社会主义是干出来的,幸福是奋斗出来的。"尽管贵州省作为全国贫困人口最多和贫困发生率最高的省份,但是这些并没有挫败勤劳和迫切想摆脱贫困的全体贵州人民。脱贫致富贵在立志,只要有志气、有信心,就没有迈不过去的坎。全体贵州人民立志想要用自己勤劳的双手去创造美好的生活。

同时,减贫成绩的取得是贵州省全体儿女坚定的信心。贵州省全体儿女有信心,黄土变成金。贵州省尽管自然条件差、基础设施落后、发展水平较低,但是贵州省也有诸多有利条件和优势。只要贵州省全体儿女立足本土的有利条件和优势,用好国家扶贫开发资金,吸引社会资金参与扶贫开发,充分调动广大干部群众的积极性,树立脱贫致富、加快发展的坚定信心,发扬自力更生、艰苦奋斗精神,坚持苦干实干,贵州省一定可以改变落后和贫穷的面貌。贵州省贫困地区的发展同样也要靠全体儿女自己这个内生动力。如果凭空救济一个新村,简单就可以改变村容村貌,但是内在活力不行,劳动力不能回流,没有经济上的持续来源,这个地方下一步发展还是会有问题②。因此,贵州省全体儿女不能仅仅依靠国家的补助和救济。

虽然一些地方的扶贫开发瞄准了贫困户,但还是老办法、老路子,就是简单地给钱给物,在调动贫困群众脱贫积极性、激活内生动力上做得不够,发展方式并没有得到改变。贵州省全体儿女知道并践行脱贫攻坚是靠干出来的这个道理。当然,这需要贵州省贫困地区广大干部群众齐心干。此外,也要用好外

---

① 汤正仁:《瞄准三奋斗目标 实施三大战略行动》,《贵州日报》2017年5月13日。
② 中共中央党史和文献研究院:《习近平扶贫论述摘编》,中央文献出版社2018年版,第131页。

力、激发内力是必须把握好的一对重要关系。对贵州省贫困地区来说，外力帮扶非常重要，但是自身不努力、不作为，即使外力帮扶再大，也难以有效发挥作用。贵州省全体儿女只有用好外力、激发内力，才能形成合力。没有比人更高的山，没有比脚更长的路。只要贵州省贫困地区干部群众激发走出贫困的志向和内生动力，以更加振奋的精神状态、更加扎实的工作作风，自力更生、艰苦奋斗，贵州省取得如此优异的减贫成绩也就理所应当。

因此，贵州省减贫所取得成绩是全体贵州儿女共同努力和艰苦奋斗出来的结果。坚持群众主体，激发内生动力。脱贫攻坚，群众动力是基础。必须坚持依靠人民群众，充分调动贫困群众的积极性、主动性、创造性，坚持扶贫和扶志、扶智相结合，正确处理外部帮扶和贫困群众自身努力关系，培育贫困群众依靠自力更生实现脱贫致富意识，培养贫困群众发展生产和务工经商技能，组织、引导、支持贫困群众用自己辛勤劳动双手实现脱贫致富，用人民群众的内生动力支撑脱贫攻坚[1]。

五、小结

贵州省在扶贫开发和脱贫攻坚中取得"奇迹"般的成绩是在以习近平同志为核心的党中央的坚强领导下，充分发挥了社会主义制度在减贫中的优越性作用取得的。同时，贵州省委省政府顺势而行，实施大扶贫、大数据、大生态"三大战略"，在实际行动上推动了贵州省贫困治理事业的前进。当然，贵州省人民群众是贫困治理取得如此大的成果的创造者，人民群众是扶贫开发和脱贫攻坚真正能够落实的内生动力。

第四节 贵州减贫"奇迹"的世界意义

消除贫困，自古以来就是人类梦寐以求的梦想，是各国人民追求幸福生活的基本权利。第二次世界大战结束以来，消除贫困始终是广大发展中国家面临的重要任务[2]。改革开放以来，中国使7亿多人摆脱贫困，占全球减贫人口的

---

[1] 中共中央党史和文献研究院：《习近平扶贫论述摘编》，中央文献出版社2018年版，第142页。
[2] 中共中央党史和文献研究院：《习近平扶贫论述摘编》，中央文献出版社2018年版，第150页。

70%以上，为世界减贫事业作出了重大贡献①。2016年7月20日，习近平总书记在东西部扶贫协作座谈会上讲话上提及："如果到2020年我们能确保现行标准下的农村贫困人口全部脱贫，那就意味着我国绝对贫困问题得到历史性解决，也意味着我国将提前实现联合国2030年可持续发展议程确定的减贫目标，继续走在全球减贫事业前列。这对中国、对世界意义都非常重大。"中国是世界上最大的发展中国家，一直是世界减贫事业的积极倡导者和有力推动者。改革开放40多年来，包括贵州人民在内的中国人民积极探索、顽强奋斗，走出了一条中国特色的减贫道路。当然，中国缩影的贵州减贫"奇迹"对世界的意义是重大的，是值得中国其他省区市甚至世界各国借鉴的。

一、坚持改革开放，保持经济快速增长

贫困是人类文明进步的"拦路虎"，作为一个历史性难题和世界性难题，贫困治理是全球减贫事业的国际性要求，需要坚定开放发展理念，保持经济快速增长，凝聚开放共识、增强开放自信、厘清开放思路，在脱贫攻坚实践中拓展开放合作空间。贵州减贫"奇迹"表明，开放带来进步，封闭必然落后，推动经济快速增长是脱贫攻坚最为重要的物质基础。开放是走向繁荣发展的必由之路，扶贫不能只盯着周围几亩山田，而应坚持开放眼光，运用开放思维，做好开放文章，保持经济快速增长。一是开放发展根植合作共赢的脱贫思维。开放发展已经成为当代中国的鲜明特色，唯有开放才能推动发展，封闭只能是死路一条。贫困既是一种经济现象，也是一种社会和文化现象，长期处在贫困之中的人久而久之会形成一种对改变自身贫困状态失去信心的心理，导致缺乏摆脱贫困的内生动力。二是开放发展构建利益联结的脱贫行动模式。贫困农村大多交通不便、信息不畅，村民沿用较为传统的农耕生产方式，缺乏现代社会经济发展中的交流与合作，进而可能造成经济贫困、文化落后的代际传递。坚持开放发展创新利益联结机制，以开放参与的姿态达成多元协同、利益共享的脱贫行动模式。三是开放发展开拓贫困治理的国际交流合作平台。世界各国都在努力消除贫困，贫困治理作为一种全球行为，需要加强国际减贫领域的交流合作，在互学互鉴中共享经验。

---

① 中共中央党史和文献研究院：《习近平扶贫论述摘编》，中央文献出版社2018年版，第158页。

二、坚持政府主导

由于扶贫开发和脱贫攻坚是一项非常艰巨的工程。仅仅依靠个人是不可能实现的。从贵州的减贫"奇迹"来看，政府主导是脱贫攻坚的一大特征。实践也证明，经济增长不能自动实现减贫，政府在脱贫攻坚中责无旁贷，必须发挥主导作用，政府要制订有利于贫困地区贫困群众脱贫的经济社会发展战略和脱贫规划，要组织动员各地区各部门各行业的资源支持脱贫攻坚，做到扶贫项目优先安排，扶贫资金优先保障，扶贫工作优先对接，扶贫措施优先落实①。

三、坚持开发式扶贫

开发式扶贫把发展作为解决贫困问题的根本途径，视贫困群众为扶贫开发的重要主体。贫困治理不仅要减少贫困人口数量，还要提高贫困人口发展能力，促进贫困人口融入社会；不仅要帮助贫困人口摆脱贫困状态，还要降低人们陷入贫困的风险。开发式扶贫通过建构有利于农村产业发展的基础条件，引导贫困人口参与其中，不仅在经济意义上使贫困人口摆脱了贫困，而且在社会层面使贫困人口远离贫困。它还注重调动扶贫对象的积极性主动性创造性，提升其自身发展能力，从而充分体现了执政党的为民情怀。

四、坚持动员全社会参与

努力让国民过上更好的生活是每个执政党和政府工作的方向，但也并不是说执政党和政府就要大包大揽一切。同样，从贵州减贫的经验中发现，要依靠全社会共同的参与，鼓励个人努力工作、勤劳致富，这样才能真正摘掉贫穷的帽子。而执政党和政府能做的事情就是尽最大努力创造和维护机会公平、规则公平的社会环境，让每个人通过努力都有成功的机会。同时，执政党和政府要帮助贫困地区国民提高身体素质、文化素质、就业能力，努力阻止因病致贫、因病返贫，也要打开贫困地区孩子们通过学习成长、青壮年通过多渠道就业改变命运的扎实通道，坚决要阻止贫困现象代际传递②。

---

① 秭言：《政府主导是脱贫攻坚根本保障》，《经济日报》2015年12月28日。
② 中共中央党史和文献研究院：《习近平扶贫论述摘编》，中央文献出版社2018年版，第133页。

五、坚持普惠政策和特惠政策相结合

众所周知，矛盾具有普遍性和特殊性。贵州省减贫取得如此"奇迹"是充分考虑到脱贫攻坚既要考虑扶贫开发政策的普惠性，也特别注重脱贫攻坚政策的特惠性，要坚持精准扶贫。因此，世界其他国家在贫困治理时既要制订符合本国农村、农业、农民普惠性政策支持，也要对相对贫困的人口实施特惠性政策，例如，借鉴中国的精准扶贫政策，做到应扶尽扶，应帮尽帮，构建精准识别、精准帮扶、精准退出、精准管理和精准扶贫的体制机制等这一精准扶贫的体系。从而在扶贫开发和脱贫攻坚中既顾全了大局也照顾了贫困人口，进而真正意义上做好减贫。

六、小结

贵州减贫甚至中国减贫为何创造出如此"奇迹"？是因为贵州省坚持了改革开放，保持经济的快速增长，不断出台有利于贫困地区和贫困人口发展的政策，为大规模减贫奠定了基础、提供了条件；贵州省坚持了政府主导，把扶贫开发纳入贵州省总体的发展战略中，开展大规模专项扶贫行动，针对特定人群组织实施妇女、儿童、残疾人、少数民族发展规划；贵州省坚持了开发式扶贫方针，把发展作为解决贫困的根本途径，既扶贫又扶志，调动扶贫对象的积极性，提高其发展能力，发挥其主体作用；贵州省坚持了动员全社会参与，发挥社会主义制度优势，构建了政府、社会、市场协同推进的大扶贫格局，形成了跨地区、跨部门、跨单位、全社会共同参与的多元主体的社会扶贫体系；贵州省坚持了普惠政策和特惠政策相结合，贵州省先后落实了《国家"八七"扶贫攻坚计划（1993~2000年）》《中国农村扶贫开发纲要（2001~2010年）》《中国农村扶贫开发纲要（2001~2010年）》，在加大对农村、农业、农民普惠政策支持的基础上，对贫困人口实施特惠政策、精准扶贫、精准施策，做到应扶尽扶、应保尽保[①]。

---

① 中共中央党史和文献研究院：《习近平扶贫论述摘编》，中央文献出版社2018年版，第151－152页。

第四章

以人民为中心增进"民生三感"的贵州温度

党的十八届五中全会明确提出,必须坚持以人民为中心的发展思想,把增进人民福祉、促进人的全面发展作为发展的出发点和落脚点。以人民为中心,以人民利益为导向的发展理念是中国特色社会主义的应有之意,也是中国特色社会主义发展的必然逻辑。2015年11月23日,习近平总书记在中共中央政治局组织第二十八次集体学习时强调,坚持以人民为中心的发展思想是马克思主义政治经济学的根本立场。近年来,贵州省持续加大民生保障投入,多维度推进民生事业发展,从就业增收、社会保障、群众安全、卫生健康等各方面持续发力,让人民群众获得感、幸福感、安全感不断提升,逐步构筑了"民生三感"的贵州温度。"民生三感"作为中国特色社会主义民生思想的新发展,是新时代对民生思想的创新和实践。因此,全面了解和把握贵州人民群众的获得感、幸福感、安全感,既是对贵州民生事业的科学评价,也是对党的十八大以来贵州缩影的诠释。

第一节 "民生三感":党的民生思想新发展

2017年10月18日,党的十九次全国代表大会召开,获得感、幸福感、安全感于党的十九大报告中首次并列提出。习近平总书记在公开场合多次提及"民生三感",要求贯彻新的发展理念不断增近人民群众的获得感、幸福感、安全感。我国社会主要矛盾已经转变为人民日益增长的美好生活需要和不平衡不充分的发展之间的矛盾,社会主要矛盾的变化要求转变发展方式贯彻新的发展理念，让人民群众充分享受改革带来的红利，不断增强人民群众的"民生三感"。

一、民生焦点转化对人民群众内在感受的真切关注

中国共产党的初心和使命是为中国人民谋幸福，为中华民族谋复兴。不断增进人民福祉、实现人民幸福，是党的初心使命的集中体现。改革开放以来，为了提高人民的生活水平增加人均可支配收入，中国共产党领导中国人民进行经济建设取得了非凡的成就，创造了经济发展的亚洲奇迹，成为世界第二大经济体。随着经济发展水平的不断提高，人民的物质生活得到极大丰富，人均可支配收入也得到极大提高，过去忍饥挨饿、吃不饱饭的日子也不再困扰绝大多数人。虽然温饱问题随着经济发展水平的提高得到解决，但是人民对生活的满意度和幸福感却没有得到同步提升。这也是著名的伊斯特林悖论，即幸福水平并没有随经济发展同步提升。实际上，物质水平的提高对个体幸福水平的提升呈边际递减趋势。也就是说，物质地位提升所带来的幸福回报会随着经济发展程度的提高而递减，也即物质需求的满足正逐渐失去其对个体效用的激励作用。[①] 经济水平不断提高使人们物质需求逐渐得到满足，人民需求开始转向更高层次的需要，即追求社会公平正义、更高的生活质量、优美的生态环境等。在以往我国政府主要注重解决人民日益增长的物质文化需要同落后的社会生产之间的矛盾。为了解决这一矛盾，我国大力发展生产逐步解决了温饱问题，丰富了人民群众的物质生活条件。由于社会生产水平的提高，人民不再担忧吃不饱饭的问题，而转向对美好生活的追求。中国共产党深刻认识到我国社会主要矛盾的变化，开始转向关注人民对美好生活的需求。正是基于这一现实研判，我国政府开始由怎么提供、提供什么转向对人民实际感受的关注，更加关注和增进人民的幸福感、获得感和安全感。

二、各层次、各领域民生发展问题的全面覆盖

以人民为中心的发展思想是习近平总书记提出的重要治国方针理论。以人民为中心的发展思想要求把增进人民福祉、促进人的全面发展作为发展的出发点和

[①] 李路路、石磊：《经济增长与幸福感——解析伊斯特林悖论的形成机制》，《社会学研究》2017年第3期。

落脚点。人民群众是物质财富和精神财富的创造者和生产者,物质成果和精神成果理应由人民群众共享。在中国共产党的领导下,中国特色社会主义进入了新时代。由于生产力发展水平不断提高,原本人民日益增长的物质文化需要同落后的社会生产之间的矛盾得到解决。我国社会主要矛盾已经转化为人民日益增长的美好生活需要和不平衡不充分的发展之间的矛盾。人民群众的需求也已经转变为多层次需要,开始追求财富分配公平、美好的生活环境、社会公平正义。为了满足人民群众对美好生活的追求,就必须解决不平衡不充分发展的问题。我国经济发展水平不断提升成为世界第二大经济体,但仍存在不少发展问题。例如,城乡之间的发展差异、地区之间的发展差异、人们的收入差距,同时在就业、医疗、环境卫生、养老等方面还存在不少难题。正是基于这一现实研判,中国共产党提出了"民生三感"的发展思想,要求不断增近人民群众的获得感、幸福感和安全感。这实际上就是对民生问题和发展问题进行的全方位考量。"民生三感"这三个指标是对政治参与、经济发展、环境保护、民生建设、公共服务、社会保障等各方面的考察。但是这并不意味发展没有重点,而是要总览全局切实解决人民群众在追求美好生活过程中遇到的各层次和各领域中的难点问题。人民群众的需要已经转变为多层次需要,这就要求在发展中解决不平衡不充分的问题,让发展成果由全体人民共享。

三、对人民群众各层次需求的纵深关注

个人的需求并不总是一成不变的,随着低层次需要得到满足,就会转向更高层次的需要。改革开放释放了制约生产力发展的因素,使人民物质生活水平得到极大程度的提高。根据马斯洛需求层次理论,个人需要分为生理、安全、社交、尊重、自我实现五个层次。当较低层级基本生理需要得到满足,人们就会追求更高层级的需要。如温饱问题的解决会使人们追求安全、社交等层次的需要。但是个体需求层次的变化并不总是线性变动的,即对于需求层次的出现而言有时会多个层次一起出现又或者呈跨越式出现。就全社会而言,基本物质需要是满足更高层次需要的基础。因而需要大力进行经济建设,提高人民的物质生活水平。进入新时代,物质生活得到极大层次的丰富,这才有了建设和满足更高层次需要的条件。这个时候社会的主要矛盾就转变为人民日益增长的美好生活需要和不平衡不充分的发展之间的矛盾。人民的需要已经展现为对更高层级需要的追求,对美好生活的追求。"美好生活"是一个看似寻常简单实则

深奥复杂的概念。一方面，美好生活是一个可以穷尽想象、没有边界的意识层面的东西；另一方面，美好生活也有着基本的客观衡量尺度，这就是要满足人们的各种生活需要，并能给人们带来相当程度的幸福感。① 人民群众的需要不只是对基本物质的追求，已经转变为对更高层级美好生活的向往。幸福感、获得感和安全感就是对人民多层次需要的客观把握。

四、民生评价尺度转变为对人民群众美好生活的实现

道路决定命运，为人民创造美好生活的路径选择至关重要。过去由于生产力发展水平较低，民生保障和公共服务的供给主要侧重于覆盖面。经过几十年的经济建设，我国的生产力水平已经得到很大程度的提高，社会保障和公共服务的覆盖面也得到相当程度的提升。过去针对民生问题主要考察覆盖面的标准已经不再适用。在新的时代背景下需要一套全新的考核标准，即主要对覆盖面的考察转向对程度的考察。换句话说，对人民客观感受的关注，考察民生建设有没有让人民群众切实感受到幸福感、安全感、获得感。"民生三感"应运而生，这是中国共产党民生思想的新发展。对人民群众内心感受的关注，可以切实了解民生建设的程度，为我国的民生建设指明道路。习近平总书记在2017年的新年贺词中写道："天上不会掉馅饼，努力奋斗才能梦想成真。"对于民生建设同样如此，中国特色社会主义美好生活建设需要全体人民的努力，而发展成果也应该由全体人民共享。人民内心对美好生活的切实感受就变得格外重要，需要新的评价尺度进行考察。

第二节 "民生三感"测量量表的编制

量表是标准化的测量工具，编制科学合理的测评量表是对"民生三感"的贵州温度进行科学评价的前提条件和基础。量表质量的高低将直接影响调查结果的信度和效度，只有用科学的量表进行测评才能获得可信的研究结论。量表的编制需要在严格的理论指导下，遵照一定的研究程序，按照研究的目的和要求科学地设计。因此需要根据"民生三感"的内涵特征，编制测度"民生三

---

① 李磊：《习近平的美好生活观论析》，《社会主义研究》2018 年第 1 期。

感"在贵州的缩影量表,并进行正式测评前的检验,以充分了解测评量表的科学性和可行性。

一、"民生三感"的内涵特征

为了不断增进人民福祉、实现人民幸福,首先就要了解人民群众对当下民生建设的实际感受,这就涉及了幸福感、安全感、获得感的内涵与测评问题。只有科学地认识和把握好"民生三感"的特征,建立科学的测评指标体系,才能对人民群众内心真实感受进行科学合理的测评,发现在社会管理与民生建设工作中存在的问题,以便进一步采取积极有效的应对措施。

对于幸福感的定义国内外学者已经做了较多探讨。通过文献查阅,发现对幸福感具有代表性的定义主要有以下三种:一是将幸福感等同于生活满意感,认为幸福感是对个人的生活满意感,它可以定义为对自身生活质量的满意,拥有较多积极情绪和较少消极情绪[1];二是将幸福感视为通过自身潜能发挥而达到的一种完美体验"[2];三是将幸福感界定为人们所拥有的客观条件,以及人们的需求价值等因素共同作用而产生的个体对自身生存与发展状况的一种积极的心理体验,它是满意感、快乐感和价值感的有机统一[3]。

现有研究对于安全感的界定主要有以下四种:一是将安全感界定为对身体或心理的危险或风险的预感,认为安全感是对可能出现的对身体或心理的危险或风险的预感,以及个体在应对处置时的有力或无力感,主要表现为确定感和可控制感[4];二是认为安全感不光是应对危机时的有力或无力感,还包括人际关系之间的远近和敌对[5];三是将安全感视为客观语言、行为表现出来的主观心理感受,认为这种主观心理感受的范围不仅包括社会治安,还包括自然灾害、战争、传染病、职业稳定、婚姻危机、食品安全、诚实信用、政策法规、人际关系等[6];四是将安全感视为特定的危险被消除或降低到最低限度的

---

[1] 吴明霞:《30年来西方关于主观幸福感的理论发展》,《心理学动态》2000年第4期。
[2] Alan S. Waterman. Two conceptions of happiness: Contrasts of personal expressiveness (eudaimonia) and hedonic enjoyment. Journal of Personality & Social Psychology, 1993, 64 (4).
[3] 邢占军:《我国居民收入与幸福感关系的研究》,《社会学研究》2011年第1期。
[4] 安莉娟、丛中:《安全感研究述评》,《中国行为医学科学》2003年第6期。
[5] 高觉敷:《西方近代心理学史》,人民教育出版社1982年版。
[6] 林荫茂:《公众安全感及指标体系的建构》,《社会科学》2007年第7期。

情境①。

　　获得感是一个产生于中国的新词,在中国特定的社会情景下应运而生。因而对获得感的研究主要集中于中文文献,在此仅对已有的中文文献进行述评。现有国内文献对获得感的界定主要有以下几种:一是将获得感视为对客观物质获得的一种主观感受,它是建立在客观实在获得基础之上的,对"客观获得"的主观感觉,包括对经济、文化、社会、生态等各方面的发展成果的切实获得②;二是认为"客观获得"并不仅仅局限于物质利益与经济利益上的"获得",还包括获得参与权、知情权等各项政治权利的获得以及拥有参与到社会经济发展当中的机会,即包括政治、经济、民生三大类获得感③;三是将获得感分为横向和纵向两种,既包括自己和他人之间的比较也包括自己和过去的比较④。

　　根据已有文献对"民生三感"的理解以及习总书记系列讲话精神,本书将"民生三感"定义为人民群众对物质生活基本满足后,对精神生活和物质生活更高质量的追求。其集中表现在追求社会治安、政府行政执法和个人财产的安全感上,追求公共服务供给、经济状态、人际关系的幸福感,追求切实的政治、经济和民生的获得感。

　　第一,追求社会治安、政府行政执法和个人财产的安全感。社会治安是安全,是保证人民群众生命安全基本指标。一个社会不能保证基本的社会秩序和治安稳定,就会导致各类暴力犯罪活动滋生、导致社会冲突不断。这个时候更不用谈人民群众对美好生活的追求。为了保证人民群众的合法利益,就需要维持社会治安稳定,不断提高社会治安水平。只有严厉打击各种违法犯罪活动,才能为人民群众营造一个安全的生活环境;也只有在秩序井然的社会中,人民群众才能够创造和享受美好生活。政府行政执法安全感考察和衡量的是政府的廉洁程度,衡量政府是否能够依法行政和保障人民群众的合法权益。一个滥用行政权力的政府,会让人民陷入恐慌之中。政府作为公平正义的化身,是人民利益的坚定捍卫者。如果这个政府滥用权利打压人民的合理诉求和权益,整个社会将陷入压抑和

---

①　安东尼·吉登斯:《社会的构成》,三联书店1998年版。
②　丁元竹:《让居民拥有获得感必须打通最后一公里——新时期社区治理创新的实践路径》,《国家治理》2016年第2期。
③　文宏、刘志鹏:《人民获得感的时序比较——基于中国城乡社会治理数据的实证分析》,《社会科学》2018年第3期。
④　王浦劬、季程远:《新时代国家治理的良政基准与善治标尺——人民获得感的意蕴和量度》,《中国行政管理》2018年第1期。

隔绝的氛围中，会使人民群众远离这个政府、害怕这个政府。因为人民群众失去了倾听其诉求、捍卫其合法权益的守护者，所以对于社会主义民生发展来说，政府行政执法安全至关重要，它是考察政府依法行政的基本要求。对于个人财产安全感来说，相对容易理解。个人财产是人民群众赖以生存的物质基础和基本条件。人民群众的财产安全没有得到保障，相当于剥夺了其生存的基本条件。所以保护个人财产安全至关重要，享受美好生活的前提条件同样也需要物质财富来进行支撑。没有物质财富的支撑，人民群众就会回到过去追求基本物质条件满足的状态。因而，对于社会主义民生建设来说，保护个人财产安全是追求美好生活的基本前提。

第二，追求公共服务供给、经济状态、人际关系的幸福感。公共服务供给的高低是衡量幸福生活的基础条件，政府最重要职能之一便是提供公共服务，保障人民群众对公共服务日益增长的需要。对公共服务的需求就变成了好不好的问题，因此需要政府不断提高公共服务的供给质量。对公共服务供给质量最切实的衡量就是人民群众幸福感是否提升。个人不仅追求个人财产的安全，同时也会追求社会经济的稳定发展和个体经济状况的不断改善。对经济状况安全感的追求，表明人民群众需要一个良性发展的经济环境。持续的经济波动会打击人民群众的就业信心和威胁其生活质量。因此，追求经济状况的幸福感就要求一个持续良性发展的经济环境，不断增强人民群众对经济发展的信心，改善其生活水平。同时追求经济状况的信心不仅包括追求社会经济环境稳定发展，还要求个人经济状况的不断改善。根据马斯洛需求层次理论，个人最大的幸福便是自我实现，而这一基础便是经济状况的不断改善。只有经济状况持续不断改善，在追求个人实现道路上才能越走越远，才能不断增强个人整体的幸福感。

第三，追求政治、经济、民生的获得感。获得感是一个整体性的概念，它既包括对物质利益的获得，也包括对非物质利益的获得，如政治权利、发展机会等。从政治权利的获得感来说，追求的是政治参与权、知情权、监督权等政治权利。为了切实提升人民群众的获得感，需要不断满足人民参与政治生活的需求。让人民群众实实在在地获得，切实行使政治参与权、知情权、监督权。从现阶段来说，我国还存在城乡之间、地区之间发展不平衡。城市地区和乡村之间的人享受到的发展机会还有较大差距，不同地区的人享受到的发展机遇同样存在较大差距。因此要不断提升人民群众的获得感，需要不断缩小城乡之间、地区之间的发展差距。经济获得感是要人民群众获得实在的好处，如养老金不断提高、医保报销比例提升。获得感是提升幸福感和安全的基础，只有人民群众获得实在好处，才能不断获得幸福感和安全感。民生是一个较大的概念，包括人民群众生活的方方面面。为了增进人民群众切实的获得感，需要在民生方面持续发力。例如，对一些危房较多的地区需要政府加大力度对危房进行改建，而对于环境卫生条件较差的地区需要政府加大环境投入以改善卫生条件。针对不同需求地区需要政府采取不同手段，但核心目标就是增强人民群众切实的获得感，使他们获得实实在在的好处和利益。

二、"民生三感"测评指标的筛选原则

"民生三感"的测评指标是度量"民生三感"在贵州缩影的重要工具，要使设计出来的测量工具具有效度和信度，测评结果能够全面、客观、准确地反映"民生三感"在贵州的实际发展，在选取测评指标时就应该遵循以下五项基本原则。

（一）科学性原则

科学性原则是选择测量指标的首要原则。对"民生三感"测度指标的筛选，要选择最能够反映安全感、获得感、幸福感的指标。"民生三感"有三个组成部分，因此，在指标的选取上要围绕这三个部分展开。同时，对选取的指标要多次筛选，使最终选用的指标能够切实反映"民生三感"的特征。指标的科学性与否决定着研究结果是否具有信度和效度。因此，在"民生三感"测量指标的选择上首先要坚持科学学性原则。

（二）可行性原则

理想状态下研究要按照最科学的原则进行，对测量指标的筛选同样如此。但是需要认识到由于研究者个人能力、研究经费、时间等方面的限制，实际研究不可能完全按照最科学的理论预想状态下进行。因此，在测评指标的选择上要充分考虑这些指标的可行性。这就要求我们"民生三感"测评指标体系应具有可行性和可操作性，在充分保留测量指标科学性的前提下，要求测量指标便于把握和操作。可操作性原则主要体现在两个方面：一是指标可测性，"民生三感"对于测量指标多是对研究对象的主观感受的考察，因此所选择的指标要能够让被试者明白易懂，同时要求所获得数据资料可以量化分析；二是测评指

标应尽可能地少而精,对于测评指标的选择要清晰明白,在保证科学性的前提条件下尽可能地减少指标体系的复杂性,防止测评人员因操作失误得到错误数据。

(三) 系统性原则

"民生三感"是一个系统的概念,包括幸福感、安全感、获得感三个方面。每一个维度又可以视作一个测量体系,因此使"民生三感"概念的涵盖面非常广。在指标设计时要充分考虑"民生三感"测评指标的各个维度,这就要求对"民生三感"指标体系的筛选要遵照系统性原则。同时,"民生三感"测评体系的形成并不是"民生三感"指标的简单堆砌。在指标筛选和设计时要按照一定原则,将各指标划分为若干层级,抓住各维度的主要因素反映"民生三感"的本质。让最终筛选出来的指标应用于测量时能够充分反映"民生三感"的总属性和各维度属性。

(四) 导向型原则

测评贵州"民生三感"的目的就是通过测评,获取"民生三感"在贵州发展的全部信息。通过总结这些信息,获取贵州省"民生三感"的建设经验以及对存在的问题加以改进。因此,"民生三感"测评指标的选择必须有利于实现这个目标,并为这个目标服务以使测评指标发挥作用。

(五) 独立性原则

独立性原则要求"民生三感"的测度指标之间具有各自独有的信息,指标与指标之间不能相互重合与相互替代。既要包含足够的信息反映"民生三感"的实际内涵,又不能相互替代。如果相互能够替代,那么会造成指标之间的重叠。这样对研究的信度和效度都有一定程度的影响。

三、贵州省"民生三感"测评指标体系构建

在对已有"民生三感"内涵和构成要素进行深入分析的基础上,结合"民生三感"测评指标筛选的五个原则和贵州省的现实情况,并对多位相关领域专家进行访谈,最终构建了由社会治安、行政执法、财产安全、公共服务、经济发展、人际关系、经济获得感、政治获得感、民生获得感等9个方面63个指标组成的贵州省"民生三感"测评指标体系,具体详见表4-1。

表 4-1　　　　　　　　　　　"民生三感"测评指标体系

目标层	领域层	指标层	变量标识	单位
安全感	社会治安	交通违章现象明显减少	X1	等级
		虚假传销现象明显减少	X2	等级
		警民关系更加和谐融洽	X3	等级
		安全事故发生明显降低	X4	等级
		见义勇为现象明显增多	X5	等级
		强买强卖现象明显减少	X6	等级
		制假贩假现象明显减少	X7	等级
	行政执法	依法行政能力明显增强	X8	等级
		政府行政执法更加公正	X9	等级
		执法队伍素质明显提升	X10	等级
		政府行政效率明显提高	X11	等级
		政府行政执法更加透明	X12	等级
		行政执法行为更加规范	X13	等级
		行政服务能力明显增强	X14	等级
	财产安全	网络电信诈骗现象越来越少	X15	等级
		入室偷窃抢劫现象越来越少	X16	等级
		火灾事故发生频率明显降低	X17	等级
		社会非法集资现象明显减少	X18	等级
		公共场合扒窃现象越来越少	X19	等级
		居民聚众赌博现象越来越少	X20	等级
		社会敲诈勒索现象越来越少	X21	等级
幸福感	公共服务	城乡公共服务更加均衡	X22	等级
		医疗服务水平明显提升	X23	等级
		生态环境质量明显提高	X24	等级
		居民教育机会更加平等	X25	等级
		住房保障水平明显改善	X26	等级
		基本医疗保险更加健全	X27	等级
		公共设施建设明显改善	X28	等级
	经济发展	区域发展差距不断缩小	X29	等级
		居民收入水平不断提高	X30	等级
		城乡贫富差距逐渐缩小	X31	等级
		居民生活状况明显改善	X32	等级

续表

目标层	领域层	指标层	变量标识	单位
幸福感	经济发展	经济发展质量明显提高	X33	等级
		科技创新能力不断提升	X34	等级
		创新创业氛围日趋浓厚	X35	等级
	人际关系	邻里关系更加友善	X36	等级
		互帮互助明显增加	X37	等级
		人际信任不断增强	X38	等级
		尊老爱幼氛围浓烈	X39	等级
		干群关系更加密切	X40	等级
		礼让现象更加普遍	X41	等级
		家庭关系更加和睦	X42	等级
获得感	经济获得感	家庭经济状况逐步改善	X43	等级
		医保补助标准逐渐提高	X44	等级
		居民收入分配更加公平	X45	等级
		医疗报销比例不断提高	X46	等级
		养老服务补贴逐渐提高	X47	等级
		优待抚恤水平不断提高	X48	等级
		残疾人士补贴逐渐提高	X49	等级
	政治获得感	公民政治参与水平明显提高	X50	等级
		城乡基层选举制度更加科学	X51	等级
		政府官员行为作风明显改善	X52	等级
		群众权益维护机制不断健全	X53	等级
		解决群众合理诉求更加及时	X54	等级
		政民互动渠道建设不断完善	X55	等级
		民主参政议政氛围日趋浓厚	X56	等级
	民生获得感	最低工资标准稳步提高	X57	等级
		城乡失业现象明显减少	X58	等级
		贫困人口生活明显改善	X59	等级
		医疗医药价格逐步下降	X60	等级
		城乡交通网络不断改善	X61	等级
		群众办事更加方便快捷	X62	等级
		生活环境质量明显改善	X63	等级

第三节 贵州省"民生三感"实证调查样本选择

调查样本是从研究总体中选择一部分具有代表性的群体,作为具体的研究对象。对于研究者而言,研究项目的顺利进行需要考虑多个方面的约束,因而在研究对象的选择上不可能涵盖全部对象。因此,为了准确反映研究目标,就需要对研究总体进行抽样。常用的抽样方法有两种:一种为随机抽样,另一种为非随机抽样。随机抽样和非随机抽样又可以分为多种更具体的方法。为了准确测度贵州省"民生三感"的实际效果,本章采取分层抽样的方法进行。分层抽样是指依据一定原则将总体分为若干个小层次,然后逐层进行抽样的过程。

一、"民生三感"的调查程序

调查程序是研究顺利开展和实施的前提和基础。因此,本章根据相关理论并结合贵州省"民生三感"的实际情况,编制了贵州省"民生三感"的实际调查程序。

第一,问卷的编制。问卷调查法是一种获得人们内心感受和实际情况的有效方式,因此编制科学的问卷就变得十分重要。前面我们已经完成了贵州省"民生三感"测度指标的遴选。基于此,本章根据贵州省"民生三感"的实际情况,在咨询相关学者和专家的基础上编制了具有较高信度和效度的问卷。

第二,问卷的发放与回收。问卷的发放和回收在很大程度上影响研究结论的准确性,一般而言,问卷的回收率越低则研究结论的准确性和可靠性也就越低。因此,在设计具有良好信度和效度问卷的基础上,需要对问卷的发放和回收进行管理,以保证贵州省"民生三感"问卷发放后,具有较高的回收率,保证研究结果的准确性和可靠性。

第三,问卷分析。问卷结果的分析需要采用多种科学工具进行分析。SPSS具有强大的统计分析功能,能够对所得问卷数据进行分析。同时,为了能更直观地反映所得问卷信息的内涵,需要进行绘图来进行反映。Excel 不但具有强大的数据处理能力,更具有超强的绘图功能。因此,在问卷数据分析上我们采用 SPSS 和 Excel 两种工具进行。

二、"民生三感"调查样本特征分布

对从总体中选择的样本进行特征分析,是进一步分析"民生三感"的基础。本章一共发放 513 份问卷,回收问卷 513 份,回收率为 100%。问卷回收率满足数据分析要求,因此采用 SPSS 对问卷进行调查对象的基本特征分析。具体分析结果如下。

(一)性别构成

图 4-1 显示了被调查者的性别构成。其中,女性为 277 人,占比为 54%;男性为 236 人,占比为 46%。

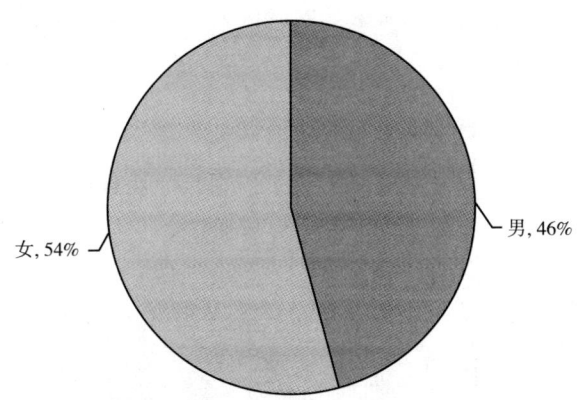

图 4-1 被调查者的性别构成

(二)年龄构成

图 4-2 表明了被调查者的年龄构成。其中,18 岁以下人群有 4 人,占比为 0.8%;18~25 岁的有 209 人,占比为 40.7%;25~35 岁的有 185 人,占比为 36.1%;35~55 岁的有 106 人,占比为 20.7%;55 岁及以上有 9 人,占比为 1.8%。可以看出,被调查对象主要集中于 18~55 岁这个年龄段。其中,18 岁以下人群最少,55 岁以上人群次之。

(三)工作单位

图 4-3 表明被调查者的工作单位构成。其中,公务员 69 人,占比为

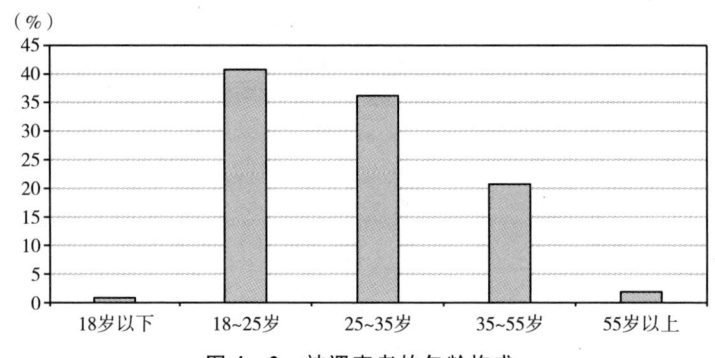

图 4-2　被调查者的年龄构成

13.5%；企业工作人员为 80 人，占比为 15.6%；事业单位员工为 95 人，占比为 18.5%；工人为 5 人，占比为 1%；学生共有 146 人，占比为 28.5%；私营、个体经营者为 33 人，占比为 6.4%；离退休人员为 5 人，占比为 1%；自由职业者为 25 人，占比为 4.9%；无业者人数为 17 人，占比为 3.3%；其他为 38 人，占比为 7.4%。

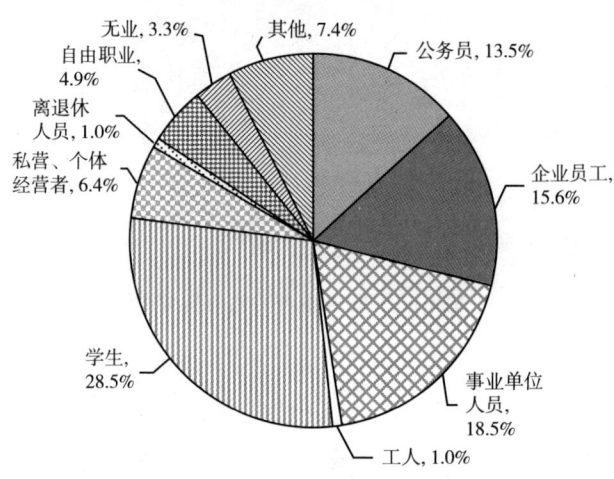

图 4-3　调查对象的单位构成

（四）居住地的年限

图 4-4 表明了调查对象的居住地年限。其中，居住不满一年的最少，只有 52 人；占比为 10.1%；居住时间段在 1~3 年的有 84 人，占比为 16.4%；居住时间段在 3~5 年的有 65 人，占比为 12.7%；居住时间段在 5 年以上的有 312 人，占比为 60.8%。

第四章 以人民为中心增进"民生三感"的贵州温度

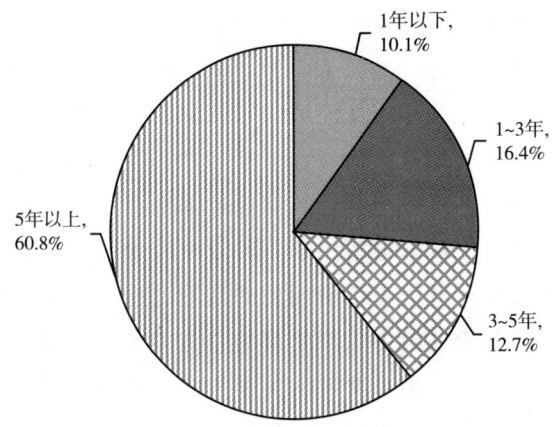

图 4-4 调查对象的居住年限

（五）地区分布

图 4-5 表明调查对象的地区分布情况。其中，贵阳市 207 名、遵义市 64 名、安顺市 32 名、六盘水市 40 名、铜仁市 35 名、毕节市 39 名、黔南州 32 名、黔东南州 30 名和黔西南州 34 名，占比情况分别为 40.4%、12.5%、6.2%、7.8%、6.8%、7.6%、6.2%、5.8% 和 6.6%。

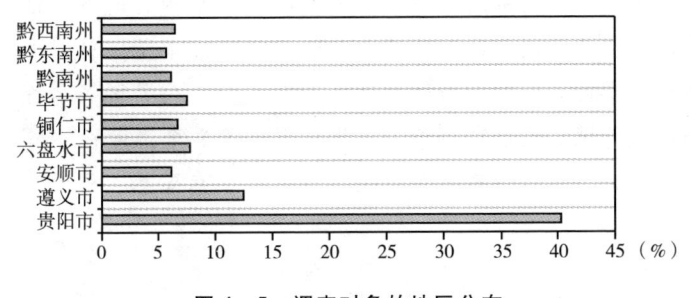

图 4-5 调查对象的地区分布

三、贵州省"民生三感"统计分析方法

根据问卷回收所取得的研究数据，本章主要采用描述性统计分析、方差分析、主成分分析三种方法对数据进行统计分析。

第一，描述性统计分析。描述性统计分析一般用来刻画数据集的整体情况，常用的指标有 5 个，分别为均值、中位数、众数、极差、四分位差。本章采用描述性统计分析对社会治安、行政执法、财产安全、公共服务、经济发展、人际关系、经济获得感、政治获得感、民生获得感等9个维度及其63个测评项目进行描述性统计分析。从而可以了解和把握这些维度及其测评项目的均值和标准差，以便能够掌握贵州省九个市州"民生三感"的实际表现。

第二，主成分分析。主成分分析能够通过降维，将多个指标转化为一个或少数几个指标的过程。主成分分析法是一种数学变换的方法，它把给定的一组相关变量通过线性变换转成另一组不相关的变量，这些新的变量按照方差依次递减的顺序排列。在数学变换中保持变量的总方差不变，使第一变量具有最大的方差，称为第一主成分，第二变量的方差次之，并且和第一变量不相关，称为第二主成分。依次类推，1个变量就有1个主成分。本章采用主成分分析方法考察社会治安、行政执法、财产安全、公共服务、经济发展、人际关系、经济获得感、政治获得感、民生获得感等9个维度的实际情况，同时考察贵州省九个市州安全感、幸福感、获得感的总体情况。

第三，方差分析。方差分析又被称为变异系数检验，主要用于两个及两个以上样本均数差别的显著性检验。其可以通过分析不同来源的变异对总变异贡献大小，确定可控因素对研究结果影响的大小。方差分析方法是将 k 个处理的观测值作为一个整体看待，把观测值总变异的平方和及自由度分解为相应于不同变异来源的平方和及自由度，进而获得不同变异来源总体方差估计值；通过计算这些总体方差估计值的适当比值，就能检验各样本所属总体平均数是否相等。本章主要考察社会治安、行政执法、财产安全、公共服务、经济发展、人际关系、经济获得感、政治获得感、民生获得感等9个维度在不同市州是否存在显著差异，同时考察贵州省九个市州在安全感、幸福感、获得感上是否存在显著差异。

第四节 贵州"民生三感"测评结果分析讨论

民生问题既是老百姓最关心的问题，也是最直接和最现实的问题。为了让改革的成果更多地惠及全体人民，就需要不断增加人民群众的幸福感、获得感和安全感。本章通过对贵州省"民生三感"调查结果的统计分析，以期了解和把握贵州省在社会治安、行政执法、财产安全、公共服务、经济发展、人际关系、经济获得感、政治获得感、民生获得感等方面的实际情况，并借此推动贵州省"民生三感"建设的不断改进和优化。

一、安全感维度测评项测评结果统计分析

安全感是人们心中的一种主观感受,也是对社会安全状态的一种主观反应。安全感是"民生三感"的组成部分,也是影响其他两感的重要因素。本章将安全感划分为三个维度,包括社会治安、行政执法、财产安全,并对其进行统计分析。

(一)社会治安维度测评项在各市州的测评统计分析

为了考察社会治安维度测评项目在各市州的实际表现,本章对测评结果进行了描述性统计分析,分析结果如表4-2所示。表中X1、X2、X3、X4、X5、X6、X7分别是测评题项"交通违章现象明显减少""虚假传销现象明显减少""警民关系更加和谐融洽""安全事故发生明显降低""见义勇为现象明显增多""强买强卖现象明显减少""制假贩假现象明显减少"的标识。在以下测评结果的统计分析中,均值的取值范围为[1~5],即均值最高为5,均值最低为1。

X1:"交通违章现象明显减少"。在此项测评项目上均值前几位的市州为铜仁市、遵义市、安顺市、黔东南州,其均值分别为4.06、3.98、3.94、3.9。排名较为靠后的市州为贵阳市、黔西南州,其均值分别为3.21、3.56。在标准差上,最大的是毕节市为1.093,最小的是黔东南州为0.803。这表明在"交通违章现象明显减少"这一测评项目上黔东南州群众的评价相对较为一致。

X2:"虚假传销现象明显减少"。在此项测评项目上均值前几位的市为铜仁市、安顺市、六盘水市,其均值均超过4,分别为4.17、4.02、4.09。排名较为靠后的市州为贵阳市、黔西南州、毕节市,其均值分别为3.08、3.32、3.44。在标准差上,最大的是毕节市为1.231,最小的为六盘水市为0.974。这表明在"虚假传销现象明显减少"这一测评项目上六盘水市群众的评价相对较为一致。

X3:"警民关系更加和谐融洽"。在此项测评项目上均值前几位的市州为安顺市、黔东南州、遵义市、铜仁市,其均值分别为4、4、3.92、3.91。排名较为靠后的市为贵阳市、毕节市,其均值分别为3.43、3.62。在标准差上,最大的是六盘水市为1.187,最小的是黔西南州为0.719。这表明在"警民关系更

表4-2　社会治安维度测评项目在各市州的实际表现

	X1		X2		X3		X4		X5		X6		X7	
	均值	标准差	均值	标准差	均值	标准差	均值	标准差	均值	标准差	均值	标准差	均值	标准差
贵阳市	3.21	0.985	3.08	1.105	3.43	0.926	3.33	0.935	3.24	0.949	3.56	0.953	3.18	1.03
遵义市	3.98	0.968	3.83	1.135	3.92	0.997	3.92	1.059	3.69	1.18	4.06	0.941	3.84	1.144
安顺市	3.94	0.982	4.09	1.088	4	0.984	3.97	0.933	3.66	1.066	4.13	0.833	4	1.078
六盘水市	3.88	0.992	4.02	0.974	3.78	1.187	3.95	0.959	3.55	1.197	4.03	0.974	3.65	1.35
铜仁市	4.06	0.873	4.17	0.985	3.91	1.147	4.14	0.879	3.91	1.121	4.34	0.873	4.06	0.968
毕节市	3.59	1.093	3.44	1.231	3.62	1.115	3.9	0.882	3.62	0.935	3.9	1.021	3.67	1.108
黔南州	3.63	1.008	3.66	1.153	3.75	0.95	3.63	0.976	3.28	0.958	3.91	0.856	3.63	0.871
黔东南州	3.9	0.803	3.83	0.986	4	0.871	4	0.871	3.7	1.022	4.07	0.828	3.87	0.937
黔西南州	3.56	1.021	3.32	1.121	3.71	0.719	3.85	0.784	3.26	0.864	3.62	0.954	3.5	0.896

加和谐融洽"这一测评项目上黔西南州群众的评价相对较为一致。

X4:"安全事故发生明显降低"。在此项测评项目上均值前几位的市州为铜仁市、黔东南州、安顺市、六盘水、遵义市、毕节市,其均值分别为4.14、4、3.97、3.95、3.92、3.9。排名较为靠后的市州为贵阳市、黔南州,其均值分别为3.33、3.63。在标准差上,最大的是遵义市为1.059,最小的是黔西南州为0.784。这表明在"安全事故发生明显降低"这一测评项目上黔西南州群众的评价相对较为一致。

X5:"见义勇为现象明显增多"。在此项测评项目上均值前几位的市州为铜仁市、黔东南州,其均值分别为3.91、3.7。排名较为靠后的市州为贵阳市、黔西南州、黔南州,其均值分别为3.24、3.26、3.28。在标准差上,最大的是六盘水市为1.197,最小的是黔西南州为0.864。这表明在"见义勇为现象明显增多"这一测评项目上黔西南州群众的评价相对较为一致。

X6:"强买强卖现象明显减少"。在此项测评项目上均值前几位的市州为铜仁市、安顺市、黔东南州、遵义市、六盘水市,其均值分别为4.34、4.13、4.07、4.06、4.03。排名较为靠后的市州为贵阳市、黔西南州,其均值分别为3.56、3.62。在标准差上,最大的是毕节市为1.021,最小的是黔东南州为0.828。这表明在"强买强卖现象明显减少"这一测评项目上黔东南州群众的评价相对较为一致。

X7:"制假贩假现象明显减少"。在此项测评项目上均值前几位的市州为铜仁市、安顺市,其均值分别为4.06、4。排名较为靠后的市州为贵阳市、黔西南州,其均值分别为3.18、3.5。在标准差上,最大的是六盘水市为1.35,最小的是黔南州为0.871。这表明在"制假贩假现象明显减少"这一测评项目上黔南州群众的评价相对较为一致。

(二)行政执法维度测评项在各市州的测评结果解析

为了考察行政执法维度测评项目在各市州的实际表现,本章对测评结果进行了描述性统计分析,分析结果如表4-3所示。表中X8、X9、X10、X11、X12、X13、X14分别是测评题项"依法行政能力明显增强""政府行政执法更加公正""执法队伍素质明显提升""政府行政效率明显提高""政府行政执法更加透明""行政执法行为更加规范""行政服务能力明显增强"。

X8:"依法行政能力明显增强"。在此项测评项目上均值前几位的市州为安顺市、铜仁市、黔东南州,其均值分别为4.19、4.17、4.1。排名较为靠后的市

表 4-3　　行政执法维度测评项在各市州的测评结果

	X8		X9		X10		X11		X12		X13		X14	
	均值	标准差	均值	标准差	均值	标准差	均值	标准差	均值	标准差	均值	标准差	均值	标准差
贵阳市	3.57	0.883	3.57	0.916	3.51	0.939	3.54	0.912	3.61	0.874	3.59	0.892	3.57	0.894
遵义市	3.98	1.046	4.02	1.016	3.97	1.069	3.94	1.167	4.02	1.105	4.02	1.076	4.05	1.061
安顺市	4.19	0.965	4.19	0.896	4.25	0.762	4.09	0.893	4.13	0.942	4.19	0.896	4.09	0.928
六盘水市	3.9	1.008	3.97	1	3.82	1.107	3.8	1.114	3.9	1.008	3.97	1.05	3.93	1.047
铜仁市	4.17	0.985	4.03	1.043	3.94	0.998	3.74	1.172	4	0.907	4.09	0.887	4.06	0.938
毕节市	3.62	1.29	3.67	1.199	3.74	1.069	3.74	1.163	3.67	1.132	3.79	1.056	3.77	1.158
黔南州	3.72	0.772	3.69	0.859	3.72	0.813	3.75	0.916	3.88	0.907	3.87	0.871	3.84	0.92
黔东南州	4.1	0.845	4.03	0.964	4.13	0.86	4.1	0.845	4.1	0.885	4.17	0.874	4.13	0.9
黔西南州	3.88	0.729	3.79	0.946	3.79	0.845	3.97	0.758	3.85	0.857	3.97	0.758	3.91	0.753

为贵阳市、毕节市,其均值分别为3.57、3.62。在标准差上,最大的是毕节市为1.29,最小的是黔西南州为0.729。这表明在"依法行政能力明显增强"这一测评项目上黔西南州群众的评价相对较为一致。

X9:"政府行政执法更加公正"。在此项测评项目上均值前几位的市州为安顺市、铜仁市、黔东南州、遵义市,其均值分别为4.19、4.03、4.03、4.02。排名较为靠后的市州为贵阳市、毕节市、黔南州,其均值分别为3.57、3.67、3.69。在标准差上,最大的是毕节市为1.199,最小的是黔南州为0.859。这表明在"政府行政执法更加公正"这一测评项目上黔南州群众的评价相对较为一致。

X10:"执法队伍素质明显提升"在此项测评项目上均值前几位的市州为安顺市、黔东南州、遵义市,其均值分别为4.25、4.13、3.97。排名较为靠后的市州是贵阳市、黔南州,其均值分别为3.51、3.72。在标准差上,最大的是六盘水市为1.107,最小的是安顺市为0.762。这表明在"执法队伍素质明显提升"这一测评项目上安顺市群众的评价相对较为一致。

X11:"政府行政效率明显提高"。在此项测评项目上均值前几位的市州为黔东南州、安顺市、黔西南州、遵义市,其均值分别为4.1、4.09、3.97、3.94。排名较为靠后的市州为贵阳市、铜仁市、毕节市,其均值分别为3.54、3.74、3.74。在标准差上,最大的是铜仁市为1.172,最小的是黔西南州为0.758。这表明在"政府行政效率明显提高"这一测评项目上黔西南州群众的评价相对较为一致。

X12:"政府行政执法更加透明"。在此项测评项目上均值前几位的市州为安顺市、黔东南州、遵义市、铜仁市,其均值分别为4.13、4.1、4.02、4。排名较为靠后的市为贵阳市、毕节市,其均值分别为3.61、3.67。在标准差上,最大的是毕节市为1.132,最小的是黔西南州为0.857。这表明在"政府行政执法更加透明"这一测评项目上黔西南州群众的评价相对较为一致。

X13:"行政执法行为更加规范"。在此项测评项目上均值前几位的市州为安顺市、黔东南州、铜仁市、遵义市,其均值分别为4.19、4.17、4.09、4.02。排名较为靠后的市州为贵阳市、毕节市,其均值分别为3.59、3.79。在标准差上,最大的是遵义市为1.076,最小的是黔西南州。这表明在"行政执法行为更加规范"这一测评项目上黔西南州群众的评价相对较为一致。

X14:"行政服务能力明显增强"。在此项测评项目上均值前几位的市州为黔东南州、安顺市、铜仁市、遵义市,其均值分别为4.13、4.09、4.06、

4.05。排名较为靠后的市州为贵阳市、毕节市,其均值分别为3.57、3.77。在标准差上,最大的是毕节市为1.158,最小的是黔西南州为0.753。这表明在"行政服务能力明显增强"这一测评项目上黔西南州群众的评价相对较为一致。

(三) 财产安全维度测评项在各市州的测评结果解析

为了考察财产安全维度测评项目在各市州的实际表现,本章对测评结果进行了描述性统计分析,分析结果如表4-4所示。表中X15、X16、X17、X18、X19、X20、X21分别是测评题项"网络电信诈骗现象越来越少""入室偷窃抢劫现象越来越少""火灾事故发生频率明显降低""社会非法集资现象明显减少""公共场合扒窃现象越来越少""居民聚众赌博现象越来越少""社会敲诈勒索现象越来越少"。

X15:"网络电信诈骗现象越来越少"。在此项测评项目上均值前几位的市为铜仁市、安顺市,其均值分别为4.09、3.81。排名较为靠后的市州为贵阳市、黔南州、黔西南州,其均值分别为2.89、3.13、3.15。在标准差上,最大的是六盘水市为1.414,最小的是安顺市为1.03。这表明在"网络电信诈骗现象越来越少"这一测评项目上安顺市群众的评价相对较为一致。

X16:"入室偷窃抢劫现象越来越少"。在此项测评项目上均值前几位的市州为铜仁市、黔东南州、安顺市,其均值分别为4.51、4.43、4.34。排名较为靠后的市州为贵阳市、毕节市、黔西南州,其均值分别为3.8、3.97、3.97。在标准差上,最大的是毕节市为1.038,最小的是黔东南州为0.679。这表明在"入室偷窃抢劫现象越来越少"这一测评项目上黔东南州群众的评价相对较为一致。

X17:"火灾事故发生频率明显降低"。在此项测评项目上均值前几位的市州为铜仁市、黔东南州、六盘水市,其均值分别为4.37、4.27、4.25。排名较为靠后的市州为贵阳市、黔西南州,其均值分别为3.65、3.76。在标准差上,最大的是遵义市为0.994,最小的是黔东南州为0.691。这表明在"火灾事故发生频率明显降低"这一测评项目上黔东南州群众的评价相对较为一致。

X18:"社会非法集资现象明显减少"。在此项测评项目上均值前几位的市州为铜仁市、黔东南州、安顺市,其均值分别为4.2、4.07、4.06。排名较为靠后的市州为贵阳市、黔西南州其均值分别为3.32、3.59。在标准差上,最大的是六盘水市为1.269,最小的是黔南州为0.808。这表明在"社会非法集资现象明显减少"这一测评项目上黔南州群众的评价相对较为一致。

表4-4 财产安全维度测评项在各市州的测评结果

	X15		X16		X17		X18		X19		X20		X21	
	均值	标准差	均值	标准差	均值	标准差	均值	标准差	均值	标准差	均值	标准差	均值	标准差
贵阳市	2.89	1.146	3.8	0.884	3.65	0.803	3.32	1.054	3.9	0.85	3.36	0.999	3.56	0.917
遵义市	3.66	1.198	4.25	0.959	4.11	0.994	3.95	1.03	4.31	0.774	4	0.959	4.05	0.916
安顺市	3.81	1.03	4.34	0.745	4.16	0.847	4.06	0.982	4.25	0.88	3.94	0.982	4	0.916
六盘水市	3.47	1.414	4.2	0.883	4.25	0.87	3.68	1.269	4.05	1.037	3.57	1.318	3.8	1.067
铜仁市	4.09	1.011	4.51	0.702	4.37	0.731	4.2	0.833	4.46	0.701	3.83	1.014	4.23	0.877
毕节市	3.28	1.234	3.97	1.038	3.95	0.972	3.64	1.158	3.9	1.119	3.38	1.138	3.72	1.146
黔南州	3.13	1.129	4.13	0.751	3.91	0.818	3.84	0.808	4.22	0.706	3.59	1.012	3.69	1.091
黔东南州	3.67	1.028	4.43	0.679	4.27	0.691	4.07	0.868	4.43	0.679	3.9	0.845	4.23	0.817
黔西南州	3.15	1.306	3.97	0.717	3.76	0.855	3.59	1.048	3.85	0.892	3.65	0.884	3.76	0.923

X19："公共场合扒窃现象越来越少"。在此项测评项目上均值前几位的市州为铜仁市、黔东南州、遵义市、安顺市、黔南州，其均值分别为4.46、4.43、4.31、4.25、4.22。排名较为靠后的市州为黔西南州为3.85。在标准差上，最大的是毕节市为1.119，最小的是黔东南州为0.679。这表明在"公共场合扒窃现象越来越少"这一测评项目上黔东南州群众的评价相对较为一致。

X20："居民聚众赌博现象越来越少"。在此项测评项目上均值前几位的市州为遵义市、安顺市、黔东南州，其均值分别为4、3.94、3.9。排名较为靠后的市为贵阳市、毕节市，其均值分别为3.36、3.38。在标准差上，最大的是六盘水市为1.318，最小的是黔东南州为0.845。这表明在"居民聚众赌博现象越来越少"这一测评项目上黔东南州群众的评价相对较为一致。

X21："社会敲诈勒索现象越来越少"。在此项测评项目上均值前几位的市州为黔东南州、铜仁市，其均值分别为4.23、4.23。排名较为靠后的市州为贵阳市、黔南州，其均值分别为3.56、3.69。在标准差上，最大的是毕节市为1.146，最小的是黔东南州为0.817。这表明在"社会敲诈勒索现象越来越少"这一测评项目上黔东南州群众的评价相对较为一致。

二、幸福感维度测评项测评结果统计分析

幸福感是人民群众对自身生活状态的整体性表达，其满意与否在很大程度上影响人民群众对当前生活城市、政府、社会环境的评价。为考察幸福感维度在贵州省各市州的实际表现，本章将幸福感划分为三个维度共21个测评项。对其测评结果进行主成分分析和描述性统计分析。

（一）公共服务维度测评项在各市州的测评结果统计分析

为了考察公共服务维度测评项目在各市州的实际表现，本章对测评结果进行了描述性统计分析，分析结果如表4-5所示。表中X22、X23、X24、X25、X26、X27、X28分别是测评题项"城乡公共服务更加均衡""医疗服务水平不断提高""生态环境质量明显提高""居民教育机会更加平等""住房保障水平不断提高""基本医疗保险更加健全""公共设施建设不断完善"的标识。在以下测评结果的统计分析中，均值的取值范围为[1~5]，即均值最高为5，均值最低为1。

表4-5 公共服务维度测评项在各市州的测评结果

	X22		X23		X24		X25		X26		X27		X28	
	均值	标准差	均值	标准差	均值	标准差	均值	标准差	均值	标准差	均值	标准差	均值	标准差
贵阳市	3.37	0.981	3.59	0.887	3.67	0.869	3.45	0.984	3.41	1	3.66	0.878	3.71	0.877
遵义市	4.03	1.038	4.06	0.924	4.03	0.992	3.84	1.087	4.02	1.016	4.13	0.917	4.13	0.9
安顺市	3.88	1.04	4.03	0.861	4.16	0.808	4.16	0.847	4.03	0.897	4.22	0.792	4.28	0.683
六盘水市	3.92	1.023	3.7	1.137	4.15	0.949	3.8	1.043	3.73	1.086	3.87	1.067	4.05	0.986
铜仁市	3.83	1.175	4.03	1.175	4.2	0.964	4.03	1.043	4.14	0.944	4.11	1.022	4.2	1.052
毕节市	3.31	1.28	3.67	1.177	3.79	0.894	3.67	1.177	3.67	1.177	3.92	1.061	4.03	0.959
黔南州	3.75	0.95	3.75	0.762	4	0.672	3.53	0.915	3.75	0.803	3.88	0.793	3.84	0.767
黔东南州	3.87	1.042	3.97	0.928	4.2	0.887	3.87	1.008	4.13	0.86	4.13	0.937	4.03	0.964
黔西南州	3.88	0.729	3.68	0.843	3.88	0.913	3.59	1.048	3.68	0.878	3.79	0.88	3.82	0.936

X22:"城乡公共服务更加均衡"。在此项测评项目上均值前几位的市州为遵义市、六盘水市、安顺市、黔西南州,其均值分别为4.03、3.88、3.88。排名较为靠后的市州为毕节3.31。在标准差上,最大的是毕节市为1.28,最小的是黔西南州为0.729。这表明在"城乡公共服务更加均衡"这一测评项目上黔西南州群众的评价相对较为一致。

X23:"医疗服务水平不断提高"。在此项测评项目上均值前几位的市州为遵义市、安顺市、铜仁市,其均值分别为4.06、4.03、4.03。排名较为靠后的市为贵阳市、毕节市,其均值分别为3.59、3.67。在标准差上,最大的是毕节市为1.177,最小的是黔南州为0.762。这表明在"医疗服务水平不断提高"这一测评项目上黔南州群众的评价相对较为一致。

X24:"生态环境质量明显提高"。在此项测评项目上均值前几位的市州为铜仁市、黔东南州、安顺市、六盘水市,其均值分别为4.2、4.2、4.16、4.15。排名较为靠后的市州为贵阳市、毕节市,其均值分别为3.67、3.79。在标准差上,最大的是遵义市为0.992,最小的是黔南州为0.672。这表明在"生态环境质量明显提高"这一测评项目上黔南州群众的评价相对较为一致。

X25:"居民教育机会更加平等"。在此项测评项目上均值前几位的市州为安顺市、铜仁市,其均值分别为4.16、4.03。排名较为靠后的市州为贵阳市、黔南州,其均值分别为3.45、3.53。在标准差上,最大的是毕节市为1.177,最小的是黔南州为0.915。这表明在"居民教育机会更加平等"这一测评项目上黔南州群众的评价相对较为一致。

X26:"住房保障水平不断提高"。在此项测评项目上均值前几位的市州为铜仁市、黔东南州,其均值分别为4.14、4.13。排名较为靠后的市为贵阳市、毕节市,其均值分别为3.41、3.67。在标准差上,最大的是毕节市为1.177,最小的是黔南州为0.803。这表明在"住房保障水平不断提高"这一测评项目上黔南州群众的评价相对较为一致。

X27:"基本医疗保险更加健全"。在此项测评项目上均值前几位的市州为安顺市、遵义市、黔东南州、铜仁市,其均值分别为4.22、4.13、4.13、4.11。排名较为靠后的市州是贵阳市、黔西南州,其均值分别为3.66、3.79。在标准差上,最大的是六盘水市为1.067,最小的是安顺市为0.792。这表明在"基本医疗保险更加健全"这一测评项目上安顺市群众的评价相对较为一致。

X28:"公共设施建设不断完善"。在此项测评项目上均值前几位的市州为安顺市、铜仁市、遵义市,其均值分别为4.28、4.2、4.13。排名较为靠后的市州是贵阳市、黔西南州,其均值分别为3.71、3.82。在标准差上,最大的是铜仁市为1.052,最小的是安顺市为0.683。这表明在"公共设施建设不断完善"这一测评项目上安顺市群众的评价相对较为一致。

(二) 经济发展维度测评项在各市州的测评结果统计分析

为了考察经济发展维度测评项目在各市州的实际表现,本章对测评结果进行了描述性统计分析,分析结果如表4-6所示。表中X29、X30、X31、X32、X33、X34、X35分别是测评题项"区域发展差距不断缩小""居民收入水平不断提高""城乡贫富差距逐渐缩小""居民生活状况明显改善""经济发展质量明显提高""科技创新能力不断提升""创新创业氛围日趋浓厚"的标识。在以下测评结果的统计分析中,均值的取值范围为 [1~5],即均值最高为5,均值最低为1。

X29:"区域发展差距不断缩小"。在此项测评项目上均值前几位的市州为安顺市、遵义市、铜仁市、黔东南州,其均值分别为4、3.89、3.86、3.83。排名较为靠后的市州是贵阳市、黔西南州,其均值分别为3.35、3.47。在标准差上,最大的是铜仁市为1.353,最小的是黔南州为0.837。这表明在"区域发展差距不断缩小"这一测评项目上黔南州群众的评价相对较为一致。

X30:"居民收入水平不断提高"。在此项测评项目上均值前几位的市为铜仁市、安顺市、遵义市,其均值分别为4.11、3.97、3.39。排名较为靠后的市州是黔西南州为3.35。在标准差上,最大的是六盘水市为1.358,最小的是贵阳市为0.89。这表明在"居民收入水平不断提高"这一测评项目上贵阳市群众的评价相对较为一致。

X31:"城乡贫富差距逐渐缩小"。在此项测评项目上均值前几位的市为铜仁市、遵义市、安顺市,其均值分别为3.91、3.84、3.84。排名较为靠后的市州是贵阳市、黔西南州,其均值分别为3.2、3.24。在标准差上,最大的是毕节市为1.121,最小的是黔西南州为0.89。这表明在"城乡贫富差距逐渐缩小"这一测评项目上黔西南州群众的评价相对较为一致。

X32:"居民生活状况明显改善"。在此项测评项目上均值前几位的市州为安顺市、黔东南州、遵义市、铜仁市,其均值分别为4.22、4.2、4.12、4.11。排名较为靠后的市州是贵阳市、黔西南州,其均值分别为3.55、3.56。在标准差上,最大的是毕节市为1.08,最小的是黔东南州0.761。这表明在"居民生活状况明显改善"这一测评项目上黔东南州群众的评价相对较为一致。

表4-6　经济发展维度测评项在各市州的测评结果

	X29		X30		X31		X32		X33		X34		X35	
	均值	标准差	均值	标准差	均值	标准差	均值	标准差	均值	标准差	均值	标准差	均值	标准差
贵阳市	3.35	0.958	3.39	0.89	3.2	1.002	3.55	0.834	3.57	0.85	3.61	0.901	3.51	0.902
遵义市	3.89	1.086	3.95	1.015	3.84	1.13	4.12	0.968	4.05	0.999	4.09	0.921	4.14	0.87
安顺市	4	0.95	3.97	0.897	3.84	0.987	4.22	0.706	4.13	0.871	4.03	0.861	3.94	0.878
六盘水市	3.6	1.297	3.45	1.358	3.47	1.219	3.95	1.011	3.68	1.071	3.8	1.067	3.7	1.114
铜仁市	3.86	1.353	4.11	0.932	3.91	1.121	4.11	1.051	4.09	0.981	4.2	0.868	4	1
毕节市	3.54	1.253	3.59	1.117	3.33	1.221	3.69	1.08	3.59	1.163	3.74	1.044	3.67	0.982
黔南州	3.59	0.837	3.47	1.047	3.5	0.984	3.81	0.859	3.62	0.871	3.78	0.906	3.91	0.777
黔东南州	3.83	1.053	3.87	0.937	3.8	1.031	4.2	0.761	4.1	0.759	4.2	0.761	4	0.91
黔西南州	3.47	0.992	3.35	1.125	3.24	0.89	3.56	0.86	3.5	0.929	3.5	0.896	3.53	0.896

X33:"经济发展质量明显提高"。在此项测评项目上均值前几位的市州为安顺市、黔东南州、铜仁市、遵义市,其均值分别为 4.13、4.1、4.09、4.05。排名较为靠后的市州是黔西南州为 3.5。在标准差上,最大的是毕节市为 1.163,最小的是黔东南州为 0.759。这表明在"经济发展质量明显提高"这一测评项目上黔东南州群众的评价相对较为一致。

X34:"科技创新能力不断提升"。在此项测评项目上均值前几位的市州为黔东南州、铜仁市、遵义市、安顺市,其均值分别为 4.2、4.2、4.09、4.03。排名较为靠后的市州是黔西南州为 3.5。在标准差上,最大的是六盘水市为 1.067,最小的是黔东南州为 0.761。这表明在"科技创新能力不断提升"这一测评项目上黔东南州群众的评价相对较为一致。

X35:"创新创业氛围日趋浓厚"。在此项测评项目上均值前几位的市州为遵义市、铜仁市、黔东南州,其均值分别为 4.14、4、4。排名较为靠后的市州是贵阳市、黔西南州,其均值分别为 3.51、3.53。在标准差上,最大的是六盘水市为 1.114,最小的是遵义市为 0.87。这表明在"创新创业氛围日趋浓厚"这一测评项目上遵义市群众的评价相对较为一致。

(三) 人际关系维度测评项在各市州的测评结果统计分析

为了考察人际关系维度测评项目在各市州的实际表现,本章对测评结果进行了描述性统计分析,分析结果如表 4-7 所示。表中 X36、X37、X38、X39、X40、X41、X42 分别是测评题项"邻里关系更加友善""互帮互助明显增加""人际信任不断增强""尊老爱幼氛围浓烈""干群关系更加密切""礼让现象更加普遍""家庭关系更加和睦"的标识。在以下测评结果的统计分析中,均值的取值范围为 [1~5],即均值最高为 5,均值最低为 1。

X36:"邻里关系更加友善"。在此项测评项目上均值前几位的市为铜仁市、遵义市,其均值分别为 4.17、4.09。排名较为靠后的市州是贵阳市、黔西南州,其均值分别为 3.5、3.74。在标准差上,最大的是毕节市为 1.055,最小的是黔西南州为 0.666。这表明在"邻里关系更加友善"这一测评项目上黔西南州群众的评价相对较为一致。

X37:"互帮互助明显增加"。在此项测评项目上均值前几位的市州为遵义市、铜仁市、黔东南州,其均值分别为 4.12、4.09、4.07。排名较为靠后的市州是贵阳市、黔南州、毕节市,其均值分别为 3.48、3.69、3.69。在标准差上,最大的是毕节市为 1.055,最小的是黔西南州为 0.71。这表明在"互帮互

表 4-7　人际关系维度测评项在各市州的测评结果

	X36		X37		X38		X39		X40		X41		X42	
	均值	标准差	均值	标准差	均值	标准差	均值	标准差	均值	标准差	均值	标准差	均值	标准差
贵阳市	3.5	0.818	3.48	0.835	3.3	0.87	3.57	0.821	3.38	0.856	3.64	0.853	3.72	0.78
遵义市	4.09	0.791	4.12	0.882	4.02	0.968	4.11	0.893	3.92	1.088	4.28	0.786	4.27	0.761
安顺市	3.97	0.897	3.94	0.84	3.84	0.92	4.06	0.801	4.09	0.893	4.16	0.808	4.13	0.793
六盘水市	3.85	1.051	3.8	1.018	3.73	1.154	3.95	1.037	3.65	1.189	3.93	0.997	4.1	0.841
铜仁市	4.17	0.785	4.09	0.887	4.11	0.832	4.2	0.759	3.94	0.906	4.14	0.81	4.14	0.81
毕节市	3.69	1.055	3.69	1.055	3.49	1.144	3.67	1.009	3.64	1.013	3.64	0.986	3.77	1.087
黔南州	3.78	0.751	3.69	0.859	3.47	0.95	3.75	0.88	3.41	1.043	3.59	1.012	3.94	0.801
黔东南州	3.87	0.937	4.07	0.828	3.93	0.944	4.07	0.785	4	1.083	4.1	0.845	4.1	0.759
黔西南州	3.74	0.666	3.74	0.71	3.65	0.691	3.76	0.819	3.59	0.783	3.79	0.687	3.65	0.812

助明显增加"这一测评项目上黔西南州群众的评价相对较为一致。

X38:"人际信任不断增强"。在此项测评项目上均值前几位的市为铜仁市、遵义市,其均值分别为4.11、4.02。排名较为靠后的市州是贵阳市、黔南州、毕节市,其均值分别为3.3、3.47、3.49。在标准差上,最大的是六盘水市为1.154,最小的是黔西南州为0.691。这表明在"人际信任不断增强"这一测评项目上黔西南州群众的评价相对较为一致。

X39:"尊老爱幼氛围浓烈"。在此项测评项目上均值前几位的市州为铜仁市、遵义市、黔东南州、安顺市,其均值分别为4.2、4.11、4.07、4.06。排名较为靠后的市州是贵阳市、毕节市,其均值分别为3.57、3.67。在标准差上,最大的是六盘水市为1.037,最小的是铜仁市为0.759。这表明在"尊老爱幼氛围浓烈"这一测评项目上铜仁市群众的评价相对较为一致。

X40:"干群关系更加密切"。在此项测评项目上均值前几位的市州为安顺市、黔东南州,其均值分别为4.09、4。排名较为靠后的市州是贵阳市、黔南州,其均值分别为3.38、3.41。在标准差上,最大的是六盘水市为1.189,最小的是黔西南州为0.783。这表明在"干群关系更加密切"这一测评项目上黔西南州群众的评价相对较为一致。

X41:"礼让现象更加普遍"。在此项测评项目上均值前几位的市州为遵义市、安顺市、铜仁市、黔东南州,其均值分别为4.28、4.16、4.14、4.1。排名较为靠后的市州是黔南州为3.59。在标准差上,最大的是黔南州为1.012,最小的是黔西南州为0.687。这表明在"礼让现象更加普遍"这一测评项目上黔西南州群众的评价相对较为一致。

X42:"家庭关系更加和睦"。在此项测评项目上均值前几位的市州为遵义市、铜仁市、安顺市、六盘水市、黔东南州,其均值分别为4.27、4.14、4.13、4.1、4.1。排名较为靠后的市州是黔西南州为3.65。在标准差上,最大的是毕节市为1.087,最小的是黔东南州为0.759。这表明在"家庭关系更加和睦"这一测评项目上黔东南州群众的评价相对较为一致。

三、获得感维度测评项测评结果分析

获得感是指让人民群众获得实实在在的好处,让改革的成果更多地由人民群众共享。获得感是衡量人民群众获得切实好处的最优评价指标。为了考察获得感维度在贵州省各市州的实际表现,本章将获得感划分为三个维度共21个测评项。对其测评结果进行主成分分析和描述性统计分析。

(一) 经济获得感维度测评项在各市州的测评统计分析

为了考察经济获得感维度测评项目在各市州的实际表现，本章对测评结果进行了描述性统计分析，分析结果如表4-8所示。表中X43、X44、X45、X46、X47、X48、X49分别是测评题项"家庭经济状况逐步改善""医保补助标准逐渐提高""居民收入分配更加公平""医疗报销比例不断提高""养老服务补贴逐渐提高""优待抚恤水平不断提高""残疾人士补贴逐渐提高"的标识。在以下测评结果的统计分析中，均值的取值范围为[1~5]，即均值最高为5，均值最低为1。

X43："家庭经济状况逐步改善"。在此项测评项目上均值前几位的市为安顺市、遵义市、铜仁市，其均值分别为4.22、4.17、4.03。排名较为靠后的市州是六盘水市、贵阳市，其均值分别为3.55、3.55。在标准差上，最大的是毕节市为1.146，最小的是黔西南州为0.772。这表明在"家庭经济状况逐步改善"这一测评项目上黔西南州群众的评价相对较为一致。

X44："医保补助标准逐渐提高"。在此项测评项目上均值前几位的市州为安顺市、遵义市、黔东南州，其均值分别为4.25、4.23、4.07。排名较为靠后的市州是贵阳市、黔西南州，其均值分别为3.56、3.62。在标准差上，最大的是毕节市为1.202，最小的是黔南州为0.833。这表明在"医保补助标准逐渐提高"这一测评项目上黔南州群众的评价相对较为一致。

X45："居民收入分配更加公平"。在此项测评项目上均值前几位的市州为安顺市、遵义市，其均值分别为4.03、4.03。排名较为靠后的市州是六盘水市为3.32。在标准差上，最大的是六盘水市为1.385，最小的是安顺市为0.822。这表明在"居民收入分配更加公平"这一测评项目上安顺市群众的评价相对较为一致。

X46："医疗报销比例不断提高"。在此项测评项目上均值前几位的市州为安顺市、遵义市、黔东南州，其均值分别为4.25、4.14、4.03。排名较为靠后的市州是黔南州为3.56。在标准差上，最大的是毕节市为1.04，最小的是安顺市为0.718。这表明在"医疗报销比例不断提高"这一测评项目上安顺市群众的评价相对较为一致。

X47："养老服务补贴逐渐提高"。在此项测评项目上均值前几位的市为安顺市、遵义市、铜仁市，其均值分别为4.19、4.16、4.03。排名较为靠后的

表4-8 经济获得感得维度测评项在各市州的测评结果

	X43		X44		X45		X46		X47		X48		X49	
	均值	标准差	均值	标准差	均值	标准差	均值	标准差	均值	标准差	均值	标准差	均值	标准差
贵阳市	3.55	0.912	3.56	0.948	3.33	0.955	3.58	0.866	3.53	0.869	3.58	0.789	3.58	0.855
遵义市	4.17	0.827	4.23	0.868	4.03	0.975	4.14	0.906	4.16	0.821	4.19	0.852	4.11	0.928
安顺市	4.22	0.832	4.25	0.718	4.03	0.822	4.25	0.718	4.19	0.821	4.09	0.818	4.13	0.793
六盘水市	3.55	1.108	3.85	1.122	3.32	1.385	3.73	1.037	3.82	1.107	3.78	1.074	3.85	1.099
铜仁市	4.03	0.857	3.94	0.998	3.86	1.089	3.91	0.981	4.03	0.985	4.03	1.071	4.09	0.919
毕节市	3.72	1.146	3.77	1.202	3.51	1.189	3.85	1.04	3.82	1.073	3.87	0.951	3.85	0.904
黔南州	3.72	0.772	3.63	0.833	3.44	0.948	3.56	0.948	3.56	0.914	3.66	0.937	3.72	0.924
黔东南州	3.97	0.809	4.07	0.868	3.7	0.915	4.03	0.765	3.97	0.89	4	0.83	4	0.83
黔西南州	3.56	0.786	3.62	0.922	3.5	0.862	3.68	0.912	3.59	0.821	3.65	0.812	3.65	0.884

市州是贵阳市、黔南州、黔西南州,其均值分别为3.53、3.56、3.59。在标准差上,最大的是六盘水市为1.107,最小的是遵义市、安顺市、黔西南州,标准差分别为0.821、0.821、0.821。这表明在"养老服务补贴逐渐提高"这一测评项目上遵义市、安顺市、黔西南州群众的评价相对较为一致。

X48:"优待抚恤水平不断提高"。在此项测评项目上均值前几位的市州为遵义市、安顺市、铜仁市、黔东南州,其均值分别为4.19、4.09、4.03、4。排名较为靠后的市州是贵阳市、黔西南州、黔南州,其均值分别为3.58、3.65、3.66。在标准差上,最大的是六盘水市为1.074,最小的是贵阳市为0.789。这表明在"优待抚恤水平不断提高"这一测评项目上贵阳市群众的评价相对较为一致。

X49:"残疾人士补贴逐渐提高"。在此项测评项目上均值前几位的市州为安顺市、遵义市、铜仁市、黔东南州,其均值分别为4.13、4.11、4.09、4。排名较为靠后的市州是贵阳市、黔西南州,其均值分别为3.58、3.65。在标准差上,最大的是六盘水市为1.099,最小的是安顺市为0.793。这表明在"残疾人士补贴逐渐提高"这一测评项目上安顺市群众的评价相对较为一致。

(二) 政治获得感维度测评项在各市州的测评统计分析

为了考察政治获得感维度测评项目在各市州的实际表现,本章对测评结果进行了描述性统计分析,分析结果如表4-9所示。表中X50、X51、X52、X53、X54、X55、X56分别是测评题项"公民政治参与水平明显提高""城乡基层选举制度更加科学""政府官员行为作风明显改善""群众权益维护机制不断健全""解决群众合理诉求更加及时""政民互动渠道建设不断完善""民主参政议政氛围日趋浓厚"的标识。在以下测评结果的统计分析中,均值的取值范围为 [1~5],即均值最高为5,均值最低为1。

X50:"公民政治参与水平明显提高"。在此项测评项目上均值前几位的市为遵义市、安顺市、铜仁市,其均值分别为4.09、4.06、4.06。排名较为靠后的市州是贵阳市、黔南州,其均值为3.43、3.47。在标准差上,最大的是六盘水市为1.213,最小的是遵义市为0.83。这表明在"公民政治参与水平明显提高"这一测评项目上遵义市群众的评价相对较为一致。

X51:"城乡基层选举制度更加科学"。在此项测评项目上均值前几位的市州为铜仁市、安顺市、遵义市,其均值分别为4.11、4.06、4.03。排名较为靠后的市是贵阳市、毕节市,其均值为3.37、3.44。在标准差上,最大的是六

第四章 以人民为中心增进"民生三感"的贵州温度

表4-9 政治获得感维度测评项在各市州的测评结果

	X50		X51		X52		X53		X54		X55		X56	
	均值	标准差	均值	标准差	均值	标准差	均值	标准差	均值	标准差	均值	标准差	均值	标准差
贵阳市	3.43	0.9	3.37	0.946	3.47	0.913	3.58	0.866	3.5	0.944	3.57	0.889	3.43	0.90
遵义市	4.09	0.83	4.03	0.925	4.08	0.965	4.09	0.886	4.09	0.886	4.11	0.893	4.00	0.959
安顺市	4.06	0.84	4.06	0.948	4.13	0.833	4.19	0.78	4.03	0.897	4.06	0.840	4.06	0.878
六盘水市	3.62	1.213	3.57	1.152	3.93	1.118	3.88	1.137	3.72	1.261	3.93	1.095	3.77	1.187
铜仁市	4.06	0.906	4.11	0.758	4.11	0.832	4.00	0.874	3.83	1.124	3.94	0.938	3.97	0.891
毕节市	3.51	1.144	3.44	1.095	3.62	1.067	3.67	1.060	3.49	1.097	3.64	1.112	3.51	1.097
黔南州	3.47	1.016	3.50	1.047	3.41	1.012	3.59	1.073	3.31	1.120	3.59	0.946	3.59	0.979
黔东南州	3.83	1.02	3.87	0.9	4.00	0.910	4.17	0.834	3.93	0.944	4.03	0.850	4.03	0.850
黔西南州	3.62	0.888	3.68	0.806	3.74	0.898	3.71	0.836	3.79	0.729	3.74	0.790	3.65	0.849

盘水市为1.152,最小的是铜仁市为0.758。这表明在"城乡基层选举制度更加科学"这一测评项目上铜仁市群众的评价相对较为一致。

X52:"政府官员行为作风明显改善"。在此项测评项目上均值前几位的市为安顺市、铜仁市、遵义市,其均值分别为4.13、4.11、4.08。排名较为靠后的市州是黔南州为3.41。在标准差上,最大的是六盘水市为1.118,最小的是铜仁市为0.832。这表明在"政府官员行为作风明显改善"这一测评项目上铜仁市群众的评价相对较为一致。

X53:"群众权益维护机制不断健全"。在此项测评项目上均值前几位的市州为安顺市、黔东南州、遵义市、铜仁市,其均值分别为4.19、4.17、4.09、4。排名较为靠后的市州是贵阳市、黔南州,其均值为3.58、3.59。在标准差上,最大的是六盘水市为1.37,最小的是安顺市为0.78。这表明在"群众权益维护机制不断健全"这一测评项目上安顺市群众的评价相对较为一致。

X54:"解决群众合理诉求更加及时"。在此项测评项目上均值前几位的市州为遵义市、安顺市,其均值分别为4.09、4.03。排名较为靠后的市州是黔南州为3.31。在标准差上,最大的是六盘水市为1.261,最小的是黔西南州为0.729。这表明在"解决群众合理诉求更加及时"这一测评项目上黔西南州群众的评价相对较为一致。

X55:"政民互动渠道建设不断完善"。在此项测评项目上均值前几位的市州为遵义市、安顺市、黔东南州,其均值分别为4.11、4.06、4.03。排名较为靠后的市州是贵阳市、黔南州,其均值为3.57、3.59。在标准差上,最大的是毕节市为1.112,最小的是黔西南州为0.79。这表明在"政民互动渠道建设不断完善"这一测评项目上黔西南州群众的评价相对较为一致。

X56:"民主参政议政氛围日趋浓厚"。在此项测评项目上均值前几位的市州为安顺市、黔东南州、遵义市,其均值分别为4.06、4.03、4。排名较为靠后的市州是贵阳市、毕节市、黔南州,其均值为3.43、3.51、3.59。在标准差上,最大的是六盘水市为1.187,最小的是黔西南州为0.849。这表明在"民主参政议政氛围日趋浓厚"这一测评项目上黔西南州群众的评价相对较为一致。

(三) 民生获得感维度测评项在各市州的测评统计分析

为了考察民生获得感维度测评项目在各市州的实际表现,本章对测评结果进行了描述性统计分析,分析结果如表4-10所示。表中X57、X58、X59、

X60、X61、X62、X63分别是测评题项"最低工资标准稳步提高""城乡失业现象明显减少""贫困人口生活明显改善""医疗医药价格逐步下降""城乡交通网络不断改善""群众办事更加方便快捷""生活环境质量明显改善"的标识。在以下测评结果的统计分析中,均值的取值范围为[1~5],即均值最高为5,均值最低为1。

X57:"最低工资标准稳步提高"。在此项测评项目上均值前几位的市州为遵义市、安顺市、黔东南州,其均值分别为4.05、3.97、3.9。排名较为靠后的市州是毕节市为3.51。在标准差上,最大的是六盘水市为1.171,最小的是黔西南州为0.751。这表明在"最低工资标准稳步提高"这一测评项目上黔西南州群众的评价相对较为一致。

X58:"城乡失业现象明显减少"。在此项测评项目上均值前几位的市州为安顺市、遵义市、黔东南州,其均值分别为4、3.95、3.9。排名较为靠后的市州是毕节市、贵阳市,其均值分别为3.28、3.28。在标准差上,最大的是六盘水市为1.259,最小的是安顺市为0.842。这表明在"城乡失业现象明显减少"这一测评项目上安顺市群众的评价相对较为一致。

X59:"贫困人口生活明显改善"。在此项测评项目上均值前几位的市州为黔东南州、安顺市、遵义市、铜仁市、六盘水市,其均值分别为4.23、4.13、4.09、4.09、4.02。排名较为靠后的市州是贵阳市、黔南州,其均值分别为3.57、3.63。在标准差上,最大的是为毕节市1.105,最小的是黔东南州为0.679。这表明在"贫困人口生活明显改善"这一测评项目上黔东南州群众的评价相对较为一致。

X60:"医疗医药价格逐步下降"。在此项测评项目上均值前几位的市为安顺市、遵义市,其均值分别为3.84、3.84。排名较为靠后的市州是黔南州、贵阳市,其均值分别为3.19、3.26。在标准差上,最大的是为六盘水市为1.363,最小的是黔西南州为0.912。这表明在"医疗医药价格逐步下降"这一测评项目上黔西南州群众的评价相对较为一致。

X61:"城乡交通网络不断改善"。在此项测评项目上均值前几位的市为黔东南州、遵义市、安顺市、六盘水市、铜仁市、毕节市,其均值分别为4.3、4.25、4.16、4.12、4.09、4.03。排名较为靠后的市州是贵阳市、黔南州,其均值分别为3.75、3.78。在标准差上,最大的是为毕节市为1.112,最小的是黔西南州为0.686。这表明在"城乡交通网络不断改善"这一测评项目上黔西南州群众的评价相对较为一致。

表 4-10 民生获得感维度测评项在各市州的测评结果

	X57		X58		X59		X60		X61		X62		X63	
	均值	标准差	均值	标准差	均值	标准差	均值	标准差	均值	标准差	均值	标准差	均值	标准差
贵阳市	3.52	0.913	3.28	0.944	3.57	0.894	3.26	0.994	3.75	0.936	3.67	0.934	3.7	0.853
遵义市	4.05	0.983	3.95	1.045	4.09	0.904	3.84	1.13	4.25	0.873	4.17	0.846	4.17	0.846
安顺市	3.97	0.897	4	0.842	4.13	0.793	3.84	1.019	4.16	0.808	4.06	0.878	4.19	0.738
六盘水市	3.75	1.171	3.43	1.259	4.02	1.025	3.3	1.363	4.12	0.853	4.05	0.876	4.02	0.862
铜仁市	3.71	1.126	3.74	0.98	4.09	0.887	3.37	1.374	4.09	1.011	4.06	0.968	3.97	1.043
毕节市	3.51	1.189	3.28	1.191	3.79	1.105	3.38	1.248	4.03	1.112	3.77	1.135	3.69	1.173
黔南州	3.56	0.982	3.56	0.948	3.63	0.907	3.19	1.12	3.78	0.975	3.72	0.851	3.81	0.78
黔东南州	3.9	0.885	3.9	0.923	4.23	0.679	3.63	0.999	4.3	0.75	4.2	0.887	4.17	0.699
黔西南州	3.74	0.751	3.53	0.896	3.88	0.729	3.68	0.912	3.88	0.686	3.88	0.591	3.76	0.781

X62:"群众办事更加方便快捷"。在此项测评项目上均值前几位的市州为黔东南州、遵义市、铜仁市、安顺市、六盘水市,其均值分别为4.2、4.17、4.06、4.06、4.05。排名较为靠后的市州是贵阳市、黔南州,其均值分别为3.67、3.72。在标准差上,最大的是为毕节市为1.135,最小的是黔西南州为0.591。这表明在"群众办事更加方便快捷"这一测评项目上黔西南州群众的评价相对较为一致。

X63:"生活环境质量明显改善"。在此项测评项目上均值前几位的市州为安顺市、遵义市、黔东南州、六盘水市,其均值分别为4.19、4.17、4.17、4.02。排名较为靠后的市州是毕节市,其均值分别为3.69。在标准差上,最大的是毕节市为1.173,最小的是黔东南州为0.699。这表明在"生活环境质量明显改善"这一测评项目上黔东南州群众的评价相对较为一致。

四、贵州省"民生三感"测评结果综合解析

"民生三感"由安全感、幸福感、获得感三部分组成,是社会治安、行政执法、财产安全、公共服务、经济发展、人际关系、经济获得感、政治获得感、民生获得感9个测评维度和63个具体测评项目测评结果的综合反映。本章运用主成分分析法和描述性统计分析对贵州省"民生三感"测评结果进行统计分析,得出各市州不同维度不同测评指标的具体得分。各市州"民生三感"各维度测评结果存在一定差异,但整体上贵州省"民生三感"处于一个较好水平。具体到每一个指标和维度上,贵州省安全感领域层及其具体维度社会治安、行政执法和财产安全较比幸福感、获得感领域层还有一定差距。因此,需要不断加强社会治安、行政执法维度和财产安全建设,从整体上提升贵州省的安全水平。相较于安全感和幸福感各领域及其具体指标层面,贵州省的获得感及其经济获得感、政治获得感、民生获得处于较高水平。这在一定程度上说明,贵州省人民群众具有较强的获得感。因此,对于贵州省整体民生建设工作而言需要不断保持这一优势,不断增进人民群众的获得感。在今后的工作中贵州省各市州只要根据自身实际情况加强"民生三感"建设,就一定能使"民生三感"在贵州省不断发展,不断提高人们群众的安全感、幸福感、获得感。

第五章

基础设施建设助推畅行无阻的"高速平原"

贵州是珠江上游的生态屏障,是西南连接华南、华中的枢纽,是"一带一路"中国西部重要的陆海连接线。但是由于贵州省特殊的地理地貌——山地和丘陵占总面积的92.5%,自古以来路难修、路难行,在这种艰苦的条件下,贵州人民众志成城、迎难而上,近年来大力推进交通基础设施建设,后发赶超,从"县县通高速"到"高铁时代"到来,贵州省交通发生了翻天覆地的变化,这样的巨变让贵州这一地理位置上的枢纽,变成了真正意义上的枢纽。北连川渝,南通两广,西接云南、东南亚,东达长三角,借助出省快速通道,贵州实现了与珠江三角洲、北部湾经济区、成渝经济区、长株潭城市群、滇中经济区等互联互通。本章将对贵州省公路和铁路网络的发展历程、现状以及演变特征、趋势等进行梳理分析,然后从省域层面对贵州省交通基础设施建设的空间溢出效应、从县域层面就交通基础设施建设对贵州省县域经济影响进行探索分析。

第一节 从"县县通高速"到"组组通硬化"的西部率先

尽管先天"山高谷深、沟壑纵横",但是贵州省奋力破除交通"瓶颈",率先在西部地区实现"县县通高速""村村通公路""组组通硬化路",形成四通八达的路网,强有力地改变了阻碍贵州社会经济发展的"瓶颈"。本节将对贵州省公路交通网络的发展历程、现状、特点及发展演变特征进行分析。

第五章　基础设施建设助推畅行无阻的"高速平原"

一、贵州公路交通网络发展历程

（一）"县县通高速"的历史性壮举

经济上不发达、地理上千山万壑的贵州，最早的公路是一条始建于1926年的3公里贵阳环城公路。到1949年新中国成立以后，全省虽有公路3942.8公里，但技术标准低、路况差，全省范围实际通车里程只有1950公里，全省81个县有42个县不通公路。直到1964年，从江至贯洞公路建成，贵州的80多个县才实现"县县通"普通公路。改革开放后贵州公路迎来了发展的黄金阶段，到1985年，贵州省公路通车里程达27999公里。然而此时贵州仍然没有一条一级公路，直到1986年贵阳至黄果树汽车专用公路的破土动工，这才拉开了贵州高等级公路的序幕。而贵州第一条按照高速公路标准修建的凯（里）麻（江）高速于1999年动工，2001年12月30日提前通车，作为贵州省已建成的标准最高的一条高速公路，它的建成通车，对加快对外开放和扶贫开发步伐、促进全省经济社会发展，推动西部大开发战略的实施都具有极其重要的意义。

2005年，贵州省人民政府批准了《贵州省骨架公路网规划》提出的"3纵3横8联8支"的骨架公路网布局方案，随后2008年省交通运输厅对《贵州省骨架公路网规划》进行了修编，形成了《贵州省高速公路网规划》并于2009年2月获得省政府审批。也正是从2008年，贵州开始了"县县通高速公路"的规划编制工作，贵州高速开始迎来飞速发展的黄金时代。

2009年2月，贵州省政府批准实施《贵州省高速公路网规划》，规划由6条横线、7条纵线、8条联线以及4个城市绕城线组成，简称"678网"，总规模6851公里，其中"县县通高速公路"约4500公里。截至2009年底[①]，贵州省已建成高速公路1189公里，其中国家级高速公路1099公里、省级高速公路90公里，全省高速公路通车里程首次超过1000公里；在建高速公路2023公里，全省88个县中，已建成和已开工建设高速公路的县比2008年增加了38个，达到70个，为实现"县县通高速公路"的目标奠定了坚实基础。

2010年底，贵州省高速公路通车里程为1500公里。2015年，贵州在中国

[①] 数据来源：《贵州年鉴》2010年。

西部12个省份中率先实现了"县县通高速",高速通车里程在2015年底突破6000公里大关;2016年,全省新增高速公路通车里程305公里,高速公路通车里程达5433公里;2017年,贵州省9个高速公路项目共400公里建成投运,全省高速公路总通车里程达到5833公里,实现贵阳到其他市(州)双通道连接,通车总里程排全国第9位,综合密度排全国第3位;到2018年底,全省高速公路通车总里程达6453公里,在建高速公路2082公里,出省通道达到18个,通车里程位居全国第7位,高速公路综合密度上升至全国第一位。到2019年底,贵州省高速公路里程已经突破7000公里,总里程跃至全国第四位、西部第二位,新增省级通道4个,累计达22个,高速公路综合密度继续保持全国第一。到2020年底,贵州省还将建成贫困地区高速公路440公里、国省道560公里,高速公路通车里程将突破7600公里。

贵州省高速公路通车里程及增长趋势变化如图5-1所示,可以看出,近30年来,贵州省高速公路通车里程出现了爆发式的跨越增长,在《贵州省高速公路网规划》实施以后,通车里程在1991~2010年实现了9倍增长,2010~2015年,依然保持了233%的增长率,即使在通车里程突破6000公里大关以后,依然保持着快速增长的态势。

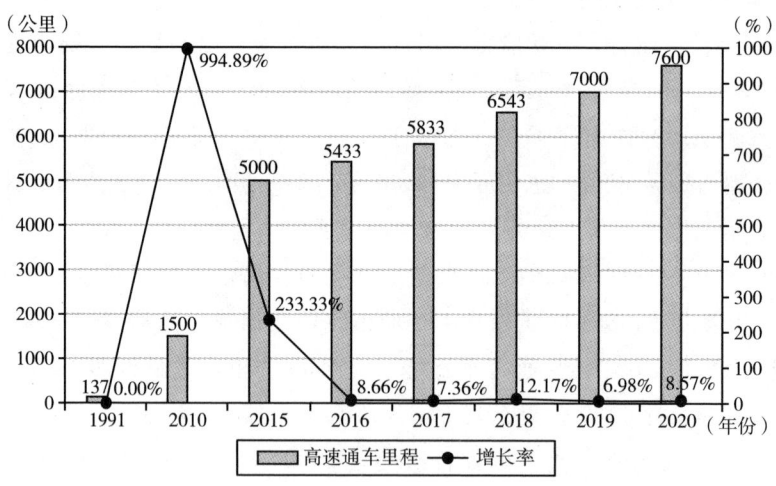

图5-1 贵州省高速公路通车里程及增长率

贵州高速交通起步晚,但却在短时间内实现了壮举,其建设历程时间轴如图5-2所示。高速通车里程从零开始,到实现"县县通高速"仅用了24年,到顺利突破6000公里大关,也仅用了27年,根据贵州新时代高速公路五年大决战的目标，在 2022 年全省高速通车里程还将达到 10000 公里。对于沟壑纵横的贵州来说，这已经在公路史上创造了众多奇迹。

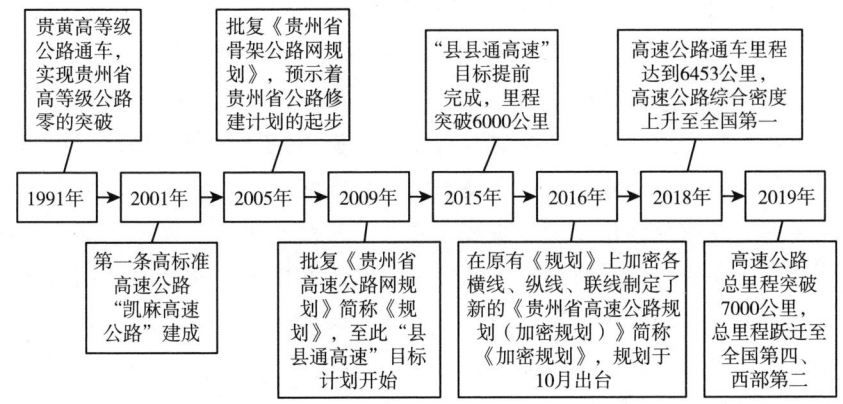

图 5-2 贵州省高速公路建设历程时间轴

总体来看，"十二五"以来，贵州在原有公路网基础上，大力推进国家高速和省级高速公路建设，全省公路交通系统已呈现出"国省同构，高速公路建设架起公路交通网络大动脉"的历史性变化。这一时期，贵州省全面推进国家和省级规划高速公路、主要繁忙通道扩容改建高速公路等项目建设，尤其以沪昆高速公路贵阳至清镇段、兰海高速贵阳至遵义段扩容工程、杭瑞高速公路遵义至毕节段、厦蓉高速公路清镇至织金段等 9 个国家高速公路项目和晴隆至兴义、六枝至镇宁、瓮安至马场坪等 21 个地方高速公路项目建设为重点。2015 年 12 月 31 日，省委、省政府宣布实现贵州省 88 个县（市、区、特区）通高速公路，贵州成为西部第一个"县县通高速"的省份，同时开启"十三五"时期新一轮交通建设。

"十三五"是贵州高速加快成网的关键期，贵州继续完善以高速公路为骨架、国省干线为支撑、县乡公路为脉络、通村公路为基础的公路网络体系，加快促进区域经济协调发展，适应贵州与全国同步全面建成小康社会的需要。

2016 年 10 月，贵州省出台了《贵州省高速公路规划（加密规划）》，着力构建"中心集聚、多极辐射、互联互通、覆盖广泛、能力充分、衔接顺畅"的省域高速公路网络。规划总规模 10196 公里，包括国家高速公路 4127 公里，省级高公路 3641 公里，地方高速公路 2428 公里。

2017 年实现贵阳到其他市（州）双通道连接，通车总里程排全国第 9 位，综合密度排全国第 3 位，建成通车 9 个高速公路项目，包括遵义至贵阳（青山至羊昌段）101公里、花溪至安顺89公里、江津经习水至古蔺（寨坝至习水段）65公里、安顺至紫云56公里、毕节至二龙关37公里、罗甸至望谟（布苏至罗苏段）20公里、息烽至黔西（六桶至太来段）12公里、白腊坎至黔西（中坪至永韶）11公里、开阳至息烽（温泉至开阳段）9公里。

到2018年底，贵州省"四横五纵八联"的高速骨架路网形成，与此同时还加大普通国省干道和农村公路建设力度，全省以高速公路为动脉、国省道路为经络、县乡公路为支脉、通村道路末梢的公路网络基本形成。2020年，贵州继续扎实推进高速公路建设五年决战，新开工武隆至道真、纳雍至赫章、桐梓至新蒲等一批高速公路，有序推进重庆至遵义、贵阳至黄平等在建高速公路建设，建成都匀至安顺、秀山至印江等8个高速公路项目（路段），并继续实施普通国省道升级改造，建设规模保持2000公里以上，建成4个极贫乡镇对外便捷通道。

（二）"组组通硬化"的大决战

"农村要发展，交通必先行"。公路是经济发展的命脉，党的十八大以来，习近平主席对农村公路建设高度重视，几次作出重要指示，要求建好、管好、护好、运营好农村公路。加快农村公路网络建设对促进贵州省区域经济发展、提高农民生活质量、改善农村消费有着重要的意义。

贵州农村公路建设经历了从无到有、从初显雏形到量质同步发展，建设"四在农家，美丽乡村，小康路"三个发展阶段，总里程从1953年的7公里增加到1978年的1.85万公里、2000年的3.5万公里、2014年的16.52万公里，实现了由"乡乡通公路、县县通油路"到"乡乡通油路、村村通公路"的重大突破。

2017年8月，贵州省出台了《贵州省农村"组组通"公路三年大决战实施方案（2017~2019年）》，在全国率先启动了脱贫攻坚秋季攻势暨农村"组组通"公路三年大决战。随后，贵州省交通运输厅又制定了《贵州省通组公路建管养实施细则》、建设工程技术导则、简易施工图设计范本、建设工程标准设计图集等5个规范性配套文件，形成"1+N"个政策体系，从顶层设计上明确了"通组路"修的范围是多大、修的标准是什么、修路的钱从哪里来、钱来了谁来修、修好了怎么养等一系列问题。

2017年，全省21071个行政村通公路、通客车，贵州再次成为西部第一个实现"村村通"省份。在"村村通公路之后"，贵州省农村公路建设继续向

"村村通油路、村村通客运、组组通公路、村寨路面硬化"的历史性目标迈进。

到2019年底，农村"组组通"硬化路建设圆满收官，不到两年时间建成了7.87万公里通组公路，相当于全省农村公路总里程的二分之一，完成投资459.12亿元。"组组通"的建设让全省3.99万个30户以上自然村寨的出行通畅率从2017年6月的68.9%提高至100%，惠及通组路沿线1166万人，包括建档立卡贫困人口183万人，真正打通农村出行和发展的"最后一公里"，使长期困扰广大农村地区群众出行、阻碍"黔货出山"的交通痛点与难点问题得到历史性解决。

如今，通组公路已实现由"通不了"向"通得了"转变，又从"通得了"向"通得好"转变，随着"公路通至家门口"，千百年来，贵州人在羊肠小道上跋涉、人挑马驮的景象彻底成为历史，贵州高原上，"百姓富、生态美"的美丽画卷在村村寨寨延伸铺展。

二、贵州公路网现状及特征分析

（一）"678"路网格局已形成

贵州高速公路从无到有，从"一横一纵"日趋"连线成网"。目前，贵州高速公路已形成"六横七纵八联"的格局，南北走向的有兰海高速、银白高速，东西走向的有杭瑞高速、沪昆高速、夏蓉高速、汕昆高速、都香高速……这些高速公路纵贯南北、横贯东西，对内覆盖全省各县市，形成省城贵阳与各地州市中心城市3小时交通圈，对外则将贵州的空间区域与全国联系在一起，形成贵阳与周边各省会城市7小时交通圈。

（二）路线技术水平显著提升

从公路路面类型、技术等级、行政等级等方面分析贵州省公路技术水平特征。

首先，从路面类型来看，贵州省公路发生了历史性巨变。沥青混凝土路段飞速增长，2008~2018年有铺装的路段从1919公里增长至11万公里；水泥混凝土路面从6126公里上升至约9万公里，2016年水泥混凝土路段里程有明显下滑，是因为对一些年久失修的路段进行了重整、翻新或改用沥青混凝土进行修筑；沥青混凝土里程从1919公里增长至2.1万公里（见图5-3）。

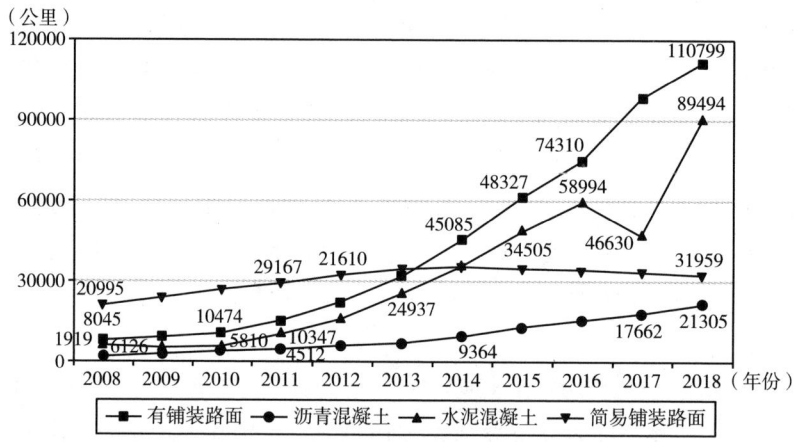

图 5-3　2008~2018 年贵州省公路路面类型变化特征

从技术等级来看，2008~2018 年，贵州省高等级公路里程飞速增长，如图 5-4 所示，高速公路从 2008 年的 924 公里增长至 2018 年的 6453 公里，10 年间增长至原来的 7 倍，一级公路、二级公路也分别增长至原来的 10 倍、4 倍。与此同时，由于修缮和技术水平提升，三级公路表现出小幅增长后下降的特点。

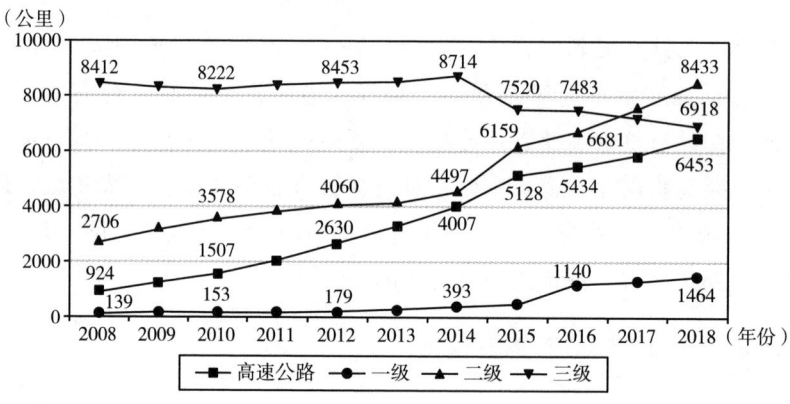

图 5-4　2008~2018 年贵州省公路技术等级变化特征（到 2019 年数据）

从行政等级来看，在"十二五"末、"十三五"期间贵州省公路行政等级得到全面、迅速的提高，如图 5-5 所示。2011~2018 年，全省普通国省干线投资 1269 亿元，农村公路投资 1493 亿元，"十二五"期间全省农村公路新增里程 31202 公里。2018 年末，全省公路总里程达 19.69 万公里，其中，高速公路 6453 公里，普通国省道 2.63 万公里（高速公路里程应并入国省道里程);农村公路16.41万公里(县道3.46万公里、乡道4.59万公里、村道8.36万公里)。

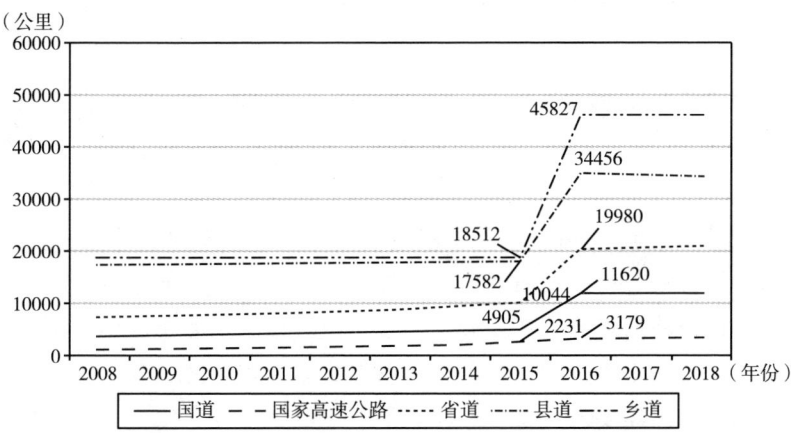

图5-5 2008~2018年贵州省公路行政等级变化特征

(三)桥梁增多

贵州山高谷深、河流纵横,在新中国成立之初,缺桥少涵,公路多起来后,桥梁的数量也不断增加。自改革开放以来,贵州建桥2.3万座,不断刷新世界纪录,如杭瑞高速路上的北盘江大桥和鸭池河大桥,2018年双双获得世界桥梁的"诺贝尔奖"——古斯塔夫·林德撒尔奖,贵州已成为"世界桥梁博物馆",呈现出"万桥飞架,跨越千山万壑"的景象①。

(四)贵州省高速公路网络时空演化特征

贵州省长期受交通等因素的制约,导致物流不畅、信息闭塞,经济社会发展相对滞后,经济总量小,人均水平低。高速公路在交通基础建设中占据重要的地位,自1991年建成第一条高速公路开始仅仅30年时间,贵州省高速交通发生了翻天覆地的变化,贵州省主要高速公路见附录一。分析高速公路的时空发展可以发现以下特点:

1. 路网密度增强,覆盖广泛。高速公路网络从最初的数条线路到连线成网,线路数量增加,路网密度极速增加,覆盖联通所有县(市、区、特区),

---

① 郑文丰:《贵州大交通带来发展大机遇》,载《贵阳日报》,2020年7月13日第8版。

覆盖全省所有3A级及以上旅游景区、重点小城镇，连接公路与铁路枢纽、港口、机场等重要交通枢纽节点及重要的产业基地。

2. 中心集聚，多极辐射。以贵阳市为中心，形成双通道连接各市（州）行政中心3小时交通圈；黔中经济区核心城市与周边节点城市间1小时互联互通。黔中经济区路网更加完善，有效保障要素集聚与辐射能力。同时，以市（州）行政中心为圆心，形成便捷连接周边（市、区、特区）2小时交通圈。

3. 能力充分，衔接顺畅。公路网络化程度提升，高速公路与其他运输方式、普通干线公路、城市道路间衔接更加紧密、高效、顺畅，且区之间、城市群城际间高速公路通道能力更加充分，兰州至海口、上海至昆明、厦门至成都等主通道高速公路车道数达到8车道及以上，具备较高的服务水平，适应交通流持续通畅运行的需要。

三、贵州省公路运营情况

（一）公路运输里程及货物运输

与西南地区其他省市相比较，如图5-6所示，2009~2018年，贵州省总的公路里程数从约14万公里增长至近20万公里，增长38.1%，增长率在西南地区排名第二，仅次于重庆的增长率41.93%（四川增长33.3%、云南增长22.7%、广西增长24.8%）。

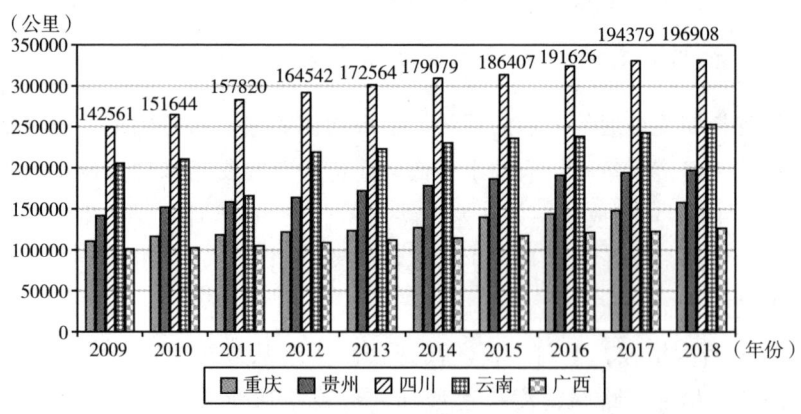

图5-6 西南地区五省市公路运输里程对比

随着公路网络的建设发展,贵州省的公路运输业务也得到长足发展。如图5-7、图5-8所示,贵州省公路货运量由2008年的26156万吨增长至2018年的95355万吨,增长率达264%;货运周转量则从234.96亿吨公里增长至1146.51亿吨公里,增长幅度达388%。

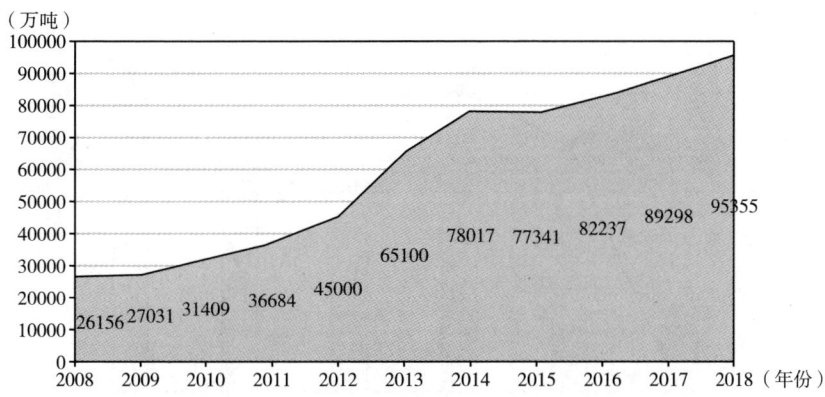

图5-7 贵州省2008~2018年公路货运量情况

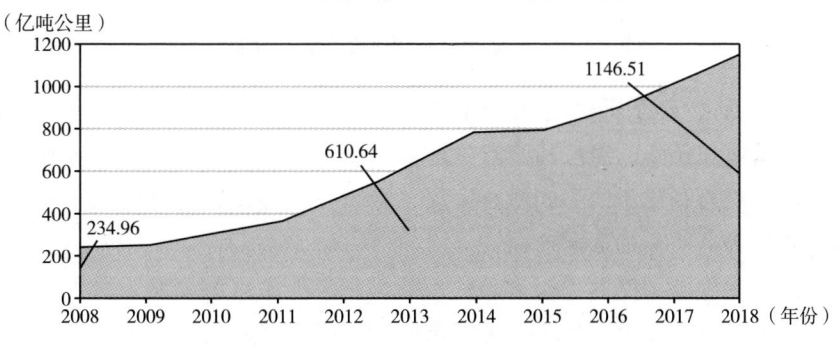

图5-8 贵州省2008~2018年公路货运周转量情况

(二)公路建设对经济发展的影响

一是促进旅游发展。交通发展是旅游发展的基础支撑和先决条件。贵州省独特的风景名胜旅游区以及民族特色旅游一直受到国内外游客的喜爱,但原来公共交通设施的开发和运营成为制约贵州省旅游业发展的主要因素。近年来,随着贵州立体化、全域化交通体系的形成,不仅方便了当地居民的出行,而且还让更多外地游客身临其境感受贵州得天独厚的自然风光。全省所有的5A级和主要的3A、4A级以上景区,均实现了30分钟进入高速公路系统,连接全省

70多个景区，服务全域旅游。贵州从地理位置上的枢纽变成了真正意义上的枢纽，且随着交通枢纽地位的日益彰显，贵州省旅游业也表现出了巨大的活力和发展空间，旅游业总收入有了巨大提升，年增长率在35%~45%之间（2018年除外），如图5-9所示。

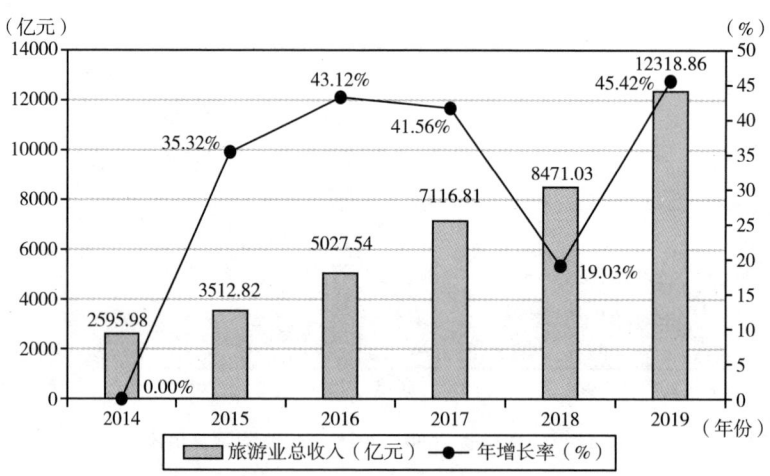

图5-9 贵州省2014~2019年旅游业发展情况

公路交通之于贵州的意义不仅仅如此，在贵州，道路本身就是风景。92.5%的山地和丘陵，独特的喀斯特地貌，使贵州高速公路沿线景观独具旅游特色。随着交通和旅游的不断融合发展，贵州正在将高速公路桥梁风光等旅游资源，转化为高质量的旅游产品。

赤水河谷旅游公路是贵州省第一条真正意义上的旅游公路，这也是贵州省第一条最美旅游公路①，不仅沿途风光迤逦，还有着完整的旅游公路系统，有服务完善的快慢综合交通旅游廊道。沿线风光囊括了中国红色文化精神圣地、世界自然文化遗产旅游地、中国山水康养旅游胜地、中国国酒文化旅游区、中国民族文化传承发展区等自然风光、人文历史景观景点。贵州省现已将其打造成为省内首个国家级旅游度假区。平塘县依托特大桥而建的"天空之桥"观景服务区也将向游客开放。

二是助推"黔货出山"。近年来，贵州以高速公路为代表的公路建设迅猛发展，不仅方便了通行、促进了旅游业发展，还带动了高速沿线经济社会发

---

① 《贵州省内第一条旅游公路将全线贯通》，多彩贵州网http://news.gog.cn/system/2016/04/21/014872617.shtml。

展，为沿线贫困群众就业脱贫产生了重要作用。高速公路沿线重要城镇出入口ETC覆盖率已实现100%，104对运营服务区、94对停车区累计提供就业岗位1.62万个，稳定解决了3.54万人的脱贫增收问题①。

作为贵州交通的大动脉，贵州高速上的服务区已成为黔货出山的新通道，已运营的上百家服务区与全省40家名优特产品供货商签订了《战略合作协议》，直接进货商家80多家，销售特产400余种，在全省打造"服务区+扶贫"示范点，通过服务区窗口展示和销售，形成"线上线下"销售体系，推动名优特产品在服务区实现展销一体化，有力推动了黔货出山。目前，贵州全省服务区商品超市年销售规模已超过5亿元，其中农特产品占一半以上，贵州特有的刺梨系列产品、赤水晒醋、黔东南酸汤等都深受广大司乘人员欢迎，取得了良好的口碑和经济效应。

三是促进深化改革。交通条件的改善助推了贵州的大开放、大发展。交通的改善为贵州融入"一带一路"建设和长江经济带发展等提供了有利条件，对外开放不断深化。国家内陆开放型经济试验区、国家生态文明试验区获批建设，贵阳国家级跨境电商综合试验区和贵安新区深化服务贸易创新发展国家试点加快建设，贵阳、贵安、遵义综合保税区迅速发展，64个开发区列入国家目录。贵州成功举办了数博会、生态文明贵阳国际论坛、中国—东盟教育交流周、酒博会、国际山地旅游暨户外运动大会、全球贵商发展大会等重大活动。黔渝、黔粤等区域合作不断深化。

第二节 从"绿皮火车"到"高铁动车时代"的铁路变迁

尽管贵州独特的地质地貌极大地阻碍了铁路建设，但是在国家的大力支持和铁路工作者的不懈努力下，贵州铁路建设经历了从"绿皮火车"到"高铁动车时代"的巨大变迁。本节从贵州铁路网络特征、铁路运营情况和铁路社会经济效应三个视角进行了纵向与横向的对比，对比结果显示，以省会贵阳为中心的贵州铁路网络已初步完善，并对贵州社会经济发展起到了极其重要的推动作用。

---

① 《贵州：仅用24年在西部率先实现"县县通高速"》，中国公路网http://www.chinahighway.com/article/41217.html。

一、贵州铁路交通网络

（一）铁路线路建设历程

1956~2020年，贵州省走过了64年的铁路建设岁月，通过时间轴（见图5-10）可以清楚地看到贵州省铁路建设取得的丰硕成果。

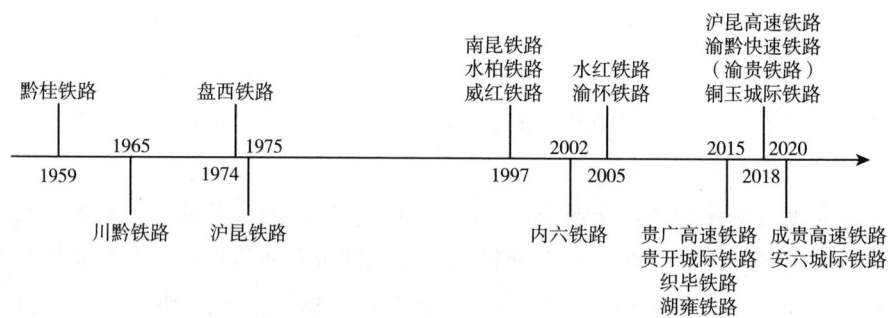

图5-10 贵州省主要铁路干线通车时间示意图

1959年，贵州省第一条铁路黔桂铁路通车运营，这标志着贵州省进入了火车时代。此后，川黔铁路、沪昆铁路贵昆段和湘黔段相继通车运营。到21世纪初，黔桂、川黔、沪昆、渝贵铁路在贵阳十字交汇，南昆和渝怀铁路分别穿越黔西南和黔东北，织毕、水红等多条区域铁路与以上6大铁路干线相连。

与此同时，贵州省高速铁路建设项目提上日程，2014年，贵广高速铁路建成通车，贵州省铁路发展进入高铁时代。随后短短5年时间内，沪昆、成贵高速铁路和贵开、铜玉、安六城际铁路相继建成通车。2020年，贵州省政府工作报告指出"成贵高铁建成通车，贵州省高铁运营里程达到1432公里"[1]，至此铁路总里程逼近4000公里，形成了以6条普通铁路干线、3条高速铁路和3条城际铁路为主覆盖全省全部地级市的贵州省铁路网络。

按照运行速度和运营区域可将这些铁路线路分为四类（见表5-1）：跨省普通铁路、省内普通铁路、跨省高速公路和省内城际铁路，详见附录一。

---

[1]《政府工作报告》，《贵州日报》2020年3月2日。

表 5-1　　　　　　　　　　贵州省主要铁路线路分类

类型	线路名称
跨省普通铁路	黔桂铁路、川黔铁路、沪昆铁路、南昆铁路、内六铁路、渝怀铁路、渝黔快速铁路（渝贵铁路）
省内普通铁路	威红铁路、水红铁路、织毕铁路、湖雍铁路
跨省高速铁路	贵广高速铁路、沪昆高速铁路、成贵高速铁路
省内城际铁路	贵开城际铁路、铜玉城际铁路、安六城际铁路

此外，目前贵州省正在建设的铁路有贵阳—南宁的贵南高速铁路、盘州—兴义的盘兴城际铁路以及瓮安—福泉的货运铁路、毕节—叙永货运铁路等。根据贵州省中长期铁路规划，贵州省规划建设铜仁—吉首城际铁路和泸州—遵义城际铁路等。

其中，黔桂铁路连通贵州省贵阳市和广西壮族自治区柳州市，是贵州省第一条铁路。该线路于1959年1月正式通车运营，于2004年12月进行扩能改造，现在贵州省内设有沿线车站10个。川黔铁路则连通重庆市与贵州省贵阳市，该线路于1965年10月1日正式运营，在1991年9月完成电气化改造，现在贵州省内设有沿线车站16个。

沪昆铁路作为中国东西向铁路大动脉之一，连通着上海、浙江、江西、湖南、贵州、云南等五省一市，原先划分为贵昆段和湘黔段，分别于1970年12月和1975年1月通车运营，在贵州省内设有沿线车站54个，是贵州省铁路的东西干线。

贵广高铁是贵州省第一条高速铁路，于2014年12月26日正式通车，该线路连通贵州省贵阳市和广东省广州市，在贵州省内设有9个沿线车站。

沪昆高铁连通着上海、浙江、江西、湖南、贵州、云南五省一市，于2016年12月28日全线通车，在贵州省内设有沿线车站共11个。

成贵高铁于2019年12月16日全线通车运营，连接四川省成都市和贵州省贵阳市，在贵州省内设有沿线车站6个。

贵州省现有安六、贵开、铜玉等三条城际铁路。其中，贵开城际铁路连通贵阳市和开阳县，于2015年5月1日开通运营，是贵州省首条城际客运专线；铜玉城际铁路位于贵州省铜仁市境内，连接着渝怀铁路和沪昆高速铁路，于2018年12月26日开通运营；安六城际铁路则连接贵州省安顺市和六盘水市，于2020年7月8日通车运营，与沪昆铁路相连，是贵州省城际铁路网的重要组成部分。

(二) 铁路网络格局的时空演化

铁路网络是在一定空间范围内（全国、地区或国家间），为满足一定有历史条件下客货运输需求而建设的相互联结的铁路干线、支线、联络线以及车站和枢纽所构成的网状结构的铁路系统。本部分通过分析铁路线路的县域连通性、火车站站点和枢纽城市这三种要素的变化，总结出贵州省铁路网络的时空演化特征，为今后的铁路规划提供参考信息。

1. 县域连通性

目前，根据火车停靠站所在的县市计算，整个贵州省共有44个县级行政区通过铁路实现连通，贵州省县域铁路连通率达到50%，覆盖人口超过3000万人，约占贵州省总人口70%。通过铁路联通的贵州省县级行政区量变化如图5-11所示。

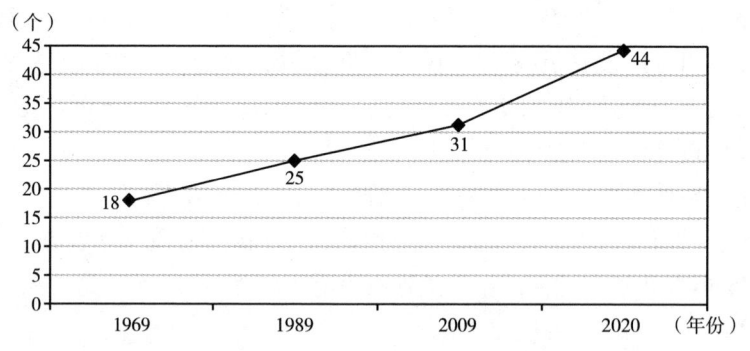

图 5-11 贵州省县级行政区连通数量变化

以省会贵阳为中心，1949~1969年有18个县级行政区实现铁路连通，1970~1989年连通县级行政区增加7个，1990~2009年增加6个，2010~2020年增加13个。从时间走向上来看，1949年之后的20年县域铁路连通率增长迅速，之后增速有所减少，但是最近十年来连通率正在快速增加。

2. 车站分布

随着铁路线路的逐渐增多，贵州省火车站点建设数量累计超过180个。从车站类型、车站时空布局这两个角度，对众多火车站进行研究，通过分析得出了贵州省火车站站点的时空演化特征，如图5-12所示。

根据国家铁路局的分类标准，火车站按照作业性质可以分为客运站、货运

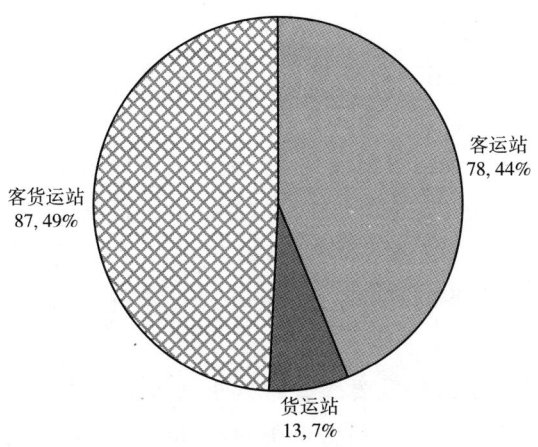

图 5-12 2020 年贵州省客货车站建设对比

站和客货运站三类。根据这种分类标准，自 1949 年以来，贵州省拥有的客运站为 78 个，货运站 13 个，客货运站 87 个。从图 5-12 可以看到，客货运功能兼备的火车站数量所占比重接近 50%，客运站的数量也较多，满足了贵州省的物资运输需求和贵州人民的出行需求。将贵州火车站的分布分为 1949~1969 年、1970~1989 年、1990~2009 年、2010~2020 年四个时间段进行车站时空布局研究。

1949~1969 年，随着黔桂铁路、川黔铁路和贵昆铁路的建成通车，贵州省火车站主要分布在贵州中西部区域，集中在黔南自治州、贵阳市、遵义市、安顺市和六盘水市，其他省份在这一时期几乎没有火车站点建设；1970~1989 年，湘黔铁路和红果—柏果铁路通车，车站分布扩散到黔东南自治州和六盘水市南部；1990~2009 年，黔西南自治州车站建设得到发展，六盘水市车站建设更进一步发展；2010~2020 年，火车站遍布全部地级市行政区，高铁站的建设在这一时期占据重要地位。

总体而言，贵州省火车站点分布具有以下基本特征：(1) 贵州省火车站建设速度快，短短几十年时间就拥有了满足各地级市和基层乡镇铁路客户需求的车站体量；(2) 贵州省车站空间分布密集，铁路沿线的车站分布十分紧凑，充分考虑了贵州省山地交通不便的境况，尤其在远离城市的乡镇和乡村建设了大量火车站，方便了基层群众的出行，大大促进了基层地区（山区）的社会经济发展；(3) 贵州省火车站分布在时空演进上呈现出以省会贵阳市为中心向全省扩散形成"十"字结构、并向"米"字结构进一步演化的特点。

3. 枢纽城市辐射范围

1965年10月，行驶在黔桂铁路和川黔铁路上的列车在贵阳站相汇，省会贵阳成为贵州省第一个铁路枢纽；之后，沪昆铁路、贵广高速铁路、沪昆高速铁路、渝黔快速铁路相继在贵阳市交汇，贵阳成为西南地区最重要的铁路枢纽城市之一，在西南地区乃至全国的铁路网中起到了极其重要的作用。随着铁路线路、站点的快速建设与发展，除省会城市贵阳之外，贵州省还陆续出现其他铁路枢纽城市。目前，贵州省的主要铁路枢纽城市有贵阳市、六盘水市、安顺市、凯里市、铜仁市等。

贵阳市作为西南地区最重要的铁路枢纽城市之一，其辐射范围从一开始仅仅局限于贵州省内，到今日辐射范围包括四川省、重庆市、云南省、湖南省、广西壮族自治区，乃至长三角和珠三角区域，经历了三个阶段的时空演化。

第一阶段是川黔铁路通车之前。在此阶段，贵阳市通过铁路联系的省份只有广西壮族自治区，其辐射范围主要是贵州北部的铜仁市、毕节市、遵义市等地级行政区。

第二阶段是川黔铁路通车到沪昆铁路通车。在此阶段，贵阳市连通了四川省和广西壮族自治区，其辐射范围扩散到全省，但在四川省和广西壮族自治区的辐射能力不强。

第三阶段是沪昆铁路建成通车之后。在此阶段，贵阳市作为铁路枢纽城市的重要性得到了质的飞跃，一跃成为整个西南地区的交通咽喉，辐射范围扩展到除西藏自治区之外的西南地区。

此外，贵州省内其他铁路枢纽城市也发挥了重要作用。内六铁路、沪昆铁路、水红铁路和安六城际铁路在六盘水市交汇，沪昆铁路、沪昆高铁和安六城际铁路在安顺市交汇等，这些铁路枢纽主要辐射贵州省内，为贵州省物资运输和人民群众出行提供便利。

4. 小结

在贵州铁路网络从无到有的过程中，贵州省县域铁路连通性、火车站点的分布和枢纽城市表现出显著的时空演化特征：

第一，贵州省铁路网络建设表现出"快速—放缓—再加速"的演化特征。再加速阶段贵州省铁路网建设主攻高速铁路建设，高速铁路网络逐渐取代原普通铁路线路，贵州省迎来"高铁时代"。

第二，贵州省铁路网络的中心是省会贵阳，先形成"十"字形状，并正在向"米"字发展。

第三,在贵州省 9 个地级市中,贵阳市、黔南布依族苗族自治州、遵义市、安顺市、六盘水市和黔东南苗族侗族自治州的铁路网络成型较早,黔西南布依族苗族自治州、毕节地区和铜仁市的铁路网络成型较晚。

第四,按照铁路线路条数、等级以及铁路通车时间等标准,贵州省各地级市的铁路发展程度从高到低依次是贵阳市、遵义市、黔南州、六盘水市、黔西南州、安顺、铜仁、黔东南州和毕节市。

二、贵州铁路运营

本部分从铁路运营里程和铁路客货运输两个方面对贵州省铁路运营进行分析,总结了贵州省铁路运营里程的变化趋势和客货运输量的变化。

(一) 铁路里程

贵州省的铁路里程增长脉络较为清晰,如图 5-13 所示。随着川黔铁路、贵昆铁路和湘黔铁路的开通,至 1978 年,贵州铁路里程达到 1365 公里。此后近 20 年的时间中,主要对三条原有线路进行电气化改造,并未有新的远距离线路开通。1997 年,随着南昆铁路的通车运营,贵州铁路里程增长到 1640 公里;2002 年,内六铁路通车,贵州铁路里程达到 1893 公里。2004~2009 年,由于黔桂铁路路线改造,贵州省铁路里程有所波动。2013 年,贵州铁路里程达到 2093 公里,越过 2000 公里大关。

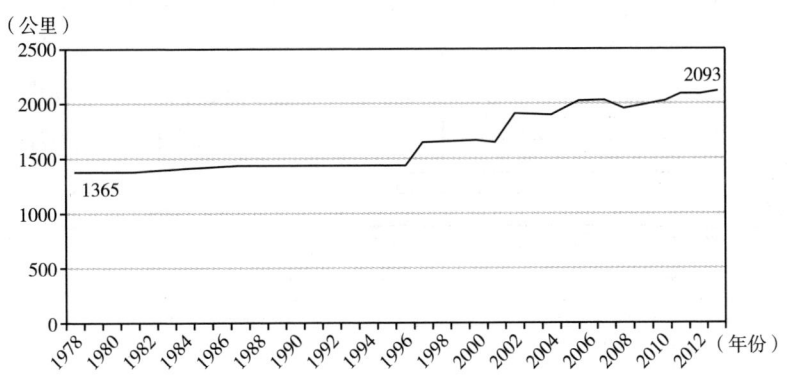

图 5-13 1978~2013 年贵州省铁路里程

2014年,贵州第一条高铁——贵广高速铁路通车运营,贵州高铁里程迎来了飞速发展。2015年贵开城际铁路通车,2016年沪昆高铁通车,2018年,渝黔快速铁路通车。仅在5年时间,贵州省的高速铁路里程激增到1127公里,这种增速在整个西南地区,乃至是全国都名列前茅,如图5-14所示。

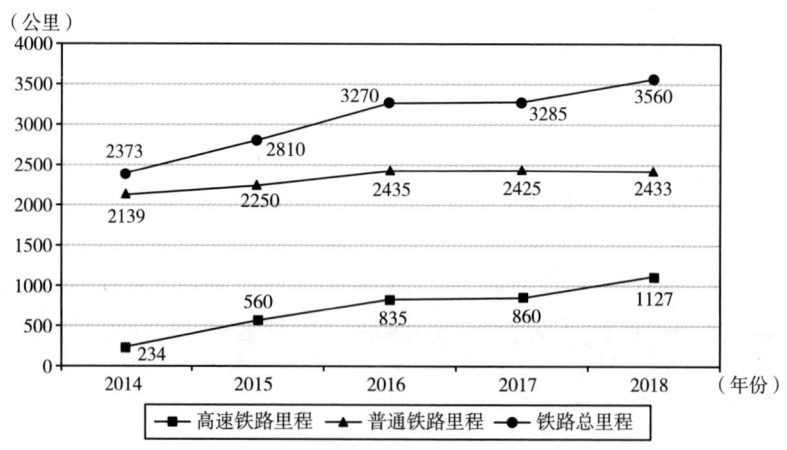

图5-14　2014~2019年贵州省铁路里程

2019年,有机构将西南地区(除西藏自治区外)各省市的高铁运营里程情况进行比较,得出令人惊讶的结论:若涵盖城际铁路和一些时速200公里及以下的客专或客货共用线路,在西南地区已开通运营的高铁里程排名中,贵州省排名第二;但是,剔除设计时速250公里、运行速度在200公里及以下线路的话,整个西南地区各省市已运营"真正"高铁的里程数排名中,贵州省排名第一,其高铁里程超过了四川和重庆高铁里程之和,如图5-15、图5-16所示。

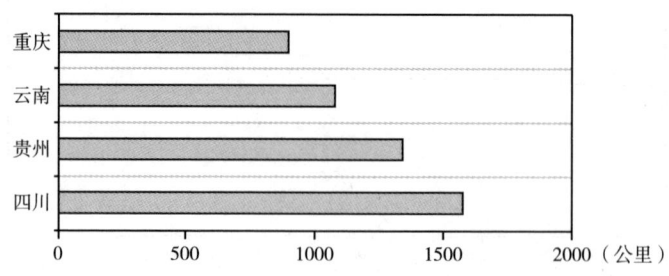

图5-15　2019年西南各省市高铁运营里程

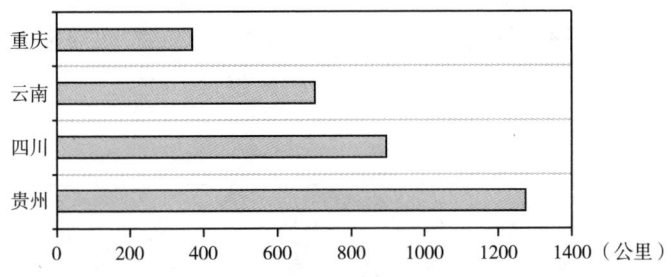

图 5-16　2019 年西南各省市"真正"高铁运营里程

(二) 客货运输

在整个铁路网络都已完备的条件下，贵州省的铁路客货运输也得到充分的发展。

2009 年，贵州省铁路客运量达 3204 万人，占所有交通运输总客运量的 3.77%；旅客周转量 162.41 亿人公里，占所有交通运输总旅客周转量的 37.72%；货运量 6997 万吨，占所有交通运输总货运量的 20.08%；货物周转量 644.441 亿吨公里，占所有交通运输总货物周转量的 71.81%。

到 2018 年，贵州省铁路客运量达 6761 万人，占总客运量的 7.27%；旅客周转量 322.82 亿人公里，占总旅客周转量的 40.42%；货运量 5511 万吨，占总货运量的 5.37%；货物周转量 606.1 亿吨公里，占总货物周转量的 33.72%，如图 5-17 所示。

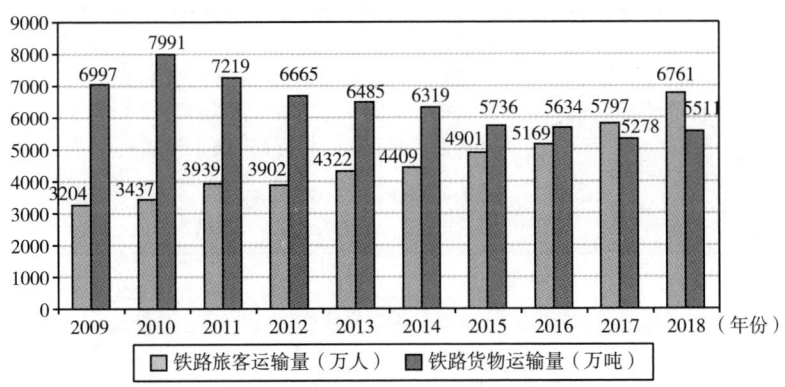

图 5-17　2009～2018 年贵州省铁路客货运输量

如图 5-18 所示，从 2009~2018 年的变化趋势来看，铁路客运量大幅持续增长，从 3204 万人增长至 6761 万人，客运量占比从 3.77% 增长到 7.27%；铁路旅客周转量同样呈现大幅度增长，增长幅度超过 100%，客运周转量占比从 37.72% 增长至 40.42%。

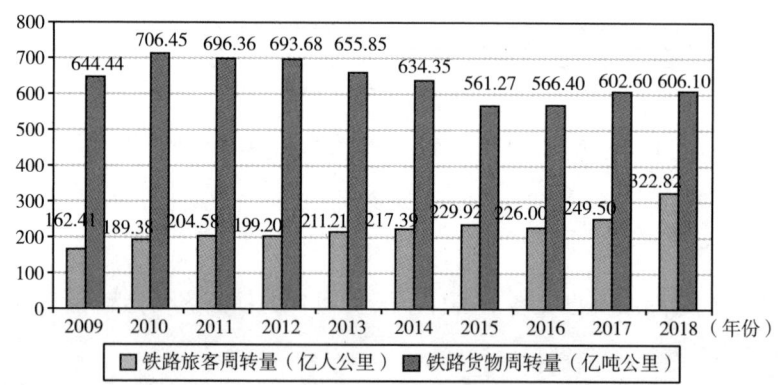

图 5-18　2009~2018 年贵州省铁路客货周转量

如图 5-19、图 5-20 所示，2009~2018 年，贵州省铁路货运量和货运周转量都有所减少，在总货运量和总货物周转量中的占比大幅度下降。铁路货运量占比从 20.08% 下降至 5.37%，下降幅度近 15%，货运周转量占比从 71.81% 下降至 33.72%，下降幅度超过 35%。可以看出，贵州省近 10 年来，铁路运输承担的客运任务不断增加，而货运任务则由公路运输分担较多。

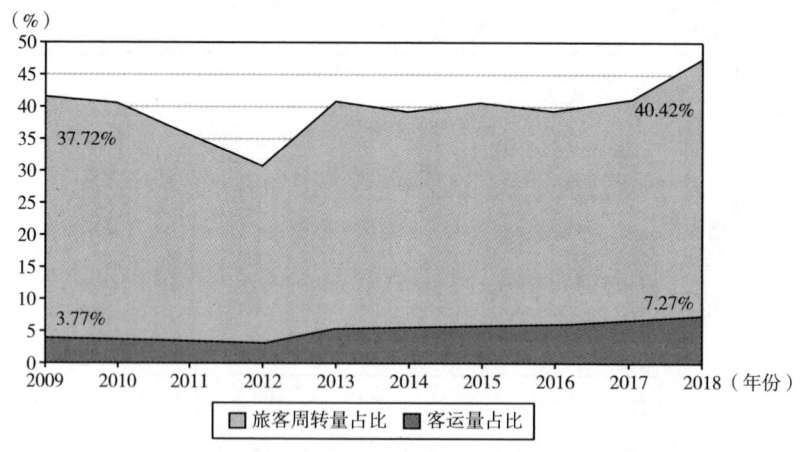

图 5-19　2009~2018 年贵州省铁路客运量及旅客周转量占比

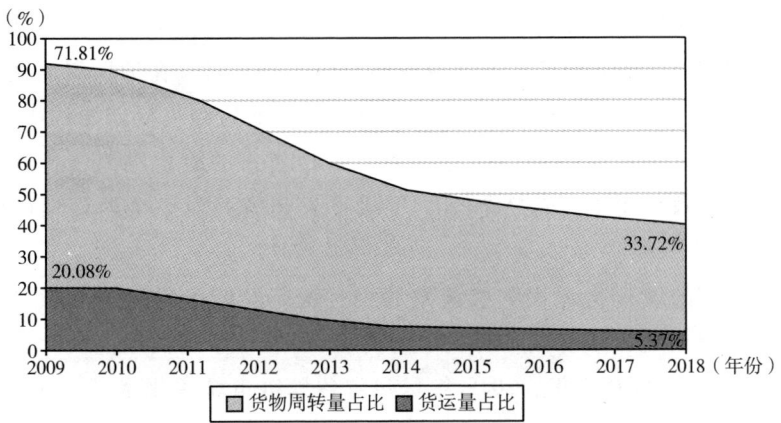

图 5-20　2009~2018 年贵州省铁路货运量及货物周转量占比

三、贵州铁路发展的社会经济效应

（一）助力城市经济发展与城市化进程

贵州省自 1956 年始，不断加大铁路基础设施建设投资，尤其在 2008 年之后，高速铁路建设如火如荼地展开，铁路固定资产投资规模随之快速增长。根据贵州省统计局数据，2011~2018 年贵州省铁路固定资产投资总额高达 2246.27 亿元。2014 年，贵州省在建的高速铁路包括贵广高速铁路、沪昆高速铁路、成贵高速铁路、贵开城际铁路和铜玉城际铁路，铁路基础设施投资额达到峰值 390.89 亿元，如图 5-21 所示。如此庞大的投资带来的是贵州省铁路建设的飞速发展，进而推动了贵州省的社会经济发展，主要表现在城市间时空距离的缩短，城市化水平的不断提高和贵州省国民经济的稳步增长。

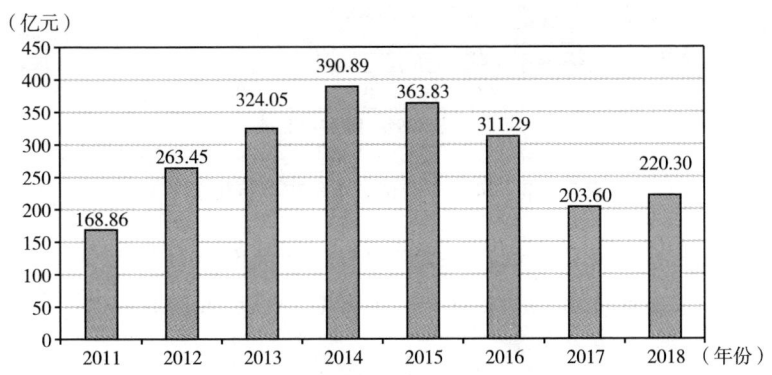

图 5-21　2011~2018 年贵州省铁路基础设施投资额

在贵广高速铁路通车之前，乘坐火车从贵阳市前往广州市需要大约 22 个小时；而现在，从贵阳市到广州市仅仅需要约 4 个小时。在沪昆高速铁路通车之前，从贵阳市到昆明市需要约 10 个小时，而开通后则仅仅需要约 2 个小时。贵州省铁路的发展极大地缩短了贵州省与其他省份的时空距离，各省市的人员、物资流通效率得到了极大提升，促进了贵州省乃至整个西南地区的快速发展。

在贵州省的城市化进程和经济发展中，铁路发展也起到了不可忽视的作用。查阅《贵州统计年鉴》、人口普查公报及各地级市国民经济和社会发展统计公报等资料，对 2010 年、2019 年贵州省各地级市城市化水平①与各地级市经济发展状况进行统计。

根据第六次人口普查公布的数据，如图 5-22 所示，2010 年贵州省各地级市的城镇化率从高到低依次是贵阳市 68.13%、遵义市 35.02%、安顺市 30.04%、黔南 29.05%、六盘水市 28.65%、黔西南 28.15%、毕节市 26.18%、黔东南 26.02% 和铜仁市 25.98%；2019 年贵州省各地级市的城镇化率从高到低依次是贵阳市 75.5%、遵义市 55.5%、安顺市 52.5%、六盘水市 51%、黔东 49%、黔南 49%、铜仁市 48.5%、黔西南 46.5% 和毕节市 43%。

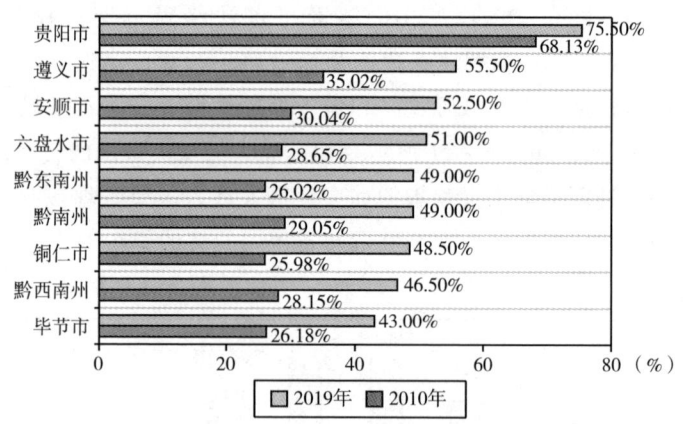

图 5-22 2010 年贵州各地级市城市化水平

从人均地区生产总值来看，根据贵州省各地级市 2010 年和 2019 年国民经济和社会发展统计公报公布的数据，2010 年各地级市人均地区生产总值由高到

---

① 由于部分市州数据缺失，2019 年贵州省各地市城镇化率为估计值。

低依次是贵阳市、遵义市、黔南州、黔西南州、六盘水市、铜仁市、安顺市、黔东南州和毕节市；2019年各地级市人均地区生产总值由高到低依次是贵阳市、遵义市、黔南州、黔西南州、六盘水市、铜仁市、安顺市、黔东南州和毕节市，如图5-23所示。

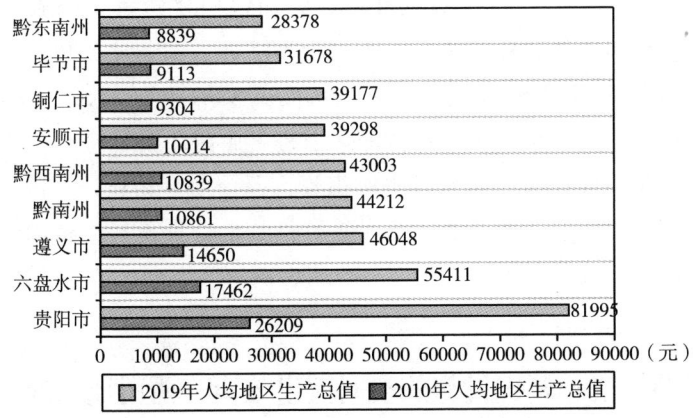

图5-23 2019年贵州各地级市人均地区生产总值

通过以上分析，可以发现贵州省的城市化水平、经济发展状况与铁路发展程度密切相关。根据铁路开通时间、铁路线路等级、线路条数等因素对贵州省各地级市州进行铁路发展程度排序，从高到低依次为贵阳市、遵义市、黔南州、六盘水市、黔西南州、安顺市、铜仁市、黔东南州和毕节市，如表5-2所示。可以看到，在铁路发展程度高的地级市，其城市化水平和经济发展水平

表5-2　　　　　贵州省地级市铁路社会经济效应对比

行政区名称	铁路发展程度排序	城市化水平排序	经济发展水平排序
贵阳市	1	1	1
遵义市	2	2	2
黔南州	3	4	3
六盘水市	4	5	5
黔西南州	5	6	4
安顺市	6	3	7
铜仁市	7	9	6
黔东南州	8	8	8
毕节市	9	7	9

也较高,如黔南州铁路发展程度排名第三,其城市化水平排名第四,经济发展水平排名第三,显示出了贵州铁路发展的社会经济效应。

(二) 促进旅游业发展

2014年12月26日,贵广高铁开通,为加快构建黔粤生态旅游经济带建设、促进区域旅游一体化注入了新的活力。2015年,贵州旅游体量在全国排名中游,2019年则跃升到全国前三,成为名副其实的旅游大省。2020年7月,在跨省跟团游恢复之初,贵阳市接待的首个跨省旅游团队,来自"百万老广游贵州"旅游专列。贵州于广东曾经山海相望,而今山海相连,且因为文化旅游资源互补、产品互济、客源互通,互为旅游目的地,贵州与广东的文化旅游合作发展空间巨大、前景广阔。

第三节 交通基础设施的空间溢出效应:西南地区的比较

自2000年开始实施西部大开发战略以来以及随着"丝绸之路经济带"的提出,西南地区各项基础设施得到快速发展,其中交通基础设施的发展尤为显著,极大地促进了西南地区经济发展。为更加全面、客观地评价交通基础设施对西南地区经济发展的作用,对贵州省交通基础设施建设的空间溢出效应研究具有重要意义。

一、引言及文献综述

在21世纪交替之际,由于中国东西部地区发展差距加剧扩大,成为一个困扰中国经济和社会健康发展的全局性、亟待解决的问题。2000年1月,中共中央、国务院正式转发了国家发展改革委《关于实施西部大开发战略初步设想的汇报》,并按照西部大开发战略的战略目标、指导方针、主要任务、区域重点和支持政策,在西部12个省区市全面展开大开发。南(宁)贵(阳)昆(明)经济区成为西部大开发的重点区域之一,是西部大开发的最大受益区域之一。西部大开发战略的要求和根本任务之一就是加快西部地区基础设施建设,得益于此,西南地区的交通基础设施得到快速且充分的发展。

随着经济全球化发展，对外经济交流成为地区发展必不可少的推动力。2013年9月，习近平主席在哈萨克斯坦访问时提出建设"丝绸之路经济带"，以点带面，从线到面，逐步形成区域大合作，随后在10月习近平主席在出访东盟国家时再次强调了"一带一路"倡议。"一带一路"倡议的提出，使西南地区与西北以及中亚的联系进一步加强，同时也更密切了西南地区内部各省区市的联系，加强了西南地区的交通基础设施对西南地区经济发展的促进。

交通基础设施发展对地区经济发展有着怎样的支撑作用？早在20世纪40年代就已有学者对交通基础设施与经济增长的关系进行过研究，罗森斯坦·罗丹（Paul Rosenstein-Rodan，1943）认为，加强交通基础设施投资，就能走出"贫困恶性循环"，为实现经济起飞创造必要条件。但该阶段的研究基本是从理论层面上探讨两者关系，从20世纪80年代中后期至今，越来越多的学者开始进行实证研究。

国外交通基础设施空间溢出效应的研究角度主要有两个方面：一是将交通基础设施作为研究对象，直接研究交通基础设施的空间溢出效应。例如，Holtz-Eakin和Schwartz（1995）对美国高速公路州际空间溢出效应进行了实证研究，通过对参数进行估计得出的结论认为，高速公路的州际空间溢出效应不是促进经济发展的核心因素。Boarnet（1998）对1968~1988年美国加州所有县的数据进行分析，分析结果表明，交通基础设施较完善的地区会将相邻地区的资源和生产要素吸入本地区，对于相邻地区经济发展产生负的空间溢出效应。Cantos等（2005）研究了交通基础设施对两个地区和部门经济增长的影响，研究结果证实了交通基础设施空间溢出效应的存在。二是将公共基础设施作为研究对象，间接研究交通基础设施的空间溢出效应。例如，Pereira和Roca-Sagales（2003）通过对西班牙公共资本的效应分析，证实了包含公共交通基础设施投资的公共资本区域溢出效应的存在。Cohen和Paul（2004）通过构建成本函数模型并引入空间溢出指数，证实了公共交通基础设施的空间溢出对节省成本和提高生产效率的意义。Moreno等（2007）对公共基础设施分类进行空间溢出研究，表明交通基础设施对外部地区存在正空间溢出效应。

国内的实证研究按照区域可分为两类：一是以全国为研究视角。例如，张学良（2012）利用1993~2009年的中国省级面板数据和空间计量经济学的研究方法进行实证研究，证明了在研究交通基础设施对经济增长影响时考虑交通溢出效应的必要性。胡艳和朱文霞（2015）利用我国2001~2012年的省级面板数据，在模型中加入代表不同经济含义的空间权重矩阵，考察了我国交通基础设施的这种空间溢出效应。郭晓黎和李红昌（2017）利用2000年、2007年和2014年31个省区市的数据，实证检验交通基础设施对区域经济增长的空间溢出效应。研究表明，传统研究未考虑空间溢出效应，将高估交通基础设施对经济增长的直接效应。二是以经济带和局部区域为研究视角。例如，李忠民等（2011）选取2001~2008年"新丝绸之路"交通大动脉陇海、兰新铁路沿线涵盖最重要的17个城市进行空间面板数据分析，结果表明交通基础设施存在正空间溢出。金江（2012）选取1994~2008年珠三角地区的相关数据进行空间计量经济学模型分析，结果表明，空间滞后模型更适合刻画交通基础设施与经济增长之间的关系，交通基础设施投资具有显著的正外部性。张强和张映琴（2016）选取2000~2014年"丝绸之路经济带"西北五省省际面板数据进行空间计量经济学模型分析，结果表明不考虑空间溢出效应的测算结果放大了交通基础设施的贡献率。黄苏萍和朱咏（2017）对长三角城市群26个城市2005~2016年的面板数进行空间计量经济学模型分析，结果表明相邻城市铁路、公路交通基础设施对本地经济增长呈空间正溢出效应。马卫和曹小曙等（2018）基于SDM空间计量模型，分别构建邻接、地理距离、经济空间3种权重矩阵，从"宏观—分区—国家"3个层级测度2000~2015年丝绸之路经济带交通基础设施空间经济溢出效应。

可以发现，随着实证研究的展开，学者的研究结论也存在差异和争论，争论焦点在于：一是交通基础设施对经济增长究竟是否有积极的影响，二是交通基础设施空间溢出效应的存在与否以及征服空间溢出效应观点的争议。那么，我国西南地区的交通基础设施与经济增长的关系如何？本节从区域角度，探讨交通基础设施对西南地区经济增长的影响，结构如下：第一部分是引言及文献综述，第二部分是模型设定与变量说明，第三部分是实证结果及结果分析，第四部分是结论及建议。

二、变量选取和模型构建

交通基础设施是一种准公共产品，存在一定的外部性，其发展会对其他地区经济增长带来一定程度的空间溢出效应，空间溢出效应值有正有负，正值表示经济增长扩散，负值表示经济增长集聚。本节基于空间杜宾模型分析西南地区各省区市的交通基础设施发展对其他省区市经济增长存在怎样的空间溢出效应。

依据新古典经济增长、内生经济增长理论、新经济地理增长相关理论，建立包含西南地区五省市的地区生产总值、从业人员规模、交通运输（包含仓储和邮政业）全社会固定资产投资、人力资本、全球化、铁路里程、公路里程、交通运输增加值占当年经济总量的比重、市场规模、地区经济差距、城市化水平和产业集聚等多变量的面板数据模型，时间段为2009~2018年。外地交通基础设施指标（OK_t）反映的是外地交通基础设施对本地经济增长的空间溢出效应，OK_t变量是基于空间统计与空间计量经济学中的空间权重矩阵，依据白沃德等创建的空间权重矩阵模型方法，即：

$$OK_{tit} = \sum_{j=1}^{N} w_j K_{tj} \tag{5.1}$$

其中，下标it为第i个样本地区的第t年，N为空间权重矩阵中与样本地区i相邻的地区数目，w_j为对应的空间权重元素值，选取反距离空间权重矩阵作为模型中空间权重矩阵；K_{tj}表示第t年j地的交通基础设施指标①，交通基础设施用客货周转量进行计算。

考虑到空间相关性的影响，本节采用空间杜宾模型，其基本形式如下：

$$Y = \lambda WY + X\beta_1 + WX\beta_2 + \varepsilon \tag{5.2}$$

其中，W为空间权重矩阵，X为变量矩阵，λ、β_1和β_2为相应系数向量，WY和WX分别表示因变量和自变量的空间滞后的影响。

考虑西南地区实际发展情况，根据多种经济增长理论以及前人研究，确定模型为：

$$Y = \lambda WY + (L, K, X_1, X_2, OK_t)\beta_1 + W(L, K, X_1, X_2, OK_t)\beta_2 + \varepsilon \tag{5.3}$$

其中，Y表示地区生产总值，L为从业人员规模，K表示交通基础设施投资。X_1代表新经济增长向量中人力资本、全球化两个因素；X_2代表新经济地理增长向量中交通运输能力、市场规模、地区经济差距、城市化水平、产业聚集5个因素。OK_t代表经济区内的某个地区交通基础设施对其他地区经济增长空间溢出效应的大小。

人力资本（X_{1-1}）。根据劳动者受教育年限计算法，以历年《中国劳动统计年鉴》相关数据计算而得，即：$X_{1-1} = 6n_1 + 9n_2 + 12n_3 + 15n_4 + 16n_5 + 19n_6$，

---

① 将西南五省市区2009~2018年的旅客周转量和货物周转量分别形成矩阵，再进行矩阵归一化处理，将归一化的旅客周转量矩阵和货物周转量矩阵加权平均形成外部交通基础设施指标矩阵K。

其中 $n_1 \sim n_6$ 分别代表小学、初中、高中、大专、本科、硕士文化程度人数占比。

全球化（X_{1-2}）。内生经济增长理论将出口贸易引致学习效应，提升产出技能视作影响经济增长的一个内生变量，此处将进出口贸易总额纳入模型研究中，用开放贸易指标衡量技术水平。

交通运输能力（X_{2-1}）。以克鲁格曼为代表的新经济地理理论指出，交通运输成本是影响经济增长的内生变量。西南地区各省区市铁路和公路运输网络较好，此处以铁路里程（X_{2-1-1}）、公路里程（X_{2-1-2}）、交通运输增加值占当年经济总量的比重（X_{2-1-3}）作为衡量交通运输能力指标。

市场规模（X_{2-2}）。新经济地理理论认为，市场规模影响经济增长较为显著，一般常用地区人口密度衡量市场规模，反映地区经济活动的密集状况。

地区经济差距（X_{2-3}）。新经济地理理论将年度内单位地域面积上的经济产出作为对比分析地区间的经济发展差距，本节选取西南地区各省区市的地均GDP为地区经济差距指标。

城市化水平（X_{2-4}）。卢卡斯等人认为，人流、物流、信息流等资源的空间聚集与扩散会推动城市化进程，而农业人口加速向城镇转移对促进区域经济增长作用显著。本节以非农人口占比来代表城市化程度。

产业集聚（X_{2-5}）。新经济理论指出，产业规模报酬递增因素偶然会引发导致自然条件高度相似的不同地区的产业集聚空间布局出现较大的差异，在资源重组、学习共享等因素的促成下，某地产业集聚、经济渐长特征便日渐凸显。在反映某地经济活动密集度与频繁度的产业集聚众变量中，宜以地区单位面积内的货物周转量变量代表产业聚集。

综合以上影响西南地区五省区市经济增长的诸多变量，引入交通基础设施、经济增长自身空间溢出效应，构建出空间杜宾模型，利用 Stata 软件进行分析。

三、实证分析

（一）软件操作步骤

在利用 Stata 软件进行操作时，需要遵循一定步骤：
(1) 面板数据构建。为研究西南地区交通基础设施的空间溢出效应，根据现有数据的可收集条件，本节构建西南地区5省区市（四川、重庆、贵州、云南、西藏自治区）2009~2018年的空间面板数据。其中包括13类变量，分别是地区生产总值、从业人员规模、交通运输（含仓储和邮政业）全社会固定资产投资、人力资本、全球化、铁路里程、公路里程、交通运输增加值占当年经济总量的比重、市场规模、地区经济差距、城市化水平、产业集聚和外地交通基础设施指标，共计650条数据。数据来自历年的《中国统计年鉴》《中国劳动统计年鉴》《中国人口和就业统计年鉴》以及西南地区各省区市的统计年鉴、西南地区各省区市的国民经济与社会发展统计公报等。

（2）空间相关性检验。利用 Stata 15.1 进行莫兰指数分析。首先在软件中计算空间权重矩阵，对空间权重矩阵进行标准化，进而计算各变量的莫兰指数并进行检验，检验通过后绘制莫兰指数图，完成空间相关性检验。

（3）空间杜宾模型估计。在证明所选空间权重矩阵通过了空间相关性检验之后，再对空间杜宾模型进行固定效应和随机效应回归进行分析，分析空间杜宾模型中的直接效应、间接效应和总效应。

（二）实证结果分析

1. 莫兰指数分析

将2009~2018年的地区生产总值进行局部莫兰指数分析。取2009年、2012年、2015年和2018年的莫兰指数，1、2、3、4、5分别表示重庆市、四川省、贵州省、云南省和西藏自治区，如表5-3、表5-4、表5-5和表5-6所示。

表5-3　　西南五省区市经济发展的局部莫兰指数（2009年）

Location	Ii	E（Ii）	sd（Ii）	Z	p-value*
	Moran's Ii（_2009Y）				
1	0.013	-0.250	0.328	0.801	0.212
2	-0.788	-0.250	0.327	-1.644	0.050
3	-0.128	-0.250	0.307	0.397	0.346
4	0.002	-0.250	0.360	0.700	0.242
5	-0.611	-0.250	0.372	-0.971	0.166

*1-tail test

表5-4　西南五省区市经济发展的局部莫兰指数（2012年）

Location	Moran's Ii (_2012Y)				
	Ii	E（Ii）	sd（Ii）	z	p-value*
1	0.019	-0.250	0.327	0.823	0.205
2	-0.784	-0.250	0.326	-1.639	0.051
3	-0.122	-0.250	0.305	0.419	0.338
4	0.005	-0.250	0.359	0.711	0.239
5	-0.612	-0.250	0.371	-0.976	0.165

*1-tail test

表5-5　西南五省区市经济发展的局部莫兰指数（2015年）

Location	Moran's Ii (_2015Y)				
	Ii	E（Ii）	sd（Ii）	z	p-value*
1	0.025	-0.250	0.324	0.848	0.198
2	-0.770	-0.250	0.323	-1.609	0.054
3	-0.088	-0.250	0.302	0.537	0.296
4	0.009	-0.250	0.357	0.725	0.234
5	-0.651	-0.250	0.370	-1.084	0.139

*1-tail test

表5-6　西南五省区市经济发展的局部莫兰指数（2018年）

Location	Moran's Ii (_2018Y)				
	Ii	E（Ii）	sd（Ii）	z	p-value*
1	0.015	-0.250	0.326	0.815	0.208
2	-0.767	-0.250	0.325	-1.594	0.055
3	-0.083	-0.250	0.304	0.551	0.291
4	-0.006	-0.250	0.358	0.682	0.247
5	-0.696	-0.250	0.371	-1.202	0.115

*1-tail test

通过局部莫兰指数可以看出，到2018年，除重庆市之外，其他西南地区省区的局部莫兰指数都为负数，表明地区生产总值与空间分布之间存在异化关系，即西南地区各省区市之间的经济发展依赖性较弱。重庆市的经济发展对西南地区其他省区可能存在依赖性，需要进一步检验；四川、贵州、云南和西藏的经济发展从局部莫兰指数来看，这四个省区的经济发展不依赖西南地区整体经济发展。从而凸显了两点问题：第一，各省市区的经济发展主要依靠本地资源，区域内的其他省区市对本地经济发展的影响力较弱；第二，西南地区的区域经济发展的协调性不足，各省区市的经济发展相对独立，不能很好地借助外部资源，区域经济一体化建设的进程有待进一步发展。

2. 空间杜宾模型（SDM）估计

本节进行固定效应空间杜宾模型和随机效应空间杜宾模型回归。从结果来看，采用固定效应的空间杜宾模型经多次迭代之后未能使模型达到收敛状态，对于其估计结果不能采纳；采用随机效应的空间杜宾模型达到收敛状态并且具有较好的显著性。故本节采取随机效应来对空间杜宾模型进行回归估计，并将空间杜宾模型的直接效应、间接效应和总效应计算出来。

通过对西南地区空间面板数据进行随机效率的空间杜宾模型回归，得到各变量的弹性系数（Coef.），如表 5 – 7 所示。

表 5 – 7　　　　　　　　自变量弹性系数（β_1）

lny	Coef.	Std. Err.	z	p>|z|	[95% Conf.	Interval]
Main						
lnl	-0.105	0.029	-3.67	0.000	-0.161	-0.049
lnk	0.024	0.023	1.05	0.295	-0.021	0.069
lnx11	0.001	0.055	0.02	0.986	-0.107	0.109
lnx12	0.047	0.010	4.73	0.000	0.028	0.066
lnx211	0.117	0.046	2.54	0.011	0.026	0.207
lnx212	1.155	0.133	8.70	0.000	0.895	1.416
lnx213	-0.243	0.040	-6.09	0.000	-0.321	0.165
lnx22	-0.291	0.049	-5.97	0.000	-0.387	0.196
lnx23	0.838	0.059	14.24	0.000	0.723	0.953
lnx24	0.124	0.041	3.02	0.003	0.044	0.205
lnx25	-0.151	0.031	-4.91	0.000	-0.211	-0.091
lnokt	-0.049	0.015	-3.31	0.001	-0.078	-0.020
_cons	-14.393	5.500	-2.62	0.009	-25.173	-3.614

根据得到的结果进行分析得到以下特征：

第一,交通运输能力指标之铁路里程(X_{2-1-1})和公路里程(X_{2-1-2})变量的弹性系数值均为正,表明本地铁路里程和公路里程与本地经济增长存在正相关关系,不断延伸的铁路里程和公路里程促进本地经济增长的作用随之提升。尤其是铁路里程的发展,在众多因素中脱颖而出,对经济发展起到了极大的促进作用。

第二,本地交通运输条件的改善,交通运输增加值占 GDP 比重不断提升,推动本地经济增长作用渐而增强。但从分析结果来看,反映交通运输能力指标之交通运输增加值占 GDP 的比重(X_{2-1-3})变量的弹性系数值为负,其原因可能是由于受到运输成本的影响。

第三,随着交通运输网络覆盖密度不断增加,引致生产要素区域转移加速促进地区经济增长。但是,反映外地交通基础设施与本地经济增长关系的空间溢出效应变量(OK_t)的弹性系数值为负,即外地基础设施建设会吸引本地资源,影响本地经济发展,其可能原因是发达省市,如重庆、四川吸引了大量的资源,导致其他省区市经济发展受到影响。

第四,2008~2018 年西南地区 5 省区市大量的劳动力资源已成为促进经济增长最重要的因素。但是从业人员(L)变量的产出弹性值却为负,且通过显著性检验,表明经济发达的地区对经济落后的地区存在劳动力的虹吸效应。新经济增长理论中的全球化(X_{1-2})变量的产出弹性值为正,全球化对经济发展的促进作用较为显著,这可能与区域交通基础设施建设、深化对外开放及加强国际经贸合作相关政策的落实有关系。

第五,新经济地理增长理论中的地区经济差距(X_{2-3})和城市化水平(X_{2-4})变量的产出弹性值均为正,市场规模(X_{2-2})和产业集聚(X_{2-5})的产出弹性值为负。在影响西南地区 5 省区市经济增长的诸多变量中,地区经济差距的拉动作用成为第二重要因素,表明地区经济差距的缩小使城乡得到一体化发展,促进了地区经济增长。而西南地区由于人口原因,市场规模略显不足,对经济发展有一定阻碍作用;而在产业集聚方面,可能是由于规划存在局限,资源的分配存在不足,使产业集聚影响了本地经济的发展。

四、结论与建议

运用莫兰指数和空间杜宾模型,利用西南地区 2009~2018 年省级面板数据就交通基础设施对经济增长的影响进行了实证分析,结果表明,西南地区交通基础设施与经济增长存在空间相关性，交通基础设施对经济增长的影响存在负的空间溢出效应；从业人数、产业集聚等因素对西南地区各省区市经济发展也具有显著影响。

为了促使西南地区各省区市更好发展，在区域合作、交通设施发展、人才政策及产业结构等方面提出建议如下。

首先，应完善体制机制，推动区域一体化发展。虽然西南地区整体均表现出空间自相关，但川渝一体化程度要优于整个区域，经济也更发达。贵州、云南和西藏地区应进一步推动区域合作制度化、常态化。

其次，从交通基础设施对经济增长的促进作用来看，应进一步推动实现交通基础设施互联互通，加快建设综合性交通枢纽、发展多式联运。计量结果表明交通基础设施建设能够显著促进经济增长，因此，应在推动区域一体化的同时加快交通基础设施互联互通，实现经济社会又好又快发展。

最后，从其他因素方面看，应提高劳动力、产业结构、政府支出等因素对经济增长的促进作用。在人才方面，应通过设置优惠政策，做好人才的落户、购房、医疗等一系列社会保障工作，通过为高端人才设置绿色通道、提供住房补贴等各项方式，鼓励大学生留在本地，吸引外地人才特别是高端人才来本地创新创业，提高劳动力利用效率。在产业结构方面，应推动产业结构转型升级，积极发展第三产业，改造升级传统产业，注重产业链的协同发展。同时，应避免过度的政府投资带来的重复建设等问题，降低政府干预对市场的不良影响。

综上所述，西南地区在中长期发展中，应充分发挥政策优势，将新时期西部大开发战略和"一带一路"倡议与西南地区的一体化进程规划协调起来，进一步完善公共基础设施尤其是交通基础设施建设。

第四节 交通基础设施建设对贵州省县域经济的影响

一、引言及文献综述

改革开放40余年来，随着贵州省交通设施不断建设以及交通运输业的大力发展，各个县域之间的经济往来更加密切。为深入了解交通基础设施对贵州省县域经济发展的影响，本节采用空间计量模型对2014～2018年交通基础设施建设与贵州省 88 个区县经济发展的关系。

在城市、县域层面交通基础设施空间效应的研究中,王垚、年猛(2014)通过 DID 估计方法来验证交通基础设施建设是否对经济发展有正的影响。王伯礼、张小雷(2010)用投入产出与 ESDA 法发现,乘数效应是新疆交通建设促进经济增长、拉动内需的重要枢纽,各地州市域交通建设对经济增长贡献空间相关性逐步增强,呈明显的扩散效应,对经济贡献率呈空间正相关性。黄苏萍、朱咏(2017)使用长三角 26 个城市 2005~2016 年面板数据研究了公路交通基础设施对区域经济增长的影响,他们研究发现,铁路人流密度、公路人流密度、公路物流密度对经济增长有着显著的正向促进作用,2009 年后其贡献度有所提升,而铁路物流密度对经济增长却呈负向作用;相邻城市铁路、公路交通基础设施对本地经济增长呈空间正溢出效应;物质资本投入、人力资本投入、城市化水平、产业集聚对于区域经济增长均具有程度不一的相关影响。李新光、黄安民(2018)采用两机制空间杜宾模型研究了高铁对县域经济增长溢出效应,研究发现开通高铁后溢出效应小于开通前,有利于区域经济往均衡方向转变。

已有的研究表明交通基础设施建设对县域(地州市域)的经济增长贡献为正溢出效应,那么,贵州省交通基础设施对县域经济增长有何影响呢?本节采用基于面板数据的空间计量模型对其进行分析研究,主要内容如下:第一部分是引言及文献综述,第二部分是模型构建和变量说明,第三部分是空间溢出效应测度和分析,第四部分是结论和建议。

二、模型构建和变量选取

(一)空间权重矩阵的建立

简单邻接空间权重 W_{ij}。这种空间权重主要通过两个经济单元所处的地理位置是否相邻来判断它们的空间相关性,通常有 rook 相邻(有共同的边界)和 queen 相邻(有共同的边界或点)。

$$W_{ij} \begin{cases} 1, & \text{当区域 i 和区域 j 邻近时} \\ 0, & \text{当区域 i 和区域 j 不相邻时} \end{cases} \tag{5.4}$$

邻接空间权重矩阵假定是空间截面之间的空间交互作用,仅仅取决于相邻与否,若不与之相邻则空间影响为 0,不符合实际情况,所以本节采用空间反距离矩阵构建权重矩阵。

空间反距离权重矩阵（Inverse – distance Based Spatial Weights Matrix）假定空间效应强度取决于距离，且距离越近空间单元间的权重就越大，反之则越小。权重矩阵定义如下：

$$W_{ij} = \begin{cases} d_{ij}^{-a}\beta_{ij}^{b}, & \text{当 } i \neq j \\ 0, & \text{当 } i = j \end{cases} \tag{5.5}$$

其中，a、b 分别为外生的距离摩擦系数和边界共享效应系数 d_{ij} 表示空间截面 i 和 j 之间的距离，β_{ij} 为两者共享边界的长度占样本 i 总边界长度的比例，多数研究将边界共享效应系数 b 设定为 0，所以本节也设定为 0。

（二）空间相关性检验

在确定使用空间计量方法时要考察数据间的空间依赖性，如果不存在，则使用标准的计量方法即可；如果存在，则可使用空间计量的方法。Moran's I 系数检验不易受偏离正态分布的影响，因此本节也将采用 Moran's I 系数来对贵州省县域经济进行空间相关性检验（Anselin，2003）。

$$\text{Moran's I} = \frac{\sum_{i=1}^{n}\sum_{j=1}^{n}W_{ij}(x_i - \bar{x})(x_j - \bar{x})}{\sum_{i=1}^{n}\sum_{j=1}^{n}W_{ij} \cdot \sum_{i=1}^{n}(x_i - \bar{x})^2/n} \tag{5.6}$$

（三）空间计量模型的选择和检验

空间计量经济学模型在研究经济体的空间互动效应在近些年来得以广泛关注和推广应用，并且空间面板数据模型的理论与方法也日趋发展成熟。当研究变量受地理位置影响时，普通回归模型的估计系数的结果有偏，因此需要纳入空间效应，构建空间计量模型，首先建立普通面板回归模型：

$$Y = \alpha + \beta X + \sum \tag{5.7}$$

Anselin 认为，当空间滞后项回归系数不为 0 时，即当研究变量受地理位置影响时，普通回归模型的估计系数的结果有偏，因此需要使用纳入空间效应的回归模型，构建空间面板计量模型。

空间自回归模型（SAR）关注的重点是经济变量在不同空间存在的交互作用及交互作用的强度，其表达式为：

$$Y = \alpha + \rho WY + \beta X + \sum \tag{5.8}$$

其中，Y 为空间回归相关系数一阶的空间权重矩阵；WY 为空间滞后变量；$\sum$ 为随机误差项向量。

空间误差模型（SEM）的含义是在某地区发生的变化通过特殊结构形式传到相邻区域，其表达式为：

$$Y = \alpha + \beta X + \sum \qquad (5.9)$$

$$Y = \lambda W \sum + \mu \qquad (5.10)$$

其中，λ 为空间误差系数，衡量经济发展的空间依赖作用；μ 为正态分布的随机误差向量。

由于两类空间计量模型适用的条件不同，而且无法根据先验结论来判断。在进行数据研究时，SAR 模型和 SEM 模型到底哪一个更合适且符合实际，因此有必要进行空间计量模型的选择检验。

（四）空间计量指标的选取及数据说明

本节的研究对象为贵州省 88 个县级行政单元，选取的样本研究期间为 2014~2018 年，本节数据来源于《贵州省县域统计年鉴》《贵州统计年鉴》《贵州省国民经济和社会发展统计公报》等。

本节选取的被解释变量为人均 GDP（AGDP），人均 GDP 是经济发展最常见的分析变量，能较好地反映经济发展水平，本节选取该变量衡量县域经济发展水平。基于经济学理论，结合交通设施对区域经济的影响相关文献，本节选取如下解释变量。

考虑到采用单一变量无法准确衡量各个县域的交通基础设施水平，而公路运输为贵州省最主要的交通运输方式，所以采用以下 3 个指标来衡量各县市交通基础设施发展：（1）公路里程（gllc）；（2）公路货运量（hyl）；（3）公路客运量（kyl）。

交通设施投资（jttz）：交通设施资产投资是促进地区经济增长重要因素，同时对基础设施、生产设备等的资本投入会引起资源要素跨区域流动，产生溢出效应。

政府交通设施财政支出（jtzc）：财政支出是政府影响经济发展的主要措施之一。而用于基础设施建设、社会保障就业等各方面的支出可能会刺激经济资源要素在区域间的流动，产生溢出效应。

第三产业从业人口（cyrk）：作为劳动力变量，选取与交通基础设施相关的第三产业从业人口作为研究对象。

三、空间溢出效应测度与分析

(一) 空间自相关检验

首先是全局空间自相关检验。Moran's I 指数对贵州县域样本进行的空间相关性检验结果表明,显著的空间相关关系存在于贵州县域经济增长中,因此,对贵州县域经济增长进行研究有必要采用空间计量模型。2014~2018 年贵州省县域经济的全局 Moran's I 指数分析结果如图 5-24、表 5-8 所示。

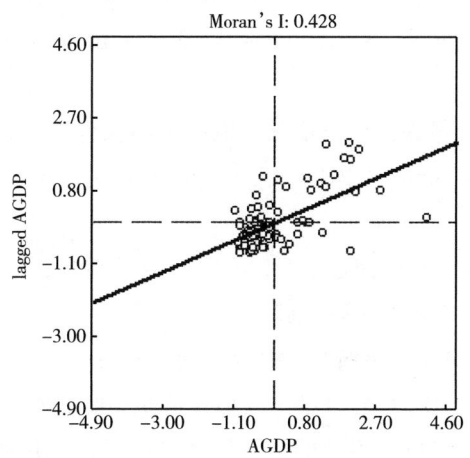

图 5-24 AGDP 莫兰指数图

表 5-8   2014~2018 年 Moran 指数

指数 \ 年份	2014	2015	2016	2017	2018
I	0.411	0.417	0.425	0.428	0.431

由表 5-8 可知,不同年份贵州省县域经济全局空间自相关性指数 Moran's I 均在 0.42 左右,有小幅度的起伏,显著性检验 P 值均小于 0.005,表明贵州省县域经济的空间分布具有显著的空间聚集分布特征,经济发展水平较高的区域在自身发展的同时对周边区域具有带动作用,形成共同发展的高值聚集区,区位、交通、资源等经济发展条件较差,经济发展水平较低的区域具有聚集在一起的趋势;县域间经济发展具有趋同的相互关系和相互影响,但空间自相关指数较小,关联性并不太强,研究期间相关性指数波动幅度较小,不同年份县域

间经济联系强度变化不大。这一结果表明,贵州各县经济水平在空间地理区位上表现出显著的空间正相关性(空间依赖性)。

(二) 局部空间自相关检验

由 Lisa 集聚图来看,中心县域间的"高—高"集聚最明显。少数民族县域展现出明显的"低—低"集聚,呈现出明显的两极分化。

(三) 贵州省县域经济发展计量分析

1. 主要指标对贵州县域经济增长影响的空间自回归模型:

$$lnagdp_i = \beta_0 + \beta_1 lngllc_i + \beta_2 lnkyl_i + \beta_3 lnhyl_i + \beta_4 lnjtzc_i + \beta_5 jttz_i + \beta_6 cyrk_i + \rho W lnagdp_i + \varepsilon_i \quad (5.11)$$

2. 主要指标对贵州县域经济增长影响的空间误差模型:

$$lnagdp_i = \beta_0 + \beta_1 lngllc_i + \beta_2 lnkyl_i + \beta_3 lnhyl_i + \beta_4 lnjttz_i + \beta_5 jtzc_i + \beta_6 cyrk_i + (I - \lambda W)^{-1} \mu \quad (5.12)$$

其中,各变量含义同前面定义,ρ 为空间滞后系数,λ 为空间误差项系数,W 为空间权值矩阵,下标 i 代表县域。

使用 Stata 15.1 对模型进行最大似然估计,使用 SAR 模型和 SEM 模型的估计结果相似,SAR 模型的对数似然函数估计值是 209.3862,SEM 模型的对数似然函数估计值是 206.4211,得到的估计值结果相近,SAR 模型的估计效果略优于 SEM 模型,所以本节选择 SAR 模型。

利用 Hausman 检验,确定是随机效应模型还是固定效应模型。Hausman 检验的结果为 P 值 = 0.0034 拒绝原假设,选择固定效应模型,基于以上分析,所以本节选择固定效应的 SAR 模型,分析结果如表 5 - 9 所示。

表 5 - 9   SAR、SEM 模型回归结果

变量	SAR 模型		SEM 模型	
	lnagdp		lnagdp	
lngllc	0.0474*** [0.0700]		lngllc	0.0292*** [0.0815]
lnkyl	0.00656* [0.0372]		lnkyl	0.0111* [0.0399]
Lnhyl	0.0409* [0.0510]		lnhyl	-0.0631* [0.0643]

续表

变量	SAR 模型		SEM 模型	
	lnagdp			lnagdp
lnjttz	0.0380 *** [0.0288]	lnjttz		0.0314 *** [0.0313]
lnjtzc	0.0273 [0.0167]	lnjtzc		0.0378 [0.0238]
lncyrk	−0.0658 [0.0435]	lncyrk		−0.0565 [0.0430]
Spatial rho	0.743 *** [0.0804]	Spatial lambda		0.891 *** [0.0366]
Variance sigma2_e	0.0222 *** [0.0015]	Variance sigma2_e		0.0221 *** [0.0015]
Log – likelihood	209.3862	Log – likelihood		206.4211
N	440	N		440
Mod	FE	Mod		FE

注：括号内为统计量；rho 是被解释变量的空间相关系数；sigma2_e 是误差项的标准差；*** 表示在1%的置信区间内显著。

从结果来看，交通基础设施变量：公路里程、公路客运量、公路货运量对县域经济的回归系数都是显著为正的，在1%的置信区间内显著，表明交通基础设施对县域经济的发展有正向影响。

交通投资的回归系数为0.0380，在1%的显著性水平下显著，表明交通投资对县域经济增长起明显的促进作用。

政府交通支出的系数为0.0273但不显著，表明交通支出对经济增长作用效果不明显。

第三产业从业人口的回归系数为-0.0658且不显著，对县域经济的增长作用不明显。

（四）空间溢出效应分解

表5-10给出了县域经济发展影响因素的空间溢出效应分解。公路里程、公路客运量和交通支出的间接效应显著，均为负数，对其他地区的经济增长产生了抑制作用，这可能与一部分县域地区发展势头好，从而把周围县域的某部分产能吸引到本地区有关，造成资金流动的不平衡，影响到其他县域发展。交通投资的溢出效应均显著，且间接效应显著为负，表明本地交通投资可能对其

他地区的经济发展产生抑制作用。交通财政支出和第三产业从业人口的溢出效应并不显著,说明空间溢出效应不明显。

表5-10　　　　　　　　SAR模型溢出效应分解

变量	直接效应	间接效应	总效应
lngllc	0.0570 *** [0.0790]	-0.0277 *** [0.0377]	0.0293 *** [0.0446]
lnkyl	0.0164 * [0.0329]	-0.00697 * [0.0153]	0.00941 * [0.0193]
lnhyl	-0.0873 ** [0.0582]	0.0391 * [0.0301]	-0.0482 * [0.0333]
lnjttz	0.0238 *** [0.0340]	-0.0104 * [0.0159]	0.0134 *** [0.0194]
Lnjtzc	0.0230 [0.0268]	-0.0100 [0.0122]	0.0130 [0.0166]
lncyrk	-0.0547 [0.0416]	0.0252 [0.0230]	-0.0294 [0.0233]

注:括号内为统计量;rho是被解释变量的空间相关系数;sigma2_e是误差项的标准差;*、**、*** 表示在10%、5%、1%的置信区间内显著。

四、结论和建议

1. 从近5年交通基础设施对贵州省县域经济增长的分析结果表明,现阶段,贵州省交通基础设施投资对贵州省县域经济增长具有正向作用,增加交通投资有利于县域经济增长。

2. 本地交通基础设施的改善不仅可以促进本县域经济发展,还可促进相邻县域经济发展。各级政府应加大交通基础设施建设力度、增加交通基础设施存量、扩大交通基础设施覆盖面积以及提高交通基础设施客运量和货运量都能够显著推动贵州省经济的增长。

3. 贵州省县域内交通基础设施投资量逐年递增,但是交通基础设施密度却出现明显的分布不均匀,有可能带来空间溢出负效应,针对可能出现的这种情况,交通运输部门应起到了推动作用。在经济发达、人口密集的中心区域建成高效的综合交通运输枢纽,其他经济相对欠发达的区域应量力而行进行交通设施布局建设,逐步提高交通基础设施投资额和产业人员服务质量。

4. 加强对劳动力提高资本投资效率,优化劳动力和资本生产要素的空间配置效率。交通运输部门加强从业人口的技术化培训,政府还需要积极调动从业人口生产积极性,增强第三产业中各行业领域的人才吸引力。同时合理推动城市化建设,加快城乡一体化进程,搞好城市建设有助于完善第三产业所需的软硬件。

5. 加强对少数民族县域的扶持。应加速少数民族地区市场化进程,积极促成县域间进行广泛合作,加强交流,不设门槛。

6. 在保证贵州省整体经济发展的同时,要努力减小县域内部的经济差异。此外,还应加大县域间,尤其是发展较好的县域和相对落后的县域间的交流合作,降低各县间经济发展的差距,促进贵州省县域经济高效协调发展。发挥优势地区对周围县域的辐射和带动作用,防止县域间差距扩大,有助于加快产业在整个区域内的扩散式发展。不能顾此失彼,当地政府和行业人员在利用自身优势加快发展的同时应重视与周围区域的交流合作,使全省实现整体共同发展,而不是只有部分区域发展,其他区域却停滞不前。

综上所述,贵州省应该继续响应国家号召,进一步推进县域经济的稳定、协调发展,省和市对县级政府的考核应以县域经济发展的"质"为重点,进一步完善交通基础设施建设。

第六章

"弯道取直"迈上后发赶超的经济增速之路

2020年是贵州发展史上极为特殊、极其艰难、极不平凡的一年,新冠肺炎疫情肆虐全球,全球经济发展处于停滞,这场"战役"时刻考验着泱泱大国,习近平总书记强调"面对突如其来的严重疫情,我们统筹兼顾、协调推进,经济发展稳定转好,生产生活秩序稳步恢复。"贵州经受住了多重严峻考验,取得了疫情防控、防汛救灾、脱贫攻坚、农村产业革命、经济社会发展系列重大成果,交出了战贫、战疫、战灾的满意答卷,是全国经济恢复高质量发展的成功"缩影"。

第一节 贵州经济发展之大趋势

习近平总书记在2015年贵州调研时强调,看清形势适应趋势发挥优势,善于运用辩证思维谋划发展,习总书记指出,适应新常态、把握新常态、引领新常态,是当前和今后一个时期我国经济发展的大逻辑。要深刻认识我国经济发展新特点新要求,着力解决制约经济持续健康发展的重大问题。要大力推进经济结构性战略调整,把创新放在更加突出的位置,继续深化改革开放,为经济持续健康发展提供强大动力。要加快发展特色高效农业,加快培育新型农业经营主体,加快推进美丽乡村建设,促进城乡基本公共服务均等化、基础设施联通化、居民收入均衡化、要素配置合理化、产业发展融合化。要正确处理发展和生态环境保护的关系,在生态文明建设体制机制改革方面先行先试,要扎扎实实地把计划落实到行动上,实现发展和生态环境保护协同推进,守住发展和生态两条底线，这不仅是对贵州经济社会发展的明确要求，也是对全国各地的殷切希望。而"十四五"时期是我国在全面建成小康社会、实现第一个百年奋斗目标之后，乘势而上开启全面建设社会主义现代化国家新征程、向第二个百年奋斗目标进军的第一个五年。贵州全省一盘棋、上下一条心，有效应对各方面冲击，坚持一刻不能停、一步不能错、一天不能耽误，超常规、全日制、高质量推进各项工作，在战贫、战疫、战灾大战中经受住了种种考验，赢得了多个重大胜利，为确保高质量、打好收官战奠定了坚实基础。其中农村产业革命取得重大突破，12个农业特色优势产业表现得尤为突出，农业增加值增长5.5%，增速继续位居全国前列，为稳增长、拓就业、保增收、惠民生、助推食品工业发展和一二三产融合、促进高质量脱贫发挥了重要作用。十大工业产业加快发展，服务业创新发展十大工程加快实施。大数据与实体经济深度融合，实施数字经济发展"六个重大突破"行动，数字经济增速连续5年居全国第一位，围绕服务高质量发展扩大投资促进消费。

党的十八大以来，习近平总书记以马克思主义政治家、思想家的深刻洞察力、敏锐判断力、理论创造力，提出了一系列具有开创性意义的新理念新思想新战略，推动改革开放和社会主义现代化建设实现历史性变革、取得历史性成就，在实践中形成和不断丰富发展了习近平新时代中国特色社会主义经济思想，为做好发展改革工作提供了根本遵循[1]。《中共中央关于制定国民经济和社会发展第十四个五年规划和二〇三五年远景目标的建议》中明确提出了"十四五"时期我国经济社会发展的主要目标，即：经济发展取得新成效、改革开放迈出新步伐、社会文明程度得到新提高、生产文明建设实现新进步、民生福祉达到新水平、国家治理效能得到新提升，"六新"目标内涵非常丰富，涉及经济、社会、文化、生态等各个领域，涵盖经济社会发展工作全局，关系经济社会发展各个方面，顺应了在新发展阶段贯彻新发展理念、实现高质量发展、构建新发展格局的要求，充分体现了党中央坚如磐石的战略定力和与时俱进的战略智慧[2]。

从国内来看，我国全面建成小康社会"两个一百年"奋斗目标的第一个百年目标即将实现，将步入全面建设社会主义现代化国家的新阶段，向第二个百

---

[1] 何立峰. 学习贯彻习近平新时代中国特色社会主义经济思想做好"十四五"规划编制和发展改革工作［J］. 宏观经济管理，2020（10）：1-3.

[2] 《中共中央关于制定国民经济和社会发展第十四个五年规划和二〇三五年远景目标的建议》。

年奋斗目标进军。我国经济基本面更稳，内需将成为我国经济行稳致远的主要引擎；市场增量更大，消费规模将进一步扩大，消费结构将进一步优化；创新引领动能更强，新产业、新业态、新模式等经济形态不断涌现，科技创新支持力度空前。综合考虑以上重要因素和发展规律，我国仍将处于并将长期处于重要的战略机遇期。

（一）各区域统筹协作，走向阳路，赏丰收景

贵州是国酒茅台之乡，在仁怀名酒工业园区，各家酒坊厂区制曲、生产、包装、转运等有条不紊地进行着，疫情以来，随着生产活动的快速回复，茅台酒厂上下切实落实走进酒坊，收集问题，解决难题，在短时间内让茅台酒厂恢复以往的向荣景象。遵义市仁怀名酒工业园区管委会副主任说："党的十九届五中全会精神为我们发展指明了方向。我们将以全会精神为指引，扎实开展干部包保企业工作，加大干部挂帮企业力度，深入开展'千企改造'工程，服务好企业，服务好群众，推动经济高质量发展。"①

普定县猴场乡通过党建引领、发展产业等系列措施，全乡2379户贫困户、9028人贫困人口全部实现脱贫。该乡党委书记陈云兵表示："我们将继续抓好特色产业发展，不断扩大辣椒、白萝卜等无公害蔬菜的种植规模，推动绿色发展，持续拓展巩固脱贫成效，全面推进乡村振兴②。"

清镇市卫城镇党委书记陈常林表示："卫城镇将深入学习贯彻落实党的十九届五中全会精神，永葆'闯'的精神、'创'的劲头、'干'的作风，确保高标准建设清镇城市副中心，高水平发展清镇西区产业新城，高质量打造清镇市域空间城乡融合轴关键节点和清镇西区产业新城核心引擎区，实现经济发展行稳致远。"③

（二）经济产业多样化，发展优势产业

贵州省基于优越的自然条件，为核桃产业发展提供了广阔的空间，现核桃已成为我国主要的核桃产区。虽然贵州省核桃的知名度还比较低，家喻户晓的品牌几乎没有④。基于对自然资源、扶贫产业等情况的调研，确定核桃产业为贵州省产业化扶贫主要项目之一。随着国内外核桃需求量的不断增加，核

---

①②③ 《贵州省广大干部群众深入学习贯彻落实党的十九届五中全会精神》。
④ 牟秋菊. 贵州省核桃产业化发展现状与对策探析 [J]. 南方农村，2017, 33 (04): 10 – 14.

桃产业必将成为贵州省贫困群众稳定脱贫的重要支柱产业。着力发展规模化核桃产业，打造核桃大省，可为进一步提升和巩固贵州省脱贫攻坚效果起到助力作用。赫章作为国家级贫困县，核桃产业是该地区扶贫产业之首，该产业种植经济发展缓慢，急需稳步提升其种植和加工的经济发展进程。贵州所有县市均种植核桃，截至2019年年初，种植面积和产量均以毕节地区为首，县累计种植核桃110666公顷，挂果比例21333公顷，核桃产量3.84万吨；建设优质核桃采穗圃173公顷，初建国家核桃基地667公顷，为核桃生产基地建设提供了真实、可靠的良种穗条和种苗保障[①]。

贵州省是我国典型山地旅游业大省，依靠天然的自然风光，截至2020年，贵州省共有5A级旅游景区7个，4A级旅游景区113个，少数民族文化多样化，各市州都具有不同的风土人情，2007年，贵州省会城市贵阳更是斩获"中国避暑之都"牌匾。其夏季更是以"爽爽的贵阳"吸引着来自各地的游客，因此，旅游业一直是贵州省经济发展的支柱性产业。红色旅游圣地——遵义会议会址；世界最大的单口径球面射电望远镜，中国综合国力的完美体现——平塘天眼景区；享有"中华第一瀑"之盛誉——黄果树大瀑布；等等，旅游产业的发展连带相关经济也迅速发展起来。据数据统计，2018年贵州省旅游总收入为9471.03亿元，2019年贵州省旅游总收入为12321.81亿元，占地区生产总值的比重73.48%。随着人们生活水平的提高，消费理念也发生着格局式变化，越来越多的人的消费方式更加大众化、社会化，这无疑对贵州省经济增长来说，具有更广阔的发展空间。

第二节 贵州省经济增长质量测度与演进分析

基于前人的研究，本节以2003~2018年贵州省各地级市的面板数据为研究样本，对贵州省经济高质量发展进行综合评价，并对其经济增长质量进行动态演进分析，在此基础上进一步运用耦合协调度模型对经济增长质量各子系统间的耦合协调性进行分析。

---

① 孙超、郭亚慧、王梦宇、淡智鹏：《贵州核桃产业发展现状与策略：以赫章县为例》，载《贵州农业科学》，2020年第10期，第165–167页。

一、经济增长质量的指标体系构建

在经济新常态下,盲目地追求高速度、低质量的粗放型经济已经难以为继。当前经济增长水平的适当调整,要求有效率、有效益或高效率、高效益的经济增长,即强调经济增长质量,彰显的是依靠提高要素的质量和利用效率达到提高产出的目的。经济高质量发展也是当前我国经济发展的目标。本章认为经济增长质量是一个系统性的综合概念,仅仅从经济增长效率和劳动生产率方面来测度还不够。笔者借鉴冯伟(2019)①、李萍(2016)② 等人的做法,从多个维度对经济增长质量进行综合评价。本章主要参考李萍(2016)对经济增长质量测度的方式从经济增长水平质量、经济增长过程质量以及经济增长方式质量三个准则层累积11个指标对经济增长质量进行指标体系的构建。表6-1披露了各指标的量化方式。

表6-1 经济增长质量的指标体系

目标层	准则层	分项指标	指标层	权重
经济增长质量	经济增长水平质量	产出水平	人均GDP(+)	0.1676
		福利水平	人均城市道路面积(+)	0.1395
			人均公园绿地面积(+)	0.1389
	经济增长过程质量	稳定性	产出波动率(-)	0.0373
			价格波动率(-)	0.0445
		协调性	第三产业占GDP比重(+)	0.0522
			农村居民家庭恩格尔系数(-)	0.0358
			城镇居民家庭恩格尔系数(-)	0.0316
	经济增长方式质量	要素利用效率	资本生产率(+)	0.1741
			劳动生产率(+)	0.1310
			全要素生产率(+)	0.0475

注:表中原始指标的数据来源于贵州省统计局和国家统计局。

---

① 冯伟、苏娅:《财政分权、政府竞争和中国经济增长质量:基于政治经济学的分析框架》,载《宏观质量研究》2019年第4期,第33-47页。

② 李萍、冯梦黎:《利率市场化对我国经济增长质量的影响:一个新的解释思路》,载《经济评论》,2016年第2期,第74-84页。

表 6-1 中经济增长水平质量指标主要涵盖了产出水平和福利水平两个方面，且产出水平和福利水平越高，经济增长水平质量越高。其中产出水平本章采用地级市人均 GDP（X1）进行量化，福利水平指标采用人均城市道路面积（X2）、人均公园绿地面积（X3）进行量化。经济增长过程质量由经济增长的稳定性和协调性构成，经济稳定性指标采用产出波动率（X4）即本年经济增长率/上一年经济增长率和价格波动率（X5），即当年物价消费指数/上年物价消费指数，产出波动率与价格波动率越低说明经济增长越稳定。经济增长的协调性包括产业优化程度和农村和城镇居民家庭消费结构，产业优化程度指标采用第三产业增加值占 GDP 的比重（X6）进行量化，消费结构指标采用恩格尔系数，即家庭食品消费支出占总消费支出的比重进行量化。农村居民家庭恩格尔系数（X7）和城镇居民家庭恩格尔系数（X8）的下降意味着家庭消费结构的升级。经济增长方式质量主要体现于要素的利用效率，笔者采用资本生产率（X9）即 GDP/全社会固定资产投资、劳动生产率（X10），即 GDP/就业人数和全要素生产率（X11）进行量化，X9、X10、X11 越高意味着要素的利用效率越高。

本章全要素生产率借鉴李元旭（2019）[①]、刘瑞翔（2018）和蔡昉（2013）[②] 的做法采用 DEA – Malquist 指数分解模型对贵州省各地区全要素生产率进行测量。该方法为非参数法，优势之一在于不需要给定生产函数，需要明确投入和产出指标即可。产出指标笔者选取的是 2003~2018 年贵州省各地区剔除物价后的 GDP；产出指标笔者借鉴前人的做法选取了资本投入和劳动投入。资本投入指标采用永续盘存法进行测度，具体计算公式如下：

$$K_t = \frac{I_t}{P_t} + (1-\delta)K_{t-1} \tag{6.1}$$

其中，K 为资本存量，I 为固定资本形成总额，P 为平减指数，δ 为折旧率，借鉴借鉴李元旭（2019）、冯伟（2019）、刘瑞翔（2018）和单豪杰（2008）的做法，δ 设定为 10.96%。

本章采用 2002 年固定资本形成总额比折旧率与样本期间固定资本形成总额平均增长率之和作为基期资本存量。劳动投入本章采用各省区市就业人数进

[①] 李亚波、李元旭：《美国经济政策不确定性与中国海外并购》，载《经济问题探索》，2019 年第 1 期，第 106–118 页。

[②] 蔡昉：《中国经济增长如何转向全要素生产率驱动型》，载《中国社会科学》，2013 年第 1 期，第 56–71 页，第 206 页。

行量化。确定投入、产出指标以后,笔者借助 Deap2.1 软件得到全要素生产率指数,图6-1为STATA 15.1软件绘制的贵州省各地区全要素生产率指数的趋势图。

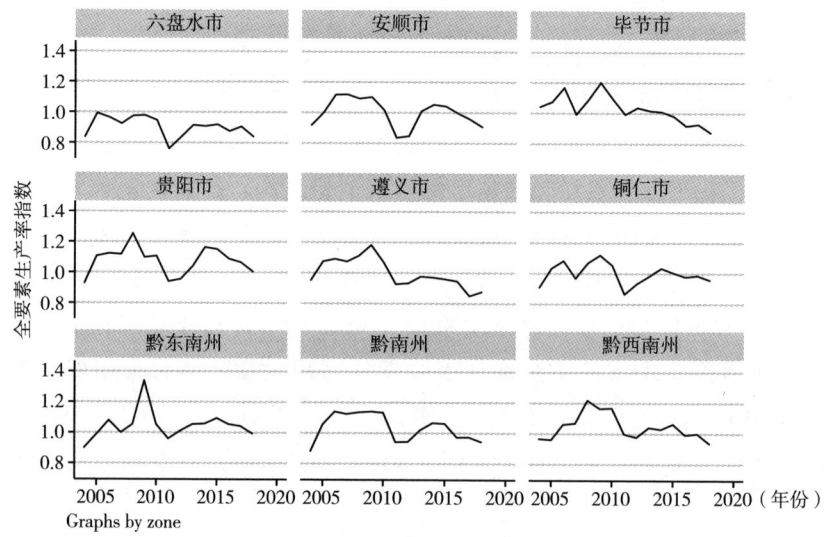

图6-1 全要素生产率指数变动趋势

由图6-1可知,贵州省各地区样本期间内全要素生产率指数均呈现明显的波动,且呈现下滑的趋势。由于 Malmqusit 指数分解得到的全要素生产率为环比指数,揭示的是样本跨期的生产率变化,结合图6-1可知,数值稳定在1.0左右,不是稳定增长的绝对数。因此,笔者借鉴李元旭(2019)的做法将原始的TFP指数进行连乘处理,即以2003年的指数为1,以后年份的全要素生产率以2003年为基期进行变换。因此,本章后续的全要素生产率均采用变换后的累积形式。

由于 Malmqusit 指数分解从 t+1 期开始,因此,本章着重介绍2004~2018年的全要素生产率。图6-2为贵州省9大地级市2004~2018年全要素生产率均值的变动趋势图。整个样本期间内,贵州省全要素生产率经历了四个过程,即2004~2010年的快速上扬,2011~2012的快速下滑,2013~2015年的徐徐上升,以及2016~2018年的微微下行。但是从整体来看,贵州省全要素生产率呈现上升的趋势。

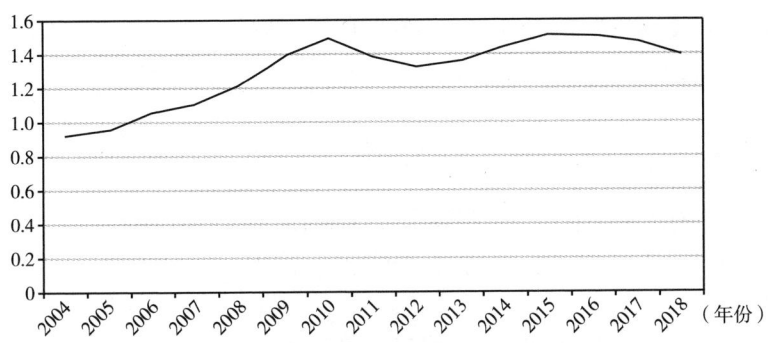

图 6-2　贵州省 2004~2018 年全要素生产率趋势

二、经济增长质量测度方法介绍

现有文献主要采用主观赋权或客观赋权法给各指标赋予权重,主观赋权法常用的是层次分析法,客观赋权法常用的是主成分分析法和熵值法。本章主要借鉴李萍、冯梦黎(2016)的做法,采用熵值法进行经济增长质量的测算,该方法既可以避免主观因素的影响,又可以保留变量的所有信息。

为避免量纲的影响,首先对各指标进行标准化处理,本章采用规范化方法,对原始数据进行线性变换,使结果映射到[0,1]之间。对于正向指标和负向指标的标准化公式如下:

$$U_{ij} = \frac{X_{ij} - \min[x_j]}{\max[x_j] - \min[x_j]} \times 100 (i=1,2,\cdots,m; j=1,2,\cdots,n) \quad (6.2)$$

$$U_{ij} = \frac{\max[x_j] - x_{ij}}{\max[x_j] - \min[x_j]} \times 100 (i=1,2,\cdots,m; j=1,2,\cdots,n) \quad (6.3)$$

其中,模型(6.1)为正向指标处理方法,U_{ij}越大越优;模型(6.2)为负向指标处理方法,U_{ij}越小越优。U_{ij}为标准化的值,X_{ij}为第 i 年第 j 项指标的原始值;m 为年数,n 为评价指标个数。

其次,计算第 j 项指标的信息熵:

$$P_{ij} = \frac{U_{ij}}{\sum_{i=1}^{m} U_{ij}} \quad (6.4)$$

$$E_{ij} = -K \sum_{i=1}^{m} P_{ij} \ln P_{ij} (i=1,2,\cdots,m; j=1,2,\cdots,n) \quad (6.5)$$

$$K = 1/\ln(m)$$

再次，根据式（6.4）依次计算各指标的信息熵，然后依据式（6.6）计算各指标的权重：

$$W_j = \frac{1 - E_j}{\sum_{j=1}^{n}(1 - E_j)} (j = 1, 2, \cdots, n) \tag{6.6}$$

最后，根据公式（6.7）得到综合计算结果：

$$S_{ij} = W_j \times U_{ij} (i = 1, 2, \cdots, m; j = 1, 2, \cdots, n) \tag{6.7}$$

三、经济增长质量的测算结果分析

根据前面介绍的方法借助 EView 8.0 软件可以得到贵州省 2004~2018 年各地区经济增长质量的测算结果见表 6-2。

表 6-2　　　　　贵州省 2004~2018 年经济增长质量综合得分

年份	安顺	毕节	贵阳	六盘水	黔东南	黔南	黔西南	铜仁	遵义
2004	0.2311	0.1875	0.2149	0.1496	0.1247	0.2374	0.2027	0.1455	0.1862
2005	0.2769	0.2525	0.2392	0.2080	0.1727	0.2802	0.2163	0.1879	0.2079
2006	0.2523	0.3343	0.2629	0.2263	0.1947	0.2744	0.2582	0.2411	0.2892
2007	0.2177	0.3314	0.2634	0.2003	0.1867	0.2526	0.2436	0.2682	0.2808
2008	0.2444	0.3082	0.2507	0.2550	0.1839	0.2504	0.2130	0.2066	0.2380
2009	0.2524	0.3691	0.3141	0.2919	0.2622	0.3050	0.2979	0.2516	0.2940
2010	0.2362	0.2838	0.3199	0.2878	0.2294	0.2529	0.2787	0.2649	0.2852
2011	0.1820	0.2724	0.2833	0.2664	0.1860	0.2427	0.2361	0.2301	0.2706
2012	0.2114	0.3264	0.3513	0.2768	0.2302	0.2896	0.2661	0.2418	0.3054
2013	0.2538	0.4053	0.4457	0.3423	0.2796	0.3452	0.3059	0.2715	0.3590
2014	0.2712	0.4468	0.4626	0.4628	0.2949	0.3961	0.3809	0.3158	0.3999
2015	0.3621	0.4690	0.4766	0.4817	0.3483	0.4223	0.4170	0.3647	0.4332
2016	0.4889	0.4760	0.4921	0.4543	0.4505	0.4376	0.4250	0.3653	0.4931
2017	0.5199	0.4409	0.5281	0.4972	0.4520	0.4290	0.4564	0.3682	0.5312
2018	0.5202	0.3856	0.5182	0.5429	0.4742	0.4439	0.5220	0.4333	0.5625

结合表 6-2 和图 6-3 可知，样本期间内贵州省各地区经济增长质量均呈现上升的趋势。2004~2011 年贵州省各地区经济增长质量增速较缓，2012 年开始经济增长质量得到显著提高。且 2012 年开始作为贵州省会的贵阳和革命

老区遵义经济增长质量表现得较为突出。整个样本期间内贵州省经济增长质量呈现明显的波动。从表6-2来看，贵州省各地区经济增长质量得分最高为0.5625（2018年遵义市），说明贵州省经济增长质量水平仍然存在较大的上升空间，并且各地区经济增长质量水平呈现较大的差异。

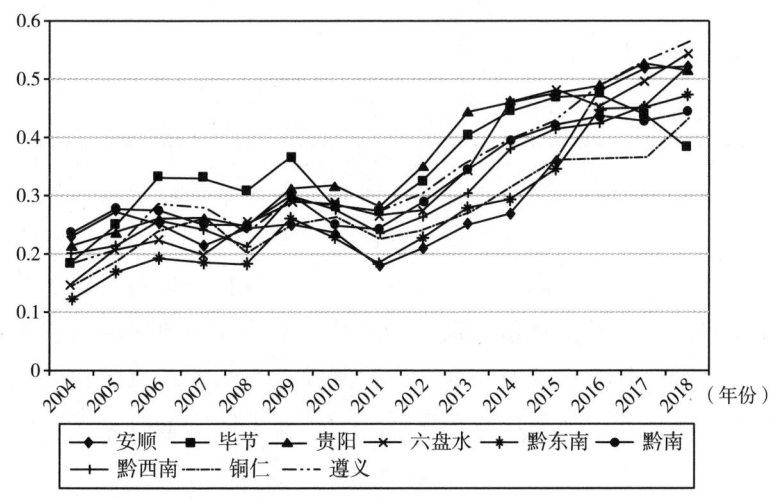

图6-3　2004~2018年贵州省各地区经济增长质量趋势

四、贵州省经济增长质量地区差异分析

本章分别计算了经济增长质量以及三个准则层，即经济增长水平质量、经济增长过程质量、经济增长方式质量的得分，并将2004~2018年贵州省各地区上述得分的均值披露于表6-3中，并对各区的经济增长质量的差异性进行比较分析。

表6-3　　贵州省各区经济增长质量得分均值排序

地区	经济增长质量	经济增长水平质量	经济增长过程质量	经济增长方式质量	排序
六盘水	0.3296	0.1441	0.0737	0.1117	4
安顺	0.3014	0.1054	0.0859	0.1101	7
毕节	0.3526	0.1503	0.0856	0.1167	2
贵阳	0.3615	0.1809	0.1127	0.0679	1

续表

地区	经济增长质量	经济增长水平质量	经济增长过程质量	经济增长方式质量	排序
遵义	0.3424	0.1210	0.0985	0.1229	3
铜仁	0.2771	0.0791	0.0987	0.0993	8
黔东南	0.2713	0.1020	0.0902	0.0791	9
黔南	0.3239	0.1215	0.0956	0.1068	5
黔西南	0.3147	0.1055	0.0975	0.1117	6

结合表6-1和表6-3可知，经济增长水平质量的权重相对最高，其次是经济增长方式质量，而经济增长过程质量权重相对最低。通过经济增长质量得分均值排序可知，贵阳、毕节以及遵义经济增长质量相对较高，而铜仁和黔东南地区经济增长质量相对最低，并且与其他6个地区相差较大，主要原因在于上述两个地区经济增长水平质量和经济增长方式质量相对较低，说明铜仁市和黔东南州要素利用效率较低，仍然处于低质量的粗放型经济增长阶段。

五、贵州省经济增长质量的演进分析

本章进一步对2004~2018年贵州省9大地区历年经济增长质量及三个准则层得分的均值绘制了图6-4。从图6-4来看，贵州省经济增长质量呈现上升

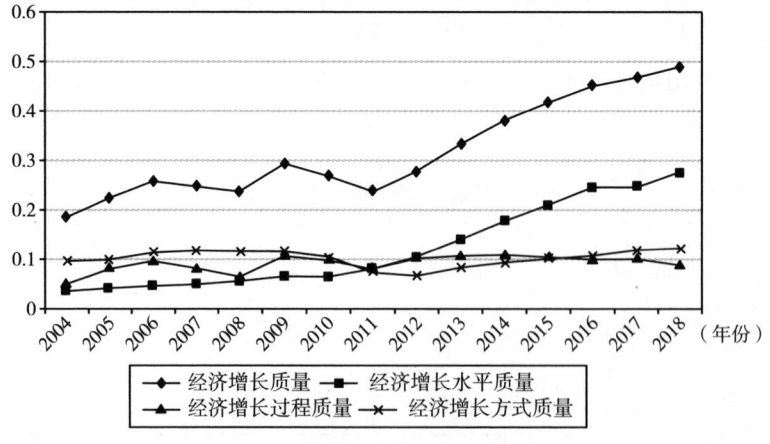

图6-4 贵州省经济增长质量变动趋势

趋势，尤其是 2011 年以后呈现快速上扬的态势。从准则层来看，经济增长水平质量与经济增长质量呈现一定的趋势协调性。经济增长方式质量和经济增长过程质量在样本期间内呈现微弱的变化，尤其是经济增长过程质量似乎呈现微微下行趋势，说明要想加快贵州省经济增长质量的步伐必须提高经济增长过程质量以及经济增长方式质量水平。

六、经济增长质量子系统间的耦合协调分析

根据前面的分析，贵州省经济增长质量水平目前仍然偏低，而经济增长质量的三个子系统，即经济增长水平质量、经济增长过程质量和经济增长水平质量会相互影响，因此，三个子系统的相互协调发展才能更好地促进经济增长质量的快速提升。

本章借鉴前人的做法，采用耦合协调度对四个子系统耦合协调度进行测算。根据现有耦合度函数，经济增长质量三个子系统的耦合协调函数为：

$$C = \left[\frac{u_1 \times u_2 \times u_3}{\prod (u_i + u_j)} \right]^{1/3} \tag{6.8}$$

其中，i = 1、2、3、4；j = 1、2、3；$C \in [0, 1]$；u_1、u_2、u_3 为 3 个子系统，C 越大，说明 3 个子系统之间的耦合强度越大，即三者之间的相互作用越强。

式（6.8）虽然可以计算 3 个准则层的耦合强度，但不能反映 3 个子系统的耦合协调水平。即使 u_1、u_2、u_3 均比较小，仍然可以得到较高的耦合度，但经济增长质量的 3 个子系统是不协调的。因此，需要对该模型进一步改进，得到式（6.9）的耦合协调模型，该模型不仅能反映系统之间的耦合强度，还可以反映协调水平的高低。具体模型如下所示：

$$D = \sqrt{C \times T}, \quad T = au_1 + bu_2 + cu_3 \tag{6.9}$$

其中，D 为耦合协调度，C 为耦合度，T 为 3 个子系统的综合指数，反映了三者的整体效益水平。a、b、c 为待定参数，且满足 a + b + c = 1，根据前面的权重，本节认为经济增长水平质量和经济增长方式质量的重要程度高于经济增长过程质量，因此，取 a = c = 0.4，b = 0.2。耦合协调度越大，说明系统协调发展水平越高。表 6 - 4 披露了贵州省经济增长质量子系统间的耦合协调度计算结果。

表 6-4　　　　　　　经济增长质量子系统间的耦合协调度

年份	u_1	u_2	u_3	C	D
2004	0.037	0.053	0.097	0.449	0.167
2005	0.041	0.085	0.101	0.450	0.180
2006	0.046	0.096	0.117	0.453	0.195
2007	0.050	0.082	0.118	0.458	0.195
2008	0.056	0.066	0.116	0.468	0.195
2009	0.066	0.109	0.118	0.473	0.212
2010	0.066	0.101	0.104	0.477	0.205
2011	0.082	0.083	0.076	0.492	0.198
2012	0.106	0.103	0.069	0.485	0.208
2013	0.142	0.108	0.084	0.485	0.232
2014	0.178	0.111	0.092	0.482	0.249
2015	0.210	0.107	0.102	0.476	0.263
2016	0.245	0.100	0.109	0.465	0.273
2017	0.249	0.103	0.118	0.466	0.278
2018	0.276	0.090	0.123	0.456	0.284

由表 6-4 可知，2004~2018 年经济增长质量子系统之间的耦合度呈现先上升后下滑的趋势，整个样本期间各子系统间的耦合度变动比较缓慢，耦合度均围绕在 0.45~0.50 范围内波动。样本期间内经济增长质量 3 个准则层的耦合协调度呈现上扬趋势，但是变动比较缓慢，且耦合协调度偏低，说明经济增长水平质量、经济增长过程质量以及经济增长方式质量直接未呈现协调发展，因此，要想打造贵州省高效益、高效率、高质量的经济增长模式，除了前面提到的提高经济增长水平质量尤其是经济增长过程质量和经济增长方式质量外，还必须实现经济增长水平质量、过程质量以及方式质量的协调发展。

第三节　政府规模与经济高质量发展
　　　　　——基于中国式分权的视角

党的十九大报告指出："我国经济已由高速增长阶段转向高质量发展阶段。"由经济高速增长向高质量发展转变是体制改革和机制转换的过程。驱动创新在促进经济高质量发展进程中政府扮演了重要的角色。本节基于中国式分权制度的视角,以 2004~2018 年贵州省 9 大地级市的面板数据为研究样本,对政府规模与经济高质量发展的关系进行实证研究,并进一步对政府规模影响经济高质量发展的机制进行探究,最后从内生性视角对模型的稳健性进行检验。

一、模型设定与说明

本节通过构建以经济增长质量为被解释变量、政府规模为核心解释变量的面板数据多元线性回归对政府规模与贵州省经济高质量发展的关系进行实证研究,具体模型设定如下:

$$EQU_{it} = \alpha_0 + \alpha_1 GOV_{it} + \alpha_2 APAT_{it} + \alpha_3 OPEN_{it} + \alpha_4 EDU_{it} + \alpha_5 INFR_{it} + \alpha_6 POPG_{it} + \mu_i + v_t + \varepsilon_{it} \tag{6.10}$$

其中,i 表示贵州省 9 个地级市,t 表示样本期间。EQU 为被解释变量经济高质量发展,GOV 为核心解释变量政府规模。本节首先就政府规模对经济增长质量(EQUA)的影响进行检验,进一步检验 GOV 对经济增长质量的三个准则层即经济增长水平质量(ELQU)、经济增长过程质量(EPQU)以及经济增长方式质量(EWQU)的影响差异。为了控制其他因素对研究的影响,本节借鉴前人做法选取了一系列的控制变量纳入模型,主要包括科技创新水平、经济开放水平、教育支出水平、基础设施水平以及人口自然增长率等。μ_i 为不可观测的,不随时间变化的个体异质性,v_t 为时间效应,ε_{it} 为随机扰动项。

二、变量选取与数据说明

(一) 高质量发展

现有文献对经济高质量发展的量化大多采用单一指标,如全要素生产率、劳动生产率等。笔者与多数文献的观点一致,经济高质量发展不单单涵盖经济增长的效率,而是一个系统性的综合概念,因此就经济增长水平质量、经济增长过程质量以及经济增长方式质量三个维度从经济增长的成果与福利分配、经济增长的稳定与协调性以及经济增长效率的层面对经济高质量发展进行量化。因此,笔者采用前面构建的经济增长质量综合指数对经济高质量发展进行量化。

(二) 政府规模

政府规模反映了政府在经济活动中的扩张程度和控制能力。现有文献大多采用财政支出进行量化，如预算内支出占GDP的比重、政府消费支出占GDP的比重等。基于数据的可得性，笔者借鉴李元旭（2019）的做法，采用地方政府一般预算支出占GDP的比重作为政府规模的度量。

（三）控制变量

为了控制其他因素对研究的影响，笔者借鉴前人的做法选取了科技创新水平、经济开放水平、教育支出水平、基础设施水平以及人口自然增长率等作为控制变量。推动技术创新是促进经济高质量发展的主要驱动力之一，笔者借鉴前人的做法并兼顾专利指标的通用性和易得性，采用每万人拥有的专利申请数量对科技创新水平进行量化。经济开放水平采用地区进出口贸易总额占GDP的比重进行量化，需要说明的是，由于进出口总额以美元为单位，笔者根据当年的汇率换算成人民币为单位。教育支出水平在一定程度上反映了地方的人力资本水平，本节采用地方教育支出占财政支出的比重对教育支出水平进行量化。基于数据的可得性，笔者采用人均城市道路面积对基础设施水平进行量化。通过人口自然增长率控制劳动要素来量化对高质量发展的影响。

本章的数据均来自贵州省统计局、国家统计局，并经过相应的整理得到。为了避免极端值对研究的影响，书中变量均进行了1%和99%的缩尾处理。表6-5披露了书中变量的数字特征的分析结果。

表6-5　　　　　　　　描述性分析结果

Variables	Obs.	Mean	Std.	Min	Max	Skew.	Kurt.
EQUA	135	0.319	0.105	0.145	0.543	0.546	2.152
ELQU	135	0.123	0.093	0.01	0.337	0.779	2.33
EPQU	135	0.093	0.021	0.039	0.135	-0.538	2.891
EWQU	135	0.103	0.034	0.054	0.188	0.671	2.682
GOV	135	0.279	0.092	0.126	0.507	0.351	2.276
APAT	135	2.895	4.757	0.023	28.355	3.292	16.067
OPEN	135	0.038	0.062	0	0.267	2.198	6.905
EDU	135	0.223	0.034	0.133	0.299	-0.011	2.756
INFR	135	8.692	3.681	4.318	20.21	1.091	3.768
POPG	135	-0.035	0.155	-0.366	0.436	0.096	3.129

表6-5披露了本节的样本量为2004~2018年贵州省9个地级市累积135个观察值。同时还披露了各变量的均值、标准差、最小值、最大值、偏度和峰

度信息。EQUA 的均值为 0.319，最大值与最小值分别为 0.543 和 0.145，体现了贵州省经济增长质量存在明显的地区差异。标准差可以反映变量的波动特征，偏度和峰度可以反映变量的正态性。

三、模型的筛选与共线性诊断

常用的面板数据回归有混合效应、固定效应以及随机效应三种类型，在进行面板数据回归之前需要对模型的类型进行筛选。通常采用 F 检验对选择混合效应还是固定效应进行判断，采用 Hausman 检验进行固定效应和随机效应的甄别。除此之外，还需要避免多重共线性对研究的影响，因此，有必要对模型进行共线性诊断。表 6-6 披露了 F 检验和 Hausman 检验的结果。

表 6-6   Hausman 检验与 F 检验

Hausman (1978) specification test	Coef.
Chi-square test value	34.49
P-value	0.0000
F test all $\mu_i = 0$	Coef
F test Value	5.57
P-value	0.0000

F 检验表明，个体之间的特征存在差异，因此拒绝了选择混合效应的原假设。Hausman 检验的统计量值为 34.49，其对应的 P 值小于 0.05，故应拒绝随机效应优于固定效应的原假设，因此应当选择个体固定效应。

本节采用方差膨胀因子（VIF）法对变量间是否存在多重共线性进行诊断，结果披露于表 6-7 中。从诊断结果来看，各变量的 VIF 值均小于 10，说明不存在严重的多重共线性。

表 6-7   多重共线性诊断结果

变量	VIF
OPEN	3.57
APAT	2.18
POPG	2.1
EDU	1.96
INFR	1.57
GOV	1.56

四、政府规模与经济高质量发展的回归结果分析

根据前面的检验可知,应采用固定效应对模型进行参数估计。由于本节的数据结构为截面短、时间序列长的长面板数据,为了避免截面同期相关、自相关性等对研究的影响,本节借助 STATA 15.1 软件采用 Driscoll 和 Kraay(1998)提出的 xtscc 命令进行固定效应的估计,该命令可以有效解决上述问题对研究的影响。同时,为了避免年度对研究的影响,笔者对模型采用个体和时间的双向固定效应模型,最终的参数估计结果整理至表 6-8 中。

表 6-8　　　　　　　　基准回归结果

变量	(1) 经济增长质量(EQUA)	(2) 经济增长水平质量(ELQU)	(3) 经济增长过程质量(EPQU)	(4) 经济增长方式质量(EWQU)
GOV	-0.1043* (-1.9368)	-0.2182*** (-5.6722)	0.0637** (2.7756)	-0.1684*** (-11.5199)
APAT	0.0027*** (4.0209)	0.0017*** (3.4059)	0.0009*** (6.4902)	0.0022*** (6.8109)
OPEN	-0.2867** (-3.2563)	-0.0256 (-1.0593)	-0.0401** (-3.3190)	-0.3336*** (-6.6005)
EDU	0.0391 (0.7062)	-0.1306* (-2.2812)	0.0187 (0.6145)	0.0763 (0.3807)
INFR	0.0097*** (5.7040)	0.0145*** (69.6523)	0.0003 (1.4438)	0.0008 (1.0896)
POPG	-0.0940*** (-4.2996)	-0.0324* (-1.9029)	0.0283*** (17.3762)	-0.0377 (-1.3214)
常数项	0.1467*** (5.2695)	0.0233 (1.4288)	0.0393*** (3.5417)	0.1272*** (3.7373)
年度效应	控制	控制	控制	控制
Obs.	135	135	135	135
R^2	0.9354	0.9817	0.8312	0.4050

T-values are in parenthesis

注:*** $p<0.01$,** $p<0.05$,* $p<0.1$。

表6-8第一列GOV的系数为-0.1043,对应的t统计量为1.9368,通过了10%显著性水平的检验,说明政府规模对经济增长质量呈现显著的抑制作用,这与冯伟(2019)、李旭(2019)等的研究结论一致。在此基础上,笔者通过对政府规模与经济增长质量的三个准则层的回归进一步剖析政府规模在经济高质量发展中的多重影响。第二列GOV的系数为-0.2182,并通过了1%显著性水平的检验,说明政府规模抑制了经济增长水平质量。第三列GOV的系数在5%显著性水平下为正,说明政府规模促进了经济增长过程质量。最后一列GOV的系数为-0.1684,并通过了显著性水平的检验,说明政府规模对经济增长方式质量呈现显著的负向影响。综合上述分析可知,从中国式分权的制度语境中不难看出,政府规模对贵州省经济高质量发展具有显著的抑制作用。1994年,中国进行了分税制改革,中央政府给地方政府下放了一定的财政权力,地方政府获得了地方经济发展的自由裁量权,焕发了地方经济增长的热情,为提高经济增长质量提供了内在激励,在本节中表现出对经济增长过程质量的提升。就政治竞争而言,中央政府和上级政府拥有对地方政府的任免权,地方政府官员为了在晋升锦标赛中脱颖而出,提高地方政府的政绩,致力于加快经济增长以增加晋升的砝码,他们会采取一系列不利于经济增长质量提升但是利于经济增长的举措,如以GDP替代居民偏好、过度消耗资源换取GDP、强化要素为特征的粗放型经济增长方式等,更有甚的是导致地方保护主义、掠夺性行为以及地方政府恶性竞争等恶果,进而抑制经济高质量发展。本节的实证表明,政府规模对经济高质量发展的抑制影响主要表现为对经济增长水平质量和经济增长方式质量的抑制作用。

五、稳健性检验

前面的基准回归表明,政府规模对贵州省经济高质量发展具有显著的抑制作用,为了检验模型的稳健性,笔者将政府规模的量化方式进行了一定的改变,采用政府一般公共服务支出占GDP的比重(GOV1)进行量化,并再次对基准模型进行估计。另外,由于可能存在遗漏相关变量等导致的内生性问题引起估计结果偏误,因此,笔者进一步通过工具变量(IV)对模型存在的内生性问题进行讨论,借鉴李琛(2019)的做法,选取政府规模和教育支出水平的滞后变量作为工具变量,运用二阶段最小二乘估计(2SLS)对基准回归进行稳健性检验。最终的估计结果整理至表6-9和表6-10中。

表 6-9　　　　　替换核心解释变量的稳健性检验结果

变量	(1) 经济增长质量（EQUA）	(2) 经济增长水平质量（ELQU）	(3) 经济增长过程质量（EPQU）	(4) 经济增长方式质量（EWQU）
GOV1	-1.2789*** (-4.1334)	-0.5476*** (-3.3868)	0.1002* (2.1860)	-0.8565*** (-4.8566)
APAT	0.0046** (3.2180)	0.0034*** (4.1257)	0.0017*** (4.4555)	-0.0005 (-0.6924)
OPEN	0.0458 (0.2638)	0.2337** (2.3242)	-0.0398 (-1.1911)	-0.1498 (-1.7968)
EDU	0.1949 (0.8097)	0.1159 (0.8593)	0.0288 (0.6625)	0.0353 (0.2084)
INFR	0.0083*** (10.6739)	0.0120*** (10.9820)	-0.0016*** (-6.1119)	-0.0022* (-2.2765)
POPG	-0.0333 (-0.7922)	0.0054 (0.2976)	0.0365*** (4.2678)	-0.0769*** (-3.8096)
常数项	0.1278 (1.8588)	-0.0537 (-1.4586)	0.0568*** (5.1855)	0.1284** (2.8978)
年度效应	控制	控制	控制	控制
Obs.	135	135	135	135
R^2	0.9130	0.9562	0.7499	0.5008

T-values are in parenthesis
注：*** $p<0.01$，** $p<0.05$，* $p<0.1$。

表 6-10　　　　　内生性问题稳健性检验结果

变量	(1) 经济增长质量（EQUA）	(2) 经济增长水平质量（ELQU）	(3) 经济增长过程质量（EPQU）	(4) 经济增长方式质量（EWQU）
GOV	-0.3136*** (-8.0544)	-0.2307** (-1.9643)	0.2453*** (2.7712)	-0.3909** (-2.0257)
APAT	0.0039*** (2.8371)	0.0016*** (2.7535)	0.0011*** (2.5779)	0.0025** (2.3608)

续表

变量	(1) 经济增长质量（EQUA）	(2) 经济增长水平质量（ELQU）	(3) 经济增长过程质量（EPQU）	(4) 经济增长方式质量（EWQU）
OPEN	-0.0298 (-0.2720)	-0.0225 (-0.3230)	-0.0452 (-0.8848)	-0.2208 (-1.6096)
EDU	0.3014* (1.7226)	-0.1668 (-1.3377)	0.1772* (1.8815)	-0.0083 (-0.0342)
INFR	0.0081*** (7.7470)	0.0145*** (21.0523)	0.0007 (1.5754)	-0.0020 (-1.5400)
POPG	-0.0143 (-0.3930)	-0.0355** (-2.2135)	0.0299** (2.0374)	-0.0306 (-0.9539)
Kleibergen-Paap rk LM statistic	41.330	54.024	22.364	21.183
P 值	0.000	0.000	0.000	0.000
Cragg-Donald Wald F statistic	37.678	41.610	34.688	27.858
Hansen J statistic	1.6444	2.833	0.277	2.522
P 值	0.1998	0.0924	0.5989	0.1122
年度效应	控制	控制	控制	控制
Obs.	126	126	126	126
R^2	0.9192	0.9809	0.7296	0.2872

注：解释变量的滞后期往往与当期解释办理相关，但与当期扰动项不相关，符合工具变量的条件。T-values are in parenthesis。*** $p<0.01$，** $p<0.05$，* $p<0.1$。

由表 6-10 可知，在 1% 的显著性水平下政府规模对经济增长质量的估计系数显著为负，说明政府规模对贵州省经济高质量发展具有显著的抑制作用，结合第 3~第 4 列的估计结果可知，政府规模对经济高质量发展的消极影响具体表现为对经济增长水平质量和经济增长方式质量的抑制。

表 6-10 为基准回归二阶段最小二乘法第二阶段的估计结果。四个方程中 Kleibergen-Paap rk LM statistic 的 p 值均小于 0.05，因此，拒绝了不可识别检验。Cragg-Donald Wald F statistic 的值均大于 15% 显著性水平下 Stock-Yogo weak ID 检验的临界值 11.59，说明四个方程均不存在弱工具变量问题。Hansen J 统计量的 p 值均大于 0.05，故接受了工具变量过度识别有效的假设，表明工具变量合理有效。从系数估计量来看，政府规模在方程（1）、方程（2）以及方程（4）中的系数估计量均显著为负，在方程（3）中系数估计量显著为正，与基准回归的估计结果基本一致。综合可知，基准模型具有一定的稳健性。

六、政府规模对经济高质量发展的影响机制研究

前面的实证检验了政府规模对经济高质量发展的影响，在基准模型的基础上，本节对政府规模抑制经济高质量发展的作用机制进行探究，笔者借鉴阮荣平（2014）、冯伟（2019）等的机制检验方法，基于新古典经济增长理论的劳动与资本两个基本要素，从人口增长效应、人力资本效应以及基础设施效应分别构建政府规模与人口增长率、教育支出水平以及基础设施水平的交互项对政府规模抑制经济高质量发展的影响机制进行探究。表 6-11 和表 6-12 报告了机制研究的回归结果。

表 6-11　　　　　　　　机制研究回归结果（一）

变量	(1)	(2)	(3)	(4)	(5)	(6)
	经济增长质量（EQUA）			经济增长水平质量（ELQU）		
GOV×POPG	-0.1987** (-2.4689)			-0.3404*** (-5.0158)		
GOV×EDU		0.3542 (0.2742)			0.4816 (0.9710)	
GOV×INFR			-0.0136** (-2.3952)			-0.0108*** (-3.5159)
GOV	-0.1099 (-1.1872)	-0.1731 (-0.5406)	-0.0179 (-0.2368)	-0.2278*** (-3.9548)	-0.3118* (-2.1161)	-0.1499* (-2.2845)
POPG	-0.0446 (-1.8204)	-0.0960*** (-3.8979)	-0.0856*** (-3.7101)	0.0522*** (4.3791)	-0.0350* (-2.1531)	-0.0258 (-1.7235)
EDU	0.0905 (0.8034)	-0.0444 (-0.1181)	0.0260 (0.2547)	-0.0427 (-0.6745)	-0.2442 (-1.7583)	-0.1410** (-2.4697)

续表

变量	(1)	(2)	(3)	(4)	(5)	(6)
	经济增长质量（EQUA）			经济增长水平质量（ELQU）		
INFR	0.0098*** (6.1322)	0.0097*** (6.2386)	0.0142*** (6.1210)	0.0147*** (40.6748)	0.0146*** (44.5203)	0.0181*** (15.8297)
APAT	0.0026* (1.8768)	0.0028* (2.0150)	0.0022 (1.5558)	0.0015* (1.9644)	0.0018* (2.2198)	0.0013* (1.8889)
OPEN	-0.2731* (-2.1899)	-0.2874* (-2.3032)	-0.2616* (-2.0979)	-0.0024 (-0.0515)	-0.0266 (-0.5809)	-0.0057 (-0.1655)
常数项	0.1345** (3.0010)	0.1630 (1.7186)	0.1223** (2.9860)	0.0024 (0.1048)	0.0454 (1.2202)	0.0040 (0.1606)
年度效应	控制	控制	控制	控制	控制	控制
Obs.	135	135	135	135	135	135
R^2	0.9358	0.9354	0.9360	0.9831	0.9818	0.9822

T-values are in parenthesis

注：*** $p<0.01$，** $p<0.05$，* $p<0.1$。

表 6-12　　　　机制研究回归结果（二）

变量	(7)	(8)	(9)	(10)	(11)	(12)
	经济增长过程质量（EPQU）			经济增长方式质量（EWQU）		
GOV×POPG	0.0742 (1.7140)			-0.1562** (-2.3813)		
GOV×EDU		-0.6645** (-2.8700)			0.6497 (0.6073)	
GOV×INFR			0.0002 (0.0857)			-0.0046** (-2.3620)
GOV	0.0658 (1.1120)	0.1928** (2.9681)	0.0623 (1.4117)	-0.0366 (-0.8818)	-0.0593 (-0.2896)	0.0958** (2.7546)
POPG	0.0098 (0.7592)	0.0319*** (12.6202)	0.0281*** (10.0661)	-0.0154 (-0.5600)	-0.0963*** (-4.6754)	-0.0899*** (-11.5666)
EDU	-0.0005 (-0.0071)	0.1754* (1.9692)	0.0189 (0.2650)	0.3292*** (4.7464)	-0.0237 (-0.0800)	0.1251* (2.1437)

续表

变量	(7)	(8)	(9)	(10)	(11)	(12)
	经济增长过程质量（EPQU）			经济增长方式质量（EWQU）		
INFR	0.0002 (0.7135)	0.0002 (1.0735)	0.0002 (0.2122)	-0.0004 (-0.7355)	-0.0052*** (-3.6622)	-0.0037* (-2.0679)
APAT	0.0009*** (3.4744)	0.0008*** (4.8387)	0.0009** (2.9214)	0.0025*** (5.4512)	0.0003 (0.4065)	0.0000 (0.0135)
OPEN	-0.0452* (-1.9156)	-0.0387** (-2.6816)	-0.0405 (-1.8011)	-0.2322** (-2.8030)	-0.2169** (-2.5834)	-0.2072*** (-4.6801)
常数项	0.0439 (1.6038)	0.0088 (0.3827)	0.0397 (1.5101)	0.0419*** (3.3752)	0.1150 (1.7709)	0.0770** (2.8326)
年度效应	控制	控制	控制	控制	空着	控制
Obs.	135	135	135	135	135	135
R^2	0.8329	0.8355	0.8313	0.4222	0.4905	0.4898

T-values are in parenthesis

注：*** $p<0.01$，** $p<0.05$，* $p<0.1$。

结合表 6-11 和表 6-12 的回归结果来看，GOV×POPG 和 GOV×INFR 的估计系数在方程（1）、方程（4）以及方程（11）均显著为负，说明政府规模会通过影响人口增长和基础设施水平对经济增长质量、经济增长水平质量以及经济增长方式质量产生影响。从人口增长效应来看，政府通过政策引导影响人口增长，地区之间的竞相"抢夺"人才容易营造人才短缺的恐慌假象，不利于人口的自然增长和人才的有效积累。从基础设施水平效应来看，政府规模会用来抑制基础设施水平，偏向于有利于政府政绩以及快速 GDP 增长的投资方向，不利于资源的有效配置以及收入的公平分配，进而抑制了经济增长质量的提高。

从 GOV×EDU 的系数估计量来看，政府规模与教育支出水平的交互项仅对经济增长过程质量呈现显著的负向影响，说明政府规模通过影响教育支出水平对经济增长过程质量产生影响，进而影响经济增长质量。教育支出水平在一定程度上反映了地区的人力资本水平，政府规模会通过影响地区人力资本积累对经济增长过程质量产生不利影响，进而影响经济增长质量。人力资本对经济增长的影响毋庸置疑，近年来，受大学扩招政策的影响，各类型的大学城拔地而起，但是数量的扩张并没有促进人力资本质量的协同提升，因此，政府扩张行为增加的低效人力资本并不能满足经济高质量发展对人力资本的要求。

第四节 金融发展、科技创新与高质量发展

本章以贵州省2004~2018年9个地级市的面板数据为研究样本,通过构建计量经济学模型对金融发展、科技创新与高质量发展的关系进行实证研究。具体实证安排如下:首先,运用面板数据回归分别对金融发展、科技创新与高质量发展的关系进行检验;其次,以科技创新为中介变量对金融发展影响高质量发展的机制进行探究;最后,运用面板门槛模型就金融发展与科技创新的融合对高质量发展的影响进行分析。

一、研究设计与说明

(一)基础模型的构建

本节构建面板数据的多元线性回归分别对金融发展、科技创新与高质量发展的关系进行检验。具体模型设定如下:

$$EQUA_{it} = \alpha_0 + cFD_{it} + \beta X_{it} + \mu_i + v_t + \varepsilon_{it} \tag{6.11}$$

$$EQUA_{it} = \alpha_0 + \alpha_1 APAT_{it} + \beta X_{it} + \mu_i + v_t + \varepsilon_{it} \tag{6.12}$$

其中,i表示六盘水、安顺、毕节、贵阳、遵义、铜仁、黔东南、黔南、黔西南9个地级市。t表示样本期间2004~2018年。EQUA为高质量发展,本节采用前面章节测算的经济增长质量进行量化。FD为金融发展指标,本节分别采用金融发展规模(FDS)和金融发展效率(FDE)作为金融发展的量化指标。APAT为科技创新水平。为了控制其他因素对研究的影响,笔者选取了政府规模(GOV)、教育支出水平、贸易开放度(OPEN)、基础设施水平(INFR)以及人口增长率(POPG)作为控制变量,X为上述变量构成的向量,β为上述变量系数估计量构成的向量。μ_i为不随时间变化的难以观测的个体异质性。v_t为随机扰动项。ε_{it}为随机扰动项。

(二)金融发展对高质量发展的影响机制研究

基于前人的研究,金融发展不仅会直接对高质量发展产生影响,还会通过

影响科技创新水平来影响高质量发展。因此,笔者进一步构建中介效应模型对金融发展影响高质量发展的影响机制进行分析。本节采用依次检验法检验中科技创新是否为金融发展影响高质量发展的中介变量,具体模型设定如下:

$$APAT_{it} = \alpha_0 + \alpha FD_{it} + \beta X_{it} + \mu_i + v_t + \varepsilon_{it} \quad (6.13)$$

$$EQUA_{it} = \alpha_0 + c'FD_{it} + \gamma APAT_{it} + \beta X_{it} + \mu_i + v_t + \varepsilon_{it} \quad (6.14)$$

其他变量的含义与基础模型相同,不再赘述。依次检验法判定中介效应的检验步骤以及判定依据如下:第一步,检验方程(6.11)中的系数c,即金融发展对高质量发展的总效应;第二步,检验方程(6.13)的系数α,即金融发展对科技创新水平的影响;第三步,控制中介变量后,检验方程(6.14)中c'和γ的系数。若系数c'显著,系数α显著且系数γ,则说明中介效应显著;若中介效应显著且c'不显著,则说明存在完全中介效应;若中介效应显著且c'的系数显著,但是较系数c'有所下降,则说明为部分中介效应。

(三) 门槛面板回归模型的设定

接下来笔者运用面板门槛模型就科技创新对金融发展影响高质量发展的调节效应进行检验,即检验科技创新与金融发展的融合深度对高质量发展的影响。金融发展与科技创新的深度融合促进了金融机构产品、服务以及金融工具的创新,优化了金融市场体系。因此,有必要就科技创新与金融发展的融合对高质量发展的影响进行探究。现有文献大多通过引入科技创新与金融发展的交互项来研究两者的融合对高质量发展的影响。交互项虽然可以计算出门槛值,但是难以对门槛值进行检验,因此,本节通过构建Hansen(1999)提出的面板门槛模型,并以科技创新水平为门槛变量检验科技创新与金融发展融合深度对高质量发展的影响。具体模型设定如下:

$$EQUA_{it} = \varphi_0 + \varphi_1 FD_{it} \times 1(APAT \leq \gamma_1) + \varphi_2 FD_{it} \times 1(APAT > \gamma_1) + \varphi_3 X_{it} + \mu_i + v_t + \varepsilon_{it} \quad (6.15)$$

其中,I(·)为示性函数,科技创新水平(APAT)为门槛变量,γ_1为门槛值。模型(6.15)为单一门槛效应模型,双重和三重门槛模型设定类似。

二、变量选取与数据描述

本节的被解释变量为高质量发展,通过前面章节的指标体系构建得到。核心解释变量为金融发展水平。本节从金融发展规模（FDS）和金融发展效率（FDE）对金融发展水平进行度量。基于数据的可得性，笔者借鉴许智凤（2019）的方法，采用地区金融机构存款和贷款余额之和占GDP的比重对金融发展规模进行量化，金融发展效率主要考虑储蓄投资的转化效率，通过金融机构贷款余额占存款余额的比重进行刻画。科技创新水平为本节的中介变量和门槛变量，仍然采用用以反映科技产出的每万人拥有专利申请数量进行度量。为了控制其他因素对研究的影响，笔者选取了政府规模、教育支出水平、贸易开放度（OPEN）、基础设施水平（INFR）以及人口增长率（POPG）作为控制变量。数据来自《贵州统计年鉴》、国家统计局、《中国科技统计年鉴》，并经过相应的整理得到。

为了避免极端值对研究的影响，笔者对变量均进行了缩尾处理，且后续变量均采用处理后的数据。表6-13为变量的统计特征分析。

表6-13　　　　　　　　　　变量基本描述

变量	变量说明	样本量	均值	标准差
高质量发展（EUQA）	经济增长质量进行量化，通过指标体系构建的得到	135	0.319	0.105
金融发展规模（FDS）	（金融机构存款+金融机构贷款）/GDP	135	2.286	1.065
金融发展效率（FDE）	金融机构贷款/金融机构存款	135	0.697	0.124
科技创新（APAT）	专利申请数量/地区年末常住人口数量	135	2.895	4.757
政府规模（GOV）	财政预算支出/GDP	135	0.279	0.092
贸易开放度（OPEN）	进出口贸易总额/GDP	135	0.038	0.062
人口增长率（POPG）	（当年常住人口-上一年常住人口）/上一年常住人口	135	-0.035	0.155
基础设施水平（INFR）	人均城市道路面积	135	8.692	3.681
教育支出水平（EDU）	教育支出/财政支出	135	0.223	0.034

为了避免多重共线性对研究的影响，笔者借助STATA 15.1软件采用方差膨胀因子法（VIF）对模型进行共线性诊断，并将诊断结果整理至表6-14中。

表 6-14　　　　　　　　　　多重共线性诊断结果

金融发展规模		金融发展效率		科技创新	
变量	VIF	变量	VIF	变量	VIF
OPEN	4.96	OPEN	2.65	OPEN	3.57
FDS	4.1	POPG	2.11	APAT	2.18
POPG	2.18	EDU	1.96	POPG	2.1
EDU	1.99	GOV	1.52	EDU	1.96
GOV	1.66	FDE	1.45	INFR	1.57
INFR	1.34	INFR	1.36	GOV	1.56

由表 6-14 可知，三个方程中各变量的 VIF 值均小于 10，说明模型不存在严重的多重共线性。

三、基础回归结果分析

在进行面板数据回归之前，笔者对各模型进行了 F 检验和 Hausman 检验，检验结果披露于表 6-15 中。结果表明，三个方程的 F 检验的 p 值均小于 0.05，说明个体效应存在，不应当使用混合效应，Hausman 检验的 p 值也小于 0.05，说明应拒绝随机效应优于固定效应的原假设，因此选择个体固定效应模型。为了避免截面同期相关、自相关性等对研究的影响，本节借助 STATA 15.1 软件采用 Driscoll 和 Kraay（1998）提出的 xtscc 命令进行估计，并将最终的估计结果整理至表 6-15 中。

表 6-15　　　　　　　　　基础回归参数估计结果

变量	(1) 金融发展水平	(2) 金融发展效率	(3) 科技创新水平
FDS	0.0938 *** (7.5043)		
FDE		0.2324 *** (8.7416)	
APAT			0.0027 *** (4.0209)
EDU	0.4898 * (2.2215)	0.5557 (1.7680)	0.0391 (0.7062)

续表

变量	(1) 金融发展水平	(2) 金融发展效率	(3) 科技创新水平
GOV	0.1485 (1.1371)	0.4316 ** (2.3873)	-0.1043 * (-1.9368)
OPEN	-0.3553 * (-2.0827)	0.0391 (0.3152)	-0.2867 ** (-3.2563)
POPG	-0.0439 (-1.2216)	-0.0320 (-0.7446)	-0.0940 *** (-4.2996)
INFR	0.0228 *** (15.8015)	0.0242 *** (18.1113)	0.0097 *** (5.7040)
F 检验	9.55	14.47 ***	5.57 ***
Hausman 检验	49.67	47.35 ***	34.49 ***
常数项	-0.2324 ** (-2.8089)	-0.3001 ** (-2.5869)	0.1467 *** (5.2695)
Obs.	135	135	135
Within R^2	0.8470	0.8182	0.9354

T – values are in parenthesis

注：*** $p<0.01$，** $p<0.05$，* $p<0.1$。

由表 6-15 前两列的估计结果可知，FDS 和 FDE 的系数分别为 0.0938 和 0.2324，并通过了 1% 显著性水平的 t 检验，说明金融发展规模和金融发展效率对促进贵州省经济高质量发展具有显著的积极影响，进一步揭示了金融发展会促进贵州省经济高质量发展。第三列 APAT 的系数估计量在 0.01 显著性水平下也为正，说明科技创新水平的提高有利于促进贵州省经济的高质量发展。模型的拟合优度均比较大，说明模型的解释能力较强。

四、金融发展促进高质量发展的机制分析

在基准回归的基础上，笔者进一步以科技创新水平为中介变量，对金融发展水平促进贵州省经济高质量发展的机制进行检验。表 6-16 披露了依次检验法的参数估计结果。表 6-16 第一列 FDS 的系数在 1% 显著性水平下显著为正，说明金融发展规模的上升促进了经济的高质量发展。第二列 FDS 的系数为 6.7260，并通过了 1% 显著性水平检验，说明金融发展规模促进了科技创新水

平的提高。第三列 APAT 的系数显著为正，FDS 的系数由 0.0938 下降至 0.0577，根据依次检验法的判断原则可知，说明金融发展规模会通过提高科技创新水平影响贵州省经济高质量发展。同理可以对后三列的结果进行分析，结果表明控制了科技创新的影响之后，金融发展效率对高质量发展的促进力度由 0.2324 下降至 0.1258，说明科技创新是金融发展效率促进高质量发展的中介变量。综合上述分析可知，金融发展不仅会直接对贵州省经济的高质量发展呈现促进作用，还会通过刺激科技创新水平促进高质量发展。

表 6-16　　　　　　　　　　机制研究回归结果

变量	模型(1-1)	模型(1-3)	模型(1-4)	模型(1-1)	模型(1-3)	模型(1-4)
	金融发展规模			金融发展效率		
FDS	0.0938*** (7.5043)	6.7260*** (9.3444)	0.0577*** (5.4630)			
FDE				0.2324*** (8.7416)	13.5462*** (5.0182)	0.1258*** (5.2291)
APAT			0.0054*** (4.5668)			0.0079*** (5.9561)
EDU	0.4898* (2.2215)	14.4156 (1.4640)	0.4124 (1.8352)	0.5557 (1.7680)	18.8445 (1.6669)	0.4074 (1.5082)
GOV	0.1485 (1.1371)	-0.7768 (-0.2133)	0.1527 (1.1887)	0.4316** (2.3873)	17.3239*** (4.3110)	0.2952 (1.8553)
OPEN	-0.3553* (-2.0827)	34.9341** (2.5928)	-0.5427** (-2.7122)	0.0391 (0.3152)	63.0980** (2.6722)	-0.4574** (-2.6031)
POPG	-0.0439 (-1.2216)	-2.4486 (-1.1073)	-0.0307 (-0.8879)	-0.0320 (-0.7446)	-1.2498 (-1.1932)	-0.0222 (-0.5383)
INFR	0.0228*** (15.8015)	0.4367*** (6.3169)	0.0205*** (12.7187)	0.0242*** (18.1113)	0.5617*** (10.5276)	0.0198*** (12.4439)
常数项	-0.2324** (-2.8089)	-20.6801*** (-5.7640)	-0.1214 (-1.4349)	-0.3001** (-2.5869)	-22.9068*** (-5.1189)	-0.1199 (-1.3058)
Obs.	135	135	135	135	135	135
Within R^2	0.8470	0.7429	0.8573	0.8182	0.5964	0.8528

T-values are in parenthesis

注：*** $p<0.01$，** $p<0.05$，* $p<0.1$。

为了进一步检验中介效应的存在,本节借助 STATA 15.1 软件进行了 Sobel - Goodman 中介效应检验,检验结果整理至表 6 - 17 中。结果表明,无论是金融发展规模还是金融发展效率均 Sobel 检验,说明科技创新是金融发展促进高质量发展的中介变量,金融发展水平对高质量发展既有直接效应又有间接效应。金融发展规模对高质量发展的间接效应为 0.038,占总效应的比重为 60.33%,金融发展效率对高质量发展的间接效应为 0.107,占总效应的比重为 45.87%,说明金融发展效率对促进高质量发展的直接效应更强。

表 6 - 17   Sobel 检验结果

变量	金融发展规模			金融发展效率		
	Coef.	Z - statistic	p 值	Coef.	Z - statistic	p 值
Sobel	0.038	4.802	0.000	0.107	3.538	0.000
Goodman - 1 (Aroian)	0.038	4.785	0.000	0.107	3.504	0.000
Goodman - 2	0.038	4.820	0.000	0.107	3.574	0.000
a coefficient	4.115	10.282	0.000	13.546	4.763	0.000
b coefficient	0.009	5.431	0.000	0.008	5.287	0.000
Indirect effect	0.038	4.802	0.000	0.107	3.538	0.000
Direct effect	0.025	2.402	0.016	0.126	2.488	0.013
Total effect	0.063	7.399	0.000	0.232	4.528	0.000
Proportion of total effect that is mediated:	0.6033			0.4587		
Ratio of indirect to direct effect:	1.5211			0.8473		
Ratio of total to direct effect:	2.5211			1.8473		

五、异质性分析

前面本节采用的是每万人拥有专利申请数量作为科技创新水平,验证了科技创新水平是金融发展带动贵州经济高质量发展的纽带,下面进一步分析每万人拥有发明专利申请、实用新型专利申请以及外观设计专利申请对金融发展影响高质量发展的中介效应进行检验,表 6 - 18 披露了 Sobel 检验结果。

表 6-18 异质性分析结果

变量	金融发展规模			金融发展效率		
	发明专利	实用型专利	外观设计专利	发明专利	实用型专利	外观设计专利
Sobel	0.041***	0.034***	0.008**	0.090***	0.128***	0.013
Goodman-1 (Aroian)	0.041***	0.034***	0.008**	0.090***	0.128***	0.013
Goodman-2	0.041***	0.034***	0.008**	0.090***	0.128***	0.013
a coefficient	1.912***	1.770***	0.285**	4.755***	7.575***	0.627
b coefficient	0.021***	0.019***	0.027***	0.019***	0.017***	0.021**
Indirect effect	0.041***	0.034***	0.008**	0.090***	0.128***	0.013
Direct effect	0.021**	0.028***	0.055***	0.143***	0.105**	0.219***
Total effect	0.063***	0.063***	0.063***	0.232***	0.232***	0.232***
Proportion of total effect that is mediated:	0.6562	0.5504	0.1252	0.3857	0.5492	0.0575
Ratio of indirect to direct effect:	1.9084	1.2242	0.1431	0.6278	1.2184	0.0610
Ratio of total to direct effect:	2.9084	2.2242	1.1431	1.6278	2.2184	1.0610

注：*** $p<0.01$，** $p<0.05$。

由表 6-18 可知，每万人拥有发明专利申请、实用新型专利申请以及外观设计专利申请对金融发展规模促进高质量发展均呈现显著的中介效应，从中介效应占总效应比例来看，发明专利对金融发展规模促进高质量发展的间接效应更强，而外观设计专利引起间接效应相对最弱。只有发明专利和实用型专利对金融发展效率促进高质量发展具有中介效应，外观型设计专利不是金融发展效率促进高质量发展的中介变量，从间接效应来看，发明实用型专利对金融发展效率促进高质量发展的间接效应更强。

六、稳健性检验

前面笔者主要采用依次检验法和 Sobel 检验法对科技创新水平的中介效应进行检验，由于 Sobel 检验法检验系数乘积的统计量需要满足正态分布，而实际情况往往难以保证。为了检验模型的稳健性，这里改变估计方法，采用结构方程对科技创新水平在金融发展促进高质量发展中的中介效应进行检验,并采用自助法 Bootstrap 进行检验,研究表明,与其他中介效应检验方法相比,Bootstrap 具有较高的统计效力。表 6 – 19 披露了稳健性检验结果。

表 6 – 19　　　　　　　　　Bootstrap 检验结果

	系数	偏误（Bias）	标准差	[95%置信区间]
金融发展规模				
_bs_1	0.02479217	-0.0016427	0.01076038	[0.000319　0.043821]（P）
				[0.005292　0.04571]（BC）
_bs_2	0.03771069	0.0013989	0.00746915	[0.025242　0.054266]（P）
				[0.023965　0.052327]（BC）
_bs_3	0.06250286	-0.0002439	0.00959432	[0.042603　0.081128]（P）
				[0.043204　0.081319]（BC）
金融发展效率				
_bs_1	0.12580802	-0.0013792	0.05027165	[0.0217712　0.2208986]（P）
				[0.0217712　0.2208986]（BC）
_bs_2	0.10659851	0.0000112	0.02866346	[0.05555　0.1662745]（P）
				[0.05999　0.173041]（BC）
_bs_3	0.23240653	-0.001368	0.04656017	[0.136084　0.3255867]（P）
				[0.1365533　0.3289875]（BC）

注：_bs_1 为直接效应,_bs_2 为间接效应,_bs_3 为总效应。
（P）percentile confidence interval.
（BC）bias – corrected confidence interval.

表 6 – 19 为 Bootstrap 进行 500 次抽样得到。从金融发展规模促进高质量发展的间接效应来看,无论是置信区间（P）还是（BC）,均不包含 0,说明科技创新水平对金融发展规模促进高质量发展具有显著的中介作用,即金融发展规模会通过提高科技创新水平促进贵州省经济的高质量发展。同理可以从金融发展效率促进高质量发展的间接效应来看,两种置信区间均不含 0,表明金融发展效率会通过影响科技创新水平进而影响高质量发展。综合上述分析可知,依次检验法和 Sobel 检验法用以检验金融发展促进高质量发展的机制研究具有一定的稳健性。

七、金融发展与科技创新融合对高质量发展的影响分析

接下来笔者运用门槛面板模型探究金融发展与科技创新融合对高质量发展

的影响。科技创新驱动高质量发展是对"十四五"规模提出的新要求。本节以科技创新水平为门槛变量,分析科技创新与金融发展融合的深度对高质量发展的影响。在进行门槛分析之前,需要先对门槛效应是否存在进行检验。表6-20披露了门槛效应检验结果。

表6-20　　　　　　　　　　门槛效应检验

门槛变量	依赖变量	门槛类型	F-statistic	Prob.	Crit10	Crit5	Crit1
科技创新水平	金融发展规模	单一门槛	30.61***	0.0000	19.0785	22.3101	25.8183
		双重门槛	14.23	0.1267	15.1938	16.8986	20.2573
	金融发展效率	单一门槛	27.17**	0.0433	22.6673	25.8981	33.3409
		双重门槛	11.89	0.3767	20.4832	23.4085	33.4503

注:标注各检验结果均为自助法抽样(Bootstrap)300次模拟而得;
、*分别表示在5%、1%显著性水平下显著。

由表6-20可知,在0.05显著性水平下,科技创新水平在两个模型方程中均存在单一门槛效应。门槛效应存在后即可进一步对门槛值进行估计和检验,表6-21给出了门槛值的估计结果。

表6-21　　　　　　　　　　门槛值的估计

门槛变量	依赖变量	门槛类型	门槛值	置信区间
科技创新水平	金融发展规模	单一门槛	1.1009***	[0.9694　1.1832]
	金融发展效率	单一门槛	1.6826**	[1.5769　1.9220]

注:标注各检验结果均为自助法抽样(Bootstrap)300次模拟而得;
、*分别表示在5%、1%显著性水平下显著。

得到门槛值以后,还需要对门槛值的真实性进行检验,这里采用LR函数图法进行检验,图6-5和图6-6为门槛值的回归及置信区间的分布结果。

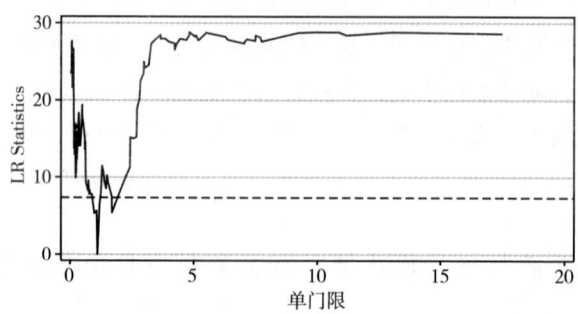

图6-5　金融发展规模为依赖变量的LR函数图

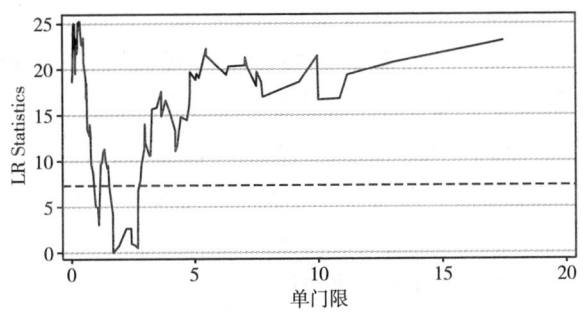

图 6-6 金融发展效率为依赖变量的 LR 函数图

结合表 6-21 和 LR 似然函数图可知，虚线为 95% 显著性水平下 LR 统计量的临界值线，门槛变量科技创水平的门槛值分别为 1.1009 和 1.6826，落在区间 [0.9694，1.1832] 和 [1.5769，1.9220] 内，存在 LR 检验值小于 95% 的临界值的区间，即落在虚线下方，故不拒绝原假设，说明门槛变量的门槛值与真实值近似相等。

门槛值通过了真实性检验以后，笔者进一步进行门槛面板回归，并将最终的估计结果整理至表 6-22 中。

表 6-22   门槛面板回归结果

变量	系数	变量	系数
FDS × I（APAT≤1.1009）	0.0679** (2.72)	FDE × I（APAT≤1.6826）	0.1761** (2.42)
FDS × I（APAT>1.1009）	0.0956*** (5.74)	FDS × I（APAT>1.6826）	0.2689*** (4.43)
R^2	0.8720	R^2	0.8518
控制变量	控制		
个体效应	控制		
时间效应	控制		

注：**、*** 分别表示在 5%、1% 显著性水平下显著。

由表 6-22 可知，当科技创新水平（APAT）跨过门槛值 1.1009 之前，金融发展规模对高质量发展的促进力度为 0.0679，跨过门槛值以后，促进力度上升值为 0.0956。同理可以分析，科技创新水平跨过门槛值 1.6826 之前，金融发展效率对高质量发展的促进力度为 0.1761，跨过门槛值以后，促进力度上升值为 0.2689。上述结果表明,科技创新水平跨过门槛值之前科技创新水平较低,金融发展与科技创新融合对高质量发展的促进力度较低,随着科技创新水平的提高,科技创新与金融发展深度融合,科技金融对高质量发展的促进作用更加明显。从时间序列的角度来看,2012 年以后科技创新水平跨过了门槛值 1.6826,说明 2013 年以后科技创新与金融发展深度融合对贵州省经济的高质量发展逐渐明显。

本章具体从三个维度运用数据模型分析贵州省经济的高质量发展,首先,运用耦合协调度模型对经济增长各子系统间的耦合协调性进行分析,得出贵州省要高效益、高效率、高质量的发展,除了提高经济增长水平质量,尤其是经济增长过程质量和经济增长方式质量外,还要统筹兼顾三者的协调发展。其次,采取 2004~2018 年数据对贵州省 9 大地级市面板数据为样本分析政府规模与经济高质量发展之间的关系,得出结论,政府规模通过影响教育支出水平对经济增长过程质量产生影响,进而影响经济增长质量。最后,利用实证分析贵州省金融发展、科技创新与高质量发展之间的相互关系,得出结论,金融发展不仅对贵州省经济高质量发展有直接促进作用,同时还可以通过刺激科技创新水平的提高来促进经济的高质量发展。

第七章

农村产业革命助推农业生产结构调整与升级

党的十八大报告中强调:"解决好农业农村农民问题是全党工作重中之重。"农业生产作为中国国民经济的基础,农业生产结构的调整与升级不仅是农业生产健康发展的重要保证,更是国家粮食保障的重要战略需求。由于贵州省地形以山地丘陵为主,农业生产难以借鉴平原地区规划种植经验,这使贵州省的农业产值长期落后于全国平均水平。为打破这一局面,响应党的十八大的号召,贵州省先后在2013年和2017年推出了《省人民政府关于支持"5个100工程"建设政策措施的意见》和《关于2012年全省农业结构调整的意见》等政策,为进行农村产业革命打下了坚实的基础。分析贵州农业产业结构演进的特征,总结贵州省农村产业革命的经验,找寻贵州农村产业革命与农村产业结构优化升级的关系,不仅可以更好地理解当前贵州省农业发展取得的成就,宣传和推广贵州省改革的成功经验,还可以为贵州省新一轮的农业生产结构调整提供决策参考。

第一节 贵州省农业生产结构演进的动态特征与基本规律

农业生产结构的演进是一个长期的动态的发展过程,党的十八大以来,贵州在全省范围内开展了一场振兴农村经济、改善农业生产结构的大变革,奋力推进农村产业结构调整。2012~2018年,贵州省农业生产结构经历了一次大调整的浪潮。依据资源特点,优化农业产业结构,农林牧渔业比重更趋合理;依托资源优势,调整农业产品结构,农特优产品产值实现快速增长。

一、农林牧渔业协调发展，产业结构更趋合理

党的十八大以来，随着贵州省农业供给侧结构性改革的深入推进，省内农业生产结构的优化调整也逐渐展开。图7－1反映了2012～2018年贵州省农业各生产部门总产值所占比重的变化情况。

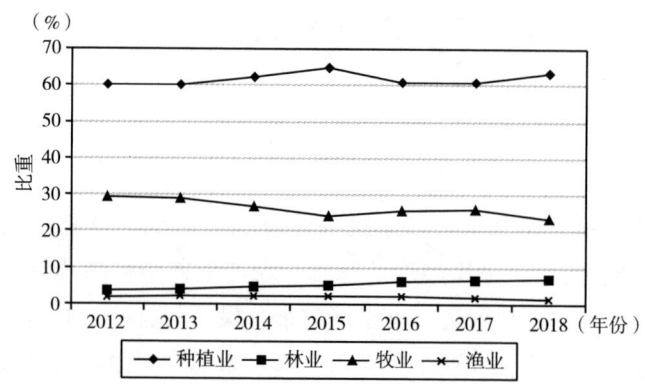

图7－1 2012～2018年贵州省农业内部产值结构变化图

资料来源：《贵州统计年鉴》（2013～2019年）及贵州省统计局发布的数据。

从图7－1可以看出，种植业占据了农业总产值60%以上的比重，2013～2015年是快速上升期，比重从59.96%上升至64.72%，之后比重有所下降趋于平稳；牧业占农业总产值的比重变化呈现与种植业比重相反的变化趋势，但整体保持在相对稳定的状态；林业占农业总产值的比重虽然不高，但有逐年稳步上升的趋势，从2012年的3.77%上升至2018年的7%；渔业占农业总产值的比重较低，且维持在相对稳定的状态，占农业总产值的1.5%左右。根据贵州省农业内部产值结构变化可以看出，贵州省农业产值以种植业为主，畜牧业产值比重位居第二，比重波动趋势与种植业相反。虽然种植业和畜牧业占据了贵州省将近90%的农业产值比重，但近年来林业产值比重也在不断增加，到2018年林业产值比重已经达总产值的8%左右。由于贵州地处内陆，渔业相对较为落后，渔业产值比重在2012～2018年并没有明显的变化。

除了农业各生产部门总产值占比有所变化外，各生产部门内部不同农产品所占的比重也有所改变。由于林业和渔业在贵州省农业总产值中仅占不到10%，本节将重点分析贵州省种植业和畜牧业内部不同农产品所占比重的变化。

二、特优产品增长迅速，产品结构不断优化

（一）粮经作物结构调整优化，种植业连年增产

贵州省种植业内部的生产结构主要选用不同农作物产量和粮经作物播种面积来进行分析。图7-2反映了2012~2018年贵州省种植业内部不同农作物产量的变化趋势。

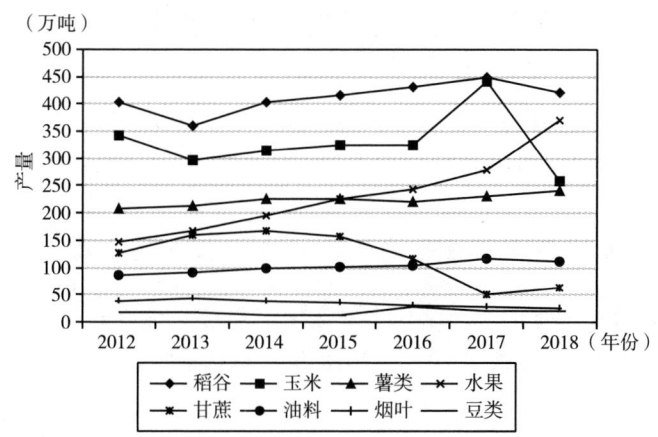

图7-2 2012~2018年贵州省农作物产量变化

资料来源：《贵州统计年鉴》（2013~2019年）及贵州省统计局发布的数据。

从图7-2可以看出，贵州省主要粮食作物的产量有所下降，水果等经济作物的产量有所提升。其中，玉米的产量下降趋势明显，从2012年的342.25万吨下降至2018年的259万吨，水果的产量从2012年的147.72万吨上升至2018年的369.50万吨，呈现出较快的增长趋势。除了从不同农作物产量来对种植业的生产结构进行了解外，还可以通过不同作物的播种面积来对种植业的生产结构进行分析。图7-3反映了2012~2018年贵州省粮食作物与经济作物播种面积的变化情况。

从图7-3可以看出，贵州省粮食作物和经济作物的播种面积也有所变化。粮食作物的播种面积从2012年的3054.28千公顷下降至2018年的2740.20千公顷，经济作物的播种面积从2012年的2128.58千公顷上升至2018年的2737.00千公顷，整体呈现粮食作物播种面积下降、经济作物播种面积上升的趋势。

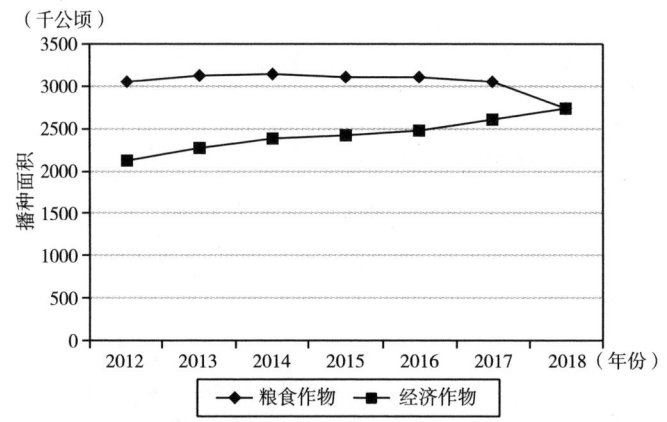

图 7-3　2012~2018 年贵州省粮食作物与经济作物播种面积变化

资料来源：《贵州统计年鉴》（2013~2019 年）及贵州省统计局发布的数据。

（二）充分发挥山地特色优势，生态畜牧业连年增产

贵州省畜牧业内部的生产结构主要选用肉类产量构成和畜产品出栏数构成来进行分析。图 7-4 反映了 2012~2018 年贵州省畜牧业肉类产量的变化情况。

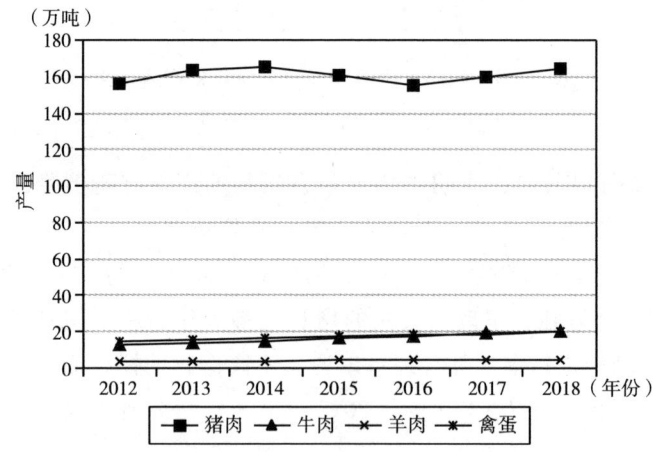

图 7-4　2012~2018 年贵州省肉类产量变化

资料来源：《贵州统计年鉴》（2013~2019 年）及贵州省统计局发布的数据。

从图 7-4 可以看出，肉类产量整体呈现稳步上升的趋势，其中猪肉是贵州省肉类产量的主要组成部分。猪肉产量从 2012 年的 156.13 万吨上升至 2018 年的 164.80 万吨，虽然产量有所上升，但猪肉产量占肉类总产量的比重有所

下降，从2012年的82.06%下降至2018年的77.12%，这与其他肉类产量的较快增长有关。牛肉产量从2012年的13.04万吨上升至2018年的19.90万吨，羊肉产量从2012年的3.53万吨上升至2018年的5万吨，禽蛋产量从2012年的14.65万吨上升至2018年的20万吨。

畜产品出栏数是衡量畜产品供应能力的关键指标，图7-5反映了2012~2018年贵州省畜产品出栏数的变化情况。

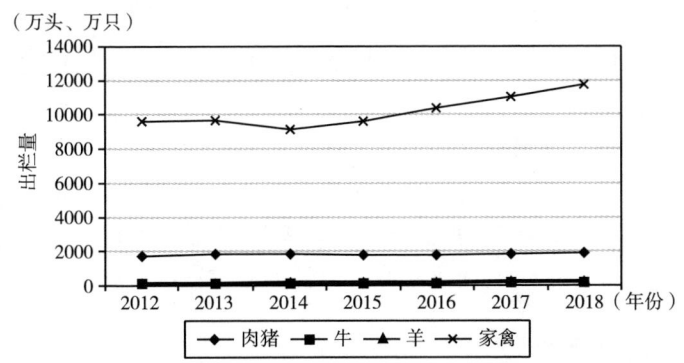

图7-5 2012~2018年贵州省主要畜产品出栏量变化

资料来源：《贵州统计年鉴》（2013~2019年）及贵州省统计局发布的数据。

从图7-5可以看出，贵州省主要畜产品的出栏量整体呈现上升趋势。贵州省家禽出栏量相比其他畜产品的出栏量有明显优势，2014~2018年家禽的出栏量有显著提升，从2014年的9162.10万只上升至2018年的11759.62万只；肉猪的出栏数量稳中有升，从2012年的1734.76万头上升至2018年的1869.90万头；牛羊出栏量虽然在总量上与肉猪相比差距较大，但增速较快，其中牛从2012年的206.78万头上升至2018年的297.12万头，羊从2012年的105.99万头上升至2018年的157.53万头。

第二节 农村产业革命与农业生产结构的内在关联

农业产业革命"八要素"是贵州农业产业革命的重要方法、具体实践过程和实现形式，本节在介绍农村产业革命包含的"八要素"的基础上，从加大农业生产统筹力度、加大农产品市场开拓力度、加强农业产业科技支持、创新农业生产经营模式、提高农民生产积极性五个方面出发，分析了"八要素"革命与贵州省农业生产结构调整的内在关联关系。

一、农村产业革命的"三个革命""五步工作法"和"八要素"

农业产业革命的核心是农业生产结构调整,目的是让农民得到实惠、持续增收。贵州省作为我国扶贫的重点对象省份,2018年农业人口占全省人口的52.5%,解决好农业问题是扶贫的重要组成部分。落后的农业发展水平打击了农民种田的积极性,农村外出打工人口逐年增加,进一步导致田地荒废形成恶性循环。为了提高贵州省农业发展效率和质量,优化农业生产结构,推进农业供给侧结构性改革,贵州省委书记在2018年的省委农村工作会议上提出,要在贵州省进行一场振兴农村经济的深刻产业革命。同时指出,推进农村产业革命就是要推进"三个革命",把握好"八要素"是推动农村产业革命的重要突破口,而"五步工作法"是实现贵州省农村产业革命的重要保障。

(一)"三个革命"

"三个革命"是农村产业革命的方略。指的是在转变思想观念上来一场革命,在转变产业发展方式上来一场革命,在转变作风上来一场革命。

在转变思想观念上来一场革命。坚持以习近平总书记"三农"思想为指导,准确把握贵州"三农"工作特点,牢固树立大食物观、大、农业观、大市场观和特色观念、群众观念,把农村产业革命不断引向深入。

在转变产业发展方式上来一场革命。加快转变农业发展方式,走产出高效、产品安全、资源节约、环境友好的现代农业产业发展道路。

在转变作风上来一场革命。各级领导干部要以对党和人民高度负责的精神,着重解决在产业革命中思想观念不新、认识不深、思路不清、办法不多等突出问题。

(二)"五步工作法"

"五步工作法"是农村产业革命的推进步骤,贵州省在抓工作落实中,结合实践,创新性地总结提炼出政策设计、工作部署、干部培训、督促检查、追责问责的"五步工作法",成为推动各项工作落地落细落实的方法论和关键招。

政策设计。政策设计是工作开展的指南针,以中央和国家政策为指导,结合实际工作拟订工作思路、目标任务和具体措施。

工作部署。拟订工作思路后，将工作进行部署安排，明确各部门的职责和任务，全面推行清单式、项目化、标准化管理。

干部培训。组织对乡镇干部、村"两委"、第一书记、驻村工作队员一年进行两次以上培训，提高政治素养和专业能力。

督促检查。健全考核评估、督查督导、示范引领等机制，把抓党建、促脱贫攻坚纳入各级党政领导班子考核评价内容中。

追责问责。健全责任体系，落实脱贫攻坚责任制，建立责任倒查机制，加强对基层干部的关心关爱和激励保障，条件成熟的优先提拔使用。

（三）"八要素"

"八要素"是农村产业革命的工作流程和方法。"八要素"即产业选择、培训农民、技术服务、资金筹措、组织形式、产销对接、利益联结、基层党建。这八个要素是贵州省农业产业革命的必要环节和重要方法，也是推进产业革命向纵深发展的具体实践过程和实现形式。①

产业选择。产业选择的关键是因地制宜，利用贵州省的大数据优势，发展山地特色农业，培育具有高端附加值的农产品。

培训农民。农民是农村产业革命的主体，要帮助农民革除小农经济的落后观念，着重培养示范带动产业革命的能手，引导农民转变方式。

技术服务。组织基层干部和技术人员将技术送到田间地头，实现技术服务到村到户。

资金筹措。资金筹措是农业产业革命的重要环节，需要政府政策扶持，发挥好农业产业资金示范引导作用，引导资金流向现代高效农业。

组织形式。运用"强龙头、创品牌、带农户"的组织形式，鼓励各类合作社、专业种植养殖场创新生产经营方式，推进规模化经营。

产销对接。创新产销对接机制，充分利用互联网平台带来的便利，通过网络直播等方式推动"黔货出山"，实现农产品和市场的无缝对接。

利益联结。明确企业、合作社、村集体、农民在产业链、利益链中的环节和份额，推进资源变资产、资金变股金、农民变股东"三变"改革。

基层党建。发挥农村基层党组织在农业产业革命中的带头作用，推广"村

---

① 顾海松：《贵州农村产业革命"八要素"——把握好农业产业革命"八要素"》，中国党刊网 http://www.dkcpc.cn/news/201803/t20180327_87509.shtml，2018年3月27日。

社合一",将农民组织起来,唤醒农业产业革命的内生动力。

二、"三个革命"指明农村产业革命发展方向

(一)思想观念革命是产业革命的关键

一要树牢大食物观,深化产业革命内涵。必须正确理解国家粮食自给政策,把工作重点转移到农村经济结构战略性调整上来,全方位多途径开发食物资源,更好地满足老百姓多样化的食物需求。二要树牢大农业观,拓展产业革命领域。坚持以农业供给侧结构性改革为主线,加快推进农业由增产导向转向提质导向,拓展农业的生产、生活、生态功能,体现山地特色,突出现代高效,加快构建现代农业产业体系、生产体系、经营体系。三要树牢大市场观,明晰产业革命价值导向。推进振兴农村经济的深刻的产业革命,必须以市场效益为导向,引导农民主动适应市场需求变化,大力发展茶叶、蔬菜、食用菌等高附加值经济作物,加快发展生态畜牧业和特色农产品加工业。四要树牢特色观念,明确产业革命根本任务。必须充分发挥贵州省光热资源丰富、降水充沛、小气候多样的优势,培育"人无我有、人有我优、人优我特、人特我精"的优势特色农业,推进贵州农业绿色化、优质化、特色化、品牌化。五要树牢群众观念,增强推动产业革命的使命感。全省各级领导干部必须提高政治站位,始终把推动农村产业革命作为当前最重要最紧迫的任务,作为检验践行群众观念和宗旨意识的"试金石",时不我待、只争朝夕,率先来一场思想观念上的革命。

(二)产业发展方式革命是产业革命的重中之重

首先,按照做大第一产业、做强第二产业、做活第三产业的思路,推动三次产业融合发展,构建现代农业产业体系。其次,坚持以农业供给侧结构性改革为主线,以市场为导向,转变产业生产方式,推动农业由增产导向转向提质导向,大力构建现代农业生产体系。最后,坚持"强龙头、创品牌、带农户"的思路,大力推广"公司+合作社+农户"发展模式,大力构建现代农业经营体系。

(三)干部作风革命是产业革命的根本之策

产业革命是一项翻天覆地的社会系统工程,对干部工作作风提出了很高的

要求。要大兴调查研究之风,深入研判,把主导产业选准,根据群众所需开展培训和技术指导。要大兴真抓实干之风,把脱贫攻坚产业基金用出高效率,在生产经营方式、产销对接机制、利益联结机制等方面大力创新。要大兴勤俭节约之风,充分发挥农村基层党组织的作用,发动群众、带领群众、组织群众一起来干,把各项工作任务落实、落地、见效,让崇尚实干、狠抓落实在贵州大地蔚然成风,以产业革命实绩诠释对党的忠诚。①

三、"五步工作法"稳步推进农村产业革命

(一) 明确政策设计,提高产业革命统筹力度

政策设计要根据贵州实际,贯彻落实习近平"三农"思想和扶贫思想,运用好中央和省委的产业革命政策措施,制订工作思路、目标任务和具体措施,形成具体的行动方案。要把握好四个要点:一是选准特色产业。坚持宜果则果、宜茶则茶、宜药则药、宜林则林,优化农村产业布局,算好成本账、效益账,推进茶叶、蔬菜、食用菌、精品水果、中药材等特色高效作物种植,延伸农业的产业链和价值链。二是培育新型农村经营主体。大力培育种养殖大户、农民专业合作社、龙头企业等新型经营主体,引导他们与农户建立稳定的互利合作关系,提供全产业链服务,提升农民组织化程度。三是完善利益联结机制。落实"三权分置"改革措施,推行"三变"改革,通过就业带动、保底分红、股份合作等多种形式,让农民合理分享全产业链合理收益,实现由"旁观者"向"参与者""打工者"再向"主人翁"转变。四是做好融合文章。推进农村产业革命,要坚持用工业化理念引领农业、工业化手段改造农业、工业化成果武装农业,推动产业模式和企业形态根本性转变,促进农村产业迈向价值链中高端。

(二) 细化工作部署,科学推进产业革命

工作部署必须聚焦产业革命重点任务进行清单式、项目化、标准化管理,对推进"三个革命"、把握"八要素"可能出现的问题都要搞清楚,问题出现后都有应对的措施。要把握好三个要点:一是抓好工作任务分解。工作方案确

---

① 农文成:《牢牢把握八要素和五步工作法:专访贵州省委改革办主任李裴》,《贵州民族报》2018年9月7日。

定之后,将工作进行部署安排、顶层设计,细化分解到各相关部门和责任人,明确职责和任务,各级党委领导班子成员要亲自挂帅,推动工作落实。二是抓住关键问题和薄弱环节。从目前产业革命的实践来看,"八要素"就是关键,必须一个要素一个要素认真部署。薄弱环节主要是产业选择、资金筹措、产销对接和利益联结,必须紧盯不放,一项任务一项任务落实。三是抓住时间节点。脱贫攻坚、同步小康的时间节点是2020年,乡村振兴的时间节点则可以更长一些,推进产业革命就要卡住时间节点,一个目标一个目标分解,一个时间节点一个时间节点推进。

(三) 加强干部培训,提升为民服务水平

推进产业革命,要求我们必须对干部进行及时、全面、到位的培训,不能留有盲区。要把握好三个要点:一是用好培训阵地。特别是用好新时代农民讲习所、干部学习大讲堂、青年志愿者脱贫攻坚夜校等阵地,对干部群众进行产业革命"三个革命""八要素""五步工作法"培训。二是抓住重点人群。要经常开展对乡镇干部、村"两委"、第一书记、驻村工作队员的培训,帮助提升政策水平、政治素养和专业能力。三是增强培训内容的针对性。针对特色产业发展情况,重点解决部分群众产业参与能力缺失的问题,有针对性地开展特色种养殖、加工、营销、品牌、金融知识等个性化的培训,让每位从事产业发展的农民群众都能够掌握产业发展的基本技能。

(四) 加强督促检查,帮助产业政策落地

推进产业革命必须加强督促检查,夯实各级干部抓落实的责任,经常查铺查哨,层层压实责任,看关键少数的责任落实了没有,是不是按照"八要素"去抓工作,是不是真正在思想观念、发展方式、工作作风上来一场革命。目前,贵州省调减玉米种植工作推进中还是存在发动不够深入、群众仍不理解的状况,还是存在路边落实都很好、远处管控仍有不力的状况。要建立健全考核评估、督查督导、示范引领等工作机制,把抓产业革命、促脱贫攻坚、促乡村振兴作为督察重点,真督实察抓好落实。

(五) 主动追责问责,建立政策结果反馈机制

政策设计好了,工作部署周密了,而且也培训好了,也督促检查了,最后产业革命却波澜不惊、没有动静,那就要追责问责。要敢于较真碰硬,咬住责

任、抓住问责,严肃责任追究,做到有权必有责、有责要担当、失责必追究,以问责倒逼各级干部履责到位、倒逼工作落实、促进产业革命。通过检查看产业革命的政策措施是否执行,"八要素"是否逐条落实,从而定责、追责及问责。通过追责问责,凝聚形成推进产业革命的强大合力,打造高品质、有口碑的农业"金字招牌",让农产品既产得出、产得优,也卖得出、卖得好,让贵州绿色优质特色农产品走向全国、走向世界。①

四、"八要素"革命与农业生产结构调整的内在关联

农村产业革命既是乡村振兴的具体举措,也是农业生产结构调整的过程。近年来,贵州省牢牢把握"八要素",深入推进农村产业革命,农业产业实现了从自给自足向参与现代市场经济转变、从主要种植低效玉米向种植高效经济作物转变、从粗放量小向集约规模转变、从'提篮小卖'向现代商贸物流转变、从村民'户自为战'向形成紧密相连的产业发展共同体转变、从单一种养殖向一二三产业融合发展转变。"② 以实践证实了农村产业革命与农业生产结构调整的必然关联。

(一) 加大农业生产统筹力度,促进农业生产结构优化

加大农业生产统筹力度,科学规划有利于选择性地培育优势农产品,提高产品市场价值。利用资源禀赋的比较优势,生产附加值较高的的农产品,可以提高市场竞争力,从而实现超越式发展。玉米是贵州主要农作物之一,但玉米的产值在每亩 680 元左右,经济价值较低且资源消耗较大,不利于提高市场竞争力。贵州省在确保农村人口粮食基本自给的基础上,把陡坡地玉米,特别是高速公路沿线、石漠化严重地区、风景名胜区种植的玉米退下来,积极发展菜用马铃薯、酒用高粱、薏仁米、苦荞、芭蕉芋、杂粮,优化粮食结构的同时增加经济作物种植面积。到 2018 年底,贵州省粮经作物的种植结构调整为 50∶50,特色优势产业得到快速发展。

---

① 农文成:《牢牢把握八要素和五步工作法:专访贵州省委改革办主任李裴》,《贵州民族报》2018 年 9 月 7 日。
② 孙远桃:《方涛:贵州农业产业发展实现"六个转变"》,人民网 – 贵州频道 http://gz.people.com.cn/n2/2019/1229/c222152 – 33672804.html,2019 年 12 月 29 日。

（二）加大农产品市场开拓力度，加速农业生产结构调整

农业生产的最终目标是满足居民对农产品的需求，如果农业生产结构与市场需求不匹配，就有可能导致供大于求，农产品难以销售给农民造成损失。通过开拓产品市场，可以促进产销衔接，及时感知市场需求变化，进一步加速调整农业生产结构。贵州省充分发挥东西部扶贫协作平台作用，推动"黔货出山"，组织开展"农超对接""农校对接""农社对接"，开展多种形式的农产品销售经营。同时定期举办贵阳国际特色农产品交易会、贵阳国际绿茶博览会，提高省内龙头企业在国际上的知名度，将"为吃而生产"转变为"为卖而生产"。

（三）加强农业产业科技支持，深化农业生产结构变革

技术进步和劳动者素质的提高不仅可以提高农业生产效率，还可以保证农产品质量。通过加强对优势农产品的技术支持，能够增加农产品的利润，有效将政府的宏观目标传导给农户。农业机械化水平提高，对农民的技术培训加强，有助于深化农业生产结构改革，从而建设现代化农业。党的十八大以来，贵州省采用科技特派员的方式，每年选派1000余名省级科技特派员赴贫困地区开展技术服务，主动将人才下沉，帮助技术落地。据不完全统计，贵州省科技特派员累计帮助各地制订产业发展规划8000余个，帮助指导项目实施4000余个，培养农村实用人才近20万人次，推广农作物新品种2000余个，精准服务更能契合当地农业生产结构调整需求。[①]

（四）创新农业生产经营模式，培育农业生产结构调整主体

农业产业普遍存在"小、散、弱"的现象，以小农经济为主的农业生产经营模式在变革中难以形成向心力，农业生产结构调整就难以深入展开。只有产业集聚，才能提高劳动生产率，产生外部规模经济，有效形成向心力。通过创新农业生产模式，建立利益联结机制，可以有效提高农民组织化程度，发展一批重点龙头企业，而龙头企业可以带动产业集群的发展，培育农业生产结构调整主体。贵州省为更好发展12个重点特色优势产业，大力推进资源变资产、

[①] 贵州省科学技术厅办公室：《贵州：科技特派员添力农村产业革命》，贵州省科学技术厅官网 http：//kjt.guizhou.gov.cn，2020年8月25日。

资金变股金、农民变股东"三变"改革,培育专业化产业农民和重点龙头企业。通过建设规模化基地、标准化基地,形成了从生产到加工再到销售的完整产业链,极大地提高了农业生产结构调整的效率。

(五)提高农民生产积极性,唤醒农业生产结构调整内在动力

农民的参与意愿是影响农业生产结构调整的重要因素。只有提高农民生产的积极性,让农民主动参与到农业生产结构调整的过程中,才能提高土地利用率,加快现代高效农业建设。贵州省政府加大投入扶持力度,通过资金统筹,及时将农户需要的资金送到农民手上,提高农民参与生产的积极性。与此同时,积极进行基层党组织建设,大力推广"塘约经验",将基层党组织建在生产小组上,优化"党总支+支部+党小组"的乡村治理结构,让党员发挥带头作用,组织农户合股联营,共同致富。

第三节 贵州农村产业革命的实践基础与推进机制

党的十八大以来,全省上下切实转变思想观念、发展方式和工作作风,全力推进产业结构调整,农村产业革命取得明显成效,探索和创造了一批好经验、好做法,形成了"组织发动""产销对接""利益联结"等农村产业革命推动模式,涌现出了大批典型案例。同时,贵州省也在实践总结的基础上深化各项改革,以系统化创新深入推进农村产业革命。本节选取贵州农业产业革命中的几个典型案例进行介绍,以供学习借鉴。从基础设施、产业组织、流通体系、科技支撑、工作方法等角度剖析贵州农村产业革命的推进机制。

一、贵州省农村产业革命的实践基础

响应党的十八大的号召,贵州省政府制定了一系列的政策,为贵州省农业供给侧结构性改革提供了有效的政策支持。农村产业革命对于贵州农业经济增长到底做出了怎样的贡献,本节选用以"组织发动""产销对接""利益联结"三个方面为重点推广模式,从中找到榜样,找到借鉴并对这一问题进行探讨。

(一) "组织发动"打造平坝区百姓聚宝盆

由村党组织领办专业合作社,围绕主导产业实际,以行政村为单位,实行交叉任职,把致富能人、党员和贫困群众组织起来加入合作社。既发挥了党组织组织动员、凝聚人心的优势,又发挥了合作社信息、资源、技术等方面的优势,把组织意图与群众意愿有机结合起来,在推进产业发展的同时,夯实党的执政基础。

2014年以来,平坝区塘约村立足实际,探索"村社一体·合股联营"农村改革新路径,推动了农村经济又好又快发展。2013~2016年,全村发生了天翻地覆的变化,农民人均可支配收入10030元,增加了6000多元,80%的农户户均年收入3万元以上;村级集体经济收入202.45万元,增加了198.53万元。

1. "确权颁证"让资源活起来。一是"七权同确"。开展土地承包经营权、林权、集体土地所有权、集体建设用地使用权、房屋所有权、小型水利工程产权和农村集体财产权等"七权"确权工作,采用GPS、航拍等高科技手段对全村土地精准测量。成立"确权议事会",广泛收集民情民意,对于有地无证、有证无地、一地多证、一证多地和无证无地,以及实际测量面积偏大等问题进行汇总。在确权过程中,对于占用集体资产的,由村干部、党员带动全村群众,采取交还或购买的方式处理,经过指界、退出、村民按手印三个程序确认。二是建档颁证。为每块土地的面积、形状、位置等信息建立档案,建立"七权"同确数据库,充分运用大数据手段,对确权成果进行动态管理和使用。目前,全村耕地经过精准测量确权后从1572亩增加到4881亩,入库林地确权面积2616亩、颁发林权证60本,房屋957宗,集体所有水利工程19宗、颁发水权证32本。三是盘活资产。折价入股,开展土地入股,全村4881亩土地全部入股,募集股东921户,股权总数5230股;开展水权入股,全村28处小型水利工程评估1542万元,作价入股到塘约村水务公司,该公司通过经营农村饮水安全工程及农田灌溉工程获取水费,所获收益与村集体分享。实行抵押贷款,按照土地承包权与经营权分离的原则,金土地合作社与农村信用社共同构建"3+X"("3"指农村信用社、村委会、金土地合作社,"X"指公司、合作社、专业大户、农户等主体)支农扶农信贷新模式,提供抵押贷款。由村集体提供担保贷款,经营主体申请贷款时授信额度最高可达缴纳担保基金的10倍,利率在同期同档次基础上下浮10%。目前,全村累计从平坝区农信社获得"金土地贷"等贷款307笔1725万元,"沉睡资源"变成了"鲜活资产"。

2. "合股联营"让钱包鼓起来。一是股份合作。带股入社。以田每亩700元、地每亩500元、坡耕地每亩300元计算,按500元一股入股,实现户户入社、户户带股。合作社接受国家财政直接补助和他人捐赠形成集体资产,平均量化到成员,按比例分配给本社成员,并记载在成员个人账户中,通过带股入社打造股份农民。设立机构。成立成员大会,由全体成员组成,是合作社的最高权力机构,选举和罢免理事长、执行监事,每年召开一次成员大会,决定重大事项。成员入社自愿、退社自由、地位平等、民主管理,实行自主经营、自负盈亏、利益共享、风险共担,初步建立起内部法人治理结构。建立制度。建立土地流转制度,入社土地由村集体统一经营,不向本集体经济组织外流转。建立财务管理制度,实行独立的财务管理和会计核算,严格核定成本与费用,由执行监事对合作社资产运行、财务管理、收益分配实行监督,有效保障社员收益。2016年,村集体及合作社分红121.47万元,社员分红80.98万元,最高分红达8960元,最低也有1840元。二是集体经营。建经营服务平台。合作社下设土地流转中心、股份合作中心、金融服务中心、营销信息中心、综合培训中心、权益保障中心,形成"1+6"的一体化服务体系,有效解决农村土地难以集中、贫困户资金难以筹集、市场风险难以抵御、村民权益难以保障等问题。建创业就业平台。在合作社内部组建运输公司、劳动输出公司、妇女创业联合会和建筑公司等经营实体,加强对劳动力职业技能培训,培训了200多名驾驶员、800多名其他技术人员,大多在村合作社下设公司就业。建"七统一"发展机制。全村实行资金统一核算、土地统一规划、干部统一使用、财务统一核算、农产品统一销售、美丽乡村统一建设、红白喜事统一操办"七统一",更好配置资源,提高发展和治理水平。三是调优结构。做精品农业。围绕农业供给侧结构性改革,大力发展现代山地特色高效农业,采取"村集体+合作社+公司+农户"的发展模式,大力调整农业产业结构。全村种植芹菜600亩、韭黄700亩、辣椒150亩、香葱200亩、浅水莲藕300亩、晚熟脆红李520亩、核桃500亩、羊肚菌160亩,农业效益大幅提升。围绕"水果上山、苗木下田、科技进园",建设青岛—安顺农业产业示范园,建成后将带动蔬菜种植3万亩,带动周边5000户农户增收。促进农业接二连三。山东寿光市龙耀食品(集团)有限公司对口帮扶塘约村,为村里无偿提供700万帮扶资金建设农业产业园,并以470万元作为技术入股。目前,占地300多亩的农业产业园已初具规模,新建成的育苗中心区、高科技展示区、采摘体验区和示范种植高产高效区,每年可产生近600万元的经济效益。组建荷塘月色旅游发展公司,以农耕文化为基础,打造集农业生产、农产品加工、休闲体验、养生养老等为一体的田园综合体。

3. "党建保障"让力量聚起来。一是"网格化"服务。由乐平镇党委批准塘约村党支部升格为党总支,村党总支将11个村民小组划分为4个网格,在网格建立党支部,在村民小组建立党小组,形成党总支领导下的网格化管理格局。党总支定期交流沟通、定题研判,解决热点难点问题。党小组负责收集群众意见建议,将党的声音和力量传递至村组农户,打通了联系服务群众的"最后一米"。推选3名老党员成立村务监督委员会,履行"村纪委"职责,全程监督村务党务,重点审核账务,做到群众明白、干部清白。二是"驾照式"考评。强化党员考核。党员每月满分10分,全年120分,记分内容涵盖学习教育、组织生活、履行职责、廉洁自律和遵纪守法等5类40多项,由村民小组议事会每月进行测评打分。年终对超过80分的党员比照组长报酬给予奖励,低于60分的为不合格。连续3年考评不合格者,劝其退党。强化村干部考核。对村干部实行日常考评和年终考评相结合,满分100分。每周工作完成情况占50%权重,年底村民组长和全体农户的测评分别占30%和20%的权重,综合得分作为干部绩效考核的依据,少1分扣300元。2016年,有个别村干部就被扣了1万多元。三是"红黑式"治村。"红九条"规范。针对群众反映强烈的滥办酒席、不孝敬父母、不诚实守信等陋习,通过村民代表会议商议,颁布了九条村规,简称"红九条",作为村民行为规范的红线。"黑名单"治理。对于违反"红九条"的村民,给予3个月考察期,考察期内不能享受任何惠民政策,考察期满经村民代表会议测评合格后,才能恢复有关权利。

(二)"产销对接"铺就息烽县百姓脱贫路

立碑村是息烽县着力打造的特色电商村。在这里,投身电子商务的人不在少数。一户户民房里,孕育出一家家销售贵州特色农产品的网店。"在发展农村电商过程中,像很多兄弟区县一样,我们也曾面临电商专业人才紧缺、有产品无'网货'、物流成本高等瓶颈。"息烽县大数据电子商务服务中心主任杨忠华说,息烽县聚焦"黔货出山",相继出台《息烽县电子商务奖励扶持办法》

《息烽县人民政府办公室关于印发息烽县立碑特色电商村建设工作方案的通知》等文件，支持电子商务发展。

针对农户想开网店却没有专业技能的问题，息烽县通过与阿里巴巴淘宝大学合作，建立贵州省首个淘宝大学县域培训基地，打造电商人才的练兵场，吸引了一大批青年返乡创业，周边区县创业青年也慕名而来。

为破解"有产品无网货"的难题，作为淘宝大学息烽培训基地的配套项目，2017年2月，息烽引进贵州老腊肉电子商务有限公司，借助立碑村电子商务创业创新基地，指导立碑村村民将农产品开发成"网货"。仅两个月，息烽县就筛选出50种产品体系，开发出1800多种产品，"烽味""苗素"等带有贵州和息烽特色的产品脱颖而出。

息烽县还通过网商抱团、政府奖励、企业扶持、快递跟进等一系列"组合拳"，为当地网商解决了物流费用过高的问题。目前，当地快递物流发货成本由原来的首重10元以上降到3千克以上首重最低0元、续重2元。

此外，按照"互联网+特色农产品"的发展思路，息烽县调整产业结构，推动立碑村发展电子商务，不仅有效带动了当地村民增收，还吸引了周边村镇甚至临近区县的村民前来发展电子商务。网商不断聚集，又反过来推动息烽县电商产业规模不断扩大，形成共建产业发展生态、共享"互联网+农产品"红利的良性循环。

修文县的宋杨清了解到息烽县电商发展形势好、政策优，于2018年2月从成都一家化妆品公司辞职，在立碑村开起了网店，销售折耳根和猕猴桃等本地特色产品。"我一到这里，政府就免费给我建了个小冷库，每发一个包裹还补贴一元钱。"宋杨清说，目前，他的网店每天发单量都在500单左右，带动了12名村民就业。截至2018年10月，立碑村注册电商企业6家、个体工商户27家、淘宝网店114个，电商从业人员达155人，年度网络零售额已突破1070万元，达到了阿里研究院"淘宝村"认定标准。[1]

(三) "利益联结" 托起黎平县百姓致富梦

2018年以来，黎平县中潮镇中潮村以推广"十户一体"抱团发展模式为契机，着力构建"以大党建引领大发展"工作模式，认真探索"党社联建"

---

[1] 秦美虹：《息烽立碑村：拥抱"互联网+" 富民强村就靠它》，多彩贵州网 http://news.gog.cn/system/2018/08/20/016756401.shtml，2018年8月20日。

谋求新发展。村基础设施建设和人居生活环境得到较大改善，村产业集群交相辉映，已初步形成了以千亩生态农业示范园为主体，融合特色小城镇开发、度假旅游、生态观光、生态餐饮等为一体的特色生态休闲小镇和观光农业产业发展格局。

一是创新抱团模式，探索"党社联建，合股经营，龙头引领"的"三变"改革。在党总支书记吴长霖带领下，中潮村成立了中潮村七所蓝泥湾乡村旅游专业合作社，合作社现有社员113户，股金100万元，其中贫困户76户（覆盖全村所有未脱贫贫困户），贫困户每户以"1000元＋扶贫资金"入股，其他社员自行参股。社员享受"保就业、供培训、拿分红"福利，同时建立"扣除成本，盈利的28%作为合作社发展资金，2%用于公益事业，10%用于村集体，60%按照合作社所占股份份额进行分红"的群众利益分配机制，同时辐射带动黄堡村、尹所村种植麒麟西瓜200亩，带动贫困户45户。

二是实施订单农业，推动"合作社＋'十户一体'＋基地＋贫困户"的发展格局。石碑果蔬基地是2017年春季由中潮镇果蔬农民专业合作社牵头创建，采用"客商资金入股、技术人员技术参股、非贫困户社员资金入股、扶贫资金入股（7%）"的股金入股模式，合作社负责土地流转、日常管理、产品销售，按照"合作社＋'十户一体'＋基地＋贫困户"的发展模式，实施订单农业，产业主要销往广东农产品交易市场，基地规模210亩，现已投资86万元，预计后期投入55万元（大棚建设），现在长期在基地务工25人（80%都是贫困户），每人每天工资80元，开工建设以来，已支付劳务费30万余元。每户贫困户年收入可达2.5万元。

三是成立村办企业，实现村集体"经营能力"与村民"内生动力"比翼双飞。黎平县通达九州劳务承包有限公司是由中潮村"两委"牵头创办的村办企业，村"两委"成员带头带动村民入股。该公司采取统一安排工作、统一结算劳务费、统一技术培训、统一安全管理的运营模式。"盈利的10%作为公司发展资金，30%作为村集体经济收益，60%按照公司股东所占股份份额进行分红"的群众利益分配机制，既解决了村民就业，激活群众内生动力，又增强了村集体带动经济发展的能力，为村集体经济和股东村民增收。①

---

① 秦美虹：《黎平县中潮村："三变"改革激活力 "抱团发展"促增收》，多彩贵州网 http：// news. gog. cn/system/2018/08/20/016756490. shtml，2018年8月20日。

二、贵州省农村产业革命的"六位一体"推进机制

农村产业革命是一个系统工程,只有各方面协调推进才能取得预期效果。为了加快实现贵州农业由传统农业向现代农业的转变,从纵深推进农村产业革命,贵州省各级政府和各部门作出了周密部署,从产业选择、基础设施、产业组织、流通体系、科技支撑、工作方法等方面全面创新,有力地支撑和推动了贵州农村产业革命。

(一)精准产业选择体系

一是选好优势产业迅速做大规模。推动优势产业优先发展,优势品种率先突破,把12大特色产业做大做强。二是大力发展林下经济。加快"林业+产业"融合发展,统筹推进国家储备林建设与优势特色产业布局,规划建设一批林特产品基地。三是建设一批规模化、标准化农产品基地。扩大优质农产品供应量,加快建设一批直供上海、杭州等东部对口帮扶城市和粤港澳大湾区的主要菜篮子基地。四是促进产业融合发展。加快发展现代农产品加工业,支持特色优势产业主产区建设农产品加工产业集群,创建一批特色农产品加工强县。[①]

因为农村的配套设施落后,农户难以及时准确地把握发展前景,所以政府阶段性战略目标的选择对农村经济发展具有重大影响。为更好推进贵州省农村产业革命,贵州省农委在2018年先后推出《关于大力发展蔬菜、中药材、水果等产业推动种植业结构调整的指导意见》和《贵州省调减玉米种植三年行动方案(2018~2020年)》,选优势产业,引导农户调整粮经作物种植面积,推动优势产业优先发展。面对2020年的新冠肺炎疫情,贵州省农业农村厅及时印发了《贵州省统筹推进疫情防控和农村产业革命20条措施》,鼓励农户在做好疫情防范的同时积极开展农业生产。

(二)健全产业组织体系

一是发展壮大龙头企业。坚持把培育壮大龙头企业作为实施全产业推进、多业态经营和全要素提升的关键,加大农业企业引进力度,提升农产品加工、

[①] 中共贵州省委全面深化改革委员会办公室:《贵州省创新"六大体系"深入推进农村产业革命》,《贵州改革情况交流》2019年第61期。

流通配套水平。二是鼓励国有平台公司和供销社转型发展。鼓励国有企业采取并购、资产重组、股份经营等方式，组建农业企业集团。三是着力完善特生合作社。推广成功经验，指导健全财务管理制度和内部奖惩机制。四是做实利益联结机制。组织加强与龙头企业对接，带动农民开展大规模种养，明确和优化农户、企业、合作社在产业链中的环节和份额。

在政府政策引导下，各市区建立了"公司＋合作社＋农户"的产业扶贫模式，让贫困人口能够参与到农业生产中，获得农村产业革命带来的红利。金融保障是壮大龙头企业的重要前提，在加强金融保障方面，主要采取了以下措施：推动"三变"改革经营主体在贵州股权金融资产交易中心"应挂尽挂"，吸引金融及其他社会资本参与；鼓励支持各银行业金融机构单列支持"三变"改革专项信贷计划，为金融支持"三变"改革提供信贷规模保障；引导农业特色优势产业基地实行公司化运作，推广订单农业，实现产销充分对接，扶持重点龙头企业做大做强。[1]

（三）夯实产业基础设施体系

一是完善农业配套设施。加快以高效节水灌溉技术的自动化、信息化和农田水利"建、管、养、用"一体化为主要内容的现代农业水利建设，加快完善农业生产重点区域交通网络建设，推进农村基础设施提档升级。二是提高农业装备水平。大力支持喷滴管灌、畜禽标准化圈舍、产品加工设备、渔业设施等设施设备建设。三是抓好耕地保护与质量建设，加强对基础设施领域补短板项目的用地保障，补充耕地指标和城乡建设用地增减挂钩节余指标，实行省内统筹流转，推进深度贫困县城乡建设用地节余指标跨省调剂，提升耕地质量和产出水平。

提高农业装备水平，是提高农业科技成果转化率的重要保障。在农业装备方面，大力支持农业设备等设施的技术研发，将先进的种植技术和管理模式融入农业生产过程中，推进智能化、科技化与农业化相结合。在农业基础设施建设资金支持方面，加强农机购置补贴，加快山区机耕道建设，提高耕、种、收和烘干等环节的农机装备和作业水平，推进山地农业机械化。

（四）完善产品流通体系

一是加强农产品产销对接。推广应用现代市场营销模式，扩大农产品订单

---

[1] 程曦：《贵州将投100亿扶贫专项再贷款"金融十条"支持农村"三变"改革》，多彩贵州网 http://www.gog.cn/zonghe/system/2016/08/19/015082679.shtml，2016年8月19日。

需求。二是打造现代农产品流通体系。盘活县城供销资源，加快打造市、县、乡、村四级农产品物流配送服务网络。三是大力发展农产品电子商务。加快推进农业大数据平台、农业物联网基地建设。四是加大品牌培育和宣传力度。实施品牌强农战略，推进贵州绿色优质农产品整体品牌建设，集中打造全国知名的一批优质区域公共品牌。

扩大销售渠道，加大品牌培育和宣传力度，是完善产品流通体系的重要方式。在扩大销售渠道方面，贵州省充分利用淘宝、京东、微信商城等互联网运营平台打开网络市场，加强产销对接，积极推进农产品进入国内外大型商超、生鲜超市、水果连锁门店等，不断提高市场占有率。在品牌培育方面，贵州省注重品牌整合，统一品牌标准，利用博览会、展销会、推介会、发布会、新媒体等平台和资源，政企合力开展品牌宣传推介，有效提高了贵州农产品的知名度和影响力。在政府的大力推广下，打造了都匀毛尖、开阳富硒系列农产品、紫云红心薯、平坝香米、丰源菌等享誉省内外的知名品牌，拥有了稳定的消费人群。

（五）加大产业科技体系支撑

一是着力提升农产品质量。加大标准和规程推广力度，提升农业生产标准化水平。二是全面提升农业科技服务能力。创新财政科技资金使用方式，健全农技推广服务体系。三是强化技术培训。组建技术团队和技术培训专班，加大农民全员培训力度，着力打造一支"爱农业、懂技术、善经营"的职业农民队伍。四是大力发展智慧农业。运用大数据技术建立从种植前端到销售末端全流程的数据采集应用平台。

科学技术是农业的第一发展力，科技支撑是贵州省农村产业革命得以迅速开展的重要因素。在农产品加工方面，加大对农产品加工技术的研究投入与创新应用，重点突破加工工艺、食品安全控制、标准化自动化生产等技术重难点；在科技服务体系建立方面，贵州省建立了产学研用合作交流平台，推动农业科技创新与产业发展深度融合，建设"贵州农经网""贵州省农业科学院12316农业技术咨询服务平台"为农户提供在线技术服务，同时采用科技特派员的方式，组织基层干部和技术人员将技术送到田间地头，实现技术服务到村到户。

（六）强化产业组织保障体系

一是压实领导责任。落实省负总责、市县抓落实的工作机制，强化省市县领导干部领衔推进农村产业革命联席会议机制。二是加大支持力度。加大对12个重点产业的投入，探索农银企和农银保产业共同体发展模式和融资机制，建立吸引、激励和留住人才的体制机制。三是发挥基层党组织引领作用。在龙头企业、合作社、生产基地等建立党组织，把党的组织优势转化为产业发展优势。

资金筹措是农业产业革命的重要环节，加大资金支持力度可以帮助培育新型农业经营主体，推动农业特色优势产业发展。在探索农银保产业共同体发展模式方面，创新性地开发符合农村"三变"改革需要的农、林、畜等地方特色农产品保险，扩大农业特色保险覆盖面，按照应保尽保的原则，帮助农户应对自然灾害风险。

第四节 农村产业革命对贵州农业经济增长的贡献

本节通过对贵州农业产业结构和农业总产值进行灰色关联度分析，判断农业各生产部门产值变化对贵州农业经济增长的影响。实证结果表明，农村产业革命的大力推进使贵州省农业生产结构在不到10年的时间里有了质的飞跃，而农业生产结构的优化对贵州省农业经济的增长起到了根本性的作用。

一、贵州农业产业结构与农业经济增长的灰色关联度分析

贵州省农林牧渔业产值与农业经济增长到底有怎样的关联，本节通过对贵州省2012~2018年农业产业结构进行灰色关联度分析，可以更好地了解农业各生产部门产值变化对农业经济增长带来的影响。

（一）模型说明

灰色关联分析（GRA）是指对一个系统发展变化态势的定量描述和比较的方法，其基本思想是通过确定参考数据列和若干个比较数据列的几何形状相似程度来判断其联系是否紧密，它反映了曲线间的关联程度。[1] 通常可以运用此

---

[1] 邹嘉琦：《山东农业结构调整对经济增长的影响实证分析》，《山东工商学院学报》2016年第5期。

方法来分析各个因素对于结果的影响程度,也可以运用此方法解决随时间变化的综合评价类问题,其核心是按照一定规则确立随时间变化的参考序列,把各个评估对象随时间的变化作为比较序列,求各个比较序列与参考序列的相关程度,依照相关性大小得出结论。

设定参考序列为 $X_0 = \{X_0(k) \mid k = 1,2,\cdots,n\}$;

设定比较序列为 $X_i = \{X_i(k) \mid k = 1,2,\cdots,n, i = 1,2,\cdots,m\}$。

对参考序列和比较序列的变量进行预处理,采用均值化法进行无量纲化处理,即将各个序列每年的统计值与整条序列的均值作比值。根据邓氏经典灰色理论,灰色关联系数为:

$$\zeta_i(k) = \frac{\min\limits_{i}\min\limits_{k}|x_0(k) - x_i(k)| + \rho \cdot \max\limits_{i}\max\limits_{k}|x_0(k) - x_i(k)|}{|x_0(k) - x_i(k)| + \rho \cdot \max\limits_{i}\max\limits_{k}|x_0(k) - x_i(k)|} \quad (7.1)$$

其中,$\xi_i(k)$ 是 x_i 对 x_0 在 k 时刻的关联系数,分变系数 ρ 的取值范围为 $0 \sim 1$,取 $\rho = 0.5$。

因为关联系数是比较数列与参考数列在各个时刻(即曲线中的各点)的关联程度值,所以它的数不止一个,而信息过于分散不便于进行整体性比较。因此将各个时刻(即曲线中的各点)的关联系数集中为一个值,即求其平均值,作为比较数列与参考数列间关联程度的数量表示,关联度 r_i 公式如下:

$$r_i = \frac{1}{n}\sum_{k=1}^{n}\xi_i(k), k = 1,2,\Lambda,n \quad (7.2)$$

(二)灰色关联度结果分析

为得到贵州省农业各生产部门产值与农业总产值的关联度,本节以贵州省 2012~2018 年农业总产值作为参考数列,种植业产值、牧业产值、渔业产值、林业产值作为比较数列,按公式计算 2012~2018 年贵州省农业内部各部门产值与农业总产值的关联度,得到的结果如表 7-1 所示。

表 7-1　　贵州省农业内部各部门产值与农业总产值关联度

年份	种植业	林业	畜牧业	渔业
2012~2018	0.8934	0.2834	0.7805	0.1228

资料来源:《贵州统计年鉴》(2013~2019 年)及贵州省统计局发布的数据。

由表 7-1 可以看出,2012~2018 年,贵州省农业内部各部门产值与农业总产值关联度排序为:r(种植业)> r(畜牧业)> r(林业)> r(渔业)。

种植业产值与农业总产值的关联度为0.8934,说明种植业对农业的影响非常显著;畜牧业与农业总产值的关联度为0.7805,畜牧业对农业的影响仅次于种植业;林业、渔业产值与农业总产值的关联度分别为0.2834和0.1228,说明林业、渔业对农业的影响较低,对促进贵州农业产值增长的作用不明显。

根据初步的灰色关联度结果分析可以看出,种植业和畜牧业的发展对于农业影响明显。在灰色关联度分析结果的基础上,本节将构建一个计量模型,主要探究种植业和畜牧业生产结构变化对于农业经济增长的作用,定量分析农业生产结构变动对贵州省农业经济增长的具体影响。

二、贵州农业产业革命对农业经济增长影响的回归分析

为更好地了解贵州农业产业革命对农业经济增长产生的影响,在灰色关联度计算结果的基础上,本节将主要探究种植业和畜牧业生产结构变化对农业经济增长的作用。

(一)变量选取与模型构建

1. 变量选取。

考虑到生猪是贵州畜牧业的主要构成部分,猪肉总产量占肉类总产量的75%以上,本节选定猪肉产量占比作为畜牧业生产结构的主要代表,粮经作物播种面积之比作为种植业生产结构的主要代表。选取了2012~2018年贵州省粮经作物播种面积之比和猪肉产量占肉类总产量比重作为解释变量①,贵州省农业总产值为被解释变量,选取变量的具体说明见表7-2。

表7-2 选取变量说明

变量类别	指标名称	单位	变量符号
被解释变量	农业总产值	亿元	Y
解释变量	粮经作物播种面积之比	%	X_1
	猪肉产量比重	%	X_2

其中,农业总产值(Y)选取贵州省农业总产值数据来表示,单位为亿元,具体数据来源于2012~2018年的《贵州统计年鉴》。

---

① 何秀丽:《吉林省农业生产结构调整对农民收入的影响研究》,吉林农业大学硕士论文2018年5月。

粮经作物播种面积之比（X_1）选取贵州省粮食作物播种面积与经济作物播种面积的比例来表示，具体计算数据来源于2012~2018年的《贵州统计年鉴》。

猪肉产量占比（X_2）选取贵州省猪肉产量占肉类总产量比重来表示，具体计算数据来源于2012~2018年的《贵州统计年鉴》。

2. 模型设定。

在变量选取的基础上，本节根据前面的理论分析构建多元线性模型并使用EViews 7.2进行分析，模型设定如下：

$$\ln Y = \beta_0 + \beta_1 \ln X_1 + \beta_2 \ln X_2 + e \tag{7.3}$$

其中，β_0为截距项，β_1、β_2为回归系数，Y为农业总产值，X_1为粮经作物播种面积之比，X_2为猪肉产量占比，e为残差项。

（二）数据的描述性统计

为消除量纲和序列异方差，模型中所有变量均采用了对数形式，变量的描述性统计分析结果具体见表7-3。

表7-3　　　　　　　　变量的描述性统计

变量	均值	最大值	最小值	标准差
ln（Y）	3.3100	3.5586	2.9991	0.2086
ln（X_1）	0.1219	0.2157	0.0005	0.0647
ln（X_2）	2.2936	2.3298	2.2531	0.0260

资料来源：《贵州统计年鉴》（2013~2019年）及贵州省统计局发布的数据。

从表7-3中可以看出，贵州省农业总产值的变化较大，其中最大值为2018年的3.5586，最小值为2012年的2.9991，说明贵州省的农业总产值在不到10年的时间里得到了较大的提升。为更好了解贵州省农业经济增长的影响因素，需要进行进一步实证。

（三）计量检验及回归结果分析

1. 平稳性检验。

为了避免"伪回归"，在分析前需要对各变量的平稳性进行检验，本节采用ADF单位根检验法对各变量的平稳性进行检验。

ADF单位根检验法的原假设与备择假设设定如下：

H_0：序列不稳定，存在单位根。

H_1：序列稳定，不存在单位根。

分别检验 lnY、lnX_1、lnX_2，发现各经济变量的水平序列都存在单位根，经过一阶差分后的序列都拒绝了单位根假设，所以它们均是一阶单整时间序列。检验结果整理后见表 7 – 4。

表 7 – 4　　　　　　各变量一阶差分后 ADF 检验结果

变量	ADF 值	1%	5%	10%	是否平稳
$\Delta ln(Y)$	– 2.6806	– 3.0074	– 2.0212	– 1.5973	平稳
$\Delta ln(X_1)$	– 4.1887	– 5.1198	– 3.5196	– 2.8984	平稳
$\Delta ln(X_2)$	– 4.6031	– 6.2721	– 4.4504	– 3.7015	平稳

资料来源：数据均采用 EViews7.2 软件计算所得，Δ 代表一阶差分。

2. 模型回归结果分析。

对一阶差分后的变量序列进行多元线性回归，得到回归结果见表 7 – 5。

表 7 – 5　　　　　　　　　模型回归结果

变量	回归系数	标准误差	T 统计量	P 值
X_1	– 1.9904	1.3277	1.4992	0.0742
X_2	2.7081	0.2963	0.8216	0.0442
C	– 2.6584	1.7136	5.3446	0.0184
R – squared	0.9885	Mean dependent var	3.31	
Adjusted R – squared	0.8513	S. D. dependent var	0.2086	
S. E. of regression	0.0804	Sum squared resid	29.6859	
F – statistic	63.9454	Durbin – Watson stat	1.7434	
Prob（F – statistic）	0.0014			

资料来源：数据均采用 EViews 7.2 软件计算所得，Δ 代表一阶差分。

模型的拟合度 R^2 为 0.9885，说明模型拟合度较好。根据模型回归结果建立相应的回归方程为：

$$Ln(Y) = -1.9904 Ln(X_1) + 2.7081 Ln(X_2) - 2.6584 \tag{7.4}$$

从回归方程可以看出，选取的影响因素对于贵州农业总产值有着较好的解释效果。粮经作物播种面积之比（X_1）与农业总产值（Y）总体呈现负相关，回归系数为 – 1.9904，说明粮经作物播种面积之比越高，农业总产值越低。猪肉产量占比（X_2）与农业总产值（Y）总体呈现正相关，回归系数为2.7081，说明猪肉产量占比越高，农业总产值越高，这一回归结果与实际情况相符。

  从回归结果可以看出，农村产业革命对于贵州省农业经济增长有着显著的促进作用，贵州省在农村产业革命中大力推广种植业生产结构优化，鼓励农户利用资源禀赋的比较优势，将附加值较低的粮食作物替换为附加值较高的经济作物，粮经作物的种植结构从2012年的40∶60调整为2018年的50∶50，有效提高了土地利用效率。农村产业革命以来，贵州省政府先后出台了多部生猪产业发展指导性文件，在保障生猪供给的基础上，纵深推进生猪产业发展，根据各地特色建设生猪养殖发展重点基地，建立了从养殖、加工到产品销售完善的产业链。在政府的大力推广下，贵州省生猪产业提质增效明显，2018年全省生猪规模化养殖率达31.8%，发展帮助了上万户农民脱贫。

  农村产业革命的大力推进使贵州省农业生产结构在不到10年的时间里有了质的飞跃，而农业生产结构的优化对贵州省农业经济的增长起到了根本性的作用。通过优化种植结构，鼓励产业集群，打造农产品品牌等举措，贵州省农业产值有了显著提高，2018年贵州省农业总产值达3619.50亿元，与2012年相比增长了252%。

第八章

以大数据为引领推动创新驱动的高质量发展

自 2012 年中国共产党第十八次全国代表大会召开以来，贵州省的经济发展速度连续 8 年位居全国前列，正在实现后发赶超。为了实现后发赶超，必须深刻理解后发赶超的核心内涵——扬长避短，发挥区位优势，发展特色优势产业。在贵州省这片土地上，"大数据"的出现为贵州省的后发赶超注入了强劲动力。得助于国家的政策支持和自身优势，贵州省在大数据发展方面拥有了得天独厚的条件。短短数年，大数据就深深扎根于贵州大地，各界的大数据投资纷纷涌入，贵州的大数据产业得以快速发展。贵州省充分利用大数据发展优势，以大数据为引领推动产业融合、产业治理、政务服务水平等方面的创新，在创新驱动的高质量发展之路上取得了可喜的成绩。

第一节　战略行动促进产业深度融合发展

在国家的大力支持下，贵州省的大数据产业得到极好的发展，已经成为全国大数据产业的示范区。在这样的先行优势下，贵州省展开了"四个强化""四个融合"的大数据发展战略。在产业深度融合发展的实践中，贵州省的大数据战略行动发挥了重要作用，极大地促进了贵州省三大产业的深度融合发展。

一、大数据基本概念

21 世纪是信息大爆炸时代，依托互联网的发展，"大数据"成为一个耳熟能详的概念，了解大数据的基本概念，对大数据的研究和应用具有十分重要的意义。

何为"大数据（Big data）"？不同学者、不同研究机构给出了不同定义。最初，维克托·迈尔等人在编写的《大数据时代》中将大数据定义为是指不用随机分析法（抽样调查）这样的捷径，而采用所有的数据（人类当前能力下所能获取的所有数据总和）进行分析处理。从大数据属性角度，研究机构 Gartner 给出了这样的定义：大数据是需要新处理模式才能具有更强的决策力、洞察发现力和流程优化能力来适应海量、高增长率和多样化的信息资产；麦肯锡全球研究所给出的定义是：一种规模大到在获取、存储、管理、分析方面大大超出了传统数据库软件工具能力范围的数据集合，具有海量的数据规模、快速的数据流转、多样的数据类型和价值密度低四大特征。虽然国内外对大数据尚未有一个权威的定义，但是都基本认同大数据所具备的基本特征：大量化（Volume）、多样化（Variety）、快速化（Velocity）以及价值密度低（Value）。

"大数据"应用前景如何？大数据在政府机关、新闻媒体行业、电信行业、电子商务行业以及企业制造行业中存在着突出的潜力，可以为这些行业的发展和治理提供巨大帮助。

大数据的应用可以为政府机关做到以下几点：实时跟踪、采集与业务工作相关的信息；全面满足内部工作人员对互联网信息的全局观测需求；及时解决政务外网、政务内网的信息源问题，实现动态发布；快速解决政府主网站对各地级子网站的信息获取需求；全面整合信息，实现政府内部跨地区、跨部门的信息资源共享与有效沟通；节约信息采集的人力、物力、时间，提高办公效率。

大数据在新闻媒体中起到的作用包括：快速准确地自动跟踪、采集数千家网络媒体信息，扩大新闻线索，提高采集速度；支持每天对数万条新闻进行有效抓取。监控范围的深度、广度可以自行设定；支持对所需内容的智能提取、审核；实现互联网信息内容采集、浏览、编辑、管理、发布的一体化。

大数据在电信领域必不可少，其应用内容主要为：采集基站等硬件设备的数据，分析设备负荷状况，生成设备的扩容、优化、质量排查、扩建等建议，达到均衡网络流量的目的；分析用户的话单数据，界定用户属性，分析手机终端的特征，从而形成套餐推荐、终端推荐等决策；根据用户使用的 App 软件、访问的网页进行更为全面的用户行为分析、用户喜好分析；采集微博等社交网络数据，了解用户对运营商的评价和意见，舆情分析。

大数据在电子商务领域的作用包括：购物行为与销量预测分析；商品关联分析；全网产品信息采集，产品素材获取；通过分析产品价格和销量，指导新品上架策略；云评论系统的搭建和维护；电子商务渠道分销。

大数据在企业制造领域的作用：实时准确地监控、追踪竞争对手动态，是企业获取竞争情报的利器；及时获取竞争对手的公开信息以便研究同行业的发展与市场需求；为企业决策部门和管理层提供便捷、多途径的企业战略决策工具；大幅度地提高企业获取、利用情报的效率，节省情报信息收集、存储、挖掘的相关费用，是提高企业核心竞争力的关键；提高企业整体分析研究能力、市场快速反应能力，建立起以知识管理为核心的"竞争情报数据仓库"，提高核心竞争力。从"大数据"对各行各业的作用来看，"大数据"在社会各行业中具有良好的应用前景。

二、大数据战略行动

我国对大数据的发展十分重视，早在2010年，工业和信息化部发布了《物联网"十二五"发展规划》，规划中提及要大力发展以海量数据存储和数据挖掘为核心的信息处理技术；2013年，国内许多互联网企业将目光投向大数据产业并做出一些业务尝试；2014年，首次将"大数据"写入《政府工作报告》；2015年8月，国务院正式印发《促进大数据发展行动纲要》（以下简称《纲要》），具体部署了大数据发展工作。《纲要》明确指出，推动大数据发展和应用，在未来5~10年打造精准治理、多方协作的社会治理新模式，建立运行平稳、安全高效的经济运行新机制，构建以人为本、惠及全民的民生服务新体系，开启大众创业、万众创新的创新驱动新格局，培育高端智能、新兴繁荣的产业发展新生态。

贵州作为全国大数据产业发展的示范地区，国家和贵州开展了一系列的部署：2014年3月，贵州省在北京举办了"贵州—北京大数据产业发展推介会"；随后几年，贵州建立了数据中心、大数据交易中心、"云上贵州"、大数据博览会等平台，进入了大数据产业飞速发展时期；2016年2月，国家发改委、工业和信息化部、中央网信办批准贵州建设国家大数据（贵州）综合试验区，贵州大数据发展得到国家层面的支持。

贵州省政府对国家的支持做出积极响应，紧抓发展机遇，在贵州省第十二次党代会明确提出"全力实施大扶贫、大数据、大生态三大战略行动"。在习近平总书记关于大数据发展的系列重要讲话精神指引下,贵州省强力推动"四个强化""四个融合"大数据发展战略。按照"四个强化、四个融合"的部署,全省上下齐心,坚定不移,深入贯彻落实大数据战略行动。

(一)"四个强化"

"四个强化"是指强化对现有大数据企业的支持力度,强化对大数据企业的招商力度,强化与大数据融合的高科技企业的招商力度,强化对大数据等高科技领域的人才引进力度。

第一,强化对现有大数据企业的支持力度。贵州通过顶层设计为大数据企业打破发展桎梏,通过容错试错鼓励企业勇闯蓝海;改善信息基础设施,采取稳固出省带宽、建设信息枢纽、有效提速降费等措施,降低企业前行的成本;坚固内部结构,构筑法律法规、人才配置、安全保障等支撑体系。大数据新业态、新模式层出不穷,大数据企业如雨后春笋般成长壮大,以大数据为引领的电子信息产业列为贵州省十大千亿产业培育目标,对经济转型升级发展的贡献越来越突出。立足人工智能、5G、物联网、云计算、信息安全、区块链等大数据新领域,贵州省扎实落实大数据新领域百企引领行动方案,建立新领域百企引领企业库,培育一批拳头产品、创新平台、重点企业,继续对企业从落地到发展进行全过程跟踪、协调解决问题、帮助开拓市场,积极推动企业上云、融资、上市,对新上规及新成长为"独角兽""小巨人""瞪羚"等企业,给予重点支持。

第二,强化对大数据企业的招商力度。产业的发展离不开企业,大数据企业的入驻离不开广招商、招大商。贵州强化大数据企业招商,出实招、求实效,积极做好简政放权的"减法",做优便捷服务的"乘法",着力"强链、补链、延链",打造大数据产业生态圈。省委、省人民政府在2018年出台《贵州省大数据融合实体经济产业招商指引》。为实现大数据精准招商,贵阳市编制完成《贵阳市大数据精准招商规划(2016~2020年)》等政策文件,按产业分类梳理财政扶持、要素优惠、投融资优惠、人才等方面的政策,吸引一批优强企业落户。贵安综合保税区(电子信息产业园)推进财税管理模式创新,明确税收分成比例、土地出让收支管理、招商引资优惠政策补助,成立了3亿元财政产业扶持资金和总规模不低于100亿元的产业合伙基金。贵州的大数据发展,目前已拥有很好的口碑,展示了广阔的前景,通过深入推进产业大招商,依托"1+8"开放创新平台,开展上门招商、以会招商、以商招商,引进一批优质企业落地发展。不断深化与相关企业合作，按照"一个项目、一个领导、一个班子、一个方案、一抓到底"的原则，推动重大合作项目尽快落地。持续强化"喜高不厌低、喜大不厌小、喜新不厌旧"的招商理念，吸引大数据企业落户贵州。继续深入开展"寻苗行动"，丰富目标方向，引进落地一批极具发展潜力的成长型、初创型企业。

第三，强化与大数据融合的高科技企业的招商力度。西进班加罗尔，北上阿拉木图，飞越莫斯科河，辗转"一带一路"沿线国家和地区，贵州精准施策、发挥优势，在全球延揽大数据高科技企业。阿里、华为联姻贵州，携手贵州开启"云上贵州"系统平台建设；太平洋彼岸的苹果云"飘落"贵州，建设苹果中国第一个数据中心；印度洋岸边的"亚洲硅谷"携手贵州，寻求一场"咖喱"与"酸汤"的美妙奇遇；中国华为情定贵州，在黔建设全球核心数据中心。继苹果、英特尔、华为、阿里、腾讯、百度等国际国内顶级"大咖"与贵州携手后，2018年，又有科大讯飞、猪八戒网、科大国创、康佳创投、腾讯云计算、马蜂窝等10多家知名大数据企业落地贵州。聚焦招商"独角兽""小巨人"及成长性好的领军企业项目，就能一好带百好，充分发挥其带动、耦合效应。与大数据融合的高科技企业抢滩登陆贵州，势必推动大数据应用落地生根，建设完整的大数据产业生态体系，打造大数据产业发展新高地。高尖端科研型企业犹如壮大成熟的果实，强化与大数据融合的高科技企业的招商力度，需要我们发扬"跳起来摘桃子"的精神，继续扎扎实实地做好功课，精准了解全国乃至全球有哪些与大数据融合的高科技企业，各个企业的上游产品与下游产品是什么，制订精准的招商方案，进一步做到有的放矢，力求精准招商，确保招商工作取得更大成效。

第四，强化对大数据等高科技领域人才的引进力度。大数据发展，创新是动力，人才是核心。夯实人才这个重要基石，强化对大数据等高科技领域人才的引进力度，聚天下英才而用之，打造一支大数据的贵州"梦之队"，是打赢这场抢先机的突围战的必然选择。在推动大数据发展的征程中，各省区市纷纷把人才作为第一资源，倾力倾情广招人才，"人才战"越发激烈。凭借数据资源优势和大力度产业政策扶持，贵州出台和完善支持大数据等高科技领域人才培育引进的政策措施，实施更加积极的创新人才引进政策，构建"没有围墙的科研院所"，贵州成为大数据人才流向的主要目的地、全国排名第二的"年轻人磁场"，"贵漂"成为热词，助力贵州大数据产业乘云而上。努力建成国内大数据等高科技人才集聚的"硅谷"，要继续搭建平台吸引人才，利用好数博会这个国家级平台，让贵州形成大数据的强大磁场，让各类人才创业有机会，干事有舞台，发展有空间。要继续用心、用情、用力引进人才，集聚一批站在行业科技前沿、具有国际视野和能力的领军人才。要继续在用人、留人上下功夫，建立灵活的人才管理机制和分配激励机制，给予高端人才更大的自主发展和探索空间，通过科技创新创造价值，在经济上有回报、社会上有地位。

（二）"四个融合"

"四个融合"是指加快大数据与实体经济的融合，加快大数据与乡村振兴的融合，加快大数据与服务民生的融合，加快大数据与社会治理的融合。

第一，加快大数据与实体经济的融合。2017年以来，贵州不断深化"万企融合"大行动，深入实施数字经济攻坚战，加快推动大数据与实体经济深度融合。融合犹如一炉烈火，推动工业向智能化生产、网络化协同、个性化定制、服务化延伸融合升级；推动农业向生产管理精准化、质量追溯全程化、市场销售网络化融合升级；推动服务业向平台型、智慧型、共享型融合升级。数据显示，目前，贵州"上云"企业突破一万户，建设标杆项目104个，实施示范项目1050个，全省两化融合指数在全国排名从2014年第29位提升至现在的第19位。加快推动大数据与实体经济深度融合，贵州省在全国率先编制《大数据与实体经济深度融合评估体系》，建立全国第一个专门面向大数据与实体经济深度融合的指标评估体系，为全省14947家规上企业开展融合评估、诊断，已通过工信部评审，正作为国家评估标准培育。在资金引导上下功夫，面向各企业开始发放"云使用券"，助力实体经济企业"上云用云"，符合条件的上云企业申领后，可在购买云服务时抵扣部分云服务使用费。"大数据＋实体经济"是"1＋1＞2"。贵州要继续深入实施《贵州省实施"万企融合"大行动打好"数字经济"攻坚战方案》，更加强调分行业夯实融合基础、补齐大数据应用短板，有针对性地推动产业转型升级，深化全省大数据与实体经济深度融合水平，确保建设100个标杆项目，实施1000个示范项目，带动2000户实体经济企业与大数据深度融合。

第二，加快大数据与乡村振兴的融合。据统计，2018年全省大数据与农业融合的12个标杆项目中，全都运用了物联网技术，参与企业正日益成为农业物联网的动力点。运用"大数据＋现代农业"，贵州省不断推动农村深刻产业革命向纵深发展。贵州农业底子薄，乡村建设弱，村民致富难，如何能在乡村振兴中实现低开高走？"精准扶贫云"实现17个部门数据实时共享交换，为夺取脱贫攻坚根本性胜利提供数据支撑；智慧农业推动大数据在农业产销各环节的广泛应用；农村电子商务强化电商企业与小农户、农民合作社等产销对接，为"黔货出山"探寻最短路径，为乡村振兴装上"智慧芯"，要旨在于推动两者在融合中发生聚变，关键在于充分运用好大数据技术和产业优势。要充分发挥好贵州在大数据技术和产业上的优势，为产业革命轰足油门。要结合贵州乡村的产业实际和需求，让农业大数据为农民种植养殖提供更加精准的指引，为打开山门选择最佳的方式。

第三，加快大数据与服务民生的融合。"医疗健康云"成为国内首家以省为单位的统一预约挂号平台，全省实现"一窗式"预约挂号，远程医疗实现省市县乡四级公立医院全覆盖。"通村村"农村道路交通出行平台借助大数据实现人车联网、精准匹配，为农村老百姓提供安全、便捷、高效的出行服务和物流服务。"政务平台""智慧社区""智慧旅游""天网工程"等大数据应用成果已经为人们的日常生活提供了许多便捷与保障，贵州大数据真正在民生领域大有作为，充实着人民群众的获得感。任何战略实施离开"人"这个主体，就是空谈。我们要继续用最大决心和实际行动，来推动大数据与群众衣食住行、日常生活的深度融合，更好地解决民生痛点、堵点、难点问题。要推进数字民生示范引领行动，推进智慧教育、智慧医疗、就业服务、养老服务、便民出行、全民健身、精准救助、民生监督等领域大数据融合应用。以医疗健康领域为重点，完善智慧医疗和远程医疗服务体系，加快推进"互联网+医疗"，推进贵州省国家医疗健康大数据西部中心建设。抓好中国（贵州）"智慧广电"综合试验区建设，开展广电物联网新型基础设施建设，实现市州以上区域全覆盖，加快广电5G实验网建设。

第四，加快大数据与社会治理的融合。2018年5月，贵州省"一云一网一平台"如期建成上线运行，"一云统揽""一网通办"和"一平台服务"，为更高水平更深层次推动政府数据"聚通用"、加强社会治理打造了新支撑。如何实现政府决策科学化，推动政府管理精准化，促进政府服务便捷化，必须做到善用大数据驱动社会治理升级。无论是打造政务数据"一朵云"，形成云上贵州"一云统揽"新体系，编织政务服务"一张网"，形成政务服务"一网通办"新格局，还是建设全省统一的大数据智能工作平台，形成政务"一平台服务"新赋能，都深刻印证了大数据正有力地推动着国家治理体系和治理能力走向现代化。

三、大数据背景下的贵州省产业融合

截至2018年5月,贵州省大数据企业从2013年的不足1000家增长至9550多家,产业规模超过1100亿元。得益于贵州省大数据行业的蓬勃发展,贵州省三大产业正逐步与大数据产业进行创新融合,走出了一条独具特色的产业深度融合发展之路。

(一)与农业融合

贵州省的农业发展受自然气候条件的影响较大。地形的限制、光照的限制以及灌溉条件的限制,阻碍了贵州农业生产效益的提升。然而,在大数据行业快速发展的当前,贵州省的精准农业正在不断发展。大数据产业利用大数据技术对农业生产过程中的光照、温度、水分、土壤等条件进行细致评估,指导农民科学种植;对市场供求信息和价格信息进行大数据分析,对市场趋势进行预测,指导农业生产结构调整;对高附加值农产品进行信息化处理,建立高端农产品追溯系统。以修文县猕猴桃种植产业为例,修文县是中国猕猴桃主产地,种植面积全国排名第三位,猕猴桃种植成为修文县农业支柱产业。修文猕猴桃是中国优质猕猴桃象征,占据内地高端鲜果主要市场,在台湾、香港销售价格已超过新西兰猕猴桃,将销往日本、北美。通过与大数据产业进行深度融合,修文县建立了基于大数据物联网的追溯系统,使每粒果子都有终生唯一的身份证码,令顾客可以知道每粒果子出自哪个果园。其中,物联网可追溯系统拥有25项专利,完整的自有知识产权;覆盖了修文县10乡镇,269个果园,281.876万株猕猴桃;覆盖面积约4.0268万亩,占全县25%。到2020年将覆盖80%,成功达到安全可预警、源头可追溯、流向可追踪、信息可查询、责任可认定、产品可召回。种植过程的每个细节和来源都能实现全方位溯源,使小农生产方式转变成工业化生产模式,初步实现农业生产管理的精准化。

(二)与工业融合

贵州省第一产业与大数据产业深度融合取得显著成效,第二产业的深度融合同样成效斐然。当前,制造业智能化是提高制造业竞争力的关键,成为工业转型的方向。在转型过程中,大数据技术对各个生产环节的支持必不可少。在贵州省的实践中,出现了很多第二产业深度融合的企业。首先,贵州轮胎智能制造管理系统的问世,在智能生产车间实现了 200 万套年生产规模,出口比例达 50% 以上;将过去一台四人共同操作的成型机变成了仅需两人操作,将一台日产 240 条轮胎的机器产量提高至 360 条,且随着生产线的智能化改造,工程子午胎分公司半部件产能从 3000 条提升到了 5000 条。其次,贵州最有市场号召力品牌"老干妈风味食品有限责任公司"也预见新机遇,创立了老干妈大数据平台。平台运用了大数据对生产、营销、质量全程精细管理,对原材料全球采购进行实时监控。达到了降低采购成本,提高采购效率的目标,为企业正常运行提供保障。生产环节上利用大数据在线监控、把控生产各个环节,提高生产效率,降低生产成本。在产品销售环节,利用大数据进行随时洞察全球销售市场情况,精准布局市场。老干妈大数据平台实现精细管理,每年全球销售 7.7 亿瓶。

(三) 与第三产业融合

在第三产业融合的实践中,贵州省推动大数据与旅游、健康、养老、金融、文化等服务业融合取得突破,新业态、新模式、新产品、新企业不断涌现。

发展平台型服务业,构建全域旅游管理服务体系。推动旅游数据采集、挖掘和融合应用,提升旅游企业管理、服务、营销水平。贵州省文化和旅游厅建设的智慧旅游云"一站式"服务平台,接入全省 60% 的涉旅企业、84 家 4A 级及以上旅游景区数据,助推旅游业实现"井喷"式发展。安顺黄果树智慧旅游公司打造"一站式"旅游服务平台,成为我国首个"大数据+旅游"新三板挂牌企业;毕节百里杜鹃景区建立智慧旅游服务平台,实现旅游信息感知采集、旅游信息共享服务,提升游客体验感、安全感和满意度。

通过发展智慧型服务业,加快推动物流追踪与物资管理、智能调度与高效储运等新技术应用,贵州省物流企业搭建或应用社会化库存信息交互平台、协同营销社区和开放物流平台的企业比例分别达 16.3%、12.0% 和 19.9%。贵州省物资集团实现采摘、加工、仓储运输、销售全程冷链标准化,提升生鲜果蔬物流效率、降低物流配送损耗,为农、特产品提供全过程冷链物流服务;遵义传化通过大数据融合实现货车配货时间减少 24 小时左右,空载率大幅降低。

发展共享型服务业,培育共享经济新业态,推动共享经济产品服务体系创新、平台创新和协同式生活方式创新,有效激发共享经济发展活力。贵安搜床网探索房源共享、人力共享和全互联网化的酒店运营新模式,在全国拥有超过

2万张共享床位；贵安优车动力率先在贵州探索新能源共享汽车，投放超过200辆新能源汽车，单车平均日行驶里程80公里、日产生订单7个，有效解决用户10~20公里短途出行需求。

在大数据产业的快速发展中，贵州省的产业升级与深度融合取得了令人欣喜的成绩。但是，在产业深度融合发展这条道路上，贵州省仅是处于起步阶段，与我国东部发达省份相比仍存在差距。今后，贵州省应继续保障大数据产业的稳定发展，结合"互联网+"，将大数据产业与其他产业更紧密地联系在一起；并且进一步完善信息基础设施建设，为大数据产业提供更加坚实的基础；最后，大数据产业人才培养要引起更多的重视，培养贵州省大数据人才，吸引外地人才，努力将贵州省大数据产业建设成行业标杆。

第二节　制度创新驱动产业治理能力提升

近年来，随着贵州省经济的高速发展，贵州省政府的产业治理能力受到了挑战。政府传统的产业治理能力已经无法精准地解决三大产业发展中存在的问题，因此，贵州省基于大数据对相关产业治理制度进行了创新，在这些制度创新中，生态文明大数据建设制度创新取得了非常好的成效，政府产业治理能力有了全方位的提高。

一、背景

随着经济的不断发展，中国的企业数量和注册资本逐年攀升，各行业规模不断扩大。贵州省在最近几年，经济增长速度位居全国前列，作为地区生产总值快速增长的省份，贵州省的企业数量和注册资本也有很大幅度的增长。以工业产业为主要研究对象，"十二五"以来，在"工业化、城镇化"两大主战略的强力驱动下，通过一轮"提高工业经济比重五年行动计划"的实施，贵州全省工业经济发展的基础进一步夯实，实力不断增强。2018年全省工业总产值约13290亿元，十大工业产业总产值占全省工业的比重超过九成，达94.18%；其中，新型建材、基础能源、清洁高效电力、优质烟酒、先进装备、基础材料、现代化工、生态特色食品等8个产业产值规模达到或超过千亿级，健康医药、大数据电子信息2个产业产值规模接近千亿级。快速增长的产业规模、各产业差异化的发展特征和各产业存在的各类问题给贵州省政府的产业治理带来了挑战。

首先，各产业呈现以下发展特征：基础能源产业：设计产能大，释放产能小。清洁高效电力产业：短期内装机规模增长受限，但拓展空间仍有潜力。优质烟酒产业："低调的"产值规模，"高调的"增加值贡献。新型建材产业：阶段性建设机遇助推其荣登十大产业产值之首，后期水泥市场空间面临收缩，石材、墙体材料等行业后劲仍足。现代化工产业：资源竞争优势明显，产品竞争优势不强。先进装备制造产业："缺整""少零"，配套弱。基础材料产业：有色行业量小链短，冶金行业缓滑利薄。生态特色食品产业：山地民族特色浓，发展潜力待激发。大数据电子信息产业：战略引领初见成效，电子制造方兴未艾。健康医药产业：大健康新兴领域起点高步伐快，传统医药制造领域起步早步履缓。

其次，贵州省十大工业产业发展主要面临以下问题：一是细分行业发展不足，缺乏中高端差异化优势产业。2018年全省在统产品目录覆盖率仅为54.7%，且工业产品以资源型、粗加工产品为主，精深加工不足，产品结构层次低。二是产业集聚程度低、配套不完善，难以形成发展合力。多数工业企业以原材料初加工为主，产品大多处于产业链的中低端，产业链条短、集群发展不足，很多产业发展缺乏上下游产业及相关配套产业，呈现产业碎片化状态。三是产业之间关联度不高，缺乏整体联动性。在贵州省十大千亿级工业产业中，除清洁高效电力产业，其他产业之间几乎互相孤立，产业关联度均较低，相互依托、相互促进、融合发展的态势尚未形成。四是龙头企业少，缺乏引领产业振兴的"领头羊"。2018年全省工业企业中营业收入超百亿元的不超过10家。在2018年中国企业500强榜单中，贵州省上榜企业仅贵州茅台1家。五是企业技术创新能力不强，产业缺乏核心竞争力。贵州省工业企业综合实力普遍较弱，创新意愿不强、创新投入不足、缺乏核心技术、缺少自主品牌。六是工业投资增速较低，工业经济发展后劲不足。贵州省工业投资增速总体呈下滑态势，且一直低于全省固定资产投资增速，2018年，全省工业投资增速为13%，虽然比2017年提高了7.8个百分点，但比2013年回落了7.8个百分点，比固定资产投资增速（15.8%）低2.8个百分点。

从各产业发展特征和存在问题来看，贵州省的产业治理面临四大挑战：一是如何更好地协调十大工业产业的绿色可持续发展；二是如何更加合理地引导投资；三是如何更加有效地整合资源；四是如何更科学地引导产业升级。

二、基于大数据的制度创新

目前来看,大数据的发展是贵州省提高产业治理能力的一条有效的路径。政府借助大数据技术可以实现实时跟踪、采集与业务工作相关的信息;全面满足内部工作人员对互联网信息的全局观测需求;及时解决政务外网、政务内网的信息源问题,实现动态发布;快速解决政府主网站对各地级子网站的信息获取需求;全面整合信息,实现政府内部跨地区、跨部门的信息资源共享与有效沟通;节约信息采集的人力、物力、时间,提高办公效率。

贵州省产业治理面临的第一个挑战是如何更好地协调十大工业产业的绿色可持续发展。绿色可持续发展问题就是生态文明建设问题,建立绿色可持续发展的产业治理制度是生态文明制度体系建设的一部分。

(一)生态文明制度建设的政策引领

习近平在党的十九大报告中指出,改革开放至今,中国特色社会主义进入了新时代,这是我国发展新的历史方位。新时代中国特色社会主义的崭新历史方位,揭示出中华民族近代以来的发展变迁和中国特色社会主义的重大成就,其中内在地蕴含着中国生态文明体制改革和生态文明制度体系建设的巨大进展。"生态文明制度是指在全社会制定或形成的一切有利于支持、推动和保障生态文明建设的各种引导性、规范性和约束性规定和准则的总和,其表现形式有正式制度(原则、法律、规章、条例等)和非正式制度(伦理、道德、习俗、惯例等)。"

党的十八大以来,我国生态文明制度体系建设进展显著。党的十八大赋予了生态文明建设以贯穿"五位一体"总体布局的基础性地位,党的十八届三中全会通过的《中共中央关于全面深化改革若干重大问题的决定》,强调建设生态文明,必须建立系统完整的生态文明制度体系,用制度来保护生态环境,首次确立了生态文明制度体系,按照"源头严防、过程严管、后果严惩"的思路,阐述了生态文明制度体系的构成及其改革方向、重点任务;随后在全国生态环境保护大会上进一步强调要加快构建生态文明制度体系,只有实行最严格的制度、最严密的法治,才能为生态文明建设提供可靠保障。

党的十八大以来,中央全面深化改革领导小组审议通过40多项生态文明和生态环境保护具体改革方案,国家先后出台《关于加快推进生态文明建设的意见》《生态文明体制改革总体方案》《关于省以下环保机构检测监察执法垂直管理制度改革试点工作的指导意见》等重要文件，大力推进生态文明建设的顶层设计，形成了深化生态文明体制改革的战略部署和制度构架。当前《生态文明体制改革总体方案》确立的生态文明体制改革目标已基本完成，即构建起包括自然资源资产产权制度、国土空间开发保护制度、空间规划体系、资源总量管理和全面节约制度、资源有偿使用和生态补偿制度、环境治理体系、环境治理和生态保护市场体系、生态文明绩效评价考核和责任追究制度等八项制度的产权清晰、多元参与、激励约束并重、系统完整的生态文明制度体系，并从试点试验、法律法规完善、舆论引导等多方着力纵深推进生态文明体制改革。

为了推进生态文明建设的目标愿景，督促生态文明制度体系的实践落实，国家深入实施大气、水、土壤污染防治三大行动计划，率先发布《中国落实2030年可持续发展议程国别方案》，实施《国家应对气候变化规划（2014~2020年）》，先后出台《党政领导干部生态环境损害责任追究办法（试行）》等配套文件，制定修订完成《环境保护法》《大气污染防治法》《水污染防治法》《环境影响评价法》《环境保护税法》《核安全法》《环境监察办法》《环境监测管理办法》《环境保护督察方案（试行）》等100多部法律法规，建立和实施中央环境保护督查制度，倾力打好生态文明制度建设和体制改革的"组合拳"。目前，我国已经建立起覆盖全国的主体功能区制度和资源环境管理制度，31个省区市全覆盖中央环保督察，并且通过"回头看"、边督查边问责追责等措施不断完善中央和省级环境保护督察体系，将环境保护纳入法制化、规范化的轨道。

（二）生态文明大数据建设制度创新

贵州省的生态文明建设响应国家号召，充分发挥贵州省大数据产业优势，在产业治理的绿色可持续发展方面，根据2017年中共中央办公厅、国务院办公厅印发的《国家生态文明试验区（贵州）实施方案》，贵州开展了生态文明大数据建设制度创新试验，并要求有关地区和部门结合实际认真贯彻落实。其主要内容包括：

第一，建立生态文明大数据综合平台。 建设生态文明大数据中心，推动生态文明相关数据资源向贵州集聚，定期发布生态文明建设"绿皮书"。打造长江经济带、泛珠三角区域生态文明数据存储和服务中心，为有关方面提供数据存储与处理服务。2017年建成环保行政许可网上审批系统，健全环境监管数字化执法平台。2018年完善全省污染源在线监控系统，2019年基本建成覆盖全省的环境质量自动监测网络，2020年建成覆盖环境监测、监控、监管、行政许可、行政处罚、政务办公、公众服务的贵州省生态环境大数据资源中心，实现生态环境质量、重大污染源、生态状况监测监控全覆盖。

第二，建立生态文明大数据资源共享机制。2018年制定贵州省生态环境数据资源管理办法，建立生态环境数据协议共享机制和信息资源共享目录，明确数据采集、动态更新责任，推动生态环境监测、统计、审批、执法、应急、舆论等监管数据共享和有序开放，实现全省生态环境关联数据资源整合汇聚。

第三，创新生态文明大数据应用模式。建立环境数据与工商、税务、质检、认证等信息联动机制，支撑环境执法从被动响应向主动查究违法行为转变。建立固定污染源信息名录库，整合共享污染源排放信息；建立环境信用监管体系，对不同环境信用状况的企业进行分类监管；探索在环境管理中试行企业信用报告和信用承诺制度。

贵州省坚持绿色发展理念，借助大数据技术进行制度创新，提升了对于产业绿色可持续发展的治理能力。在保障贵州省社会经济发展的同时，继续保持贵州省的生态环境优势，将有助于吸引外来投资进入贵州、吸引外部人才投身贵州社会经济建设。

贵州省目前将生态建设放在首位，生态文明大数据建设制度创新成为产业治理制度创新的"急先锋"。今后也应以生态文明大数据建设制度创新为根本，再辅之基于大数据的产业投资制度创新、资源整合制度创新和产业升级战略制度创新，使贵州省产业治理适应贵州省社会经济的发展。

第三节　数博会激发大数据产业发展氛围

在党和国家的有力领导下，贵州省凭借优越的区位优势，已成功召开五届数博会。数博会已经和贵州省紧密地联系在了一起，对贵州省的大数据产业发展持续注入活力。更为重要的是，数博会的召开汇聚了国内外众多知名优秀企业前来参加，同时，贵州省政府大力出台各项对大数据产业的帮扶政策，这大大激发了贵州省大数据产业的发展氛围，对大数据产业的长足发展起到了不可替代的作用。

一、数博会开展简述

贵州凭借本地丰富的人力资源、高性价比的电力资源、优良的气候环境及稳定的地质结构等优势,为大数据落地提供了依据。因此,自 2014 年以来,我国政府开始着重关注大数据发展,贵州紧抓机遇,向国家大数据战略策略靠拢,展示优势,将数字经济作为贵州"弯道超车"的战略之一,筹划贵州大数据的长远发展。

2014 年 3 月 1 日,贵州·北京大数据产业发展推介会在北京举行,贵阳成为国内省会城市中首个进行大数据产业专题推介的城市,极大地推动了贵州大数据的发展,全面展示出贵州在发展大数据方面的优势;2015 年 2 月 12 日,首个国家级大数据发展集聚区成功在贵州"落户",紧接着在同年的 5 月 26 日至 5 月 29 日,在省会贵阳成功举办全球首个以大数据为主题的峰会——2015 年贵阳国际大数据产业博览会暨全球大数据时代贵阳峰会。

2015 年贵阳国际大数据产业博览会暨全球大数据时代贵阳峰会以"'互联网+'时代的数据安全与发展"为主题召开。作为全球首个以大数据为主题的峰会,峰会吸引了全球大数据领域的各个精英、领导人物以及顶尖企业的参与,在峰会开幕当日还收到了国务院总理李克强的贺信。峰会分别以"展览展示""峰会及论坛""创新大赛"三大板块开展,全方位展示大数据技术、大数据应用以及大数据未来的发展。峰会开展期间,马云、马化腾、雷军等知名大数据企业领导人对大数据进行演讲及讨论。据统计,本届峰会吸引了包括微软、谷歌、英特尔、甲骨文、戴尔、阿里巴巴、富士康、奇虎 360、华为、联想等 500 余家企业参加。截至大会结束,贵阳与国内外 30 多家大数据企业达成合作意向,签约项目接近 40 个,投资金额超过 200 亿元,项目包含数据中心建设、民生云合作、智慧旅游开发、呼叫中心建设等方面,为贵州大数据产业提供更宽广的产业平台和链条。2015 年贵阳国际大数据产业博览会暨全球大数据时代贵阳峰会的开展,对我国大数据发展具有划时代的意义,为贵州大数据产业创造新的契机。数博会期间,签约当当电商云呼叫中心、首信数据中心(一期)等 38 个项目,金额达近 200 亿元。

2016 年 5 月 25 日,2016 年中国大数据产业峰会暨中国电子商务创新发展峰会在贵阳开幕,数博会以"大数据开启智能时代"为主题,以"同期两会""一展一赛"两方面展开,其中"两会"是指中国贵阳电子商务大会和全球大数据时代贵阳峰会,"一展"指贵阳国际大数据产业博览会,"一赛"指2016年中国国际电子信息创客大赛暨"云上贵州"大数据商业模式大赛。本届数博会特别之处在于,党的十八届五中全会提出要实施国家大数据战略,此举标志着大数据战略正式上升为国家战略,数博会也正式上升为国家级峰会,且国务院总理李克强出席了数博会开幕式。2016年数博会由国家发改委、工信部、商务部、中央网信办、贵州省政府共同主办,大会包含经济和社会发展、产业与应用、技术与趋势、安全和隐私保护、电子商务五大板块,吸引海内外20000多名嘉宾参加,对大数据未来的发展方向及状况进行讨论发言。数博会期间,在中国电子商务创新发展峰会近70个主题论坛的各界精英参与者深入探讨后,碰撞出许多新观念,挖掘出许多新思路,分别在"坚持鼓励支持与规范发展并重""注重电子商务与供给侧结构性改革相结合""促进电子商务为改善民生服务""引导电子商务与传统产业协同创新发展""发挥电子商务在'一带一路'倡议中的先导作用"等五个方面达成了"贵阳共识",为大数据未来的发展方向提供思路与依据。本届数博会,呈现出从以前上门苦苦找项目到现在项目主动找上门的变化,数据堂、小i机器人等众多企业主动要求与省内各市(州)签约。活动期间,通过举办专项签约、论坛签约、企业新闻发布会等形式,已签约项目180个,总金额379.25亿元,其中合同类项目49个,总金额46.12亿元,协议类项目131个,总金额333.13亿元,项目涉及大数据核心业态、关联业态和衍生业态等。

2017年的中国国际大数据产业博览会在5月26日于贵阳召开。本届数博会围绕着"数字经济引领新增长"主题展开,其中主题被详细分为数字经济、区块链、数据共享与开放、人工智能等7大板块进行讨论与展示。本届数博会共举办论坛77场,专业展馆6个,面积达60000平方米。展馆中设置了主题展示区,致力于增强参观人员体验感和互动感,创造出具有全球影响力的国际大数据企业交流、商务对话和成果发布平台。参展企业达316家,其中国际企业占51家,观展达到50000人次。本届数博会共对接企业1479家,初步统计,全省成功签约项目360个、金额533.55亿元,其中贵阳市成功签约项目244个、金额309亿元。这为大数据企业的交流与发展提供了平台与机遇,也为贵阳经济发展带来提升途径。

第四届中国国际大数据产业博览会于2018年5月26日以"数化万物,智在融合"为主题在贵州省会贵阳开幕,国家主席习近平向会议致贺信并指出目前互联网、大数据等新一代信息技术对国家与人民的积极影响,需要把握住大数据发展的机遇,强调中国高度重视大数据的发展。本届数博会集中展示大数据产业发展的进程与成果,且对大数据下一步的发展进程进行规划与讨论。本届数博会取得的重大成果有集中发布51项领先科技成果、首次发布贵州省大数据十大融合创新推荐案例、数字丝路跨境数据枢纽港有限公司揭牌等。数博会参会观展人数超过12万人,国内外参展企业和机构达到388家,布展面积6万平方米;招商引资成效显著,初步统计,全省共签约合作项目199个、金额352.8亿元。

2019年5月26日,国家主席习近平向第五届中国国际大数据产业博览会开幕致贺信,贺信指出大数据技术的影响与国家的重视,希望各位代表嘉宾围绕着"创新发展,数说未来"的会议主题,共商产业发展与合作大计,推动发展,为构建人类命运共同体作出贡献。数博会围绕着数字经济、技术创新、融合发展、数据安全、合作交流五大主题模块进行展开,包括华为、阿里巴巴、腾讯等知名企业共448家参展,其中境外参展企业达156家,占参展企业总数的34.82%,参展企业在会上展现大数据研究与实践领域最新科技和应用。各界参展人员在会上积极探讨,挖掘出大数据发展的新方案、新路径和新成果,体现出大数据产业的蓬勃发展。会议上揭晓了49项领先科技成果,贵州省政务数据"一云一网一平台"正式启动运行,共签约项目125个,签约金额达到1007.63亿元(见图8-1)。

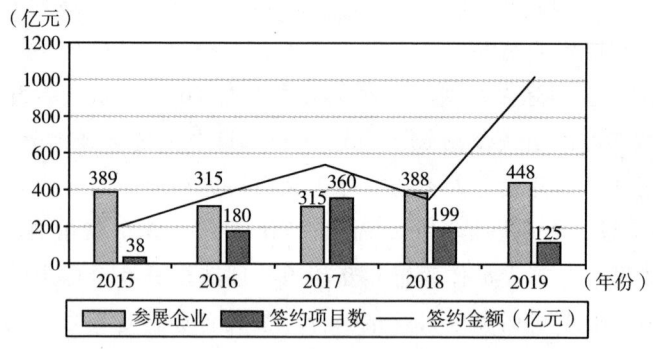

图8-1 2015~2019年五届数博会参展企业、签约项目数及金额统计

回顾2015~2019年五届数博会发展,能从图8-1中看出数博会吸引企业参展能力在前几届较为平缓,在近几届呈现出吸引力增强的特征,企业参与数量增幅明显。签约项目数与签约金额在首届数博会较少,通过大数据发展,企业在观望后逐步加大投资与合作,签约项目数在第三届达到五届内第一,签约金额在2019年突破千亿元。

二、大数据产业发展氛围

自大数据在贵州"落地生根"、贵州省政府积极举办历届数博会以来,贵州大数据产业的发展速度以及环境都得到了改善。

(一)贵州大数据产业政策环境

首先在政策上,贵州省政府以及国家都在大力扶持与帮助着大数据产业、大数据行业的发展。据数据初步统计,2013~2018 年,贵州省和贵阳市出台的大数据相关政策举措已达 100 余条。从引进优企、扶持创企、做强实企的角度,出台《贵州省实施"万企融合"大行动 打好"数字经济"攻坚战方案》、贵州省《大数据+产业深度融合 2017 年行动计划》《中共贵阳市委 贵阳市人民政府关于加快建成"中国数谷"的实施意见》、贵阳国家高新区"创新十条"+"创客十条"+"大数据技术创新十条"+"区块链十条"+"实体经济十条"。《贵州省 2018 产业大招商突破年行动方案》《贵阳市 2018 年产业大招商突破年行动方案》,助力对接企业引进、项目洽谈、签约评估和入驻落地等政策,政策出台"磁场效应"明显,大量大数据企业集聚落户给贵州的发展既带来了创新与活力,又带来了深度融合实际应用基础。

具体的优惠政策包括《贵州省加强科技创新加快科技进步奖励补助办法实施细则》(以下简称《细则》),《细则》表明,具备上市条件的省外高新技术企业、创新型企业总部迁至贵州省注册上市,并将其上市募集资金的 70%(1 亿元以上)继续投资在贵州省的,给予 500 万元补助。对引进到贵州省建立的各研发机构给予一次性最高 500 万元专项经费补助,并在创新项目上给予重点倾斜。《贵州省对口帮扶城市产业扶贫招商优惠政策》表明,对通过招商引资活动转移到贵州的加工贸易企业,进出口额达到一定规模,所发生的企业搬迁费、设备安装费、厂房租赁费等费用给予一定比例的支持。《贵州省人民政府关于推进"互联网+"行动的实施意见》表明,对符合条件的互联网企业可优先申请高新技术企业,经认定的企业符合税法规定的享受相关税收优惠政策。《关于推动数字经济加快发展的意见》表明应加大数字经济人才引进力度,将数字经济高层次人才纳入全省急需紧缺高层次人才引进计划,对引进的高层次人才,可享受国家和贵州省人才引进为政府支出安排奖励给个人。企业、科研院所、高等学校职务发明成果转化的所得收益,扣除成本后,可按高于 60%

的比例由研发人员及其团队自主分配，或以股权形式奖励专业技术人才。政策的提出对大数据产业发展提供了保障，为大数据产业发展铺设道路，营造环境。

（二）大数据产业集聚

国家工信部在2014年批复同意贵州省创建全国第一个国家级贵阳·贵安大数据产业发展集聚区，这是贵州大数据产业创新发展的又一亮点。贵安大数据产业发展集聚区批准创建的同时，贵州省还引进了一批项目，其中三大运营商数据中心、富士康第四代产业园、中关村贵阳科技园等一批重大项目落地建设；催生了一批企业，带动智能终端、可穿戴设备等端产品制造业，推动形成配套产业集群等。数据显示，2014年贵州省组织开展4次规模较大的大数据产业招商活动，签约项目160多个，签约投资总额超过1700亿元。

贵州省人民政府努力积极推动大数据发展，将贵州省内大数据产业发展环境全面改善。除宽泛的政策环境、贵安大数据产业发展集聚区获批创建以外，在2017年2月初，贵州16个基地获批贵阳市首批大数据产业集聚区，其中包括"产业生态""创业创新""数字物流"以及"数据经济"等方面。集聚区的产生，对大数据产业提供了极大的便捷，使发展过程中的沟通变得迅速，也降低了管理的成本（见表8－1）。

表8－1 贵阳市大数据产业集聚区（基地、中心）首批授牌单位名单

高新区	大数据综合试验区"产业生态示范基地"
	大数据综合试验区"创业创新示范基地"
	大数据综合试验区"绿色数据中心集聚区"
经开区	大数据综合试验区"大数据安全产业示范基地"
	大数据综合试验区"数字物流产业示范基地"
	大数据综合试验区"数字经济产业及应用创新基地"
双龙航空港区	大数据综合试验区"创业创新基地"
	大数据综合试验区"人工智能产业创新示范基地"
综保区	大数据综合试验区"'一带一路'大数据服务基地"
	大数据综合试验区"大数据产业技术创新中心"
	大数据综合试验区"大数据金融创新基地"
观山湖区	大数据综合试验区"区块链创新发展基地"

续表

云岩区	大数据综合试验区"企业大数据应用及产业化基地"
南明区	大数据综合试验区"云服务产业化基地"
乌当区	大数据综合试验区"大数据大健康融合发展产业基地"
清镇市	大数据综合试验区"职业技能型人才培养示范基地"

贵州加快推进大数据产业集聚区建设。大数据产业生态示范基地、大数据安全产业示范基地等16个集聚区建成投用，入驻了英特尔、惠普、思爱普、富士康等一批世界500强企业，落地了中电科、阿里巴巴、华为、京东、奇虎360、科大讯飞等一批国内大数据领军企业，充分发挥了产业集聚区聚集企业、吸引人才、孵化创新、关联配套的作用。

在聚集区中深入推进大数据政用、民用、商用，政府数据应用全面覆盖，"云上贵州"贵阳分平台建成投运，数据共享交换和开放平台上线运行，公安大数据指挥中心、失信被执行人联合惩戒云平台、"筑民生"平台、茅台云商、"老干妈"大数据运营中心等建成投运。在首批已认定的16个产业集聚区基础上，贵州省将完成14个引领型、示范型、前瞻型、创业型大数据产业集聚区的培育和授牌，进一步提升产业集聚度。优化提升产业集聚区建设，启动贵阳国际软件产业园、贵州阿里巴巴产业基地等10个大数据产业园建设，打造两个50亿级大数据产业基地。贵阳以更大力度推进大数据与实体经济深度融合，以供给侧结构性改革为主线，加快发展数字经济，实施"千企融合"工程，选择1000家以上企业进行示范，建设60个融合标杆项目、600个融合示范项目。

不沿边、不沿海的贵州凭借着大数据闯出一片天地。未来，贵州将以大数据与实体经济深度融合为主攻方向，以重大项目和园区建设为抓手，建设大数据产业高度聚集、大数据与实体经济深度融合、大数据创新力度显著增强、大数据治理精准施策、大数据服务精准高效的"中国数谷"。

第四节　数字政务服务助推营商环境改善

随着互联网的飞速发展，各省政府正在积极地发展网上业务办理。在这种大趋势下，贵州省率先成为国家"互联网+政务服务"的试点示范省，搭建了贵州省政府的"互联网+政务服务"平台。这一平台在贵州省政务服务中发挥着越来越重要的作用,特别是对贵州省营商环境的改善,展示出优于传统政务办理的效率。

一、基于大数据的政务服务

自《国务院关于加快推进"互联网+政务服务"工作的指导意见》《国务院办公厅关于转发国家发展改革委等部门推进"互联网+政务服务"开展信息惠民试点实施方案的通知》出台以来,贵州省作为全国"互联网+政务服务"4个试点示范省之一,积极努力推进工作的发展,出台了《省人民政府关于深入推进"互联网+政务服务"工作的实施意见》《贵州省推进政务服务"全省通办、一次办成"改革工作实施方案》等文件,为落实"互联网+政务服务"提供了理论与方向。

自2018年以来,贵州省政府的"互联网+政务服务"平台、环境已经大致建成,投入使用。数字政务平台包含50个部门,进驻共2845个政务服务事项,依申请1256项、非依申请1589项。由贵州省统计局数据显示,贵州省2018年总计办理业务59050件,2019年总计办理业务91077件。由图8-2可以看出,贵州省各州市数字政务服务平台都在开展,为百姓、用户提供便利。其中贵阳市、遵义市、安顺市以及贵安新区在平台的利用频率上高于其他地区。

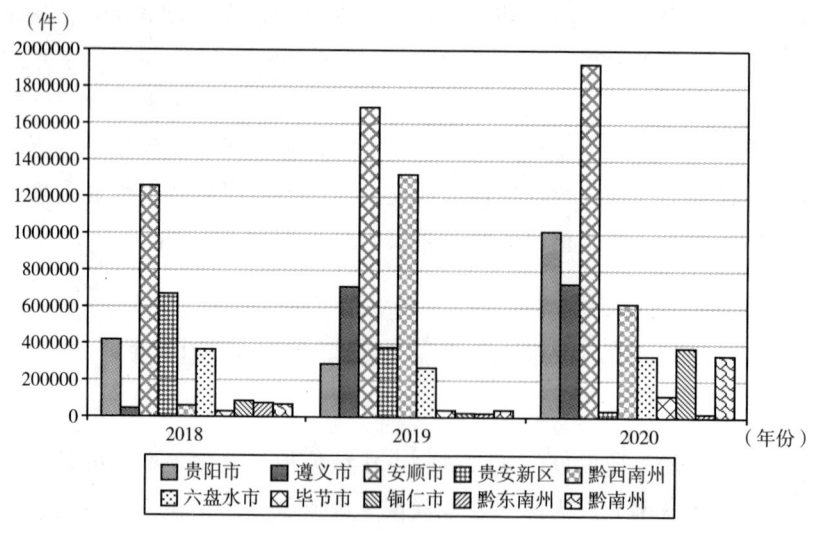

图 8-2　贵州省各市州业务量统计

数字政务服务的推出，使人民与办公地点实现了零距离，让人民真正做到在家也能办理业务，极大地提高了人民的生活质量，为人民的生活方式提供了一项更便捷的选择。

数字政务平台中首推的云上贵州移动服务平台，平台上线至今已在移动端接受办理多项政务民生服务。平台直接接入21个省直部门、9个州市及贵安新区共3868项政务民生服务，其中1680项服务实现让老百姓"只跑一次"即可办结，181项服务可在网上直接办结。平台目前注册用户数达630万，其中活跃用户数89万。用户可以在平台上进行预约挂号、公积金查询、低保查询、社保查询、农村客车预约等便民服务。另外，贵州网上办事大厅，使省、市、县、乡、村均能网上办理政务民生服务，其中网上能办结2355项，"只跑一次"394357项。贵州网上办事大厅政务服务平台整合了国家和省区市359个自建系统，建成了国家和省级数据交换平台，平台实现了跨部门跨层级的数据共享互认。贵州网上办事大厅主推的"一张网"办理审批服务，是省、市、县、乡、村五级共用平台。拥有3853个省、市、县审批服务部门，1514个乡（镇、街道）政务服务中心，17307个村（居）便民服务站，完成了政务服务事项五级全覆盖。

在资金贷款方面，贵州税务信用云实现了中小企业无需担保抵押，3分钟即可获最高纳税额9倍贷款。贵州税务信用云聚合共享数据：税务、企业、金融、政府等行业信息，解决中小企业"缺信息、缺信用、缺抵押"的难题，减少部门间重复管理和劳动，减轻纳税人信息重复报送。另外，纳税人可线上查询自己的信用评价、授信额度、激励措施等，信用服务信息实现了更全、更快、更优。截至2018年3月，平台累计用户7999户，获批贷款总金额21221亿元，税收同比增长36.2%。

贵州作为全国首批司法改革七个试点省份之一，在法律方面推出贵州法院云，法院云是全国首个司法智能辅助办案系统，平台内设有法官判案助理，能够帮助法官提高案件审判质量。平台内设有专业案件数据库，用来采集、梳理和系统分析全省三级法院历史案件数据。平台内还有司法智能机器人，机器人能实时掌握案件进展，查找相似案例提供参考，帮助法官分析案件并给出建议，自动生成裁判文书基本框架、主要内容，提高司法效率、提升审判质效，完成故意杀人、故意伤害、抢劫、盗窃等4类案由计算机模型建构。

在贵州精准扶贫方面推出贵州精准扶贫大数据支撑平台，在平台上就能够精准识别贫困户，做到不多一户，也不落一人，真正的精准。平台纵向贯通国家级、省级、市州数据，横向联通扶贫、公安、卫计、教育等省直17个部门数据；融汇了多部门数据，实现数据一数一源、实时共享，精准画像、动态分析，自动推送。平台打通扶贫"放管服"改革的数据"经脉"，形成精准扶贫大数据共享标准基础；探索建立精准扶贫大数据国家标准。

二、营商环境的改善

（一）营商环境改善的体现

2018年，李克强总理主持召开国务院常务会议，会议中指出，关于进一步推动优化营商环境政策落实，需要进一步减少社会资本市场准入限制、进一步压减行政许可证等事项、进一步简化企业投资批准、进一步减轻企业税费负担以及进一步提高政务服务效能。紧接其后出台了《国务院办公厅关于聚焦企业关切进一步推动优化营商环境政策落实的通知》。文件中指出，坚决破除各种不合理门槛和限制，营造公平竞争市场环境；推动外商投资和贸易便利化，提高对外开放水平；持续提升审批服务质量，提高办事效率；进一步减轻企业税费负担，降低企业生产经营成本；大力保护产权，为创业创新营造良好环境；加强和规范事中事后监管，维护良好市场秩序；强化组织领导，进一步明确工作责任。政策的出台，落实政策的通知与指示，都在一步步地改善与完善营商环境，为企业家谋便利，服务于人民。再接着最近全球最大自贸协议的正式签署，都标志着我国营商环境的巨大改善。截至2018年的统计数据，区域全面经济伙伴关系协定（RCEP）全球规模最大，协定15个成员将涵盖全球约23亿人口，占全球人口的30%；GDP总和超过25万亿美元，所包括的区域将成为世界最大的自由贸易区；其中协定紧跟全球贸易发展趋势，纳入了很多全新的贸易形式，电子商务就是其中之一。除了电子商务外，协定还包括知识产权、竞争政策、政府采购、中小企业等内容，超过世贸组织规定的范畴。

在贵州领域，提出以深化内陆开放型经济试验区建设为主要切入点，着力打造成"门槛低于周边、服务高于周边"的营商环境新高地。贵州省出台了《贵州省营商环境优化提升方案》，对贵州优化营商环境提出了优化路径、明确了牵头单位和完成时限。《贵州省营商环境优化提升方案》是根据国务院大督查反馈情况和第三方评估发现突出问题，比对世界银行和国家发改委营商环境评价标准，对优化营商环境指标作了量化，提出了开办企业、办理建筑许可、获得用电用水用气等17个方面45项具体措施，涵盖企业创业、获得场地、获得融资、日常运营阶段、矛盾纠纷解决等全生命周期的五个阶段。聚焦企业和群众办事创业的难点、痛点、堵点，围绕办理环节简化、申报材料压减、办事时间压缩、行政审批提速、群众办事方便等，最大限度地减环节、减材料、减时间、减成本。例如，开办企业时间压缩至3个工作日，工程建设项目审批服务时间压减至80个工作日以内，登记财产时间压缩至5个工作日以内，贷款办理时间每年压缩10%以上，将纳税时间减少到140小时，总税收及社会缴费降低至全国中游水平；全面推行企业简易注销登记，实行知识产权保护综合服务，完善知识产权纠纷多元解决机制；切实提升破产案件审理效率，维护破产企业合法权益等。以刀口向内的决心，破除制约企业发展的机制体制障碍，激发市场活力和社会创造力，进一步增强民营企业的发展信心，促进民营企业做大做强做优，推动全省民营经济高质量发展。

2019年底，贵州省投资促进局委托厦门大学和贵州财经大学分别对省级层面和9个市（州）、贵安新区、88个县（市、区、特区）开展营商环境评估工作。省级评估主要选取贵阳市、遵义市作为样本进行考察，厦门大学中国营商环境研究中心根据世界银行《2020年全球营商环境报告》营商环境评估指标体系和评估标准，针对开办企业、办理建筑许可、获得电力、登记财产、获得信贷、保护中小投资者、纳税、跨境贸易、执行合同、办理破产共10项指标展开评估，结果见表8-2。通过深入走访和调研贵州省相关典型企业、政府部门，关注企业对营商环境的实际获得感，收集、整理相关指标的数据以及问题清单，按营商便利程度进行评估、计算，贵州省2019年年度营商环境便利度分数（百分点）为72.82，较2018年提高6.03个百分点，其排名相当于全球190个经济体的第58位水平，排名上升21位。其中，开办企业上升1位、办理建筑许可上升47位、获得电力上升64位、登记财产上升15位、保护中小投资者上升36位、纳税上升6位、跨境贸易上升5位、执行合同上升11位、办理破产上升3位，获得信贷排名下降7位（分数不变）。

表 8-2 贵州省营商环境评估结果比较

年度	2019 年		2018 年		2017 年	
	分数	排名	分数	排名	分数	排名
便利度分数、总排名	72.82	58	66.79	79	62.44	94
开办企业	90.57	66	89.51	67	85.23	97
办理建筑许可	63.07	130	47.15	177	45.15	175
获得电力	86.20	38	70.15	102	53.98	143
登记财产	81.07	28	75.21	43	70.3	64
获得信贷	50	80	60	73	60	68
保护中小投资者	72	28	60	64	60	57
纳税	69.42	109	67.41	115	51.2	167
跨境贸易	85.04	61	82.48	66	66.52	114
执行合同	64.90	52	61.93	63	81.60	3
办理破产	55.97	65	54.03	68	48.96	72

近年来，贵州不断加强基础设施建设，深化政务领域改革，持续减轻市场主体负担，全力以赴优化营商环境。2018 年，贵州省招商引资到位资金突破万亿元大关，市场主体总量超 268 万户；2019 年，引进 500 强企业 21 家，招商引资到位资金和实际利用外资均增长 15%，市场主体突破 300 万户。这些都与贵州营商环境进一步优化息息相关。

在交通、电力、通信基础设施方面大踏步前进，拉近了贵州与世界的距离，极大提升了投资便利化水平。目前，贵州高铁运营里程达到 1432 公里；连续六年投资超千亿元，高速公路通车里程突破 7000 公里，里程数跃升全国第四位、西部第二位，综合密度全国第一位；全省民航旅客吞吐量突破 3000 万人次，贵州交通枢纽地位更加巩固，交通承载能力越来越强，为产业大招商、大发展打下坚实基础。发电装机容量以及城市地下管网、天然气输气管道、通信光缆等基础设施建设都实现新突破，为企业成长创造了良好生产生活条件。为充分发挥投资关键作用、释放市场需求潜力，根据规划，贵州 2020 年将加强战略性、网络型基础设施建设，路网、水网、电网、油气网、地下管网、互联网"六网会战"投资 2200 亿元。基础领域的有效投资，能进一步改善发展环境，可带来"以投资呼唤投资、以投资引致投资、以投资繁殖投资"的倍增效果。

作为后发地区，"硬件"环境有了大变革，就必须随之优化软环境，否则就会产生问题,削弱区域实体经济发展能力。贵州发展软环境在持续优化,行政审批权力实现"大瘦身",目前是全国省直部门行政审批事项最少的省份之一。旨在更好实现政务数据"聚通用"的贵州"一云一网一平台"建成投用,电子政务网络实现省市县乡村五级全覆盖,"一网通办"省级政务服务事项网上可办率100%;"最多跑一次"改革在多领域取得实效,"三十四证合一"改革全面实施,为企业、群众干事创业提供了便利条件。

政策上国家与贵州政府的大力鼓励与扶持,人民在落实时艰苦奋斗,营商环境的硬性基础设施得以完备,软性环境得以完善,使企业的进驻与发展变得可行,在政务上简化工序,让事情的办理变得高效、迅速,这些都体现着贵州近年来营商环境的进步。

(二) 改善营商环境的积极影响

自2018年初印发《贵州省优化营商环境集中整治行动方案》以来,贵州省加大了对政策法规落实不到位、政务窗口服务质量、公用企业涉企服务、政府失信行为、政府涉企服务效能、第三方评估发现突出问题整治6个方面的整治力度。同时开通投诉电话、邮箱及网站,选聘238名义务监督员,加大宣传,走访企业,采取公开曝光并追责问责等方式,表明贵州省对营商环境整治的决心。

截至2018年底,贵州省主动收集营商环境问题线索168条,确认和查处破坏营商环境案例43起,集中公开曝光13起,问责近百名干部,为企业家提供高效服务平台,解决"办证难"的问题。

营商环境的提升,对贵州省产业招商提供了更优越的平台,同时出台《贵州省2018年产业大招商突破年行动方案》,方案推动全省经济发展"质量变革、效率变革、动力变革取得新进步"成为关键词,做大产业、做强企业,加快构建现代化经济体系,推进全省经济又好又快长期可持续发展。根据方案,建立"省带头、市(州)推动、县(市、区)落实"2018年产业大招商突破年行动推进机制,并由10位省领导分别定点指导9个市(州)和贵安新区开展2018年产业大招商突破年各项工作,及时组织协调解决项目引进、落地和建设中存在的突出困难和问题。88个省直部门、省属企业和中央在黔单位将定点联系88个县(市、区),指导、帮助开展2018年产业大招商突破年各项工作。

作为贵州产业大招商牵头单位,贵州省投资促进局于文件出台前就已开展产业链招商分析研究，分类绘制贵州省"三优+产业链"，即"优势资源、优惠政策、优选招商对象+产业链招商"作战地图，推动产业招商实现"按图索骥"。2019年以来，贵州省投资促进局积极借助外脑和大数据手段对重点产业和产品进行综合分析研判，做好"项目库、目标库、资源库、政策库、智库"五库建设，锁定链上关键目标企业，把招商作战地图绘得更精准，正因为如此，产业招商不断为贵州经济社会高质量发展注入强劲力量。2018年，贵州面向20多个国家和地区的2000多家企业开展推介，并先后成立贵州驻欧洲（意大利）、驻美国、驻瑞士投资促进代表处。2019年初，贵州省产业大招商工作领导小组办公室主任、省投资促进局局长马雷率各市（州）投资促进部门以及相关企业赴北京拜访日本伊藤忠商事株式会社，并围绕特色农产品、大数据、物流运输、能源化工等领域与伊藤忠进行深入洽谈。自2019年以来，贵州先后走进大连、北京、广州、重庆、青岛、温州等地去推介贵州。

在人才"招商"上，2018年9月，贵州省投资促进局组建了全省首个产业投资智库，来自科研机构、企业、行业协会等各领域的优秀人才、权威人士成为智库专家。目前，贵州已建立起"省、市、县、开发区、园区"五位一体的项目引进与落地服务机制，省、市、县三级政府及其投资促进系统上下贯通，全省88个省直单位左右联动、密切配合。自2019年以来，贵州产业大招商一方面坚持招才引智，借用外脑充实招商队伍；另一方面加强人才培训，提升招商人员整体素质，多措并举加大招商引资队伍建设。

相关数据显示，2018年贵州省到位资金首次突破万亿元大关，引进项目7317个，新增合同投资额1.5万亿元，新增到位资金10128.5亿元，分别同比增长14.3%、16.1%、15%。其中，引进五大产业项目5531个，新增合同投资额8223.4亿元，占全省比重分别达75.6%、54.1%，较2017年分别提高22.6个、15.3个百分点。

第九章

"两山理论"指引下的旅游"高速"增长

习近平总书记关于"绿水青山就是金山银山"的辩证论是生态环境生产力理论生动、朴实和富含哲理的印证。随着"绿水青山就是金山银山"的重要思想被写入党的十九大报告、国民经济和社会发展"十三五"规划、《关于加快推进生态文明建设的意见》等中共中央、国务院正式文件和顶层设计,"两山理论"已成为新时代中国经济、社会发展的指导思想。在"两山理论"的指导下,贵州省变短板为长处,贵州各地利用当地特有的资源环境优势开发旅游项目、创新旅游业态,在维护和改善当地生态环境的同时创造了经济收益、实现了脱贫摘帽,以实践诠释了"绿水青山就是金山银山"这一正确论断。本章以坚实的理论、鲜活的事例、客观的数据、科学的方法论述"两山理论"与旅游业发展的关系,展现贵州旅游业发展践行"两山理论"取得的成绩。

第一节 "两山理论":旅游业发展的核心价值

理念是行动的先导。"两山理论"的重要论断,是对发展规律的深刻认识,科学阐明了生态环境保护和经济发展的关系,体现了新发展理念的精髓要义。本节在阐释"两山理论"发展理念的基础上,结合旅游业的特征和贵州旅游发展的实践,揭示"两山理论"在指导旅游业发展中的重要作用。

一、"两山理论":新时代的发展理念

(一)"两山理论"的提出

"两山理论"也被称为"两山理念",指的是习近平总书记提出的"绿水青山就是金山银山"的生态发展新理念。在实践中,我国对"绿水青山"与"金山银山"之间关系的认识经历了三个阶段:第一个阶段是用"绿水青山"换"金山银山",一味地向自然索取;第二个阶段是既要"金山银山",也要"绿水青山",环境问题开始引起人民的反思;第三个阶段是"绿水青山"就是"金山银山",生态优势变成经济优势,人与自然达到和谐统一的关系。

2005年8月15日,时任浙江省委书记的习近平同志在浙江湖州考察时,首次提出了"绿水青山就是金山银山"的科学论断,在这一理念的指导下,余村不再炸山采矿,改为发展生态旅游,将生态效益更好地转化为经济效益和社会效益。2012年,党的十八大把生态文明建设纳入中国特色社会主义事业"五位一体"总体布局,我国生态文明顶层设计和制度体系建设加快推进,"两山理论"成为新发展理念的重要组成部分。2017年,党的十九大将"必须树立和践行绿水青山就是金山银山的理念"写进大会报告。[①] 2018年5月18日召开的全国生态环境保护大会上,习近平总书记进一步指出:"绿水青山就是金山银山",阐述了经济发展和生态环境保护的关系,揭示了保护生态环境就是保护生产力、改善生态环境就是发展生产力的道理,指明了实现发展和保护协同共生的新路径。

"两山理论"充分体现了马克思主义的辩证观点,系统剖析了经济与生态在演进过程中的相互关系,深刻揭示了经济社会发展的基本规律。生态环境是人类赖以生存发展的前提和基础,中国绝不走"先污染后治理"的老路,绝不能以牺牲生态环境为代价换取一时的发展,要充分注意到"绿水青山"本身蕴含的价值,坚定走可持续发展之路。

(二)"两山理论"的内涵

所谓"金山银山",即社会生产的经济效益,是指生产过程中通过生产资料的投入与产出所获取的经济利益。所谓"绿水青山",即社会生产的生态效

---

① 陈锐海:《在不断实践中续写"两山理论"新篇章》,央广网 http://cn.chinadaily.com.cn/a/202008/10/WS5f3133c5a310a859d09dd065.html,2020年8月。

益，是指自然资产、生态产品与生态服务。"绿水青山就是金山银山"的理念，立足于历史的大视野和人类发展的大趋势，体现了绿色发展的生态意蕴及价值诉求，破解了人对物质利益的追求与人赖以生存和发展的环境生态相互关系的难题，不仅实现了"绿水青山"与"金山银山"二元对立的有机统一，而且内在包含经济即生态、生态即经济的哲学意蕴。

第一，"绿水青山"与"金山银山"相互依存。"绿水青山"与"金山银山"的矛盾对立具有相互依赖性，可谓你离不开我、我离不开你。在经济社会发展中，生态环境和经济发展相辅相成、不可偏废。不要"金山银山"，离开经济发展搞环境保护，"绿水青山"就会失去坚实支撑，无异于缘木求鱼；而不要"绿水青山"，离开环境保护搞经济发展，"金山银山"就会成为无效供给或低效供给，无异于竭泽而渔。"绿水青山"与"金山银山"相辅相成、相得益彰，既是实现人与自然和谐共生的内在要求，也是实现中华民族永续发展的实际需要。

第二，"绿水青山"与"金山银山"相互贯通。"绿水青山"与"金山银山"的矛盾对立具有相互渗透性，可谓你中有我、我中有你。习近平总书记指出，保护生态环境就是保护生产力，改善生态环境就是发展生产力。生态就是资源，生态就是生产力。这些重要论述丰富和发展了马克思主义生产力理论，深刻揭示了经济发展与环境保护的内在关系。习近平总书记又强调，既要"绿水青山"，也要"金山银山"。我们在推动经济发展的同时，必须注重环境生态问题，要在保护环境的基础上大力发展经济。中国特色社会主义进入新时代，人民群众对幸福生活的追求是既向往收获"金山银山"，又向往享受"绿水青山"。

第三，"绿水青山"与"金山银山"相互转化。"绿水青山"与"金山银山"的矛盾对立具有相互转化性，可谓你能变成我、我能变成你，进而形成新的动态统一体。习近平总书记指出，如果能够把生态环境优势转化为生态农业、生态工业、生态旅游等生态经济的优势，那么"绿水青山"也就变成了"金山银山"。"绿水青山"本身就是"金山银山"。近年来，从中央到地方，通过创新体制、机制、制度，大力发展生态、绿色、低碳产业，将资源生态优势变成生态经济优势，让"绿水青山"源源产出"金山银山"，让"金山银山"有力支撑"绿水青山"，使"绿水青山"与"金山银山"相互促进、融为一体，拓展了生产发展、生活富裕、生态良好的文明发展道路。①

---

① 张月昕：《马克思主义视域下的"两山"理论》，《中国社会科学报》，2018年11月。

(三)"两山理论"对绿色发展的贡献

"绿水青山"就是"金山银山"的"两山理论"升华为绿色发展的形象概括,已成为全党、全民认同的普同性发展理论。它科学地回答绿色发展,主要包括绿色发展新理念、绿色财富新理念和绿色幸福新理念。

"两山理论"是对绿色发展的形象概括。"两山理论"所蕴含的绿色发展新理念,其核心思想是实现经济发展与生态环境保护互动双赢,它蕴含了三个层次的思想内涵:其一,"既要绿水青山,又要金山银山",这是绿色发展新理念的基本要求,既要保护好生态环境,又要发展好经济,两者不可缺一;其二,"宁要绿水青山,不要金山银山",这是绿色发展新理念的基本原则,也就是说,在处理保护好生态环境和发展好经济这对矛盾的关系时,如果暂时出现了两者不可兼得的困难,则必须把保护好生态环境放在优先位置,绝不能以牺牲生态环境去换取一时的经济发展;其三,"绿水青山就是金山银山"则是绿色发展理念的最高境界。把生态优势转化为经济优势,这是绿色发展新理念的努力方向,必须从实际出发,因地制宜地选择好适合于当地发展的生态产业,在发展生态产业中谋求经济发展。

"两山理论"包含着绿色财富新理念。自然资源、生态环境也是财富,而且是更具基础性和本源性的财富。"绿水青山本身就是金山银山",强调确保"生态安全"是人们追求金钱、创造财富全过程的前提条件。"绿水青山可带来金山银山,但金山银山却买不到绿水青山。"以生态安全为前提的绿色财富新理念,是绿色发展的必然要求。生态优势可以转化为经济优势,"绿水青山"在一定条件下可以转化为"金山银山"。要使"绿水青山"转化为"金山银山",则必须坚持从实际出发,因地制宜,找准保护生态环境和发展经济的结合点和切入点,选择好适合于当地发展的生态产业,结合当地实际,有选择性地发展生态工业、生态农业、生态林业、生态渔业、生态旅游业、生态服务业等。

"两山理论"蕴含着绿色幸福新理念。"两山理论"充分体现了"代际公平"原则的可持续发展的幸福理念。它不仅要为当代全体中国人民谋福祉,还要为子孙后代谋福祉,不能"吃了祖宗饭,断了子孙路。"把"绿水青山"转化为"金山银山",把生态美与百姓富有机地统一起来。保护自然环境就是保护人类,建设生态文明就是造福人类。[①]

[①] 谢坚:《以"两山"理论为指导促进贵州绿色生态经济大发展》,《贵州日报》,2019年8月。

二、"两山理论":旅游业发展的核心价值

(一)生态旅游业:"两山理论"的实践

旅游业是"两山理论"重要的实践载体,生态旅游这一理念可以作为旅游产业绿色发展的指南。生态旅游发展所追求的旅游活动生态化、环境影响减量化以及目的地居民福祉应当作为我国旅游产业发展的绿色价值指向和实践途径。"两山"重要思想充分体现了马克思主义的辩证观点,为旅游业发展提供了一条新的思路。作为一种新型产业,旅游业具有就业机会多、资源消耗低、综合效益好等优点,是发展生态经济的重要突破方向。[①] 而"两山理论"也是旅游业发展的重要保障,"绿水青山"是发展旅游的先决条件,"绿水青山"是旅游资源,是营造旅游愉悦感的源泉,更是营造良好旅游环境的重要基础。没有"绿水青山",旅游业无法可持续发展,失去了抵抗风险的能力。在"两山理论"的指导下,发展生态旅游业既可以守护"绿水青山",又可以拥有"金山银山"。只有坚持在保护中开发、开发中保护,实现旅游业发展与当地资源环境相协调,才能形成人与自然和谐发展的现代化旅游业建设新格局。

"两山理论"对于加快旅游业发展模式转变,推进旅游业战略性调整具有重要的理论和实践意义。我国旅游业的传统方式以一般性观光为主,为了提高旅游收入,在有些景区存在大兴土木、破坏当地历史文化建筑,接待超过当地生态承载能力的游客数量等现象,对环境造成了负面影响。除此之外,由于旅游基础设施薄弱,我国西部地区的旅游服务配套跟不上旅游消费者的需求,这些因素导致旅游业能带来的经济效益增长缓慢,制约了旅游业的发展。党的十八大以来,我国旅游业以全域旅游理念推动"旅游+"的融合发展模式,助力精准扶贫,生态旅游业成为践行"两山"理论的最好样板。

(二)生态旅游业发展的核心价值

1. 生态旅游是提升生态系统服务价值的"催化剂"。

目前,环境哲学、环境伦理学等学科对"两山理论"已经做了大量的学理论证,"绿水青山就是金山银山"内在地包括一个问题,即生态系统的价值化

---

① 王昆欣:《旅游业发展诠释"两山理论""绿水青山"将成"金山银山"》,《中国旅游报》,http://www.mnw.cn/,2017年10月。

问题，也就是生态系统"变现"的问题，因此"两山理论"可以从生态系统服务理论的角度加以科学解释。"绿水青山"良好的生态系统能提供的生态系统服务价值往往更高。生态旅游是践行"两山理论"的重要方式。从作用机制上讲，可持续的生态旅游能充分发挥生态系统服务中的娱乐、文化功能，进而提升生态系统服务价值，是实现"绿水青山"到"金山银山"转变的"催化剂"。

2. 生态旅游是实现生态文明和绿色发展的"样板间"。

生态旅游契合生态文明建设和绿色发展的本质内涵。党的十九大报告明确了"坚持人与自然和谐共生"是新时代中国特色社会主义的基本方略之一，部署了"加快生态文明体制改革，建设美丽中国"的4大任务，其中，推进绿色发展是新时代我国生态文明建设的重要途径。传统的旅游经济增长速度很快，但不平稳，波动起伏很大，发展模式粗放，尤其是造成资源的过度消耗、环境的破坏以及一系列经济结构的失衡问题。但生态旅游是在充分尊重自然、顺应自然、保护自然的前提下的旅游活动，是在绿色低碳领域培育经济增长点、形成新动能的重要举措，它契合习近平总书记指出的"人与自然是生命共同体"的思想，通过开发生态旅游项目、提供生态旅游产品以满足人民日益增长的优美生态环境的需要，是在"不搞大开发"的基础上推动我国经济绿色转型升级、全面实现小康奋斗目标的重要途径。目前，我国的旅游业发展进入了"新常态"，在旅游产品的开发上集中表现为产品的生态化倾向。

3. 生态旅游是满足人们美好生活需要的"发动机"。

生态旅游能通过发展生态旅游产业让百姓生活富起来，让生态环境美起来，它在保护的前提下开发生态旅游项目，建设基础配套服务设施，提供更多的就业岗位，从而提升生态环境质量，增加百姓的经济收入，满足人民的美好生活需要；它搭建人与自然和谐共生的平台，是建立绿色生产和消费、健全绿色低碳循环经济体系的重要途径，更是将我国优美的"绿水青山"变成"金山银山"的必由之路。因此，将生态旅游发展作为统筹区域绿色发展的重要突破口，作为扩大内需、实施供给侧结构性改革的重要领域，积极推进生态旅游中心城镇和生态旅游特色乡村的建设，使生态旅游成为推动我国绿色发展的协调带动产业和先行示范产业，成为振兴乡村经济、营造美丽宜居环境、推动共同富裕的全民幸福产业。①

---

① 马勇：《践行"两山理论"：生态旅游发展的核心价值与实施路径》，《旅游学刊》，2018年第8期。

第二节 贵州旅游业效率与规模的时空演化特征

在"两山理论"的指导下,贵州旅游业实现了规模和效率的双提升。响应"两山"理念,贵州各地着力厘清理顺生态建设、经济建设与社会发展之间的关系,寓生态建设于经济发展。本节通过对贵州省旅游业效率和规模的时空演化特征的刻画,以贵州实践诠释"绿水青山"就是"金山银山"这一正确论断。

一、践行"两山理论",贵州旅游高速度发展

贵州气候宜人,物种丰富,山川秀丽,生态优美,素有山地"公园省"的美誉。同时,贵州又是一个喀斯特地貌发育最典型、山体切割度大、石漠化非常严重的省份。习近平总书记对贵州的生态文明建设高度重视,2011年5月总书记就指出,贵州这样一个自然生态比较脆弱的省份,尤其要把生态建设摆在突出位置,对此"决不能掉以轻心"。在"两山理论"的指导下,贵阳市乌当区成为全国首批13个"绿水青山就是金山银山"理论实践创新基地,并率先提出并拟订"两山"理论指数监测指标体系,对资源利用、环境质量、保护治理、绿色增长、绿色发展、"两山"教育等六个方面进行总体监管。贵州省人民政府加大对自然文化和生态民族文化的保护,打造"多彩贵州风"旅游品牌,吸引国内外游客来贵州旅游。图9-1、图9-2分别反映了贵州省2008~2018年的旅游总收入变化和旅游人数变化。

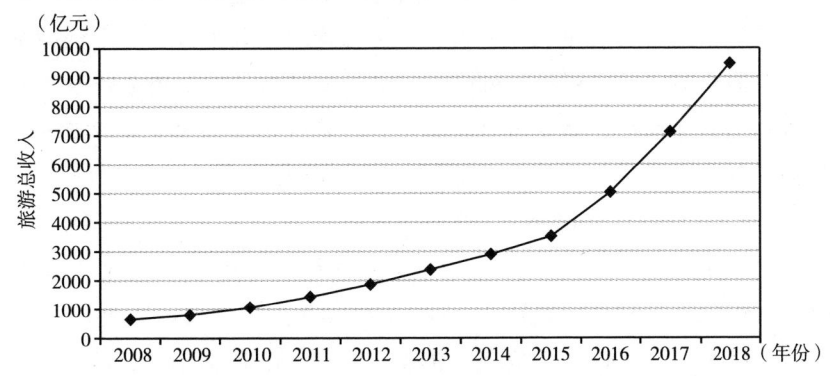

图9-1 2008~2018年贵州省旅游总收入

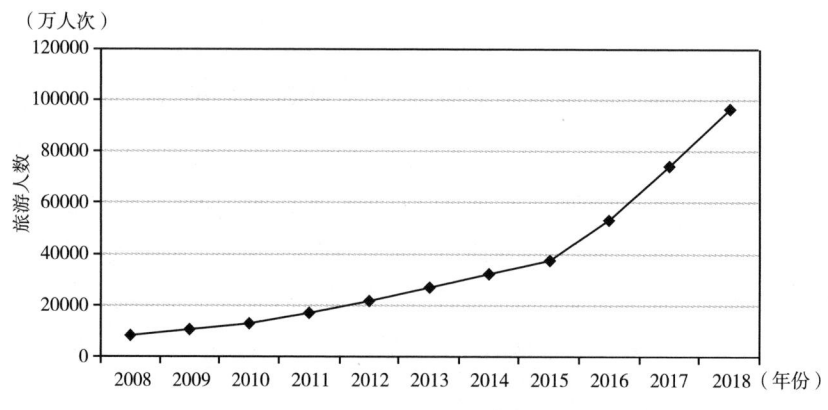

图 9-2　2008~2018 年贵州省旅游总人数

从图 9-1 和图 9-2 中可以看出，"两山理论"提出之后贵州省旅游业发展迅速，2018 年贵州省接待境内外游客总量 96758.55 万人次，境内外旅游业总收入为 9471.18 亿元，相比 2008 年分别增长了 11 倍和 14 倍，旅游接待人次、旅游收入实现了"井喷式"增长。2019 年，贵州省国庆假日 7 天接待入黔游客 2855.77 万人次，同比增长 23.91%；旅游收入 434.05 亿元，同比增长 30.69%。全省纳入监测的 60 个主要旅游景区（点），共接待游客 840.98 万人次，门票收入 1.73 亿元，10 月 1 日至 7 日累计接待游客 10 万人次以上的景区有 33 家；全省纳入统计的 559 家文化文物场馆累计接待 255.07 万人次。2020 年，贵州省文化和旅游厅发布了最新的《贵州省大旅游创新发展工程专项行动方案》，预计到 2021 年全省旅游业完成投资 400 亿元以上，旅游企业（含经营管理单位）达 4.45 万户左右，旅游就业人数 80 万人左右，旅游业增加值达到 1900 亿元以上。

随着旅游业的高速发展，贵州旅游品牌的影响力也在迅速扩大。"山地公园省·多彩贵州风"品牌早已深入人心，爽爽贵阳、醉美遵义、中国凉都、瀑乡安顺、花海毕节、梵净铜仁、风情黔东南、天眼黔南、水墨金州黔西南竞相绽放，贵州旅游知名度、美誉度持续提升，"走遍大地神州、醉美多彩贵州"美名远播。与之相对应的，是贵州旅游产品的极大丰富。截至 2019 年，贵州省全省 A 级以上景区从 2006 年的 10 个增长到 2019 年的 415 个，其中 4A 级达到 129 个、5A 级 7 个，省级及以上度假区从无到有，达到 36 个。共有 545 个村寨被列入中国传统村落保护名录，213 个村寨入选中国民族特色村，25 个村寨入选国家级生态文化村。梵净山、荔波、赤水、施秉等自然景观入选世界自然文化遗产，贵州省成为我国拥有世界自然文化遗产最多的省份。旅游多产业融合发展，健康旅游、体育旅游、工业旅游、科技旅游、研学旅游、探险旅游等新业态蓬勃发展。

2017年，贵州省第十二次党代会提出要"牢牢守住发展和生态两条底线"，实施"大生态"战略行动，将其与"大扶贫""大数据"并列为贵州发展"三大战略"，以"大扶贫"补短板，以"大数据"抢先机，以"大生态"迎未来。在政策的支持下，贵州乡村旅游发展迅速，涌现了遵义市播州区花茂村、六盘水市盘州市舍烹村、六盘水市水城县海坪彝寨、黔南州惠水县好花红村等生态旅游扶贫名村。自2014年以来，花茂村在全力改善基础设施的同时，因地制宜地发展乡村旅游，全面改善村里的水、电、路、讯、气、污水垃圾处理等基础设施。千余栋房屋突出小青瓦、坡面屋、穿斗枋等特色元素，把村庄作为景区打造；建成陶艺文化创意一条街、游客服务中心，核心区域实现了免费无线网络和"天网工程"全覆盖。花茂村以"经营乡村"为理念，山中有田、田中有院，融山水田园为一体。村里成立旅游公司，带动村民发展乡村旅游与特色文化产业。如今，红色游、田园游、智慧游已初具规模，花茂村依托"青山绿水"走出一条属于自己的"花路"。2019年，花茂村接待游客数量130余万人次，实现旅游综合收入1.3亿多元（人民币，下同）。花茂村村民人均可支配收入从2014年的10948元增加到2019年的18556元，贫困发生率从2014年的7.9%降低到2019年的0。

二、践行"两山理论"，贵州旅游高质量发展

为更好地量化评估贵州省旅游效率，揭示践行"两山理论"对贵州旅游业发展效率的影响，选取了DEA模型对贵州省旅游业效率进行客观评价。

（一）DEA模型概述

数据包络分析方法（DEA）是由运筹学家A. Charnes和W. W. Cooper等以相对效率概念为基础发展起来的一种非参数效率评价方法，是根据多项投入指标和多项产出指标，利用线性规划的方法，对具有可比性的同类型单位进行相对有效性评价的一种数量分析方法。CCR模型是首先被提出的DEA模型，用来研究具有多投入多产出的决策单元的效率（综合效率）。随后，R. D. Banker等在CCR基础上考虑了规模报酬可变的情况，提出了BBC模型，将综合效率分解为纯技术效率和规模效率。其中，纯技术效率代表决策单元的技术利用能

力，规模效率代表决策单元资源投入规模满足目标需求的程度。

DEA 方法的基本思想就是通过对样本投入、产出数据的分析来确定出有效生产前沿面，并根据各个决策单元与生产前沿面的距离情况来判断其是否 DEA 有效。[①] 设有 n 个决策单元，每个决策单元 DMU_j（j = 1，2，…，n）都有 m 种投入指标（i = 1，2，…，m）和 s 种产出指标（r = 1，2，…，s），用 x_{ij} 代表第 j 个决策单元第 i 种投入量，y_{rj} 表示第 j 个决策单元第 r 种投入量。其数学模型表达如下：

$$\min \theta - \varepsilon e - T s - + e + s + s.t. \ j = 1nx_{ij}\lambda j + s - = \theta x_{ij}0j = 1ny_{rj}\lambda j - s + = y_{rj}0\lambda j \geq 0, \ s - \geq 0, \ s + \geq 0, \ \theta \qquad (9.1)$$

其中，$\theta(0 < \theta \leq 1)$ 表示综合效率，$\lambda j(\lambda j \geq 0)$ 为权重变量，$s-(s- \geq 0)$ 为松弛变量，$s+(s+ \geq 0)$ 为剩余变量，ε 为非阿基米德无穷小量。该式即规模报酬不变时的 CCR 模型，θ 值越小说明产业发展综合效率越高，当 $\theta = 1$ 时说明产业发展在最优生产前沿面上。

在式（9.1）中施加约束条件 $j = 1n\lambda j = 1$，则变为规模报酬可变的 BCC 模型，此时求得的效率值为纯技术效率，进而可求得规模效率（规模效率 = 综合效率/纯技术效率）。同样，纯技术效率和规模效率越接近 1，表示产业发展的纯技术效率、规模效率越高，当纯技术效率和规模效率的值为 1 时，表示产业发展的纯技术效率、规模效率达到最优。

（二）投入产出变量选取及测算结果分析

1. 投入产出变量选取。

通过查阅相关研究资料与文献，设定旅游投入指标 X_1、X_2、X_3、X_4、X_5、X_6、X_7，贵州省生产总值 X_1 和贵州省第三产业增加值 X_2 是衡量贵州省旅游业的经济背景，贵州省铁路里程 X_3 和高速公路里程 X_4 是衡量贵州省旅游业资本投入程度，旅行社数量 X_5 和星级饭店数量 X_6 是衡量贵州省旅游接待能力，贵州省旅游从业人数 X_7 是衡量贵州旅游人力资源投入力度。设定旅游产出指标 Y_1、Y_2，贵州省旅游业总收入 Y_1 是衡量贵州省旅游业的经济效益指标，旅游总人数 Y_2 是衡量贵州省旅游业规模的指标，也带来了旅游收入，消费者是每个产业的最终落实点。

[①] 李小杰：《基于 DEA_Malmquist 模型的贵州旅游业效率评价研究》，贵州师范大学硕士论文 2018 年 5 月。

我们选取的指标如表 9-1 所示。

表 9-1　　　　　　　　　　投入产出指标说明

变量类别	指标名称	单位	符号
投入指标（X）	生产总值	亿元	X_1
	第三产业增加值	亿元	X_2
	铁路营业里程	公里	X_3
	高速公路里程	公里	X_4
	旅行社数量	家	X_5
	星级饭店数量	个	X_6
	旅游业从业人数	人	X_7
产出指标（Y）	旅游业总收入	亿元	Y_1
	旅游总人数	万人次	Y_2

在投入指标中，生产总值（X_1）选取贵州省地区生产总值来表示，单位为亿元，具体数据来源于贵州省宏观经济数据库。

第三产业增加值（X_2）选取贵州省第三产业增加值来表示，具体数据来源于 2008～2018 年的《贵州统计年鉴》。

铁路营业里程（X_3）选取贵州省铁路营业里程来表示，单位为公里，具体数据来源于 2012～2018 年的《贵州统计年鉴》。

高速公路里程（X_4）选取贵州省高速公路里程来表示，单位为公里，具体数据来源于 2012～2018 年的《贵州统计年鉴》。

旅行社数量（X_5）选取贵州省内旅行社个数来表示，单位为个，具体数据来源于 2012～2018 年的《贵州统计年鉴》。

星级宾馆数量（X_6）选取贵州省内星级宾馆个数来表示，单位为个，具体数据来源于 2012～2018 年的《贵州统计年鉴》。

在产出指标中，旅游业总收入（Y_1）选取贵州省旅游业总收入来表示，单位为亿元，具体数据来源于 2008～2018 年的《中国统计年鉴》。

旅游总人数（Y_2）选取贵州省境内外游客总量来表示，单位为万人次，具体数据来源于贵州省宏观经济数据库。

2. 测算结果分析。

在变量选取的基础上，利用 MAXDEA 软件进行测算，得到贵州省旅游业综合效率构成，具体结果见表 9-2。

表 9-2　　2008~2018 年贵州省旅游业综合效率及其构成

年份	综合技术效率		纯技术效率		规模效率		规模报酬	
	贵州	全国	贵州	全国	贵州	全国	贵州	全国
2008	0.591	1.000	1.000	1.000	0.591	1.000	递增	不变
2009	0.586	0.997	1.000	1.000	0.586	0.997	递增	递增
2010	0.571	0.943	1.000	0.966	0.571	0.977	递增	递增
2011	0.561	1.000	0.987	1.000	0.569	1.000	递增	不变
2012	0.543	1.000	1.000	1.000	0.543	1.000	递增	不变
2013	0.558	0.984	1.000	0.984	0.558	0.999	递增	递增
2014	0.619	1.000	0.989	1.000	0.626	1.000	递增	不变
2015	0.634	0.992	0.857	0.995	0.741	0.997	递增	递增
2016	0.803	0.994	0.888	1.000	0.904	0.994	递增	递增
2017	0.973	1.000	1.000	1.000	0.973	1.000	递增	不变
2018	1.000	1.000	1.000	1.000	1.000	1.000	不变	不变
均值	0.676	0.992	0.975	0.995	0.696	0.997	—	—

由表 9-2 可知，2008~2018 年贵州旅游产业综合技术效率平均值为 0.676，低于全国的平均水平 0.992，但增长迅速；旅游纯技术效率平均值达到 0.975，高于综合技术效率的平均值，基本接近于全国平均水平 0.995，期间呈现一种螺旋式发展、循环往复的态势；旅游业的规模效率的平均值为 0.696，低于全国平均水平 0.997，整体呈现出稳定增长的趋势；旅游业的规模报酬始终是递增的态势，优于全国平均水平。根据表 9-2 可得贵州省和全国旅游业综合技术效率对比，见图 9-3。

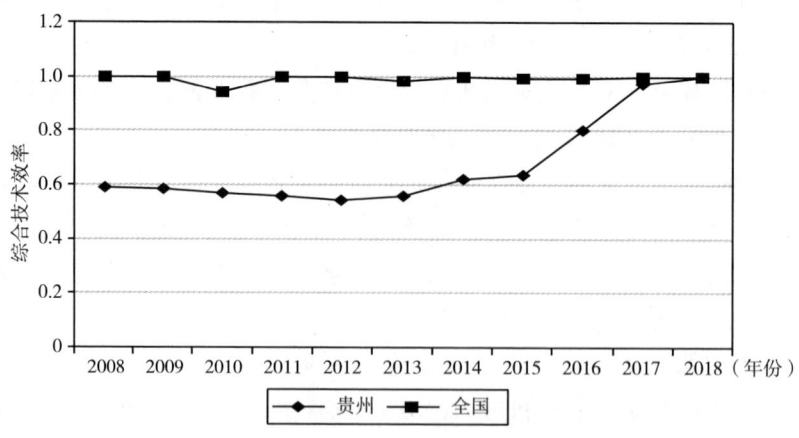

图 9-3　2008~2018 年贵州省和全国旅游业综合技术效率对比

从图 9-3 可以看出，虽然贵州省旅游业综合技术效率一开始处于较低水平，但整体呈现出不断上涨的趋势，尤其是 2015 年之后有一个暴发式的增长，这与贵州省发展生态旅游业的时间线基本吻合。2018 年，贵州省旅游业综合技术效率达到全国平均水平，且仍旧保持着较好的增长态势，说明贵州省旅游业效率较高。

通过对贵州省旅游业规模与效率变化趋势的客观分析，可以看出，在"两山理论"的指导下，贵州省找到了经济发展的坐标，认清了自己的比较优势，将"绿水青山"从自然资源变为创富资本，走出了一条具有贵州特色的绿色崛起文明跨越之路。通过践行"两山理论"，贵州省旅游业在快速增长的同时实现了高质量发展，以规模与效率的双重标准在可持续发展的道路上快步前进。

第三节 贵州旅游业发展的驱动因素及驱动机理

"两山理论"为贵州旅游发展指明了方向，指清了道路。全省各地在"两山理论"的指导下深挖资源优势，补齐发展短板，实现了旅游业的快速发展。本节在介绍一些典型案例的基础上，总结提炼贵州旅游业发展的重要驱动因素，结合理论分析和实证研究讨论了贵州旅游业发展的主要驱动因素及其驱动机制。

一、贵州旅游业发展的典型案例

（一）践行"两山理论"，乌当区实现产业转型升级

乌当全境海拔在 872~1659 米，年平均气温 14.6℃，夏季凉爽宜人，森林覆盖率 57.95%，排名全市第一，空气质量优良率达 96.4% 以上。依托得天独厚的生态自然资源，乌当区积极探索"绿水青山"转化为"金山银山"的有效途径，大力发展全域旅游，以"全域旅游"带动"全域美丽"，变"绿水青山"为"金山银山"，助力高质量打赢脱贫攻坚战，走出了一条产业转型升级和群众脱贫致富双赢的有效路径。2017 年 9 月，乌当区被命名为全国首批"绿水青山就是金山银山"理论实践创新基地。[①]

[①] 杨秀攀：《乌当区：全域旅游奏响"富民曲"》，澎湃新闻，2020 年 9 月。

自被命名为全国第一批"两山"理论实践创新基地以来，乌当区大胆探索产业转型升级之路，奋力践行"两山"转化路径的乌当"5G"模式，即：高度统一思想认识、科学规划区域空间、严格管控自然生态、着力构建绿色产业、共建共享生态文明，换来了"绿色"动力的充分发挥和生态红利的持续释放，全区百姓幸福感和获得感不断提升。乌当区委、区人民政府着眼于推动经济高质量发展，以"大健康引领、大数据融合、大旅游助推"为产业发展主线，依托良好生态资源优势和全省医药制造聚集地、医药物流集散地的产业优势，围绕"医、养、健、管、食、游"六大板块，构建以大健康产业为主导的产业体系，带动全区生态农业、生态工业、生态旅游服务业大发展，统筹推进大健康、大旅游、大数据三大产业融合发展，培育绿色发展新动能，走出一条具有乌当特色的绿色发展转型升级之路。

全域旅游是乌当区探索"绿水青山就是金山银山"的实践路径，兴业富民是乌当区全域旅游持续发展的"源动力"。乌当区将促进农民就业增收、增进农民福祉作为发展全域旅游的根本出发点和落脚点，组合山水林田湖等资源优势，全力发展推窗见绿、望山见水、乡愁可寄的特色乡村旅游业，纵深推进农村产业革命，加快"农业+"多业态发展，丰富乡村旅游内涵，高质量打赢脱贫攻坚战，建设生态宜居美丽乡村，积聚乡村振兴的强大动力。在偏坡，得益于"原味小镇·醉美偏坡"项目的建设运营，村民的老房子变身特色民宿，在"政府+公司+合作社+农户"的民宿改造模式之下，村民不仅有工资，而且有分红；在百宜，得益于休闲观光采摘游的火热，精品水果、茶叶等高效农业产业正在代替传统种植业，新型农业经营主体快速发展，越来越多的村民在家门口实现增收致富。

通过发挥生态、文化、山水、田园、温泉优势，乌当区推进山地生态都市农业发展，大力发展山地旅游、温泉养生、农业观光、养生养老等新兴业态，建设面向西南、中南乃至泛珠三角的全域休闲度假区和养生养老目的地，全域旅游实现高质量发展，旅游收入实现"井喷式"增长。2019年，乌当区共接待游客2308.8万人次，实现旅游收入138.9亿元，旅游增速在全市排第1位。

（二）发展"全域旅游"，荔波实现脱贫摘帽

荔波县地处黔桂两省交界，这里生态良好，气候宜人，风景奇特，全县森林覆盖率良好，被誉为"地球绿宝石"和"全球最美喀斯特"。但受困于闭塞的交通环境，2014年荔波全县建档立卡贫困户15704户59587人，共有51个贫困村（其中深度贫困村 23 个），贫困发生率高达 37.76%，属于全国连片集中特困地区。2015 年 3 月，荔波率先提出全域旅游模式，把曾经对立的"绿色"和"发展"转变成兼容互利。荔波县立足县情实际，始终坚守发展与生态两条底线，以绿色生态为基础，以"全域旅游"战略为抓手，走出一条"生态美、产业强、百姓富"的绿色崛起新路。①

荔波的贫困和闭塞的交通是分不开的，要发展旅游业，首要问题就是解决交通问题。依托贵州交通发展迅速的外部大环境，荔波县在 2015 年下半年提出"交通三联行动计划"，打通内部交通。第一，将荔波相邻景区行程时间要控制在半小时以内；第二，从县城到每个景区之间行程时间也要控制在半小时以内。"交通三联行动计划"完成后，将形成大环线、小环线、网络线，构建"陆空并进，内有外快"的立体旅游交通体系，为荔波全域旅游作支撑。

为了顺应全域旅游发展提出的新要求，荔波全力推进旅游景区提质升级。荔波县规划建设包括大小七孔景区、邓恩铭纪念馆及广场、漳江景观带环境整治在内的 22 个总投资约 88 亿元的重点核心项目，以点带面，奋力打造荔波旅游"升级版"，培育旅游发展新动能。截至 2017 年，荔波共有 364 家经营单位参与明码实价试点工作。明码实价实施区域重点为大小七孔景区、茂兰景区和景区周边集镇及县城，主要以涉及旅游"吃""住""行""游""购""娱"方面的行业领域为主。通过政府引导和监管、经营单位试点示范等，明码实价工作取得显著成效。

"世遗荔波"是世界对荔波的高度赞誉与认可，但在大力开发荔波旅游产业的同时，能否守住老祖宗留下的遗产，这是一个至关重要的问题。荔波县秉持生态立县的理念，形成了全县干部群众建设生态文明的思想共识。在发展旅游业过程中，荔波县侧重执行保护优先的政策，坚持生态产业化、产业生态化的基本思路。荔波的优势是"绿水青山"，在保护生态的同时，倡导人与自然和谐相处。另外，所有产业对资源的开发里，旅游的开发度较小，所以选择旅游业为核心产业，对荔波的核心资源提供了最好的保护，老百姓有收益，就不会砍树去卖，也不会用山上薄层土去种地，既保护了"青山绿水"，也带动了经济发展。通过生态补偿，荔波县不仅实现了贫困户增收，而且森林资源保护得到加强，荔波森林覆盖率由 2014 年的 63.74% 上升到 2019 年的 71.04%，森

---

① 贵州省旅游局：《贵州荔波打造全域旅游示范样板，打赢荔波脱贫攻坚战!》，贵州省旅游局官网，2017 年 7 月。

林覆盖率在黔南州排名第一。

在"全域旅游"的带动下，荔波县旅游发展随着"大众旅游时代"到来呈现出"井喷"态势。2019年，荔波县全年旅游总收入从2014年的54亿元增加至194亿元，旅游增加值占全县GDP比重达52%。荔波县旅游业的发展直接拉动5.68万人就业创业增加收入，带动9630名贫困群众实现脱贫，到2019年底，荔波县51个贫困村实现出列，累计减贫14585户57180人，综合贫困发生率降至1.53%。

二、贵州旅游业发展驱动因素及其驱动机理

（一）旅游业发展驱动因素及其驱动机理

1. 旅游资源状况。

省内旅游景区数量。"绿水青山"是发展旅游业的重要前提，贵州省山地和丘陵占全省面积的92.5%，是得天独厚的发展旅游的先决条件，借助星级旅游景区品牌可以有效提升贵州省旅游业的知名度，吸引游客，星级旅游景区数量的增多可以有效带动旅游业的发展。近年来，随着贵州省内世界自然文化遗产的增多，慕名前来国内外游客也随之增多。对旅游资源正确的开发与利用，是贵州省旅游业将资源转化为经济优势的关键。

2. 旅游服务能力。

旅行社个数。随着居民消费观念的转变，旅游形式逐渐多样化，对旅行社产品多元化的需求相应提高。根据经济学理论，当行业市场存在利润时，就会导致行业内企业增加。旅行社数量的增多一方面使行业竞争日趋激烈；另一方面可以有效促进旅游产品升级，推动旅游业健康发展。

星级宾馆个数。旅游接待设施水平的提高可以有效提升旅客旅游意愿。在消费升级的背景下，星级酒店逐渐成为人们出行的住宿首选，星级酒店数量的增加与旅游业发展有着密不可分的关联。

旅游业从业人数。旅游业作为一个涉及产业多、影响范围广的服务业，对从业人员的综合素质提出了较高的要求，良好的旅游服务质量是旅游业增长的重要保障。旅游业属于服务业，旅游业的发展离不开高素质人才的培养，旅游业从业人数增多会带动旅游服务质量的提升，达到促进旅游经济发展的目的。

3. 交通设施条件。

铁路营业里程。铁路为旅游业发展提供了便利的基础设施，除去传统的客运铁路以外，高速铁路成为我国目前出游的主要公共交通工具。高铁线路的发达程度已成为区域交通发达程度的代表，贵州除了早已投入运营的沪昆高铁之外，又相继开通了渝贵及成贵高铁，与外省的交通条件已大为改善，"高铁休闲圈"的形成可以有效推进高铁沿线旅游产业的发展。

高速公路里程。贵州省是典型的喀斯特地貌省份，交通基础设施的建设对贵州旅游业发展至关重要，在贵州省政府的大力投入之下，贵州省目前已实现了"县县通高速"。随着现在自驾游的增多，高速公路网络更发达的地区能吸引到较多的游客，通过打造精品高速公路旅游路线，可以推进当地旅游业发展。

4. 经济发展水平。

地区生产总值。地区生产总值即贵州省生产总值，宏观经济环境的改善有助于提升当地旅游吸引力。通常而言，国民生产总值越高，居民生活水平越好，旅游业就会越发达。较高的经济发展水平是旅游业迅猛发展的经济基础与前提，贵州地区生产总值的提升与旅游业的发展息息相关。

第三产业所占比重。旅游业属于第三产业，第三产业所占比重在一定程度上决定了当地服务业的完善情况。旅游业是第三产业的重要组成部分，具有就业机会多、带动效应好的特点，第三产业相对发达的地区，旅游业的发展水平也会较高。产业融合的"旅游+"战略是旅游产品不断创新、旅游业新产能增加的重要突破口。通过与多个产业相结合，创新旅游发展模式，可以推动旅游业与第三产业内其他行业融合发展。

(二) 贵州省旅游业发展驱动因素实证分析

1. 变量选取与模型构建。

考虑到旅游业发展的驱动因素种类众多且较为复杂，为更好量化了解贵州省旅游业发展的驱动因素，本章在理论分析和数据收集的基础上，选取了2008~2018年贵州省地区生产总值、第三产业所占比重、铁路营业里程、高速公路里程、旅行社个数、星级宾馆个数、旅游业从业人数、A级以上旅游景区数量八个指标作为解释变量，贵州省旅游业总收入为被解释变量，选取变量的具体说明见表9-3。[1]

---

[1] 钟皓凡：《基于EViews的贵阳市旅游业影响因素分析》，《武汉商学院学报》2020年第3期。

表 9 – 3　　　　　　　　　　选取变量说明

变量类别	指标	单位	符号
被解释变量	旅游业总收入	亿元	Y
解释变量	地区生产总值	亿元	X_1
	第三产业所占比重	%	X_2
	铁路营业里程	公里	X_3
	高速公路里程	公里	X_4
	旅行社个数	个	X_5
	星级宾馆个数	个	X_6
	旅游业从业人数	人	X_7
	A级以上旅游景区数量	个	X_8

其中，旅游业总收入（Y）选取贵州省旅游业总收入来表示，单位为亿元，具体数据来源于2008~2018年的《中国统计年鉴》。

地区生产总值（X_1）选取贵州省地区生产总值来表示，单位为亿元，具体数据来源于贵州省宏观经济数据库。

第三产业所占比重（X_2）选取贵州省第三产业所占比重来表示，具体数据来源于2008~2018年的《贵州统计年鉴》。

铁路营业里程（X_3）选取贵州省铁路营业里程来表示，单位为公里，具体数据来源于2012~2018年的《贵州统计年鉴》。

高速公路里程（X_4）选取贵州省高速公路里程来表示，单位为公里，具体数据来源于2012~2018年的《贵州统计年鉴》。

旅行社个数（X_5）选取贵州省内旅行社个数来表示，单位为个，具体数据来源于2012~2018年的《贵州统计年鉴》。

星级宾馆个数（X_6）选取贵州省内星级宾馆个数来表示，单位为个，具体数据来源于2012~2018年的《贵州统计年鉴》。

旅游业从业人数（X_7）选取贵州省内旅游业从业人数来表示，具体数据来源于贵州省宏观经济数据库。

A级以上旅游景区数量（X_8）选取贵州省A级以上旅游景区数量来表示，单位为个，具体数据来源于贵州省文化和旅游厅官网。

在变量选取的基础上，本章根据前面的理论分析构建多元线性模型并使用EViews7.2进行分析，模型设定如下：

$$\ln Y = \beta_0 + \beta_1 \ln X_1 + \beta_2 \ln X_2 + \beta_3 \ln X_3 + \beta_4 \ln X_4 + \beta_5 \ln X_5 + \beta_6 \ln X_6 + \beta_7 \ln X_7 +$$

$$\beta_8 \ln X_8 + \varepsilon \tag{9.2}$$

其中，β_0 为截距项，β_1 至 β_8 为回归系数，Y 为旅游总收入，X_1 为地区生产总值，X_2 为第三产业所占比重，X_3 为铁路营业里程，X_4 为高速公路里程，X_5 为旅行社个数，X_6 为星级宾馆个数，X_7 为旅游业从业人数，X_8 为 A 级以上旅游景区数量，ε 为残差项。

2. 数据的描述性统计。

为消除量纲和序列异方差，模型中所有变量均采用了对数形式，变量的描述性统计分析结果具体见表 9-4。

表 9-4　　　　　　　　变量的描述性统计

变量	均值	最大值	最小值	标准差
$\ln(Y)$	3.3713	3.9764	2.8141	0.3806
$\ln(X_1)$	3.8796	4.1705	3.5516	0.2164
$\ln(X_2)$	1.6669	1.6884	1.6493	0.0145
$\ln(X_3)$	3.3892	3.5515	3.2973	0.0989
$\ln(X_4)$	3.4623	3.8098	2.9657	0.2958
$\ln(X_5)$	2.4671	2.5877	2.3385	0.0805
$\ln(X_6)$	2.4654	2.5353	2.3075	0.0617
$\ln(X_7)$	3.5389	3.8367	3.3454	0.1927
$\ln(X_8)$	2.3549	2.4867	2.2445	0.0963

从表 9-4 中可以看出，贵州省旅游业在 10 年里变化显著，其中最大值为 2018 年的 3.9764，最小值为 2008 年的 2.8141。说明贵州省旅游业在 2008~2018 年实现了飞速发展，为更好了解贵州省旅游业发展的驱动因素，需要进行下一步的实证。

3. 计量检验及回归结果分析。

为了避免"伪回归"，在分析前需对各变量的平稳性进行检验，本章采用 ADF 单位根检验法对各变量的平稳性进行检验。检验发现各经济变量的水平序列都存在单位根，经过一阶差分后的序列都拒绝了单位根假设，所以它们均是一阶单整时间序列。检验结果整理后见表 9-5。

表 9-5　　各变量一阶差分后 ADF 检验结果

变量	ADF 值	1%	5%	10%	是否平稳
$\Delta\ln(Y)$	-2.8147	-2.9372	-2.0063	-1.5981	平稳
$\Delta\ln(X_1)$	-4.1694	-4.4206	-3.2598	-2.7711	平稳
$\Delta\ln(X_2)$	-3.2722	-2.8473	-1.9882	-1.6001	平稳
$\Delta\ln(X_3)$	-3.8713	-5.8352	-4.2465	-3.5905	平稳
$\Delta\ln(X_4)$	-3.5902	-4.2971	-3.2127	-2.7477	平稳
$\Delta\ln(X_5)$	-5.1023	-5.8352	-4.2465	-3.5905	平稳
$\Delta\ln(X_6)$	-2.9188	-2.8861	-1.9959	-1.5991	平稳
$\Delta\ln(X_7)$	-2.3581	-2.8473	-1.9882	-1.6001	平稳
$\Delta\ln(X_8)$	-3.0909	-2.8861	-1.9959	-1.5991	平稳

资料来源：数据均采用 EViews7.2 软件计算所得，Δ 代表一阶差分。

对一阶差分后的变量序列进行多元线性回归，得到回归结果见表 9-6。

表 9-6　　　　　　　　模型回归结果

变量	回归系数	标准误差	T 统计量	P 值
X_1	0.358383	0.434836	0.824180	0.0495
X_2	0.157744	0.360968	0.437003	0.0748
X_3	0.079275	0.168439	0.470646	0.0342
X_4	-0.024163	0.120887	-0.199880	0.8601
X_5	0.211667	0.835900	0.485587	0.0152
X_6	0.080591	0.055290	0.057954	0.0591
X_7	0.026995	0.086495	1.005782	0.4204
X_8	0.510401	0.264930	3.435023	0.0753
C	-1.167464	-1.200481	-0.972497	0.0833
R-squared	0.9139	Mean dependent var	3.3713	
Adjusted R-squared	0.8513	S.D. dependent var	0.3806	
S.E. of regression	0.0804	Sum squared resid	0.0007	
F-statistic	5024.12	Durbin-Watson stat	2.3020	
Prob (F-statistic)	0.0002			

模型的拟合度 R^2 为 0.9139，说明模型拟合度较好。P 值小于 0.1 即为在 10% 水平下显著，小于 0.05 即为在 5% 的水平下显著。从回归结果可以看出，地区生产总值（X_1）、第三产业所占比重（X_2）、铁路营业里程（X_3）、旅行社

个数（X_5）、星级宾馆个数（X_6）、A 级以上景区数量（X_8）对贵州省旅游总收入（Y）有较好的解释效果。根据模型回归结果建立相应的回归方程为：

$$\ln Y = -1.1674 + 0.3584\ln X_1 + 0.1577\ln X_2 + 0.0793\ln X_3 + 0.2117\ln X_5 + 0.0806\ln X_6 + 0.5104\ln X_8 + \varepsilon \tag{9.3}$$

其中，地区生产总值（X_1）和第三产业所占比重（X_2）对旅游业总收入（Y）的回归系数分别为 0.3584 和 0.1577，说明贵州省经济水平的提高对于贵州旅游业发展有着显著的促进作用；铁路营业里程（X_3）对旅游业总收入（Y）的回归系数为 0.0793，说明近年来贵州铁路的迅速发展提高了交通便利性，有助于促进贵州旅游业发展，但高速公路里程（X_4）对旅游业总收入的影响不显著，有待进一步探究；旅行社个数（X_5）、星级宾馆个数（X_6）对旅游业总收入（Y）的回归系数分别为 0.2117 和 0.0806，说明提升旅游服务、改善旅游配套设施对于促进贵州旅游业发展有正向作用，但旅游业从业人数（X_7）对旅游总收入的影响不显著，建设高质量的旅游从业人员队伍有助于提升贵州旅游质量；A 级以上景区数量（X_8）对旅游业总收入（Y）的回归系数为 0.5104，说明贵州省景区数量的增多可以有效促进贵州省旅游业的发展。

从实证结果可以看出，经济发展水平的提高，交通便利性的提升、旅游服务质量的改善以及省内旅游景点的增加都推进了贵州旅游业的发展。其中，A 级景区数量的增加对贵州省旅游业发展的贡献最大。而这些 A 级景区绝大部分以自然风景旅游资源为依托。不少原来的贫困山区在"两山理论"的指导下，"牢牢守住发展和生态两条底线"，实施"大生态"战略行动，基于贵州山水和本土文化，形成了一个个生态旅游扶贫的"贵州样本"，创造了生态旅游扶贫的"贵州模式"。

第四节 旅游业发展对贵州经济发展的贡献分析

在"两山理论"的指导下，贵州省旅游业实现了"井喷式"增长，逐步成长为贵州的支柱产业。旅游业的发展有效带动了全省经济绿色发展。本节用数据有力证明了旅游业发展在推动贵州经济总量增长、就业人口增加、产业结构优化中的重要贡献，展示了旅游业作为贵州打赢脱贫攻坚战的重要推手的巨大作用。

一、旅游业发展强劲推动扶贫脱困

扶贫，是贴在贵州旅游产业上的鲜明"标签"。自 2016 年 2 月起，贵州省委省政府就将旅游业作为守好发展和生态两条底线，决战决胜脱贫攻坚，推动全省经济转型升级的重要举措，出台了《贵州省发展旅游业助推脱贫攻坚三年行动方案（2017～2019 年）》。行动方案明确提出了旅游业助推脱贫攻坚的九大工程：一是实施旅游项目建设扶贫工程；二是实施景区带动旅游扶贫工程；三是实施旅游资源开发扶贫工程；四是实施乡村旅游扶贫工程；五是实施旅游商品扶贫工程；六是实施"旅游+"多产业融合发展扶贫工程；七是实施旅游结对帮扶工程；八是实施乡村旅游标准化建设工程；九是实施旅游教育培训扶贫工程。[①] 同时，依托大数据平台，贵州对全省贫困村寨的资源禀赋和旅游适宜从业人口进行了全面摸底调查，通过全面收集和提取贫困户的基本信息、贫困状况、致贫原因、扶贫路径等精准识别和动态管理旅游扶贫对象，有效落实精准扶贫政策。

旅游发展实际表明旅游是最好的扶贫和富民方法之一，尤其是在山区扶贫和乡村开发之中具有较强的综合拉动性。图 9-4 和图 9-5 反映了 2011～2018 年贵州贫困人口和贫困村数量的变化情况。

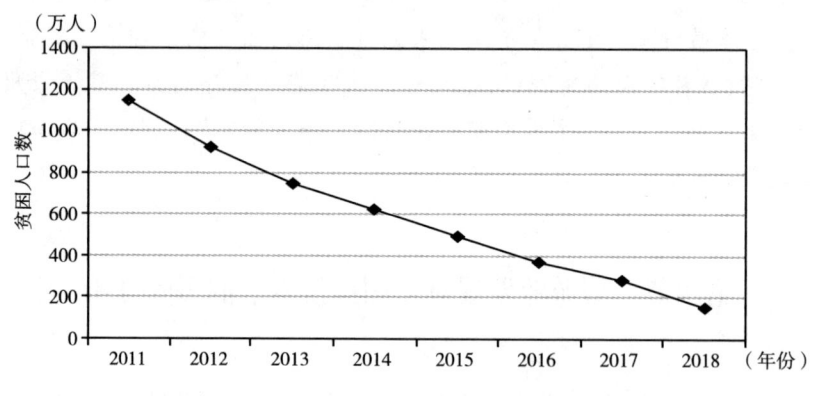

图 9-4　2011～2018 年贵州贫困人口数量变化情况

---

① 贵州省人民政府办公厅：《省人民政府办公厅关于印发贵州省发展旅游业助推脱贫攻坚三年行动方案（2017～2019 年）的通知（黔府办发〔2017〕44 号）》，2017 年 9 月。

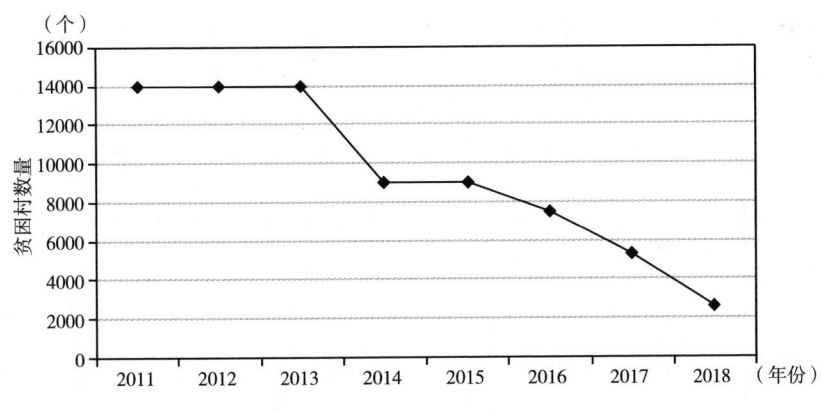

图 9-5 2011~2018 年贵州省贫困村数量变化情况

从图 9-4 和图 9-5 可以看出，2011~2018 年贵州贫困人口和贫困村数量有明显的下降，2018 年贵州省贫困人口和贫困村数量分别为 155.12 万人和 2612 个，相比 2011 年的 1149 万人和 13973 个，分别下降了 741% 和 535%。目前，贵州在 66 个贫困县开发旅游资源已达 19495 处，建成旅游项目 3105 个，实施温泉旅游项目 31 个。并创新性地利用全省旅游资源大普查的结果，以新发现未开发的 5.2 万处旅游资源和 77 处优良温泉旅游资源为基础，优先对 14 个深度贫困县、20 个极贫乡（镇）和 2760 个深度贫困村的旅游资源进行开发。

二、旅游业发展有力促进人口就业

旅游业是劳动密集型产业，具有就业容量大、关联带动性强、工作方式灵活多样等特点，这使发展旅游业成为政府促进就业的最好选择。世界旅游组织资料显示，旅游业每增加 1 个直接就业机会，社会就能增加 5~7 个间接就业岗位。除此之外，旅游产业涉及的领域广泛，对人才的需求也具有多样化的特征，既需要一些高学历、高知识的管理规划人才，也需要提供简单技能的普通劳动力，且对简单劳动力需求量大，可以照顾到农村人口和弱势群体的就业。旅游界专家表示，旅游服务业有"逆自动化"的特点：传统制造业今后必然走向自动化生产，所需人力大幅降低。而旅游服务业实现消费升级，必然会增加人力。例如，一家三星级酒店只需配备 300 人服务，升级为五星级酒店就要 700 人左右。

贵州省结合自身特色，提出了旅游业助推扶贫攻坚"九大工程"，极大地提升了贵州旅游业的就业吸纳能力。图9-6反映了2010~2018年贵州省就业人数的变化情况。

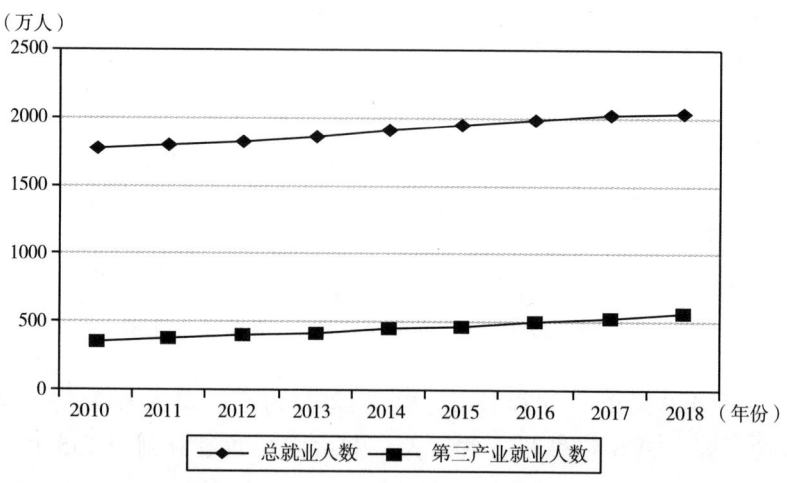

图9-6 2010~2018年贵州省就业人数变化情况

从图9-6可以看出，2010~2018年贵州省总就业人数和第三产业就业人数都有着逐年稳步上升的趋势，2018年的总就业人数和第三产业就业人数是2038.5万人和565.68万人，相比2010年的1770.9万人和357万人，分别提高了115%和158%。贵州发展山地旅游业，创造出了全新的就业机会，第三产业创造出的工作机会会改变其他环节，形成良性循环。截至2019年10月，贵州已实现旅游业带动就业98.64万人，为发展全域旅游、实现脱贫致富打下了坚实的基础。

三、旅游业发展有效带动产业升级

旅游业不仅是拉动经济增长的重要力量，还是优化发展方式的优势产业。随着旅游业发展规模的迅速扩大，旅游业对第一、第二产业会提出更高的要求，有效促进第一、第二产业结构的转型升级。旅游业的发展不仅可以带动第三产业的发展，还可以促使第一、第二产业联动发展，通过改变产业链条的组织方式和资源配置方式，进而实现产业结构升级。当旅游业快速发展之后，游客对旅游途中的商业、餐饮、金融和文化娱乐的要求也会越来越高，由此对各行业产生了一定的冲击，也因此增强了产业产品质量提升动力。由于旅游业关联众多的产业链条,故会实现各产业链条之间内部的产业结构升级。

旅游业是集食、住、行、游、购、娱等服务为一体的综合性产业,涉及29个经济部门,直接和间接影响细分行业109个。旅游对住宿业贡献率超过90%,对民航和铁路客运业贡献率超过80%,对文化娱乐业贡献率超过50%,对餐饮业和商品零售业的贡献率超过40%。作为一种消费性产业,旅游业的快速发展会带动旅游消费的快速扩张,进而催生第三产业如住宿业、餐饮业等服务业部门的快速发展。考虑到旅游业发展关联的产业众多,且对不同产业均具有一定的带动效果,从贡献率大小考虑,本节将主要探讨旅游业发展对住宿餐饮业和交通运输业的带动作用。图9-7反映了2010~2018年贵州省交通运输业增加值的变化情况。

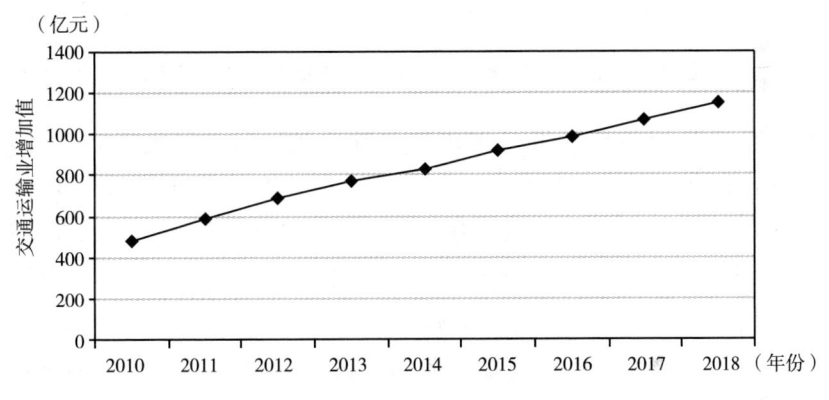

图9-7　2010~2018年贵州省交通运输业增加值变化

从图9-7可以看出,贵州省交通运输业增加值呈现逐年上升的趋势,2018年贵州省交通运输业增加值为1150.74亿元,相比2010年的480.32亿元增长了240%。截至2018年,贵州公路通车总里程达19.7万公里,高速公路通车总里程达6453公里,通车里程上升至全国第7位,高速公路综合密度上升至全国第1位。从"隔山喊得应,见面要半天"到"县县通"高速,从单一马路到高速、铁路、地铁、航空、水运构建立体大交通,贵州省交通运输业实现了质的飞跃。交通运输业的飞速发展与贵州全域旅游的发展是分不开的,近年来,贵州把大旅游作为全省"三块长板"之一,明确提出要推动旅游业实现"井喷式"增长。凭借多维立体的便捷交通,贵州和世界的沟通更加快速,围绕交通线路打造山地特色旅游产业带,为贵州经济增长和产业升级提供了新动能。

除了交通运输业外，旅游业对住宿和餐饮业的发展也具有较大的推动作用，图9-8反映了2010~2018年贵州省住宿和餐饮业的增加值变化情况。

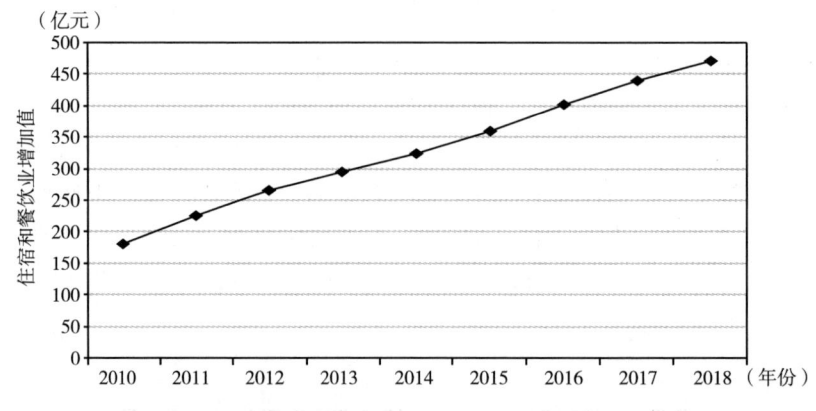

图9-8　2010~2018年贵州省住宿和餐饮业增加值变化

从图9-8可以看出，贵州省住宿和餐饮业增加值呈现逐年上升趋势，2018年的住宿和餐饮业增加值为471.74亿元，相比2010年的180.73亿元提高了261%。贵州省旅游业的飞速发展极大地带动了住宿和餐饮业的提升，贵州每年接待数亿次的游客，这让贵州的住宿和餐饮业都有着巨大的潜力。2019年，贵州省人民政府印发《贵州省餐饮业上规提质三年行动（2019~2021年）》，其中强调了要促进餐饮业和旅游业在内的多产业联动发展，要加快建设集特色美食、休闲娱乐、观光旅游为一体的农商旅综合体，鼓励和指导各地统筹旅游商贸资源，加快美食街（城）建设，支持安顺黄果树、荔波小七孔、铜仁梵净山、西江苗寨等贵州省重点旅游景区打造特色黔菜餐饮街区。

四、旅游业发展持续推动经济增长

旅游业发展对经济增长的贡献在学术界并没有统一的结论，不同资源禀赋地区旅游业发展对经济增长的贡献呈现出不一样的结果。为更好探究贵州省旅游业发展对经济增长的贡献度，本节通过构建VAR模型来进行量化说明。

（一）变量选取及模型设定

选取2008~2018年贵州省经济增长数据和旅游业总收入数据构建向量自

回归模型。①

其中，贵州省经济增长（GDP）采用贵州省地区生产总值来表示，单位为亿元，具体数据来源于贵州省宏观经济数据库。

贵州省旅游业总收入（TOUR）采用贵州省国内旅游业总收入和境外旅游业总收入之和来表示，单位为亿元，具体数据来源于2008~2018年的《贵州统计年鉴》。

向量自回归模型也被称为VAR模型，是将系统中每一个内生变量作为系统中所有内生变量的滞后值的函数来构造模型，从而将单变量自回归模型推广到由多元时间序列变量组成的"向量"自回归模型。在本节模型中，为消除量纲和序列异方差，模型中所有变量均是采用了对数形式。在变量选取的基础上，设定模型如下：

$$\ln GDP_t = \alpha_1 \ln GDP_{t-1} + \alpha_2 \ln GDP_{t-2} + \cdots + \alpha_p \ln GDP_{t-p} + \beta_0 \ln TOUR_t + \cdots + \beta_r \ln TOUR_{t-r} + \varepsilon_t \quad (t = 1, 2, \cdots, n) \tag{9.4}$$

其中，GDP_t是K维内生变量，GDP_{t-i}（i=1, 2, …, p）是滞后内生变量，$TOUR_{t-i}$（i=0, 1, …, n）是D维外生变量，p和r分别为内生变量和外生变量的滞后阶数，α_i（i=0, 1, …, p）是K×K维待估计的系数矩阵，β_i（i=0, 1, …, r）是K×D维待估计的系数矩阵，ε_t是由K维随机误差项构成的向量。

（二）VAR模型估计及检验

根据AIC信息准则、SC准则等确定模型的滞后阶数，各检验值如表9-7所示。

表9-7　　　　AIC信息准则、SC准则以及LR对数似然比检验

滞后阶数	LogL	LR	FPE	AIC	SC	HQ
0	17.5658	—	0.0001	-3.4594	-3.4152	-3.5536
1	51.8902	45.7659*	1.35e-7	-10.1978	-10.0663	-10.4816
2	59.1915	6.4901	8.14e-8*	-10.9315*	-10.7123*	-11.4044*

注：*表示在10%的水平上显著。

---

① 罗丹丹：《重庆市旅游收入与区域经济增长的实证分析》，《重庆文理学院学报》2020年第4期。

由表 9-7 可以确定该 VAR 模型的最优滞后阶数为 2,即 P=2。

建立 VAR (2) 的模型结果如下:

$$\ln GDP = -0.2255\ln GDP - 1 + 0.0756\ln GDP - 2 + 0.253\ln TOUR - 1 - 0.120\ln TOUR - 2 - 0.008 \quad (9.5)$$

$$\ln TOUR = 1.164\ln GDP - 1 - 0.581\ln GDP - 2 - 0.139\ln TOUR - 1 - 0.809\ln TOUR - 2 + 0.010 \quad (9.6)$$

两个模型的拟合优度 R_2 分别为 0.999205、0.995821,说明模型拟合度很好。

旅游业发展与经济增长之间的关系在不同地区呈现不同特点,为准确找出贵州省经济增长和旅游收入之间的因果关系,需要进一步进行 Granger 因果关系检验,检验结果如表 9-8 所示。

表 9-8　　　　经济增长与旅游收入的 Granger 因果检验

因变量	外生变量	卡方检验	P 值
ln(GDP)	ln(TOUR)	16.49035	0.0003 ***
ln(TOUR)	ln(GDP)	0.394766	0.8209

注:符号 *** 表示在 1% 的水平上显著。

从表 9-8 中可以看出,ln(GDP) 不是 ln(TOUR) 的 Granger 原因,ln(TOUR) 是 ln(GDP) 的 Granger 原因,即存在 ln(TOUR) 到 ln(GDP) 的单向 Granger 原因。

从实证结果可以看出,贵州省经济增长对旅游业发展的贡献不明朗,但旅游发展对于经济增长具有较大贡献。贵州省拥有得天独厚的资源禀赋,在"两山理论"的指导下,贵州省利用当地特有的自然环境和人文资源发展生态旅游业可以达到事半功倍的效果。由于贵州省旅游业基础设施薄弱,为了提高旅游吸引力,贵州省扩大了对旅游基础设施建设的投资规模,而投资规模的扩大、产业结构的升级、就业机会的增加都有效拉动了经济增长。

第十章

国家生态文明先行示范区建设的"贵州样板"

国家生态文明先行示范区建设是锐意深化生态文明体制改革、推动绿色发展的重要举措,也是构建国家生态安全屏障的重要抓手。贵州作为首批全境列入国家生态文明先行示范区建设的省份,依托优质自然资源和政策支持条件,积极开展生态文明建设新路,生态文明先行示范区建设取得显著成效,具体体现在国土空间开发格局明显优化、生态环境质量显著改善、经济发展方式加快转型、资源利用效率更加高效、生态文明意识更加明显增强、生态文明制度更加夯实。可以说,正是贵州省先行先试,在生态文明建设的实探索践中打造成了一个"贵州样板",其形成的独特"贵州经验",对全国其他省区市的绿色可持续发展具有重要的借鉴和启示意义。

第一节 贵州生态文明建设的探索实践

党的十八大以来,以习近平同志为核心的党中央牢固把握我国发展的阶段性特征,明确新时代中国的历史方位,就生态文明建设提出了一系列新的指导政策和决策部署,先后出台了《中共中央国务院关于加快推进生态文明建设的意见》(中发〔2015〕12号)、《生态文明体制改革总体方案》(中发〔2015〕25号)、《关于印发"十三五"生态环境保护规划的通知》(国发〔2016〕65号)、《生态文明建设标准体系发展行动指南(2018~2020年)》等,为我国生态文明领域改革做出了总设计、总指引。党的十九大报告指出,生态文明建设已经上升为中华民族永续发展的千年大计,新时代习近平生态文明思想内涵日益充实，体系不断完善，成为加强生态环境保护的根本遵循、推进生态文明建设的思想武器。步入新时代，中国社会主要矛盾发生了变化，这些变化势必会在生态文明领域体现出来，生态文明建设正处在关键期、攻坚期和窗口期"三期叠加"的关键阶段，基于此背景，迫切需要加强顶层设计，结合地方实践开展生态文明建设模式的探索。

从2011年以来，习近平总书记一直高度关切贵州的生态文明建设和经济社会发展情况，曾多次到贵州进行考察指导，明确指示贵州要坚守发展和生态两条底线，扎实推进生态文明，培植后发优势，奋力后发赶超。2014年，国家六部委联合批复《贵州省生态文明先行示范区建设实施方案》，标志着贵州正式启动了全国生态文明先行示范区建设工作。2016年，中共中央办公厅、国务院办公厅印发了《关于设立统一规范的国家生态文明试验区的意见》，贵州、江西、福建三省份同时列入首批国家生态文明实验区，国家生态文明试验区立足于新的历史起点，为完善生态文明体系探索有效模式积累了更多可复制的经验和成果，从而引领带动全国生态文明体制改革，加快推进我国生态文明建设进程。贵州省在确立成为国家生态文明试验区之后，肩负的重任是践行绿色发展理念，探索有效的生态文明建设模式，积累并形成在全国具有学习和推广的经验。

一、贵州生态文明建设的必要性

贵州省属于经济基础薄弱、生态基底良好的区域，"绿水青山"是其最重要的优势资源，将得天独厚的自然资源优势化成经济发展优势，从经济洼地逐渐崛起成为经济高地，真正实现"绿水青山就是金山银山"的转化意义，才是贵州省发挥生态优势、实现后发赶超的重要举措。贵州生态环境建设在全国实施可持续发展的过程中具有不可或缺的重要地位。

（一）作为重要生态屏障，维护国家生态与经济安全意义重大

贵州地处长江、珠江两大水系上游分水岭地带，是生态功能保护区域和西南地区重要的生态屏障，其土地面积中有65.7%属于长江流域，88个县市区中有69个属于长江防护林保护区范围，肩负着筑牢长江上游生态屏障的重要使命。2012年1月，国务院出台了《关于进一步促进贵州经济社会又好又快发展的若干意见》（国发〔2012〕2号），支持贵州省构建以重点生态功能区为支

撑的"两江"上游生态安全战略格局，消除工程性缺水和生态脆弱的"瓶颈"制约，促进经济社会可持续发展。西部地区的生态环境与中东部的生态环境紧密相关，贵州省处于重要的上游生态区位，在此意义上，加强生态环境建设、保护生态环境，不仅关系到贵州省内部的发展，而且也关系着国家生态安全和经济安全，具有重要的战略地位。

（二）作为国家生物多样性保护区，践行"绿色青山"的发展理念

贵州具备独特的自然地理、气候优势，自然生态系统繁杂多样，是我国生物多样性极为丰富的地区，是生物多样性保护重要区域。早在1978年，贵州省建立了省内第一个自然保护区——梵净山自然保护区，森林覆盖率达96.91%，主要是为了保护原始森林生态系统和生物物种多样性。1981年，贵州省环保局和省环境科学学会邀请了跨界专家学者组成考察团，对梵净山自然保护区进行了一次综合性的科学考察，考察获得了新发现和新成果，贵州积极开展自然保护工作在全国产生了较深远的影响，1986年，列入"世界人与生物圈"保护区网络成员，2018年，又成功列入世界自然遗产名录，贵州也因此成为全国世界自然遗产最多的省份。生物多样性是实现"绿水青山"的重要前提，也是贵州拥有的绿色生态家底，要推进生物资源承载力的永续发展，实现"绿水青山"的有效转化，就必须加快推进生态文明建设。

（三）作为国家石漠化防治区，生态环境极为脆弱

贵州属于典型的山区省份，位于世界三大喀斯特区域之一的中国西南岩溶地区中心腹地，高原山地和丘陵面积比重大，占全省面积的92.5%。作为全国喀斯特地貌最集中的地区，贵州喀斯特地貌面积约占61.9%，是石漠化面积最大、分布最多、程度最深、原因最为复杂、损害最为严重的省份，自然也成为我国主要的生态脆弱区域。2014年6月，贵州召开全省生态文明建设大会，会上提出了向石漠化发起总进攻的号召，石漠化成为贵州省生态环境保护面临的首要生态问题。2016年，贵州省被纳入国家生态文明试验区建设名单后，石漠化生态环境的恢复和重建已经作为主要问题提上议程，重视生态文明建设，也成为贵州当地群众的民意所在。

（四）作为生态扶贫和生态脱贫的主战场，肩负重要的攻坚任务

贵州是我国贫困人口数量最多、贫困面积最大、贫困程度最高的省份之

一。生态脆弱与贫困存在较强的关联性,也可以说,生态环境的脆弱性是贫困发生的重要机理。贵州是全国脱贫攻坚主战场,处在决胜脱贫攻坚、同步实现全面小康的关键节点,其首要任务是实现生态扶贫和生态脱贫,这也是探索生态文明建设模式、实施可持续发展战略的重要抓手。2018 年,贵州省出台了《贵州省生态扶贫实施方案(2017~2020 年)》,要求实施生态扶贫十大工程,坚持生态优先、绿色发展,坚持"绿水青山就是金山银山",与建设国家生态文明试验区紧密结合,方案还提出了生态扶贫的主要目标、重点任务和保障措施。习近平总书记对贵州的生态文明建设做出重要指示,贵州要守住发展和生态两条底线,正确处理经济发展和生态环境保护的关系,才能走生态优先、绿色发展道路。在此意义上,推进生态文明建设与脱贫攻坚的有机衔接,必然会实现双赢。

二、贵州生态文明建设实践

贵州的生态文明建设起步较早,生态环境保护事业逐步深化,为了协调好生态环境保护和社会经济发展的关系,贵州在生态文明建设的征程上,进行了多方面的探索与实践。从理论到实践、从经济发展方式粗放到绿色可持续发展模式,积极创造条件创建国家生态文明试验区,为全国的生态文明建设积累经验,其实施的若干举措具有首创性和探索性。

(一)坚持生态优先,以习近平生态文明思想指导实践

较早开展自然生态保护。1976 年,贵州省政府在省内生态环境事业起步初期就开始酝酿建立梵净山自然保护区,并在 1979 年 2 月,成立了自然保护处,专门负责对接自然保护区工作。生物多样性是大自然馈赠于贵州的独特资源优势,保护生物多样性是衡量一个国家和地区生态文明水平和实施可持续发展能力的重要指标,贵州行动充分体现出了自然生态环境保护的前瞻意识。进入 20 世纪 90 年代,贵州省开始尝试开展生态环境保护示范区创建工程工作,1996 年,赤水市获批成为全国首批国家级生态示范区建设试点,与其他省份相比,贵州在自然生态保护区和环境保护示范项目等方面做出了开创性举措。

确立生态立省战略。2004 年,贵州省提出要把保持良好的生态环境作为凸显优势,立足贵州省实际,确立了"生态立省"的战略方针。在生态立省的基础上,2007 年,贵州省第十次党代会确立了"环境立省"战略,报告强调

"坚持把保住青山绿水作为立省之本，贵州的发展决不能以浪费资源、污染环境、破坏生态为代价，保住青山绿水也是政绩，也是为了实现又好又快发展"。2012年，贵州省第十一次党代会提出，"坚持以生态文明理念引领经济社会发展，实现既提速发展，又保持青山常在、碧水长流、蓝天常现"。2013年7月，贵州正式成立了生态文明建设领导小组，具体领导和统筹全省开展生态文明建设工作。

实施大生态战略行动。贵州省发展生态文明的开创思维和战略眼光获得了国家和政府的充分肯定，党的十八大以来，贵州省认真贯彻落实习近平生态文明思想，始终牢记习近平总书记对贵州"守好发展和生态两条底线""创新发展思路，发挥后发优势"等重要指示。2017年，贵州省第十二次代表大会将大生态提升至战略行动，大生态与大扶贫、大数据共同形成了三大战略行动格局，明晰勾勒出了贵州未来发展蓝图。

（二）立足绿色基底，坚守经济和生态两条底线

贵州是"绿水青山就是金山银山"理论的重要探索和实践省份之一，坚定践行"两山论"，始终坚守生态和发展两条底线，将绿色发展理念切实融入发展的各个方面和各个过程，形成了建设生态文明的巨大合力。一是绿色和大数据相融合，贵州积极发挥自身所具备的气候适宜、地质灾害少和水电低廉的比较优势，以服务器存放和数据存储为切入口，瞄准大数据产业发展的契机，把大数据作为坚守两条底线、实现显性优势转化的有效路径，在开发的同时更好地保护环境。二是绿色与大扶贫相融合，注重生态和扶贫有效结合，把生态惠民、生态利民和生态为民放在首位，实施易地搬迁、生态补偿。一方面加大生态建设保护和修复力度；另一方面促进贫困人口在生态建设保护修复中增收脱贫，稳定致富。三是绿色与大旅游相融合，依托"山青、天蓝、水清、地洁"良好的生态底线，发展旅游新业态，以"全景化"方式培育"大旅游"，促进"旅游＋"多产业融合发展，推动旅游业与生态文明建设更好的融合。四是绿色与大健康相融合，依托生态、农业等自然禀赋与人文旅游资源禀赋，盘活现有绿色资源，大力发展大健康绿色产业，促进三次产业的融合，充分释放生态红利，以提供更多的优质生态产品。五是绿色与大开放相融合，贵州凭借"近江、近海、近边"的发展优势，加快完善开放通道，获批设立了贵州内陆开放型经济实验区，以大开放促进绿色发展，以绿色发展促进大开放。

(三) 强化培育保护，筑造牢固的绿色屏障

贵州省是长江、珠江上游水源涵养区，石漠化综合防治区，生物多样性保护水土保持生态功能区，其生态环境的好坏，直接影响到"两江"中下游地区的生态保护和经济发展。基于如此重要的生态安全屏障战略定位，贵州省不断增强生态文明建设的战略定力，强化筑牢绿色屏障的责任担当，始终坚持"共抓大保护、不搞大开发"。一是集中力量整合推进生态环境保护工程。以天然林保护工程、水土保持综合治理工程、退耕护岸林工程、石漠化治理营造林工程等生态建设工程项目为依托，加快推进造林绿化工作，"十三五"期间，完成营造林2980多万亩，森林抚育3000万亩，森林覆盖率从2015年的50%提高到2019年的59.95%，全国增幅第一，促使生态功能不断提升，为筑造生态安全屏障蓄积了强大的动能。二是推进生态建设试点示范工作。为构筑"两江"上游生态功能屏障，全力实施水利、生态、石漠化"三位一体"规划，积极建设毕节全国林业生态建设示范区、毕节全国石漠化防治示范区、贵州全国生态保护与建设示范区和国家生态文明工程示范县等。三是持续加大生态系统保护和修复。针对喀斯特地区自然生态的特殊情况，采取系统工程办法，在山水林田湖草是生命共同体的理念指导下，综合施策、多种措施并举，加强生态系统一体化保护。贵州省成为实现退耕还林工程任务全国最多、石漠化综合治理面积全国最多、国家储备林项目建设任务全国最多的省份。四是大力开展长江经济带"三水共治"和"百千万"清河行动。早在2009年，贵州省已经试点实施了河长制，是西部地区第一个实行河长制的省份，2017年，全面建立河长制，实现各类水域全覆盖。此外，在每年的"贵州生态日"开展河长大巡河活动，加大重要流域环境综合治理，在全省形成了爱绿、增绿和护绿的良好氛围。为了防止水污染，全面取缔网箱养鱼，营造"水更清、岸更绿、景更美"的生态环境，推进"生态养殖、绿色转型"渔业发展，以改善河流水质。

(四) 发展绿色经济，构建现代生态产业体系

凭借大自然所赋予的独特自然资源、生态资源优势，贵州省积极推动绿色经济发展，形成了具有贵州特色的现代生态产业体系，逐步将大生态战略落实落地。2016年，贵州省发展和改革委员会编制了绿色经济"四型"产业发展引导目录，根据资源禀赋、生态条件、产业基础和发展优势，将绿色产业划分为四型15种产业门类、400个条目。为了提供丰富的绿色产品和绿色服务，一

是深入实施"双千工程"。2016年贵州省首次启动"千企改造"工程,省政府成立以书记、市长为双组长高位推进的"千企改造"工作领导小组,加快传统企业技改升级的改造,推动产业向高端化、智能化、绿色化的转型升级,新增了一大批省级龙头企业、高成长性企业等,2019年对1256户企业实施技术改造,完成投资1050亿元。2017年首次提出"千企引进"工程,为了吸引更多技术含量高、成长性好和引领性强的企业,贵州省围绕高端化发展目的,设立了较高的生态门槛,杜绝"三高"企业、项目的落户,2019年核心应用"上云"企业超过1.5万家,通过"一改一引",逐步形成了传统产业加快转型、新兴产业迅速成长、现代服务业蓬勃发展的新产业格局。二是结合贵州生态资源条件和产业发展走向,重点发展生态利用型、循环高效型、低碳清洁型、环境治理型的产业业态,构建具有贵州特色的绿色产业体系。通过技术进步和制度创新,改造提升传统产业,推进以节能减排的绿色产业。三是加强绿色园区建设。近年来,贵州省重点加强绿色产品设计、绿色工厂、绿色园区和绿色供应链示范企业建设,每年以上报推荐为契机,发挥绿色制造先进典型在促进绿色发展、循环发展和高质量发展等方面的示范带动作用,扎实推进绿色制造体系建设,从而提升工业绿色发展水平。

(五) 加强环境治理,打好污染防治攻坚战

贵州生态环境脆弱、历史欠账较多,生态环境保护的复杂性、长期性和艰巨性仍然存在。为了解决生态环境突出问题,打造多彩贵州,2018年贵州省提出了用三年的时间打好蓝天保卫、碧水保卫、净土保卫、固废治理、乡村环境整治"五场战役"。严格贯彻落实中央巡视组、中央环保督查要求,根据环保督查及"回头看"反馈的突出问题全面进行整改,开展自然保护区、饮用水等生态安全水源地保护;大力实施十大污染源治理工程,突出抓好城市黑臭水体治理攻坚行动,持续深化水环境综合治理;实施十大行业治污减排专项行动,2018年在全国率先出台了磷化工企业"以渣定产"政策,推进磷硫石膏、煤矸石等工业废弃物资源化利用,降低污染排放总量。

(六) 完善生态文明制度,积极建设国家生态文明试验区

国家生态文明试验区设立的初衷是为完善生态文明制度体系的探索路径。2016年在成功获批国家生态文明试验区之后,贵州省委省政府立即进行了全面部署,《国家生态文明试验区(贵州)实施方案》的出台进一步明确了贵州开

展生态文明体制改革综合试验的时间表和任务书,在战略定位上明确了建设长江和珠江上游绿色屏障建设示范区、西部绿色发展示范区、生态脱贫攻坚示范区、生态文明法治建设示范区、生态文明国际交流合作示范区五大示范区,在总体目标上提出了建立"多彩贵州公园省",基本形成了以完善绿色制度、筑牢绿色屏障、发展绿色经济、建造绿色家园、培育绿色文化"五个绿色"为基本路径,推动大生态与、大扶贫、大数据、大健康、大旅游、大开放"五个结合"的总体布局,并构建了分阶段、分层次、系统性的生态文明制度体系,已经形成了一大批可复制可推广的制度成果。

(七)依托交流平台,加强生态文明国际开放合作

贵州省积极探索生态文明建设规律,顺应时代发展潮流,在借鉴国内外生态文明成果的基础上推动生态文明实践,以开放的视角和包容的态势,加强国内外生态文明合作与交流。2008年,贵州开始承办生态文明贵阳会议,2013年,会议升格为生态文明贵阳国际论坛,当前已经成为中国唯一以生态文明为主题的国家级国际性高端峰会。该论坛一方面"立足中国",围绕新发展理念,提出了推进生态文明建设的"中国方案",展示了中国在推进绿色发展的"中国实践",在全球可持续发展进程中,中国扮演着重要参与者、贡献者和引领者的角色。另一方面该论坛又"面向世界",为全球各国提供了一个参与交流分享生态文明建设经验、成果和技术的平台,促成了一大批绿色低碳、可持续发展项目的交流与合作。

第二节 贵州生态文明建设的主要成效

贵州严格坚守生态保护的底线,提升经济发展的上线,"两山"论的生态理念已经切实转化成为制度实践和行动实践。从最先的"生态立省"战略的提出到现阶段的"大生态"战略行动的实施,贵州在生态文明建设领域已经走出了一条不同于西部又有别于东部地区发展的新路径。经济增速连续9年位居全国前列,经济增速持续领先的同时,生态环境也得到了不断优化,尤其是"十三五"时期,大力发展循环经济、加强节能减排,推进污染防治以及实施生态专项建设工程项目,使生态环境得到明显改善(见表10-1)。

表 10-1　2016~2020 年贵州省资源和环境情况

指标	2016 年	2017 年	2018 年	2019 年
森林覆盖率（%）	52	55.30	57	58.50
森林面积（万公顷）	916	974	1004.16	1056.13
森林蓄积量（亿立方米）	4.25	4.49	4.68	5.97
完成造林面积（万公顷）	35.20	66.67	34.67	34.70
森林公园（个）	94	97	97	97
县城以上城市空气质量优良天数比率（%）	96.60	96.50	97.00	98.30
县城以上城市污水处理率（%）	90.50	90.80	93.80	94.60
县城以上城市生活垃圾无害化处理率（%）	88.70	90.30	92.00	93.10
工业固体废弃物综合利用率（%）	58.1	54.7	64.6	63.6
每万元地区生产总值能耗上升或下降（%）	-6.98	-6.95	-6.55	-4.06
规模以上工业万元增加值能耗上升或下降（%）	-6.1	-8.53	-5.87	-3.4

资料来源：2016~2020 年《贵州省政府工作报告》《贵州统计年鉴（2020）》整理而成。

根据《2020 年贵州省政府工作报告》，全省 2019 年县城以上城市空气质量优良天数比率 98.3%；县城以上城市污水处理率、生活垃圾无害化处理率分别提高到 94% 和 92.3%；森林覆盖率达 58.5%，完成营造林 520 万亩，治理石漠化面积 1006 平方公里，治理水土流失面积 2720 平方公里；地表水水质状况总体优良，主要河流出境断面水质优良率 100%；完成国家生态文明试验区制度性改革任务 33 项。全力以赴治理污染，巩固提升生态优势，贵州已经扭转了自然生态环境恶化趋势，生态文明建设成效显现。

（一）国土空间开发格局明显优化

贵州省紧跟生态文明建设步伐，遵循高质量发展要求，以规划为引领，积极落实《中共贵州省委贵州省人民政府关于加强国土空间规划体系建设并监督实施的意见》，开展省土地空间总体规划编制，完成资源环境承载力和土地空间开发适宜性评价，形成土地空间规划总体框架，实现"多规合一"，强化土地空间规划对各专项规划的指导约束作用。坚持底线思维，扎实开展第三次全国国土调查，在摸清山水林田湖草自然资源家底的基础上，开展生态保护红线评估，将评估调整阶段性成果进行上报。坚持"生态优先、应划尽划"的原则，推进生态保护红线的划定，为了使饮用水水源地保护区、自然保护区、国家级湿地公园、森林公园等得到有效保护，共划定生态保护红线面积为45900.76平方公里，占全省土地面积的26.06%，包括水源涵养功能、水土保持功能、生物多样性维护功能、水土流失控制和石漠化控制5个生态保护红线功能区、14个片区，基本形成了"一区三带多点"的生态保护红线格局。

（二）生态环境质量显著改善

1. 城市空气质量持续改善。

根据《2019贵州省生态环境状况公报》数据显示，2019年9个中心城市AQI（空气质量指数）优良天数比例平均为98.0%，同比上升0.3个百分点，其中，六盘水市AQI优良天数比例最高为100%；9个中心城市环境空气质量首次全部达到《环境空气质量标准》（GB 3095—2012）二级标准；全省88个县（市、区）AQI优良天数比例平均为98.3%，比2018年上升0.6个百分点，其环境空气质量均达到二级标准。

大气污染物排放量下降。全面推进蓝天保卫战，2019年已经完成全省88个区县高污染燃料禁燃区划定。加强环境空气质量管控，围绕划定的20个市（区、开发区）为大气污染防控重点区域，实施"三禁三控"措施，有效控制了主要大气污染物排放总量。二氧化硫排放量从2016年的64.71万吨下降到了2019年的41.90万吨，减少了22.81万吨，降低35.24%，烟（粉）尘排放总量（万吨）从2016年的20.43万吨下降到了2019年的14.76万吨，减少了5.67万吨，降低27.75%。

同时，重大突发环境事故发生率较低。全省发生环境污染事故共8起，与2018年持平，按照污染类型分类，主要是水污染一般事故和空气污染一般事故。

2. 地表水水质大幅改善。

一是主要河流、湖（库）、出入境断面水质处于稳中向好的趋势。2019年长江、珠江两大流域八大水系79条河流151个监测断面中98.0%，达到Ⅲ类及以上水质类别，较2018年同比上升0.6个百分点；纳入监测的红枫湖、百花湖等8个湖（库）布设的25条监测垂线中88.0%达到Ⅲ类及以上水质类别，同比下降4.0个百分点，主要污染指标为高锰酸盐指数、化学需氧量、五日生化需氧量；15个处境断面全部达到Ⅲ类及以上水质类别。二是废水治理成效明显。随着城市化和工业化进程的加快，废水排放量呈现逐年增长的态势，贵州通过落实《贵州省城镇污水处理设施建设三年行动方案（2018~2020年）》，工业废水排放总量得到有效控制，2010年全省工业废水排放量为1.41亿吨，2015年增长到2.92亿吨，经过综合施策，提标排放，2019年下降到1.84亿吨。城市污水处理率从2016年的90.5%提升到2019年的94.6%。

3. 集中式饮用水水源地水质优良。

贵州省对"十三五"期间全省地表水水环境质量、集中式饮用水水源地环境质量以及地下水环境质量均提出了目标考核要求。近三年，中央和省级专项资金投入12.78亿元用于集中式饮用水水源地规范化建设和整治工作，积极开展饮用水源地环境整治攻坚，2010~2019年，全省9个中心城市集中式饮用水水源地水质达标率均为100%；饮用水水源地水质优良，县城集中式饮用水水源地水质达标率从2011年的86.8%提高至2019年的99.8%。

4. 森林覆盖率和森林蓄积量稳步提高。

"绿色贵州建设三年行动计划"实施以来，贵州省委省政府高位推动造林绿化工作，持续性组织开展省、市、县、乡、村五级干部植树造林活动，"十三五"期间，植树活动当天累计（5天）全省有98万人次参加，植树509万株，完成营造林2980多万亩。聚焦"到2020年森林覆盖率达到60%，森林蓄积量达到4.71亿立方米"的目标任务，森林覆盖率已经从2016年的52%提高到2019年的59.95%（见图10-1），增幅全国第一，"十三五"共完成森林抚育3000万亩、实施低产低效林改造530多万亩、培育木材战略储备基地和国家

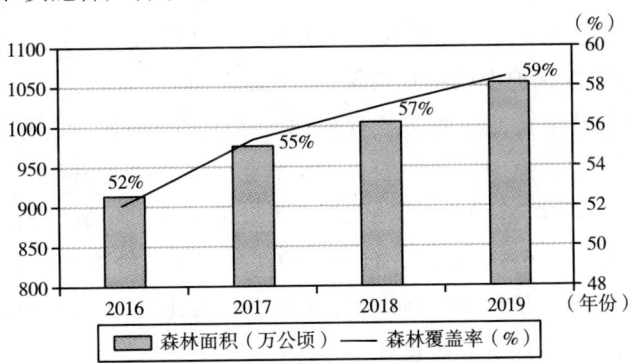

图10-1 2016~2019年贵州省森林覆盖面积

资料来源：根据《贵州统计年鉴》（2016~2019年）整理而成。

珍稀林木18.78万亩，森林蓄积量从2016年的4.25亿立方米预计增长到6亿立方米以上，全省生态功能不断提升。

5. 水土流失面积和石漠化面积持续缩减。

贵州属典型的喀斯特岩溶山区，山高坡陡，降雨丰沛，水土流失相当严重。根据贵州省在2000年、2010年、2015年开展的3次水土流失遥感普查结果显示，2000~2015年，贵州省轻度、中度和强度水土流失面积逐渐缩减，水土流失面积得到了有效控制，水土流失比重分别从2000年的23.51%、12.73%、4.55%减少至2010年的15.72%、9.28%、3.41%，2015年的14.82%、7.72%、2.75%（见表10-2）。但是我们也要看到，2010年和2015年极强度以上的面积都比2000年的有所增加，水土流失依然需要引起重视。按照水土保持工作的总要求，全省大力开展水土流失综合治理，实施各类生态建设项目，从2016年1月到2020年9月，贵州共投入了123.17亿元治理水土流失，共治理水土流失面积1.27万平方公里，提前超额完成"十三五"水土流失治理目标任务，水土流失实现面积和强度"双下降"，有效遏制了水土流失面积不断扩大的趋势。

根据2016年贵州省开展的岩溶地区第三次石漠化监测结果，全省石漠化面积从2011年底的4535.7万亩减少到了2016年底的3705.15万亩，减少了830.55万亩，充分说明了贵州省开展石漠化治理举措取得了阶段性的显著成效。存在石漠化问题的县（市、区）就有78个加强石漠化综合治理，在55个县开展了石漠化综合治理工程，石漠化面积持续减少的原因主要得益于林草植被的恢复，贡献率高达67.75%，农村产业结构调整、生态移民、劳动力转移等因素也有效减少了石漠化面积，同时也给当地带来了发展机遇，增加了农户收入。但是，截至2016年末，贵州石漠化面积仍占全国石漠化面积近四分之一，从目前来看，遏制土地石漠化还是贵州生态文明建设最为迫切的任务。

6. 生物多样性保护力度不断加强。

贵州省孕育着丰富的生物多样性资源，截至2019年，已建成自然保护区106个，包括11个国家级、7个省级、16个地市级、72个县级，占全省总面积的4.88%；建有森林公园97个，从2017年以来连续3年数量趋向稳定，其面积约占全省总面积1.6%。此外，自然保护区具备独特的森林、湿地生态系统，其中森林生态系统、野生动植物类型为103个，占比最大；内陆湿地为2个。

7. 生态环境质量评价总体良好。

2019年，贵州省88个县域进行生态质量评价，生态质量保持稳定，其中7个县域获得"优"；73个县域获得"良"，占全省总面积最多，为84.6%，8个

表10-2　2000~2015年贵州省微度侵蚀及不同等级水土流失分布面积和比例

年份	微度		轻度		中度		水土流失						合计	
							强度		极强度		剧烈			
	面积 km²	比例 %	面积 km²	比例 %	面积 km²	比例 %	面积 km²	比例 %	面积 km²	比例 %	面积 km²	比例 %	面积 km²	比例 %
2000	102988.59	58.46	41415.30	23.51	22424.44	12.73	8016.86	4.55	1322.41	0.75	3.05	0.00	73179.01	41.54
2010	120892.19	68.63	27700.40	15.72	16356.32	9.28	6011.53	3.41	2960.00	1.68	2241.15	1.27	55269.41	31.37
2015	127369.73	72.30	26105.19	14.82	13601.45	7.72	4841.21	2.75	2711.16	1.54	1532.86	0.87	48791.87	27.70

资料来源：史鹏韬、刘子琦、李开萍等：《贵州省水土流失时空变化特征》，《地球与环境》2019年第5期，第586-593页。

县域获得"一般",占全省总面积最少,为6.5%。

(三) 经济发展方式加快转型

根据出台的《贵州省绿色经济"四型"产业发展引导目录(试行)》,2019年贵州省已建设的大生态工程包200个、绿色经济工程包项目132个,共计总投资2500多亿元,"四型"产业占生产总值的比重达33%,建成全省国家级循环经济示范试点达22个,对1130户企业实施了以信息化、数字化为重点的改造。贵州省坚持生态产业化、产业生态化,绿色制造三年专项行动实施以来,推进企业循环生产、产业循环组合、园区循环改造,创建绿色工厂和绿色园区,绿色经济占地区生产总值比重已经从2018年的40%即将提高至2020年的44%(见图10-2),经济绿色化程度在发展中的比重不断提高。发挥大数据引领作用,实施"万企融合"大行动,2280户企业与大数据融合,大数据产业发展指数在全国排位第三。不断壮大实体经济,基础材料、基础能源、清洁高效电力等产值均保持两位数增长。

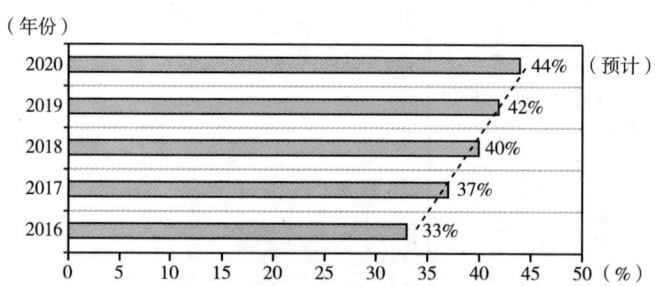

图10-2 "十三五"贵州省绿色经济占生产总值的比重

注:贵州省省长谌贻琴在《2020年贵州省政府工作报告》中指出,2020年绿色经济占地区生产总值比重提高到44%。

(四) 资源利用效率更加高效

节能减排能力显著提升。贵州省严格执行污染物总量排放标准,推进结构减排、工程减排和管理减排三大减排措施,大幅削减主要污染物排放量,到2019年底已经提前完成了"十三五"国家下达贵州能源消耗总量和强度"双控"目标,能源消耗总量为1.04亿吨标准煤,增量为1079万吨标准煤万元地区生产总值能耗累计下降22.4%、降幅居全国第一。

工业固体废物利用率明显提高。贵州省以设立工业固体废物资源综合利用评价机构为推手,多举措提高资源综合利用水平,以磷石膏"以渣定产"为突破点,根据中央环保督察提出的要求进行整改,从2018年开始,磷石膏当年增量全部消纳,存量问题将逐步被解决。"十三五"期间,贵州省大宗工业固体废弃物排放总量控制在32000万吨以内,比"十二五"减排6000万吨左右,扭转了工业固体废弃物综合利用率地域全国平均水平的局面。

绿色循环产业体系建设取得突破。截至2020年6月,贵州省共有10家绿色工厂、4个绿色园区进入国家绿色制造体系名单,发挥了绿色制造先进典型的示范带动作用,充分说明了国家工信部对贵州省近些年推进绿色制造体系建设成效的认可。

(五)生态文明意识更加明显增强

连年成功举办生态文明贵阳国际论坛。贵阳一直在走中国生态文明建设前沿,无论是过去的生态文明贵阳会议还是当前的升级版生态文明国际论坛,生态文明已经成为贵阳最靓的城市名片。每年一期的论坛主题紧扣时势,内容不断深化、方式不断多元,从2009年首届论坛提出"发展绿色经济——我们共同的责任"主题到2018年"走向生态文明新时代:生态优先、绿色发展"主题,10年间,主题论坛举办水准越来越高,促成的合作项目越来越多,论坛品牌效应越来越强,辐射范围越来越广。习近平总书记在2013年和2018年两次年会上向论坛致贺信,充分体现了党中央、国务院对生态文明建设的高度重视和对贵州生态文明建设实践的支持。

设立"贵州生态日"。从2017年开始,贵州省把习近平总书记到贵州视察的时间6月18日设立为"贵州生态日",全省各地每年都会以"生态日"为契机,围绕年度主题举办各种生态活动,例如,开展"巡河、巡山、巡城",开展干部、河长上山植树造林,开展绿色出行等绿色生活活动,增强了全民生态文明意识、形成生态文明新风尚,在全社会营造出一种人人参与、人人关心的生态文明氛围,切实推动习近平生态文明思想在贵州落地落实。

编制生态文明读本。贵州省积极响应《关于加快推进生态文明建设的意见》提出的"把生态文明教育作为素质教育的重要内容,纳入国民教育体系"的号召,结合贵州省实际,在《国家生态文明试验区(贵州)实施方案》中提出了"创新生态文明教育培训机制,把生态文明建设纳入各类教育培训体系,编写生态文明干部读本和教材",进一步加大绿色生态理念在全社会的传播。

广泛开展生态文明创建活动。结合不同地区特色差异，贵州省重点推进生态环境禀赋优良、农村环境面貌较好、生态文明理念意识超前的（区、市）、乡（镇、街道）、村（社区）分别进行国家级、省级生态示范建设。"十三五"期间，贵州省5个县域获得国家生态文明建设示范市县命名，3个地区获得全国"绿水青山就是金山银山"实践创新基地命名，从2010年至今，累计建成8个省级生态县、374个省级生态乡镇、615个省级生态村。

（六）生态文明制度更加夯实

为了提供更多有效的生态文明供给，《国家生态文明试验区（贵州）实施方案》提出了8个方面32项改革任务贵州先行先试，实施了180多项生态文明制度改革，多项创举在全国领先：在制度保障层面，率先出台了全国首部省级层面生态文明地方性法规《贵州省生态文明建设促进条例》，将河长制纳入水资源保护条例等地方性法规；在生态扶贫方面，率先出台生态扶贫专项制度，实施生态扶贫十大工程；在生态评价考核方面，率先出台生态文明建设目标评价考核办法，开展领导干部自然资源资产责任审计试点，把环境损害作为领导干部政绩考核的重要标准；在绿色金融层面，率先进入首批5个国家级绿色金融改革创新试验区，建立了全国首个"绿色金融"保险服务创新实验室；在司法实践方面，率先设置环保法庭，并推动公检法配套的环境资源专门机构实现全覆盖；在绿色屏障建设方面，率先划定生态保护红线，开展自然资源统一确权登记试点，建立长江经济带首个跨省域的横向生态补偿机制，创新性地实施磷化工企业"以渣定产"，实施全域取缔网箱养鱼。贵州用最严格的制度、最严密的法制保护生态环境，其开展的改革试点为全国生态文明建设提供了有益的经验。

第三节　贵州生态文明建设的基本经验

贵州省在生态文明建设道路上大胆探索，坚持理论和实践相结合，绿色家底逐年厚实，"绿色贵州""生态贵州"名片越来越响亮，生态文明建设走在了全国前列，其积累的丰硕实践经验，为全国其他省区市探索生态文明建设有效模式提供了借鉴。

第十章　国家生态文明先行示范区建设的"贵州样板"

（一）坚持顶层设计和地方探索有机结合

推进生态文明建设，既离不开党中央的统一领导也离不开基层政府的先行先试。"顶层设计"具有全局性，中央人民政府从全国一盘棋的视角出发，围绕基层实际，提供公平、合法的体制机制和政策体系；"地方探索"具有地方性，地方政府在维护中央人民政府权威的基础上，根据自身实际进行探索和总结行之有效的理念、方式和手段。中央政府通过"顶层设计"指导地方政府进行"地方探索"，再将地方经验上升为国家政策，自上而下进行政策扩散，提升国家政策的可行性。贵州省入选首批国家生态文明试验区之后，在编制自然资源资产负债表、自然资源资产离任审计、环保公益诉讼、绿色金融、生态环境损害补偿等重点领域进行大胆创新和试点实践，相继出台了《贵州省生态文明建设促进条例》《贵州省生态环境损害赔偿制度改革试点工作实施方案》《中共贵州省委贵州省人民政府关于加强和完善易地扶贫搬迁后续工作的意见》《贵州省各级党委、政府及相关职能部门生态环境保护责任划分规定（试行）》等一系列具有首创性的制度文件，在全国产生了较大的影响。

（二）坚持思想自觉和行动自觉相结合

20世纪70年代，全国环境保护事业刚刚进入起步阶段，贵州省凭借高度的政治自觉和思想自觉，紧跟国家环保工作步伐，推进生态环境保护工作，较早提出了"环境立省""生态立省"战略。进入新时代，贵州省又凭借高度的理论自觉和行动自觉，深入践行习近平生态文明思想，牢记习近平总书记的嘱托，实施大生态战略行动，包括设立"贵州生态日"、连续举办十届生态文明贵阳国际论坛等，在守好发展和生态两条底线的基础上，贵州努力实现生态环境保护和经济发展的协同共进。可以说，正是贵州省委、省人民政府对生态环境保护的重视以及对生态文明建设的高度战略定位，思想和行动的统一，顶层设计和地方实践的结合，才促使贵州生态文明建设具体实践的不断完善和充实，走在了全国前列。

（三）坚持绿水青山与金山银山融合并进

近年来，贵州省坚持生态与发展两条底线，以建设国家生态文明试验区为抓手，积极探索将"绿水青山"生态优势转化为"金山银山"经济优势的新路径，把绿色发展理念融入经济发展的各个方面。为了留住"青山绿水"，改变喀斯特地貌地区土地贫瘠以及经济窘迫的困境,贵州省立足生态抓生态,跳出生态抓生态,通过增加产业附加值,将生态优势转换成经济优势。大力推进山地林业结构调整,培育刺梨、油茶、核桃、中药材等生态高效特色产业以及饮用水、绿色水产养殖等水产业,形成了生态产业加工和生态旅游等特色产业,有效地促进了"大生态"与"大旅游"和"大健康"的融合,充分释放生态红利。

(四)坚持整体推进和示范带动相结合

贵州在生态文明建设探索道路上取得的成绩,投射出来的是中国特色社会主义生态文明事业前进的一个缩影,也从侧面印证了党中央开展战略部署的准确性,其生态文明的探索和实践已经在全国树立了一面旗帜。在省域范围内,贵州省把赤水河作为第一个生态文明改革实践示范点,发布《贵州赤水河流域生态文明制度改革试点工作方案》,先后开展了流域生态保护红线、自然资源资产审计制度、生态补偿制度、资源使用与管理制度、生态环境保护司法保障制度、河长制度等12项生态文明改革措施,其积累的经验为贵州在全省推进生态文明制度改革打响了第一枪。就全国范围而言,为了高质量推进国家生态文明建设试验区,贵州省率先通过实施一系列具有开创性的措施,把良好的生态环境打造成为最突出、最具有竞争力的品牌,其催生的可复制可借鉴的成果为全国生态文明建设的整体水平发挥了重要的作用。

(五)坚持全覆盖与抓重点相结合

大生态战略行动涵盖了经济社会发展的各个方面和各个过程,具有基础性和前瞻性特征。把"大生态"上升为战略行动,充分体现了贵州省为了全面推进绿色发展的重大实践与深入推进生态文明建设的重大决心,其实践精髓具体体现在绿色经济、绿色家园、绿色制度、绿色屏障和绿色文化五个方面,"大生态"与"大扶贫""大数据"并列成为建设"多彩贵州"的三大战略行动。但是在资源环境约束趋紧的大背景下,污染依然是一个不容忽视的大问题,贵州以问题为导向,坚持全覆盖和抓重点相结合,提出了重点从加强污染防治攻坚、生态系统保护修复等重点领域发力,坚决打赢蓝天保卫战役、碧水保卫战役、净土保卫战役、固废治理战役、乡村环境整治战役等"五场战役",以最严的标准抓好中央环保督察反馈问题的整改。

（六）坚持生态建设与脱贫增收协调发展

贫困导致生态问题，反之，生态问题加剧贫困。对于贵州省而言，脱贫攻坚的主战场主要是石漠化地区，为了加快脱贫步伐，贵州深入实施生态扶贫十大工程，进行异地搬迁、生态建设保护和生态修复工作，一方面能够解决贫困户脱贫，另一方面也能有效治理石漠化问题。除了石漠化地区外，山区也是贫困人口的聚集区，贵州实施"绿色贵州"建设三年行动以及天然林资源保护一期（2000～2010年）和二期（2011～2020年）工程，全面停止了天然林商品性开发、降低木材产量。随着全省森林覆盖率的大幅上升，森林资源也成为宝贵的产业扶贫资源，在贫困地区，依托森林资源发展带动致富的绿色产业、增加林业生态产品有效供给，在改善生态环境的同时，又能促进贫困群众的脱贫致富和农民增收，很好地实现了"大生态"与"大扶贫"协同共赢。根据数据显示，2018年贵州省旅游人数增长全国第一，接待游客9.69亿人次，实现旅游总收入9471.03亿元，占全省GDP比重11.3%。"绿水青山"成为生态旅游的优质资源，通过发展生态旅游业，贵州已经实现了89.7万贫困人口收益增收脱贫，"山地公园省·多彩贵州风"的文化旅游品牌不断升温，"大生态"与"大旅游"实现了共生共赢。

（七）坚持国家生态文明试验区建设与高质量发展有机统一

党中央寄予了贵州为全国生态文明体制改革探索经验的重任，同时在政策上给予了极大的支持。贵州省委省政府把建设国家生态文明试验区作为一项重要的政治任务和责任担当，形成了"一大战略"：大生态战略行动；"五个绿色"：绿色经济、绿色家园、绿色屏障、绿色制度、绿色文化；"五个结合"：大生态、大旅游、大健康、大数据、大开放的试验区建设总体布局"贵州经验"。贵州建设国家生态文明试验区的关键在于守住发展和生态两条底线，通过践行"绿水青山就是金山银山"的理念，以绿色发展推动高质量发展。"十三五"期间，贵州省绿色经济占地区生产总值的比重从2016年的33%提升至2019年的40%，在提质增效中稳定实现经济的转型发展。

第四节 贵州生态文明建设的启示意义

贵州生态文明建设的探索与实践，符合党的十八大以来党中央生态文明战略布局的规律，在依托社会主义制度优势的基础上，通过整合资源要素开展生态文明建设，已经超越了意识形态执政和制度藩篱，不断满足人民日益增长的美好生态需要，为全国生态文明建设提供了"美丽贵州""富饶贵州""文明贵州"等多元化的示范样本，显示出了具有中国特色的生态文明中国方案和中国智慧，具有重要的普遍意义。

（一）敢于先行先试，紧抓国家重大战略机遇

进入新时代，在严格遵循党中央统一领导的前提下，各个地方应该根据自身实际大胆进行创新，不仅要顺应时代发展潮流，还要实时关注国家出台的重大发展战略，瞄准时机，变被动为主动，积极储备条件争取先行先试的政策机遇。一般而言，"先行先试"政策的成功落实，主要取决于两个方面：一是地方政府保持足够的敏锐性和灵活性，能够关注到细微之处，及时发现问题的致命点，其提出的政策诉求和政策举措刚好能够解决这个问题；二是中央人民政府在整体部署中充分考虑了地方政府的比较优势，并且与地方人民政府保持顺畅的正式和非正式的沟通方式。中共中央、国务院出台的《关于设立统一规范的国家生态文明试验区的意见》，明确了在综合考虑各地现有生态文明改革实践基础、区域差异性和发展阶段等因素，把贵州省列入首批生态基础较好、资源环境承载能力较强省的省份之一作为试验区。贵州省把建设国家生态文明试验区作为一次重要的发展机遇，省委书记、省长亲自挂帅，五级领导干部全部参与其中，主动出击、高位推动、谋求赶超。当前，国家在不同区域给予了不同的政策倾斜，各地要想加速发展必须瞄准突破口，获得"弯道超车"或者是"换道超车"的赶超契机。

（二）大胆开拓创新，保持后发赶超的势头

欠发达地区与发达地区相比更加具有后发优势。贵州省是我国生态环境脆弱区，又是脱贫攻坚主战场，但是在自然资源、地理位置、劳动力成本上具备显著优势。贵州从本省实际出发，紧抓国家重大战略发展机遇，积极培育和弘扬"团结奋进、拼搏创新、苦干实干、后发赶超"新时代贵州精神，坚持以脱贫攻坚总揽经济社会发展全局，创新性地提出了政策设计、工作部署、干部培训、监督检查、追责问责等"五步工作法"、产业结构调整"八要素法"、易地扶贫搬迁"六个坚持"等。新时代贵州精神充分体现了坚持与创新的关系，是干部群众敢于超越的真实写照。对于其他地区而言，在新时代新征程上需要

新动能,学习贵州的拼搏创新和后发赶超精神,也就是在充分发挥生态优势的基础上,统筹推进、久久为功,最终转化为经济优势。

(三) 注重上下结合,政策引领有的放矢

生态文明建设是一项系统工程、长期的历史任务,涉及范围广、影响面大,必须根据实际情况,有针对性地开展实践。贵州省生态文明建设成绩可圈可点,当前基本形成了以大生态战略行动为基本方略,"五个绿色"为基本路径,"五个结合"为重要支撑的生态文明试验区建设新格局,这主要得益于政策制度制定和实施的针对性。以大数据产业分析为例,2014 年,贵州在全国大数据产业刚刚进入起步阶段,就开始瞄准超越时机,从省级到县市先后有针对性地出台了《关于加快大数据产业发展应用若干政策的意见》《贵州省大数据产业发展应用规划纲要(2014~2020 年)》等政策文件,在贵州省层面,发布了首个省级大数据法规《贵州省大数据发展应用促进条例》;在贵安新区层面,率先建立大数据产业发展集聚示范区,发布《贵安新区推进大数据产业发展三年计划(2015~2017 年)》;在贵阳市层面,实施了首个政府数据共享开放法规依据《贵阳市政府数据共享开放条例》。由此可见,不同的政策为大数据及相关产业的发展夯实了政策基础。

(四) 强化制度软保障,建立健全生态文明制度体系

推进生态文明建设离不开一套完整的生态文明制度体系为其保驾护航,对于大多数地区而言,生态文明建设的短板在于法律制度的缺失。贵州省围绕建立健全自然资源资产产权制度、土地空间开发保护制度、空间规划体系、资源有偿使用和生态补偿制度、环境治理体系、生态文明绩效评价考核和责任追究制度等 8 个方面,实施 180 多项生态文明制度改革,逐步建立完善产权清晰、多元参与、激励约束并重、系统完整的生态文明制度体系。因此,要建立健全生态文明建设法规体系,在学习和借鉴国家生态文明试验区先进经验的基础上,结合本地实际,及时制订和出台所需要的生态文明建设的法规制度,同时匹配相应的产业政策、合理利用资源、生态经济补偿等方面的各项措施,有序不紊地推进生态文明建设。

(五) 繁荣生态文化,营造浓厚的生态建设氛围

生态文化是生态文明建设的灵魂,因此,在推进生态文明建设过程中,必

须得到各界广泛支持以及公众的积极参与。首先,创新以生态文化为主题的宣传方式,可以通过互联网、电视和微信等大家喜闻乐见的方式,潜移默化地引导广大群众树立生态文明建设大局意识,调动公民参与生态建设的积极性和主动性。其次,进一步加大生态文明宣传教育,贵阳市编写了《贵阳市生态文明城市建设读本》,将生态文明理念纳入地方教材,此外还首创了"教材循环使用的原则",通过这种方式让学生更加深刻地理解生态文明核心理念,发挥了良好的教育作用,生态文明意识更加深入民心。再次,发挥先进文化的引导作用,政府在生态文化传播中扮演着重要的引导角色,要认真总结省级先进生态县、生态镇和生态村的先进经验,并挖掘整理其特色产业、村容村貌、优秀人才以及人文历史等优秀文化素材,增强地方文化自信,同时也可以通过编写地方志的方式进行生态文化内涵的传播和学习。最后,选择一批具有代表性的森林公园、自然保护区等,建设生态文明或生态文化的教育示范基地,更好地满足公民对生态文化的需求。

(六) 发展绿色经济,推动生态产业的转型升级

生态文明与经济发展是须臾不可脱离的,必须把生态文明建设贯彻和落实到经济社会发展的各个方面。各地具备不同的资源禀赋,因此,在坚守发展和生态两条底线的前提下,要紧紧依托生态优势,因地制宜地选择适合本地的产业形态。为了改变产业配套弱、经济基础差的现状,贵州省坚定不移地走产业生态化、生态产业化之路,通过紧抓新兴产业,推进产业结构调整和优化,大力发展"四型产业",形成五大新兴产业,重点发展以绿色有机无公害为标准的,以山地、生态、精品为特色的现代高效农业,以大数据为引领大力推动电子信息产业,培育以大健康为目标的休闲养生、滋补养生、康体养生等医疗养生产业,探索以民族和山地为特色的文化旅游业,做大做强以节能环保为主导的现代装备制造业。着力强化品牌意识,提升生态产业产品供给质量,打造特色产品品牌,提升市场竞争力。充分考虑产业基础、市场条件和交通条件等因素,延长产业链,构建产业群,打造成生态特色突出、经济效益好、带动力强的龙头企业,建成先进示范园区。总体而言,不同地区的实际情况不同,生态产业类型的选择也有所不同,因此,必须以实现经济发展和生态环境保护双赢为目标,促进生态文明建设和经济建设的融合发展。

(七) 推进生态扶贫,持续释放绿色发展红利

生态扶贫是在绿色发展理念的指导下,将生态文明理念嵌入反贫困事业,

通过理念、技术、产业和组织等多种方式变革实现贫困地区人口脱贫致富。多年来，贵州省牢固树立"绿水青山就是金山银山"的理念，把扶贫项目的实施同生态环境保护相结合，抓好异地扶贫搬迁、深入生态产业扶贫、明晰生态补偿扶贫。在推进国家生态文明试验区建设中，贵州生态文明脱贫成效显著，较好地实现了生态文明建设与扶贫开发融合发展。贵州生态扶贫经验启示在于，要把脱贫攻坚作为第一民生工程，生态建设既能够促进脱贫攻坚，脱贫工业也能推动生态建设，要把自身所具有的生态优势作为最大的发展优势来培植，通过绿色发展带动脱贫攻坚，必然能够持续释放绿色发展红利，这也为尚未脱贫以及已经脱贫的省份地区脱贫和巩固脱贫攻坚成果提供了借鉴。

（八）加强国际合作，共建生态文明大格局

中国作为生态建设和人类命运共同体的首倡者，积极贡献着中国智慧和方案，加强生态文明建设及其国际合作。在党的十七大提出建设生态文明后，贵州省为普及生态文明理念，积极借鉴国内外成果推动生态文明实践，主动服务国家外交大局，从2008年开始谋划举办生态文明贵阳会议，直至提升为生态文明贵阳国际论坛，10年来，通过该交流平台已经催生一大批丰硕的理论和实践成果，各个国家和组织机构在生态文明建设的领域合作更加密切。贵州"以大开放促进大发展"的思路值得其他各地进行学习和借鉴，推动企业沿着"一带一路"方向"走出去"，深化生态文明对外交流合作机制，在资源开发利用、生态环保产业、碳排放交易等领域加强与其他省区市以及国家地区的交流与合作，尤其对于一些近江或近海或近边的省区市要加快完善开放通道，将区位优势转化成为发展优势，通过搭建开放平台，扩大经贸合作。

参考文献

[1] 安东尼·吉登斯：《社会的构成》，三联书店1998年版。

[2] 安莉娟、丛中：《安全感研究述评》，载《中国行为医学科学》2003年第6期。

[3] 薄文广、吴承坤、张琪：《贵州大数据产业发展经验及启示》，载《中国国情国力》2017年第12期。

[4] 本报评论员：《扶贫路上的新时代贵州精神》，载《黔西南日报》2020年6月8日。

[5] 本报评论员：《坚定不移推进大数据战略行动》，载《贵州日报》2018年4月8日。

[6] 蔡昉：《中国经济增长如何转向全要素生产率驱动型》，载《中国社会科学》2013年第1期，第56－71页，第206页。

[7] 陈敏尔：《紧密团结在以习近平同志为核心的党中央周围 决胜脱贫攻坚 同步全面小康 奋力开创百姓富生态美的多彩贵州新未来》，载《贵州日报》2017年4月25日。

[8] 成金华、尤喆：《"山水林田湖草是生命共同体"原则的科学内涵与实践路径》，载《中国人口·资源与环境》2019年第2期。

[9] 成欣、喻朝新、刘立：《通信领域大数据应用前景分析及模式场景探讨》，载《现代电信科技》2016第46期。

[10] 程曦：《贵州将投100亿扶贫专项再贷款"金融十条"支持农村"三变"改革》，多彩贵州网 http：//www.gog.cn/zonghe/system/2016/08/19/015082679.shtml，2016年8月19日。

[11] 丁元竹：《让居民拥有获得感必须打通最后一公里——新时期社区治理创新的实践路径》，载《国家治理》2016年第2期。

[12] 发展研究所综合课题组：《改革面临制度创新》，三联书店1998年版。

[13] 冯伟、苏娅：《财政分权、政府竞争和中国经济增长质量：基于政治经济学的分析框架》，载《宏观质量研究》2019年第7卷，第4期，第33-47页。

[14] 高觉敷：《西方近代心理学史》，人民教育出版社1982年版。

[15] 顾海松：《贵州农村产业革命"八要素"——把握好农业产业革命"八要素"》，中国党刊网 http：//www.dkcpc.cn/news/201803/t20180327_87509.shtml，2018年3月27日。

[16] 贵阳网：《贵阳第一！贵州营商环境排名出炉》。

[17] 贵州举行全省生态示范创建工作进展情况新闻发布会》，施秉县人民政府网。

[18] 贵州省发展改革委：《关于"贵州省绿色经济'四型'产业发展引导目录（试行）"的公告》。

[19] 2020年贵州省《政府工作报告》（全文）。

[20] 贵州省工业和信息化厅：《拥有国家级绿色工厂10家、绿色园区4个，创建省级绿色工厂33家、绿色园区16个——贵州绿色制造体系建设步履铿锵》。

[21] 贵州省科学技术厅办公室：《贵州：科技特派员添力农村产业革命》，贵州省科学技术厅官网 http：//kjt.guizhou.gov.cn，2020年8月。

[22] 贵州省人民政府：《省人民政府办公厅关于印发贵州省营商环境优化提升工作方案的通知》。

[23] 贵州省人民政府：《省人民政府关于发布贵州省生态保护红线的通知》（黔府发〔2018〕16号）。

[24] 贵州省人民政府：《省人民政府关于深入推进"互联网+政务服务"工作的实施意见》。

[25] 贵州省投资促进局：《贵州省投资促进局梳理大数据产业政策》。

[26] 郭晓黎、李红昌：《交通基础设施对区域经济增长的空间溢出效应研究》，载《统计与决策》2017年第4期，第130-133页。

[27] 国家林业和草原局、国家公园管理局：《贵州省石漠化面积5年减少55.37万公顷》http：//www.forestry.gov.cn/main/72/20190226/135730577330872.html，2019-02-27。

[28] 韩爱华：《推进大数据战略行动 引领数字经济新潮流》，载《贵州日报》2018年8月28日。

[29] 郝迎灿：《摘了贫困帽 扶贫不减少》，载《人民日报》2015年7月

22日。

[30] 何继新、王笑语:《新时代乡村振兴战略背景下乡村治理内涵转换,维度指向与质量标准》,载《改革与战略》2020年第9期。

[31] 何立峰:《学习贯彻习近平新时代中国特色社会主义经济思想做好"十四五"规划编制和发展改革工作》,载《宏观经济管理》2020年第10期,第1-3页。

[32] 何秀丽:《吉林省农业生产结构调整对农民收入的影响研究》,吉林省农业大学硕士论文2018年5月。

[33] 贺梦依:《新时代贵州精神内容和演进历程》,载《贵州日报》2018年6月12日。

[34] 洪名勇、洪霓:《论习近平的精准扶贫思想》,载《河北经贸大学学报》2016年第6期。

[35] 胡磊、张宏杰:《新时代贵州精神培育实践研究》,载《新西部》2020年第1期。

[36] 胡艳、朱文霞:《交通基础设施的空间溢出效应——基于东中西部的区域比较》,载《经济问题探索》2015年第1期。

[37] 黄承梁:《论习近平生态文明思想历史自然的形成和发展》,载《中国人口·资源与环境》2019年第12期。

[38] 黄苏萍、朱咏:《铁路,公路交通基础设施对经济增长的空间溢出效应——以长三角为例》,载《华东经济管理》2017年第11期。

[39] 黄娴:《剩下的只有一件事:干》,载《人民日报》2017年10月18日。

[40] 黄艳芳:《广西农业产业结构研究》,载《贵州农业科学》2020年第7期。

[41] 江必新、王红霞:《论现代社会治理格局:共建共治共享的意蕴、基础与关键》,载《法学杂志》2019年第2期。

[42] 江国华、刘文君:《习近平"共建共治共享"治理理念的理论释读》,载《求索》2018年第1期。

[43] 江婷婷、胡佳易:贵州大数据10大融合创新案例《当代贵州》,2018年第21期。

[44] 金江:《交通基础设施与经济增长——基于珠三角地区的空间计量分析》,载《华南师范大学学报(社会科学版)》2012年第1期,第125-129页。

［45］金敏：《用新时代贵州精神助力脱贫攻坚精神文明建设路径探究》，载《吉林广播电视大学学报》2019年第6期。

［46］雷明：《以产业融合推动产业发展与产业革命》，载《贵州日报》2018年12月18日。

［47］李磊：《习近平的美好生活观论析》，载《社会主义研究》2018年第1期。

［48］李路路、石磊：《经济增长与幸福感——解析伊斯特林悖论的形成机制》，载《社会学研究》2017年第3期。

［49］李萍、冯梦黎：《利率市场化对我国经济增长质量的影响：一个新的解释思路》，载《经济评论》2016年第198卷，第2期，第74-84页。

［50］李胜、麻勇斌：《贵州蓝皮书：贵州大生态战略发展报告（2019）》，社会科学文献出版社2019版，第6-8页。

［51］李新光、黄安民：《高铁对县域经济增长溢出效应的影响研究——以福建省为例》，载《地理科学》2018年。

［52］李亚波、李元旭：《美国经济政策不确定性与中国海外并购》，载《经济问题探索》2019年第438卷，第1期，第106-118页。

［53］李忠民、刘育红、张强：《"新丝绸之路"交通基础设施、空间溢出与经济增长——基于多维要素空间面板数据模型》，载《财经问题研究》2011年第4期，第116-121页。

［54］林荫茂：《公众安全感及指标体系的建构》，载《社会科学》2007年第7期。

［55］刘剑：《贵州省茶产业发展现状及提升策略研究》，载《当代农村财经》2017年第11期。

［56］龙启兵：《对推动黔西南文化旅游产业创新融合发展的思考》，载《黔西南日报》2015年12月13日。

［57］鲁品越：《震撼心灵的新时代贵州精神》，载《贵州日报》2020年10月21日。

［58］罗亮亮：《住有所居 居有所安》，载《贵州日报》2019年12月22日。

［59］罗玉达、方彦婷：《用社会主义核心价值观引领贵州精神文化建设》，载《学校党建与思想教育》2013年第23期。

［60］马卫、曹小曙、黄晓燕，等：《丝绸之路沿线交通基础设施空间经济溢出效应测度》，载《经济地理》2018年第38卷，第3期，第21-29页，第71页。

[61] 牟秋菊:《贵州省核桃产业化发展现状与对策探析》,载《南方农村》2017 年第 33 卷,第 4 期,第 10 - 14 页。

[62] 农文成:《牢牢把握八要素和五步工作法:专访贵州省委改革办主任李裴》,载《贵州民族报》2018 年 7 月。

[63] 秋言:《政府主导是脱贫攻坚根本保障》,载《经济日报》2015 年 12 月 28 日。

[64] 秦美虹:《黎平县中潮村:"三变改革"激活力"抱团发展"促增收》,多彩贵州网 http://news.gog.cn/system/2018/08/20/016756490.shtml,2018 年 8 月。

[65] 人民网:《贵州贵阳大数据走上高质量发展之路综述》(2013~2018),http://gz.people.com.cn/n2/2018/0419/c385935 - 31483822.html,2018 年 4 月 19 日。

[66] 邵宇:《贵州省猕猴桃产业发展的现状、存在问题及对策》,载《耕作与栽培》2016 年第 5 期。

[67] 沈满洪:《习近平生态文明思想的萌发与升华》,载《中国人口·资源与环境》2018 年第 9 期。

[68] 史海燕:《路径与策略:新时代贵州精神与贵州文化自信转化研究》,载《贵州社会主义学院学报》2019 年第 3 期。

[69] 史鹏韬、刘子琦、李开萍:《贵州省水土流失时空变化特征》,载《地球与环境》2019 年第 5 期。

[70] 孙超、郭亚慧、王梦宇、淡智鹏:《贵州核桃产业发展现状与策略:以赫章县为例》,载《贵州农业科学》2020 年第 48 卷,第 10 期,第 165 - 167 页。

[71] 孙远桃.方涛:贵州农业产业发展实现"六个转变"》,人民网 - 贵州频道,http://gz.people.com.cn/n2/2019/1229/c222152 - 33672804.html,2019 年 12 月 29 日。

[72] 孙志刚:《万众一心发起最后总攻 一鼓作气夺取全面胜利》,载《贵州日报》2020 年 1 月 20 日。

[73] 汤正仁:《瞄准三奋斗目标 实施三大战略行动》,载《贵州日报》2017 年 5 月 13 日。

[74] 汪志球、黄娴:《三探贵州农村危房改造》,载《人民日报》2012 年 6 月 3 日。

[75] 王伯礼、张小雷:《新疆公路交通基础设施建设对经济增长的贡献分

析》，载《地理学报》2010年。

[76] 王岑岚、尤建新：《大数据定义及其产品特征：基于文献的研究》，载《上海管理科学》2016年第38期。

[77] 王春婷：《社会共治：一个突破多元主体治理合法性窘境的新模式》，载《中国行政管理》2017年第6期。

[78] 王敏：《乡村振兴的共建共治共享路径研究》，载《农家参谋》2020年第15期。

[79] 王浦劬、季程远：《新时代国家治理的良政基准与善治标尺——人民获得感的意蕴和量度》，载《中国行政管理》2018年第1期。

[80] 王垚、年猛：《高速铁路带动了区域经济发展吗？》，载《上海经济研究》2014年第2期，第84-93页。

[81] 王雨：《贵州：大举措补齐基础教育短板》，载《贵州日报》2020年6月11日。

[82] 韦倩：《贵州织牢织密"基本医疗保障网"》，载《贵州日报》2020年8月10日。

[83] 韦兴生：《对培育和弘扬新时代贵州精神的思考与认识》，载《贵州日报》2017年12月13日。

[84] 文宏、刘志鹏：《人民获得感的时序比较——基于中国城乡社会治理数据的实证分析》，载《社会科学》2018年第3期。

[85] 吴班、程春明：《生态环境大数据应用探析》，载《环境保护》2016年第44期。

[86] 吴明霞：《30年来西方关于主观幸福感的理论发展》，载《心理学动态》2000年第4期。

[87] 吴亚坤、郭海旭、王晓明：《大数据技术研究综述》，载《辽宁大学学报（自然科学版）》2015年第42期。

[88] 吴一文：《培育和弘扬新时代贵州精神三论》，载《贵州日报》2017年12月20日。

[89] 习近平：《摆脱贫困》，福建人民出版社、福建出版发行集团2014年版。

[90] 新华网：《构建营商环境"贵州新高地"》。

[91] 邢占军：《我国居民收入与幸福感关系的研究》，载《社会学研究》2011年第1期。

[92] 徐宏力：《梵净山自然保护区自然环境综合考察取得成果》，载《环保科技》1981 年第 2 期。

[93] 徐静：《新时代贵州精神的地域生成与时代价值》，载《贵州日报》2018 年 5 月 22 日。

[94] 徐圻：《新时代贵州精神与贵州人的文化自信》，载《贵州日报》2018 年 6 月 19 日。

[95] 徐圻：《新时代贵州精神：历史缘由与现实依据》，载《当代贵州》2018 年第 14 期。

[96] 徐勇：《论乡镇管理与村民自治的有机衔接》，载《华中师范大学学报》1997 年第 1 期。

[97] 闫鑫：《弘扬新时代贵州精神 再创后发赶超新实践》，载《理论与当代》2020 年第 8 期。

[98] 燕继荣：《反贫困与国家治理——中国"脱贫攻坚"的创新意义》，载《管理世界》2020 年第 4 期。

[99] 杨军昌：《进一步推进贵州生态文明实验区建设的思考》，载《贵州日报》2018 年 7 月 17 日。

[100] 姚启超：《丰富内涵拓展新时代贵州精神》，载《贵州日报》2018 年 1 月 16 日。

[101] 尹爱华、刘郁葱：《关于大数据与文化产业融合发展的思考》，载《贵州日报》2019 年 8 月 7 日。

[102] 张军、姚飞：《大数据时代的国家创新系统构建问题研究》，载《中国科技论坛》2013 年第 12 期。

[103] 张强、张映芹：《"丝绸之路经济带"西北五省区交通基础设施对经济增长的空间溢出效应》，载《统计与信息论坛》2016 年第 31 卷，第 8 期，第 64 - 70 页。

[104] 张学良：《中国交通基础设施促进了区域经济增长吗——兼论交通基础设施的空间溢出效应》，载《中国社会科学》2012 年第 3 期，第 60 - 77 页。

[105] 张再杰、袁晓文：《纵深推进国家生态文明试验区建设》，载《贵州日报》2020 年 6 月 24 日。

[106] 赵腾、张焰、张东霞：《智能配电网大数据应用技术与前景分析》，载《电网技术》2014 年第 38 期。

[107] 中共贵州省委：《中共贵州省委关于贯彻党的十七届六中全会精神 推

动多民族文化大发展大繁荣的意见》，载《贵州日报》2011年11月7日。

[108] 中共贵州省委：《关于推进文化体制改革和加快文化发展的若干意见》，2006年。

[109] 中共贵州省委贵州省人民政府：《关于贯彻落实〈中国农村扶贫开发纲要（2011~2020年）〉的实施意见》，载《贵州日报》2012年1月21日。

[110] 中共贵州省委全面深化改革委员会办公室：《贵州省创新"六大体系"深入推进农村产业革命》，载《贵州改革情况交流》2019年第61期。

[111] 中共中央办公厅、国务院办公厅：《关于加快构建现代公共文化服务体系的意见》2015年1月14日。

[112] 中共中央党史和文献研究院：《十八大以来重要文献选编》（下），中央文献出版社2018年版。

[113] 中共中央党史和文献研究院：《习近平扶贫论述摘编》，中央文献出版社2018年版。

[114] 中共中央党史和文献研究院：《习近平关于"三农"工作论述摘编》，中央文献出版社2018年版。

[115] 周宏春、江晓军：《习近平生态文明思想的主要来源、组成部分与实践指引》，载《中国人口·资源与环境》2019年第1期。

[116] 周之翔：《贵州生态文明建设中的绿色智慧》，载《贵州日报》2019年4月24日。

[117] 邹嘉琦：《山东农业结构调整对经济增长的影响实证分析》，载《山东工商学院学报》2016年第5期。

[118] Anselin, L. Spatial Econometrics: Methods and Models [M]. Springer Netherlands, 1988.

[119] Boarnet M G. Spillovers and the Locational Effects of Public Infrastructure [J]. Journal of Regional ence, 1998, 38 (3): 381-400.

[120] Cantos P, GUMBAU-ALBERT, MERCEDES, MAUDOS, JOAQUíN. Transport infrastructures, spillover effects and regional growth: evidence of the Spanish case [J]. MPRA Paper, 2005, 25 (1): 25-50.

[121] Holtz-Eakin D, Schwartz A E. Spatial Productivity Spillovers from Public Infrastructure: Evidence from State Highways [J]. Social Science Electronic Publishing.

[122] Jeffrey P. Cohen, Catherine J. Morrison Paul. Public Infrastructure In-

vestment, Interstate Spatial Spillovers, and Manufacturing Costs [J]. Review of Economics and Statistics, 2004, 86 (2).

[123] Moreno, Rosina, López – Bazo. RETURNS TO LOCAL AND TRANSPORT INFRASTRUCTURE UNDER REGIONAL SPILLOVERS. [J]. International Regional Science Review, 2007.

[124] Pereira A. M, Roca – Sagales O. Spillover effects of public capital formation: evidence from the spanish regions [J]. Journal of Urban Economics, 2002, 53 (2): 238 – 256.

后　记

近几年来，尤其是党的十八大之后，贵州在经济社会等各方面均取得了较大进步和一定的成绩。对此，党中央、国务院高度肯定，2017年10月19日，习近平总书记在参加党的十九大贵州省代表团讨论时给予充分肯定，并指出："贵州取得的成绩，是党的十八大以来党和国家事业大踏步前进的一个缩影。"为加强对"贵州缩影"的研究，省社科联2020年8月5日来函贵州大学，以重大委托课题形式，要求贵州大学整合力量，深入研究，在2020年12月31日之前完成研究并出版《贵州缩影》一书。对此，学校党委书记李建军教授高度重视，并专门要求我亲自负责，组织学校精干力量，在规定的时间之内、高标准、高质量完成省社科联安排的任务。分管文科研究的副校长杨松教授也批示要求我牵头完成研究任务。在接到任务之后，我们立即联系有关专家，特别是下半年研究任务相对较少、教学任务相对较轻并且有较高研究水平的专家，一起组成研究团队。研究团队组织完成之后我们在8月下旬即展开了写作大纲的研讨，研究团队认真对写作大纲进行了广泛、认真的研讨之后，又对写作大纲进行修改。在9月初经过修改的大纲提交由省社科联李政飞、杨俊等同志参加的研讨会，在会上不仅研究团队积极讨论，而且李政飞、杨俊同志提出了许多非常有价值的意见和建议。会后我们对这些意见的建议进行了认真消化和吸收。特别强调尽量按照"五位一体"布局构建著作写作框架。基于此，我们拟订10章的写作框架，力图全面反映贵州在经济发展、社会进步、生态文明、治理现代化及文化建设方面取得的巨大进步。11月6日初稿完成后我亲自到省社科联参加了《贵州缩影》等三本著作撰写进展汇报会，并听取了省社科有关领导及其他两本著作撰写专家的意见和建议。对于贵州取得的这些进步，我们不仅利用统计数据和典型案例进行说明，而且还进行了大量的调查，利用我们调查的第一手资料进行研究。在对贵州缩影进行研究时，我们不仅进行一般的描述性分析和说明，而且还深入利用数据资料和计量模型，通过计量研究，探讨取得这些进步的内在机制，从理论上提示贵州经济社会取得巨大进步的深层机理。

本书系省社科联委托开展"贵州缩影""贵州新路""贵州样板"三个重大主题研究成果之一，本书的完成是贵州大学有关学者集体劳动的成果，除本人之外，他们是段忠贤副教授、蒙丹教授、付江月副教授、孙红雨博士以及我的研究生娄磊、龙娇、薛云飞、王珏珏、汪木金等人。课题研究和著作的撰写，得到省社科联有关领导的关心、支持和帮助，省文化和旅游厅肖波提供了大量研究资料，贵州大学党委书记李建军教授、副校长杨松教授、哲学社会科学研究院有关领导、公共管理学院领导等均给予在大量关心和帮助。可以说，没有他们的关心、支持和帮助，项目研究和著作撰写要在如此短的时间内完成是不可能的。值一提的是，中国财政经济出版社对于本书的出版付出了大量心血，没有他们付出的艰苦劳动，本书要在短的时间内出版也是不可能的。由于时间短，研究任务重，涉及内容较大，虽然研究团队的每一位成员均付出了大量劳动，但存在的缺点和错误肯定不少，为此恳请大家批评指正。

洪名勇
2020 年 12 月 5 日于贵州大学雅正楼